L'ART SACRÉ
AU XXe SIÈCLE
EN FRANCE

EXPOSITIONS

« Le temps des Chantiers, 1920-1940 »
au Musée Municipale de Boulogne-Billancourt
du 22 janvier au 31 mars 1993
26, avenue Morizet

« Du désir de spiritualité dans l'Art Contemporain »
au Centre Culturel de Boulogne-Billancourt
du 27 janvier au 31 mars 1993
22, rue de la Belle-Feuille

Illustration de couverture : Depuis son origine
l'Église, perpétuel
chantier à travers les siècles
Marthe Flandrin (1904-1987)
gouache sur papier
Collection Musée Municipal de Boulogne-Billancourt.

Direction : Paul André
Secrétaire d'édition : Denise André
Conception maquette : Valentina Lepore

© Éditions de l'Albaron – Société Présence du livre, 1993
Société Historique et Artistique de Boulogne-Billancourt
Musée Municipal de Boulogne-Billancourt
Centre Culturel de Boulogne-Billancourt

L'ART SACRÉ AU XXᵉ SIÈCLE EN FRANCE

Textes : Jacques Bony – Emmanuel Bréon – Philippe Dagen – Bernard Dorival – Bruno Foucart – Jean-Pierre Greff – Jean Lacambre – Michèle Lefrançois – Mgr Lustiger – Renée Moineau – Marilys de la Morandière – Françoise Perrot – Gilles Ragot – Philippe Rivoirard – Geneviève et Henri Taillefert.

Société Présence du Livre
Thonon-les-Bains, Haute-Savoie
Groupe N.P.E.

Musée Municipal de Boulogne-Billancourt
Centre Culturel de Boulogne-Billancourt

Préface

Souvenons-nous de ce cri de Nietzsche « Deux mille ans déjà et pas un dieu nouveau » !

Il refusait le christianisme et cherchait quel sacré renaissant tiendrait tête au nihilisme. En réalité, le travail ici accompli nous montre, à travers l'art, que le sacré n'a pas connu le sort que certains lui prédisaient.

Je crois même que nous assistons au phénomène inverse à travers le monde !

Nous savons tous que le sacré est né en même temps que l'homme. Tout le travail peut avoir Dieu pour fin. Et ce travail nous donne des objets de culte, des peintures, une architecture.

Mieux, pourquoi n'existerait-il pas une peinture et une sculpture religieuses hors de la peinture et de la sculpture d'église ?

Je crois en effet qu'à la différence d'une œuvre d'art profane, une œuvre d'art sacrée doit réserver une part de silence et d'inexprimable : plus le mystère s'accuse, plus l'impression de sacré s'impose !

Il est dans les vastes espaces des cathédrales : Reims, Chartres, pour ne citer que celles que j'affectionne.

Pour Huysmans c'était là la vraie preuve du Christianisme !

Et pourtant, notre vingtième siècle connaît son art sacré !

Les experts, puisqu'il faut toujours tenir compte de leurs thèses, situent l'art sacré moderne avec Maurice Denis qui, tout près de Boulogne, a peint les deux chapelles absidiales de l'église du Vésinet. La famille nous a d'ailleurs fait l'honneur de donner deux de ses œuvres au Musée Municipal.

Maurice Denis rassemblera autour de lui les « ateliers d'art sacré ». Le Christ est parmi eux, mais aussi la souffrance rédemptrice et la réconciliation des hommes. Nous sommes en pleine guerre mondiale !

Cet élan vers Dieu sera servi par de nouveaux matériaux qui autorisent une audace inconnue. Auguste Perret montrera la voie.

Ce sont les chantiers du Cardinal dont l'Église Sainte-Thérèse de Boulogne en est l'un des fleurons. Dès 1950, il n'est plus nécessaire d'être Chrétien pour s'engager dans l'Art Sacré.

L'ouvrage qui vous est proposé et dont je me félicite que la ville de Boulogne-Billancourt en soit le maître d'œuvre, vous conduira agréablement tout au long de ce chemin des formes et des lumières.

Mais ces formes nouvelles sont-elles fidèles aux formes anciennes d'art sacré ?

Pour ma part, je laisserai ce débat à nos spécialistes !

Pour ce qui me concerne, je crois simplement que l'art sacré se définit par l'esprit d'où il procède. C'est l'art de l'humanité rachetée.

Paul GRAZIANI

Introduction

Les éternelles résurrections de l'art sacré

Mort et résurrection de l'art sacré (Yves Sjöberg, 1957), *Le renouveau de l'art sacré de 1920 à 1962*, (Frédéric de Beuyst, 1991), *L'aventure moderne de l'art sacré* (Joseph Pichard, 1966), *Art sacré au XXe siècle.* (P.R. Régamey,. *L'art religieux moderne* (G. Arnaud d'Agnel, 1936), *Histoire de l'art religieux* (Maurice Denis 1939), *La peinture religieuse en France 1820-1860* (Bruno Foucart, 1988), autant de titres ici jetés en vrac qui montrent quelles oscillations traversent la littérature sur le sujet. Traiter de l'art religieux, de l'art chrétien, de l'art catholique, de l'art sacré est-il d'abord la même chose? Religieux, chrétien, sacré sont-ils des synonymes, des notions complémentaires ou différentes? La question, on le sent, va au cœur du problème. A l'évidence, la seconde moitié du XXe siècle privilégie, à la suite de Malraux, le sacré, considéré comme un dépassement du religieux, comme supérieur aux traditionnelles expressions des confessions. Une histoire de l'art religieux conviendrait pour les époques d'avant la modernité, tandis que le XXe siècle demanderait une histoire du sacré. La qualité artistique des arts religieux serait loin d'être assurée, alors que toute expression du sacré aurait par elle-même valeur suffisante et absolutoire.

D'autre part l'art religieux, l'art sacré relèvent-ils bien de l'histoire, de la description et de l'analyse des faits ou du livre engagé et de combat sinon de prêche? Peuvent-il être appréhendés autrement que dans une perspective de bien et de mal, de réussite ou d'échec? L'art religieux, l'art sacré (à dessein on réunit les termes sans les confondre), parce qu'ils mettent en jeu le sens et pas seulement l'apparence, le sujet et pas seulement les formes, les règles et pas seulement la liberté individuelle ont une spécificité irrédente. La problématique de l'art religieux, les tensions qui lui sont propres frappent par leur capacité et leur qualité de recommencement. D'un siècle à l'autre, d'une génération à l'autre, on retrouve les mêmes désirs, les mêmes difficultés, les mêmes notions contradictoires. Faut-il ou non avoir la foi pour faire œuvre d'art religieux? Quelle indépendance doit être accordée à l'artiste? Comment tradition et innovation peuvent-elles se concilier? Les exigences du programme entravent-elles ou non la qualité artistique? Y-a-t-il en somme une spécificité de l'art religieux? La couleur du jour et des œuvres change, non leur succession, leur rythme syncopé. La permanence de ces réactions, permanence qui est celle de la nature humaine dans ses rapports avec le transcendant, avec la Révélation, guide toute promenade dans cet art qui a ses propres structures, partagé, déchiré entre les exigences du dogme, des fidèles, des artistes, pour reprendre la trilogie proposée en 1952 par le père Régamey lui-même.

Les résurrections, les renouveaux semblent inhérents aux manifestations de l'art religieux.. Aux ismes qui martèlent la succession des écoles et des trouvailles plastiques correspond la régulière résurgence d'un désir d'authenticité, de purification. Il faut détruire les images, déclarées usées, qui précèdent, pour restaurer le désir de nouvelles. L'art religieux du XXe siècle est ainsi fondé sur le mépris et même la haine de celui du XIXe siècle. Pas de livre sur le sujet qui ne se croie obligé de condamner l'horrible XIXe siècle. Pour Joseph Pichard, par exemple, dans *L'aventure moderne de l'art sacré*, 1966, c'est « au début du XIXe siècle que s'est fait soudain sentir l'appauvrissement d'une inspiration demeurée jusqu'alors forte et fertile ». « L'abaissement de l'art sacré au cours du XIXe siècle » est une constatation, confortée par des imprécations de Claudel et de Huysmans, qui ne semble pas faire de doute. En 1991 Jean-Pierre Greff, qui est un de ceux qui a le mieux analysé la situation immédiatement contemporaine, reprend la même antienne : « Au terme d'un siècle d'académisme dévot, toujours plus anémié et complaisant dans le pâle pastichage des œuvres religieuses anciennes, l'art sacré se résout au début du XXe siècle à l'imagerie kitsch et aux bondieuseries de Saint-Sulpice. » Alors que l'on mesure aujourd'hui toute la grandeur, toute l'inventivité de ce siècle qui s'est constitué à Orsay son propre Louvre, son autre Beaubourg, le reproche de pastiche semble bien peu opérant, puisqu'il nie ce qui fut constitutif de l'être et du paraître du XIXe siècle, soit son sens de l'histoire et son adoption de l'éclectisme. N'importe.

On sait à peu près aujourd'hui que l'art dit « sulpicien » a été le dernier en date des arts populaires et que quatre siècles après il chantonnait toujours la leçon tridentine ; on sait aujourd'hui que parmi les successifs renouveaux de l'art religieux – sacré, celui du XIXe siècle a été un des plus éclatants, éclatant de toutes les polychromies qui ont revêtu les églises néo, ces églises qui, plus peut-être que leurs consœurs médiévales, dessinent le visage de la France. Cette horreur qui semble pénétrer les commentateurs de l'art religieux du XIXe siècle, est en fait celle que connaissait alors l'ensemble de l'art du siècle, exception faite pour quelques individus, de Delacroix à Redon, et pour les quelques témoignages qui apparaissent comme les prémices de la modernité, comme l'annonce de l'art du XXe siècle. L'art religieux lui aussi connaît ses parricides. Il fallait apparemment tuer le père, tuer le XIXe siècle. C'est sur ce refus du siècle précédent, aussi injuste que passionné, que s'est construit l'art nouveau, que s'est construit l'art dit moderne. Et donc l'art moderne religieux.

Après tout, le XIXe siècle n'avait-il pas lui aussi proclamé la décadence d'un autre art religieux, celui du XVIIIe. Pour les Montalembert, Lamennais, Rio, les vierges de Boucher, de Fragonard et même de Prudhon étaient aussi malséantes que plus tard les plâtres saint-sulpiciens. Le nettoyage dans les églises des décors du XVIIIe fut alors presque aussi implacable que celui, cent ans après, des décors XIXe, comme s'il fallait chaque fois se purifier de ce qui est, pour restaurer une authenticité jugée disparue. On ne s'étonnera pas trop que les ateliers d'art sacré de Maurice Denis et de Desvallières, qui s'étaient en 1919 instaurés contre les marchands de Saint-Sulpice, aient été, à leur tour, victimes, dès 1940, d'une désaffection qui n'a pas dû être peu douloureuse pour les survivants. Certes, les pères Régamey et Couturier ne se comportèrent pas tout à fait en Brutus et reconnaissaient dans le « bilan de l'époque 1920-1940 », paru dans leur revue de l'*Art sacré* en mars 1948, le rôle éminent de ces ateliers dont le père Couturier au moins avait été un membre actif. Mais, constatent-ils, autour de 1940 « les choses ont changé et avec elles le climat... Les ateliers d'art sacré n'ont plus le même élan... Voici que Maurice Denis, dénonce le père Couturier, croit devoir entrer à l'Institut, se soucie d'enseigner à l'École des Beaux Arts... C'était certainement une erreur ». Infortuné Maurice Denis, infortunés ateliers qui se voient soudain rejetés de l'art vivant alors qu'ils avaient pendant trente ans incarné la rénovation de l'art catholique. Mais pour la nouvelle génération, « chrétien » et « d'église » semblent des appellations non contrôlables et paradoxalement exclusives du sacré, ce sacré qui transcende les confessions et qui semble, grâce à Malraux, la véritable notion catholique et universelle.

Après l'appel de 1950 des pères Couturier et Régamey aux vivants, aux grands vivants, fussent-ils déjà bien âgés et étrangers à la foi, après le choix dix ans après de la pauvreté iconographique et de l'abstention créatrice, au nom de la modestie, voici que les héros de l'art sacré, ceux qui furent successivement les inventeurs d'Assy et de Ronchamp puis les apôtres du minimalisme, se voient aujourd'hui presque accusés d'iconoclasme. Le désir actuel d'images, de figurations, d'espaces sacrés et fiers de l'être, de nouvelles cathédrales comme celle que prépare Mario Botta, est la réaction, tout aussi injuste mais assurément nécessaire, contre les petits frères 1970 du misérabilisme architectural et de l'humilité plastique. On évitera donc, dans la considération des successives périodes de l'art religieux, les chants trop partisans ; on considérera que les divers manteaux et parures de la foi témoignent surtout des faiblesses de l'humaine condition dont participent aussi les artistes ; on admettra que les productions de Saint-Sulpice, celles des ateliers d'art sacré de l'entre-deux-guerres aussi bien que les appels aux « grands » des années cinquante ont au moins en commun un même désir, et que ce qui les réunit est aussi fort que ce qui apparemment les sépare.

Ce répété mépris, bien peu charitable, pour les arts sacrés qui ne sont pas celui de l'aujourd'hui, se justifie par la croyance toujours réaffirmée dans la vertu de modernité. L'art d'église, parce qu'il est plus attaché qu'aucun autre aux traditions scripturaires et esthétiques, a toujours ressenti avec d'autant plus d'urgence le besoin d'actualisation, d'incarnation. Dressant devant l'université de Louvain le 23 janvier 1933 un nouvel « état actuel de l'art religieux », Maurice Denis déclarait : « L'art religieux est à l'aile marchante de l'art moderne : le renouveau de l'art religieux, dans les premières années du XXe siècle, n'était pas autre chose, précise-t-il, que les jeunes tendances en architecture, art décoratif, peinture et sculpture, appliquées à l'art sacré ». Et Maurice Denis de rappeler qu'il avait, avec quelques autres, voulu « baptiser l'art de Gauguin ou de Cézanne ». Il le disait à un moment où d'aucuns commençaient à lui reprocher de n'être plus assez moderne, oubliant que Maurice Denis était devenu alors un des apôtres de ce nouveau classicisme qui était l'une des plus inventives métamorphoses de l'art d'entre les deux guerres. L'art religieux n'a eu, en effet de cesse de baptiser les arts contemporains, à moins que ce ne soit ceux-ci qui aient éprouvé le désir de se rafraîchir dans les eaux bénites. Quand les élèves d'Ingres en 1840 répudiaient le naturalisme de David, osaient regarder les peintres d'avant Raphaël et acceptaient de peindre dans et pour des églises, ils n'agissaient pas différemment de ces nabis anti-impressionnistes qui, vers 1890, voulaient restaurer les correspondances symboliques en privilégiant le langage des éléments plastiques. En 1950, l'abstraction trouve véritablement son public lorsque ses adeptes, de Manessier à Bazaine, élisent les verrières des églises tout comme en 1990 le besoin de figuration se conforte dans le face à face avec le plus grand des grands sujets, avec le mystère de Dieu incarné. De nos jours, le problème, en effet, n'est plus celui de l'invention plastique, apparemment épuisée par toutes les trouvailles et expérimentations du XXe siècle, mais celui de l'entente du sujet. Ne nous étonnons pas de cet inattendu goût pour les thèmes religieux qui semble animer les fils du minimalisme et du conceptuel. Alberola, illustrant son Évangéliaire, est à l'avant-garde du moment présent comme l'étaient en 1840 les peintres qui à Notre-Dame-de-Lorette réinventaient les fonds or et la peinture mystique.

L'art religieux, le thème religieux n'ont jamais été exclusifs de la modernité, des modernités ; au contraire, puisque, par leur intermédiaire, l'art pour l'art acquiert ce quelque chose de plus qu'est l'art pour l'homme. D'où vient alors que l'art religieux ait pu sembler au XXe siècle extérieur au mouvement moderne ? Rien que la conviction, aujourd'hui si désuète, que la modernité passait par l'abandon du sujet pour la gloire et le profit des invariants plastiques. La trop célèbre phrase de Maurice Denis sur le tableau, qui avant d'être une femme, une bataille, un Christ est « une surface avec des couleurs en un certain ordre assemblées » aura été la source d'un trop long quiproquo. Maurice Denis lui-même en sera la victime puisque c'est au nom de ses considérations de 1890 que lui furent tant reprochés ses choix picturaux de l'entre-deux-guerres. En fait, le spirituel était d'emblée, pour reprendre le titre de Kandinsky, dans l'art – et même dans l'art le plus factuel, le plus concret. Les tableaux de Mondrian ne se justifient que dans les relations transcendantes qu'entretiennent les lignes et les couleurs. Si la théosophie de Mondrian n'est pas très catholique, elle nous rappelle que le désir du primaire n'est qu'une manière d'atteindre à l'essentiel, à ce qui est premier. La lecture de l'art du XXᵉ siècle, défini par « le refus de toutes valeurs étrangères à la peinture, l'indifférence à la signification du sujet », cette lecture qui avait trouvé son grand formulateur avec Malraux, n'est plus d'actualité. L'exigence du sens sinon de sujet est toujours restée au creux de l'œuvre d'art. Fut-ce au sein du cubisme, de l'abstraction la plus géométrique, la quiétude de l'art pour l'art s'abandonne un jour ou l'autre pour l'expérience d'autre chose que le simple bonheur plastique : l'art religieux en est le grand vérificateur.

Le débat sur la qualité des artistes appelés à traiter un sujet religieux, et dont les œuvres doivent être placées dans un lieu de culte, fait également partie des éternels retours. Quand en 1950, le père Couturier proposait de confier « aux grands hommes, les grandes choses », de recourir aux génies, ceux au moins reconnus comme tels, qu'ils aient ou non la foi, qu'ils coûtent ou non trop cher, qu'ils agissent ou non selon leur personnelle inspiration, il ne se comportait pas différemment des préfets de la Seine, sous la Restauration, la Monarchie de Juillet ou le Second Empire qui confiaient les églises de Paris à Delacroix, à Chassériau, qui auraient aimé donner à Ingres, si ce dernier ne s'était pas désisté, l'abside de Saint-Vincent de Paul. Ces décisions suscitent alors les mêmes réflexions que celles – depuis tant entendues – sur la convenance des esprits a/ou antireligieux dans les bâtiments de la foi, sur les grâces d'état qui viendront transformer les artistes aussi célèbres que mal croyants, confrontés à d'inhabituels problèmes. Quand aujourd'hui la Direction des Arts plastiques réunit, dans la cathédrale de Nevers, des peintres accueillis à Beaubourg, dont la plupart sont également professeurs à l'École des Beaux-Arts, en attendant qu'ils entrent à l'Institut, elle retrouve le vieux (et heureux) réflexe des directeurs de la Maison du Roy et autres surintendants des Beaux-Arts, réflexe qui est de faire appel aux plus célèbres (et meilleurs) du moment dans les grandes commandes publiques, y compris et d'abord religieuses, sans trop se soucier des craintes et vœux des fidèles et du clergé. On fait confiance aux résultats pour faire oublier les doutes.

Certes, le contexte historique varie. Les églises catholiques ont plus bénéficié des attentions de l'État entre 1800 et 1880 qu'entre 1880 et 1914 ; pendant les années 1920-1950, elles bénéficient, à cause des reconstructions des deux guerres, de commandes qui paraissent pharaoniques en comparaison du désert des années 1970, tandis que le désir actuel d'images semble faire resurgir les vertes prairies de l'art d'église. Nonobstant les hauts et les bas de l'histoire de la sensibilité religieuse et de la bonne volonté des commanditaires et des artistes, on retrouve régulièrement le même souci : confronter les grands du jour aux exigences de l'art religieux dans le sentiment qu'ils ne peuvent ainsi que se surpasser, trouver au fond de ce qui leur était inconnu quelque chose de nouveau et salvateur. Si l'on regarde de plus près, les « ratages » tant dénoncés (les grands auxquels on n'a pas fait appel), les occasions perdues tant regrettées relèvent plus de l'inintérêt des artistes en question que de la volonté d'exclusion. Toujours aux avant-postes des modernités, l'art religieux a toujours le désir d'attirer les artistes, même les plus lointains dans leurs convictions, s'ils semblent possédés par une profonde inquiétude artistique et donc spirituelle.

Dans le même temps, on assiste, chaque fois, à une réaction inverse, plus exactement complémentaire. Quel était le plus apte pour peindre la Vierge :

Raphaël, le tendre amant de la Fornarina, ou le pieux Angelico ? La piété de l'artiste, son engagement moral et, pourquoi pas, sa participation aux ordres n'est-elle pas le gage d'une qualité supplémentaire ? Il y a un mythe perdurant de l'artiste chrétien, pieux, avec soutane ou scapulaire, pratiquant les techniques jugées les plus difficiles, par exemple la taille directe ou la fresque, considérées comme des exercices spirituels, mythe qui est aussi puissant que celui du génie agnostique ou athée qui trouve dans une commande religieuse son chemin de Damas. Recréer le climat de ces ateliers médiévaux où, croyait-on, des images simples s'élaboraient dans un fraternel anonymat et dans la piété fait partie de ces éternels retours. En 1919, les ateliers d'art sacré de Denis et Desvallières perpétuent ceux de Beuron comme ils anticipent sur celui du Cœur-Meurtry à la Pierre-qui-Vire où dom Angelico Surchamp, le bien nommé, maintient depuis 1950 la tradition du peintre chrétien. Il est vraisemblable qu'après la dissolution des années 70, l'actuel renouveau entraînera des fondations de ce genre. C'est une des lois de la peinture religieuse, tout comme le balancement entre la ligne et la couleur, entre un art plus calme et un autre plus expressionniste, celui-ci jugé trop personnel, celui-là plus rassurant. Ingres et Flandrin font face à Delacroix et Gustave Moreau, comme plus tard Maurice Denis à Desvallières et Rouault, comme aujourd'hui Alberola et Viallat font pendant à Garouste et Giorda.

Aussi faut-il superposer les reflets de ces permanences au schéma simple et exact de l'histoire de l'art religieux et sacré pendant ce siècle : l'art pieux et irénique des ateliers entre les deux guerres, l'appel de 1950 aux génies fussent-ils non croyants, le repli et le silence post-conciliaires, l'actuelle fulgurance. Sans peine on retrouverait le dialogue des artistes indépendants ou fidèles, de la tension entre une plastique raisonnée ou expressive, entre une figuration ou non-figuration privilégiant soit l'orthodoxie, soit le lyrisme personnel, entre un art savant ou modeste. Ingres ou Delacroix, Denis ou Desvallières, Gleizes ou Picasso, Rouault ou dom Angelico Surchamp, Martine Boileau ou Soulages ! Ces couples impossibles ne définissent pas des choix qui seraient absurdes, mais symbolisent les deux voies parallèles de l'art religieux, étant affirmé que c'est en lui que l'art vivant ne cesse de retrouver une seconde et plus exaltante vie.

Bruno FOUCART

I
Les temps
des chantiers
1920-1940

Les Sociétés d'Artistes et la fondation de l'Art catholique

Geneviève et Henri Taillefert,
restaurateurs en peinture murale

L'Art chrétien et les groupements d'artistes catholiques naissent simultanément et se renouvellent avec les grands mouvements de fond qui vont bouleverser l'Église. Ils sont intimement liés et on ne saurait parler de l'Art chrétien sans évoquer l'Église et les groupements d'artistes.

On constate en 1900 que dans les arts plastiques où le renouvellement a été si prodigieux de 1880 à 1900, bien peu de choses importantes ont pris place dans les églises ; l'impressionnisme n'a laissé aucune œuvre, les néo-impressionnistes non plus. Les Nabis, avec Maurice Denis, forment une ramification vivante suscitée par une sève essentiellement chrétienne et très féconde picturalement. Mais Maurice Denis reste pour le public catholique un artiste avancé et de « Cénacle », il est ignoré et malgré de nombreuses œuvres à thème chrétien et la grande qualité de ses décorations religieuses au Vésinet, il ne reçoit pas de commandes. A Bonnard et à Vuillard, rien n'a été commandé. Sérusier n'a fait son œuvre religieuse qu'à titre personnel. Les Fauves sont ignorés ; Rouault, solitaire et maudit n'aura de reconnaissance que très tardivement. Les Symbolistes entourés d'une aura suspecte ne figurent pas non plus dans nos églises. Quant aux peintres académiques, ils sont très médiocrement reconnus. Puvis de Chavannes s'est vu refuser la décoration du Sacré-Cœur. Besnard n'a peint qu'occasionnellement et Desvallières qui multiplie les œuvres religieuses significatives n'a pas reçu une seule commande.

En architecture, les constructions métalliques telles que Notre-Dame-du-Travail et les constructions en béton telles que Saint-Jean-de-Montmartre et Saint-Joseph-des-Épinettes sont vécues comme des échecs qui loin d'ouvrir des voies nouvelles à l'architecture religieuse, pèsent plutôt comme une sorte de péché originel.

De plus lorsqu'on regarde des photographies, des cartes postales de l'intérieur des églises de cette époque, on est effaré par la profusion de broderies, fanfreluches, pots de fleurs, lithographies... Cette accumulation effrénée du médiocre, mais surtout du pire est partout présente. Le kitsch est élevé en absolu. Le « laid » est un art de vivre chez les ecclésiastiques et les fidèles.

La réaction à ce laid tentaculaire, à l'agonie de la création artistique dans l'Église, sera violente. Les articles pamphlets de Huysmans en sont le reflet. En effet, si le « beau » a disparu qu'en est-il du « bien » et du « vrai ». Maurice Denis réunit ses articles en 1911 dans « Les Théories » et propose ainsi une dimension nouvelle du débat. Cette réaction contre le « laid », pour le renouvellement de l'art religieux est directement issue de la Société de Saint-Jean ; elle a pour protagonistes, Huysmans, M. Denis, Henri Cochin, Georges Desvallières et

Dom Bellot. Ce vigoureux combat des avant-gardes se fera à la lumière d'une relecture thomiste de l'art et de ses procédés pour un retour à l'essentiel.

Depuis son origine, la Société de Saint-Jean regroupait des artistes, des esthètes, des amateurs d'art, d'archéologie et des ecclésiastiques. Elle ne pratiquait aucune sélection sur des bases esthétiques ou artistiques, mais exigeait de ses membres d'être chrétien et de le vivre. Jusqu'à l'orée du siècle, tout cela était simple puisqu'il y avait une manière chrétienne d'architecturer, de peindre, de sculpter. Mais la redéfinition thomiste de l'art et de sa pratique, entraîne la disparition de la « manière chrétienne ». Ce refus de chercher une technique, un style, un système de règles ou un mode d'opérer qui seraient ceux de l'art chrétien est au centre du débat. Dorénavant le caractère chrétien devra venir des profondeurs : *« C'est par le sujet (l'artiste) où il se trouve et l'esprit d'où il procède que l'art chrétien se définit. On dit art chrétien ou art de chrétien comme on dit art d'abeille ou art d'homme, c'est l'art de l'humanité rachetée »* (J. Maritain). Dorénavant l'œuvre chrétienne veut l'artiste libre en tant qu'artiste. *« Ne séparez pas votre art de votre foi. Mais laissez distinct ce qui est distinct. N'essayez pas de confondre de force ce que la vie unit si bien... Si vous faisiez de votre dévotion une règle d'opération artistique, ou si vous tourniez le souci d'édifier en un procédé de votre art, vous gâteriez votre art. »*

On assiste ici au retour de la couleur, du plaisir de peindre, de la matière, de la vie sous tous ses aspects. On retrouve sous les traits des saints et saintes, la famille, les amis, les proches... Denis et Desvallières mirent en étroite corrélation la vie humaine et la nature : *« Le dogme chrétien est l'exaltation même de la vie ».* Desvallières entendait par là tout ce qu'est la vie pour le peintre, et tout ce qu'il en fait.

Atelier Jean-Paul Laurens, 1926.

Henri Charlier au Mesnil-Saint-Loup.

Marthe Flandrin et Iréna Mezchikof, Pavillon pontifical, *1937.*

Denis, Desvallières et Valentine Reyre, tertiaires dominicains, s'appuient solidement sur une philosophie thomiste et sont à l'origine du courant le plus prolifique et le plus représentatif des novateurs de l'art sacré et de Saint-Jean.

Un deuxième courant représenté par Charlier et Dom Bellot marquera fortement l'exigence de la séparation avec la vie profane qui est l'essence du sacré. Avec une cohérence parfaite entre la pensée, la vie et l'art, ils ont mené une vie contemplative et retirée du monde. Empreints de philosophie bénédictine, ils signifièrent un retour aux taches réelles, à des travaux effectués dans le silence, aux destinations précises, en dehors du monde des arts et de toute préoccupation d'enjolivement. Ils exprimèrent une pensée austère, ascétique, économe des moyens, consciente au plus haut point des exigences du surnaturel dans l'ordre des valeurs artistiques. La pauvreté des moyens, l'absence de polissage, laisse transparaître une soif de vérité et d'absolu de l'âme humaine. Mais la richesse du message tendra à appauvrir la production artistique. L'absolu ne peut être un produit fini. Ce courant s'appauvrira également par son intransigeance vis à vis de ce qui est «non chrétien». En effet, il considère que l'art postérieur à Gauguin, Van Gogh et Cézanne est un art antichrétien. Ce refus absolu de toutes les tendances artistiques de leur époque finira par être une impasse.

Le troisième courant de l'art sacré de cette période sera plutôt une sensibilité qu'un courant, une mouvance de grands mystiques individuels : Rouault, Gleizes... Le déplacement d'accent entre cette mouvance et celle de Denis et Desvallières peut sembler au départ peu important mais il deviendra une véritable opposition quant à la production artistique.

Une si grande révolution dans les esprits amena les jeunes artistes des Beaux-Arts à créer une structure qui leur fut propre. Cette structure, contrairement à celles qui existaient déjà, n'est pas une réunion de distingués confrères mais un outil où les artistes produisent. Cet outil, né de la révolution thomiste et de l'élan missionnaire de l'Église sera les CDBA. : **les Catholiques des Beaux Arts**, fondé en 1909 par Paul Regnault. Ce groupe, très ouvert, sans tendance artistique passe de 10 membres en 1909 à plusieurs centaines en 1920. Il se définit comme « *un groupement corporatif, moral et religieux dont le but est la Beauté.* » Les membres travaillent selon « *l'esprit des anciennes maîtrises sous la direction d'un maître d'œuvre choisi par eux.* » Une fois encore, nous voyons intimement mêlés une pratique novatrice à un discours passéiste faisant référence à un médiévisme rêvé. Le mythe des constructeurs de cathédrales y est partout présent. Notons toutefois, malgré la dimension collective, la persistance dans les CDBA du mot artiste ainsi que la notion d'individualité qu'elle représente.

La Grande Guerre modifiera peu le mouvement de l'art sacré. En effet, peu à peu les positions novatrices se renforcent, leur nombre croît. Les femmes, du fait de la guerre se retrouvent de plus en plus nombreuses dans les milieux artistiques chrétiens.

La Société de Saint-Jean organise une exposition d'art religieux international et une aide aux églises dévastées en 1915, sur la Terrasse des Paillants. En 1920 et 1921, elle organise une exposition d'art religieux au Pavillon de Marsan. Le Salon d'Automne ouvre une section d'Art religieux en 1920. En 1922, Jacques Debout fonde les Journées d'Art religieux.

Ces différentes initiatives sont soutenues par les écrivains et critiques d'art catholiques : Les RR.PP. Abel Fabre, Doncoeur, Sertillanges, Marraud, Paul Buffet et MM. P. Jamot, A. Perraté, F. Fosca, J. Maritain, M. Brillant.

Cette période pourrait se résumer par « *la marche vers l'abstraction* ». En architecture, on s'est débarrassé de toutes les fioritures. Le grand débat tourne autour de la forme, des masses, du plan. En effet l'enjeu du modernisme ne se fait pas pour ou contre les matériaux nouveaux, mais pour ou contre le classicisme de Perret, l'éclectisme de Droz et le traditionalisme de Dom Bellot.

Dans les arts plastiques, les fortes individualités que sont Denis et Desvallières puis Valentine Reyre, Henri Marret, Gabriel Dufrasne et Croix-Marie sont rejoints par une pléiade d'artistes au talent vigoureux, prolifique. Cet accent collectif de l'art sacré est sans doute le fait le plus significatif, le plus saillant de cette période. De nombreux regroupements se créent alors :

L'Arche est fondée en 1917 par Valentine Reyre et Maurice Storez. C'est le groupe d'artistes le moins nombreux mais qui aura un rayonnement spirituel très important créé sous le signe de l'unité qui s'inspire de la philosophie et de l'esthétique thomiste. Ses membres sont Storez, Valentine Reyre et Sabine Desvallières rejoints par Dom Bellot et Charlier.

Le credo des architectes de l'Arche eut un grand retentissement : il formula le premier les nouvelles orientations de l'architecture :

Nous renonçons aux pastiches. Mais nous ne nous interdisons pas l'utilisation de solutions anciennes demeurées bonnes.

Nous accueillerons avec sympathie tous matériaux nouveaux, pourvu qu'ils soient honnêtes.

Nous proscrirons énergiquement toute imitation d'un matériau par un autre, tout ce que nous considérons comme un « mensonge artistique ». Les placages doivent être visibles, les stucs laissés sans joints, la polychromie harmonisée.

Nous viserons à une économie de la matière, loi de tout progrès.

Dans la restauration des monuments anciens, nous nous interdisons tout pastiche archéologique. Et quand il faudra rebâtir, ce sera en hommes de notre temps, soucieux d'harmoniser l'apport nouveau avec l'œuvre du passé.

Nous appuierons nos doctrines esthétiques sur les leçons des maîtres éminents de la philosophie scolastique, qui ont su donner à la Raison sa véritable place ; la cathédrale du XIIIe est fille de saint Thomas.

Que l'artiste emploie des formes compréhensibles ; qu'il s'efforce vers la clarté et la simplicité, caractères dominants du génie de notre race.

On compte parmi leurs nombreuses réalisations les églises du Village français par Droz à l'exposition des arts décoratifs ; Saint-Louis-de-Vincennes avec Droz

Marie-Rose Fouque, L'Atelier d'Art Sacré, *place Furstenberg, huile sur toile.*

Carte d'élève.

et Marrast, le pavillon des Missions de l'Exposition universelle de 1931 et la chapelle de l'École-des-Roches (Verneuil-sur-Avre).

Les Ateliers d'Art sacré sont fondés le samedi 15 novembre 1919 par Maurice Denis et Georges Desvallières. (Sur le modèle de la Schola Cantorum de Bordes et de Vincent d'Indy)...

Le but des ateliers est d'être un centre de la vie catholique : leur programme cite à ce propos Michel-Ange : *« J'estime qu'il est nécessaire à l'artiste de mener une vie très chrétienne ou même sainte s'il le pouvait afin que le saint Esprit l'inspire »*.

Ils se définissent comme une *« corporation qui forme des apprentis pour augmenter ses moyens de production »*. C'est le renouveau des ateliers du Moyen-Age : *« L'élève redevient ce qu'il était avant la Renaissance dans les boutiques de Toscane et d'Ombrie, un apprenti, puis un élève du maître »* (M. Denis) ; Il est en quelque sorte question de former un artisanat d'art.

Les cours obligatoires des ateliers sont : le dogme, la philosophie et la théologie de Saint Thomas, la liturgie, les messes corporatives et les conférences et prédications. L'esprit de la pré-renaissance de cette corporation entraîne donc la prédominance des réalisations collectives. Ainsi qu'une échelle de valeur des métiers clairement définie. Le néophyte est ainsi tout d'abord *« apprenti »*, puis après avoir fait ses preuves, il devient *« compagnon et collaborateur rétribué »*.

Après les cours préparatoires, les élèves entrent véritablement dans l'atelier, ils ont le choix entre :

L'atelier de aeinture avec pour Maîtres : M. Denis, G. Desvallières et dont les membres sont : Boulet, Couturier, Dubois, Hebert-Stevens, De Laboulaye, Lecoutey, H. De Maistre, Boris Metschersky, Pauline Peugniez, Plessart, Hernando Vines

L'atelier de aculpture avec pour maître Roger de Villiers, et comme membres : Bouffez, Mme Callède-Lebard et Dubos.

L'Aaelier de broderie et chasublerie avec pour maître : Sabine Desvallières et qui compte comme membre : Mlles O. Bourgain, M. Fauchon, Hervier.

L'atelier de gravure avec pour maître Paule Marrot.

L'atelier d'imagerie avec Mlle Thiebault et Maurice Lavergne.

L'atelier de vitrail, se confond, en fait avec l'atelier de peinture, car on ne produit que des cartons de vitraux dont la réalisation se fera ailleurs. En 1926, Hebert-Stevens, P. Peugniez et Rinuy créent un véritable atelier de vitrail.

Les ateliers d'art sacré sont les seuls à avoir eu cet impact médiatique, leur renommée a traversé les années et tous les artistes qui se voulaient chrétiens s'en réclamaient.

Les Artisans de l'autel, sont fondés en 1919. C'est le groupe le plus orienté vers l'artisanat érigé en grand art. Il emploie, à dessein, un vocabulaire tiré des métiers d'art. Le groupe est composé de catholiques : artisans, ouvriers d'art, décorateurs. Ils sont fidèles aux *« saines traditions de l'art français »* et *« s'appliquent à respecter les règles liturgiques »*.

Contrairement aux ateliers d'Art sacré et à l'Arche dont les membres fondateurs sont rattachés au Tiers-Ordre dominicain, la plupart des membres des Artisans de l'autel appartiennent au Tiers-Ordre franciscain, leur esprit est beaucoup plus communautaire et véritablement simple et pauvre.

Leur fondateur est le sculpteur Paul Croix-Marie, premier président du groupe, auquel succède Thomasson, puis Lucien Jourdain.

Ils ont pour membres :

● Les décorateurs : Louis Barillet et Jacques Le Chevallier souvent associés ; André Boucherot, Lucien Jourdain, Sibertin-Blanc, André Theunissen.

● Les sculpteurs : Louis Castex, Couvegnes, Croix-Marie, Dermigny, Georges

Marie-Rose Fouque, L'Atelier d'Art Sacré, *place Furstenberg, huile sur toile.*

Desgrey, Gabriel Dufrasne, Jacques Dupré, Lin Gualino, Jacques Martin, Jean Gindreau, Félix Larricart, Donat Thomasson.
- Les brodeuses : Mme Le Chevallier, Melle Huchet, Cléry, Lehucher.
- Les peintres : Jacques Brasillier (fondateur de la Rosace), Chapleau, Girard, Imbs, Henri Landais.
- L'édition d'imagerie d'art est assurée par Lorthoir
- Les orfèvres sont : Brionne, Donat Thomasson.

Les Artisans de l'autel collaborent fréquemment avec les architectes : Barbier, Tournon et Richardière.

La Rosace refondée en 1919 par frère Angel (Jacques Brasillier) est une sorte de prieuré mystique. Elle est la descendante indirecte de la Corporation des Artistes chrétiens de France. Héritière des idées des années 1880-1900, elle dégage un symbolisme confus et brumeux. Elle évoque un médiévalisme rêvé et obscur. Les frères y sont des chevaliers du Graal. La Rosace est franciscaine, mais ses références font penser aux « rosi-crucistes », aux symbolistes qui ont fleuri au début du siècle. Leur idéal du beau absolu réalisé sont les « poèmes de l'âme chrétienne » de Louis Jamot.

La fin des années 20 sera un profond déchirement et un fabuleux renouvellement de l'Église de France. En décembre 1926, Sa Sainteté Pie XI condamne l'Action francaise, cette condamnation marque une rupture radicale dans l'Église de France. Cette rupture est vécue dans le drame des consciences. Parallèlement à cette condamnation l'Église part en mission dans les banlieues ouvrières, le père Lhande déclenche un mouvement national d'évangélisation, (allocutions radiophoniques, publication du livre puis de la revue « Le Christ dans la banlieue ». Ce mouvement comme l'Œuvre des chapelles de secours suscite la générosité des grands bourgeois et aristocrates. Mais, très rapidement, il prendra une dimension collective et l'exemple de la Jeunesse ouvrière chrétienne belge récemment créé fera tache d'huile. L'Action catholique spécialisée prend

Valentine Reyre, Portrait de Maurice Denis,
huile sur carton.

son essor. Ce mouvement est accompagné par un approfondissement théologique. La pensée chrétienne acquiert ses lettres de noblesse dans l'enseignement des sciences humaines.

L'autre fait marquant de la fin des années vingt est la nomination du cardinal Verdier à l'archevêché de Paris. Il sera une figure non seulement populaire mais sera, également, un ardent artisan de l'Action catholique, de l'Art Sacré missionnaire. Il créera le moyen technique idéal à réalisation de ce vaste projet : Les Chantiers du cardinal.

Les C.D.B.A. à partir de 1926, sous l'impulsion de l'abbé Paul Buffet, ouvrent une section féminine. La vocation des groupements d'artistes chrétiens pour l'expression des femmes se confirme. Le président des CDBA est Paul Tournon, les membres sont alors les architectes : Blondeau, Coulon, Croix-Marie, Delarozière, Ducoloner, Flandrin, Froidevaux, Isnard, Leroy, D'orneillas, Storez, Vitale ; les sculpteurs : Castex, Anne Marie Roux et Sarabezolles ; les peintres : E. Branly, Breyer, E. Faure, M. Flandrin, Génicot, Lorimy, Mitraud,

Valentine Reyre, Portrait de Georges Desvallières, *huile sur carton.*

P. Peugniez, Virac, Mériel-Bussy ; les verriers : Barillet, Hebert-Stevens, Marguerite Huré, Schmidt. Les réalisations les plus remarquées sont les églises du Village français de l'Exposition des Arts décoratifs, du Saint-Esprit, et Sainte-Geneviève de Nanterre.

L'Arche évolue peu, sa pensée s'épure, sa marche vers l'abstraction est très réelle mais très curieusement le pas ne sera jamais franchi.

Les ateliers d'art sacré font le plein de leurs adhérents ; toutes les sections travaillent sur les nombreuses commandes que leurs fournit l'Église. Maurice Denis absorbé par ses nombreuses fonctions et travaux personnels abandonne la direction des ateliers à Henri de Maistre ce qui impliquera à long terme un changement fondamental dans le fonctionnement et surtout dans la production des Ateliers d'art sacré. Pour Denis déjà toute avancée picturale était vécue comme un élément de rupture de l'équilibre qu'il avait su créer dans l'art sacré, si son hostilité était déjà marquée contre tout primitivisme, la tendance à l'enfermement sur des recettes éprouvées, à un classicisme décoratif, l'emporte très nettement. Si de belles réalisations, des réalisations étonnantes peuvent encore être produites dans les Ateliers, l'enseignement, la transmission se fossilisent déjà.

L'Atelier de Nazareth, fut formé en 1928, il réunit des artistes sculpteurs, décorateurs, peintres, graveurs, chasubliers, groupant leurs travaux pour des manifestations d'ensemble, des décorations d'églises, des expositions. Ils travaillent sous la direction d'un maître d'œuvre. Ils revendiquent un art chrétien imprégné de tradition française, catholique et adapté aux exigences modernes.

Les membres sont Lucien Vaugeois (architecte) ; les sculpteurs : Croix-Marie, Dufrasne, Charlotte Montginot, Y. Parvillée, Mme Péan de Ponfilly-Renault, G. Serraz, Emma Thiollier ; les peintres : P.G. Rigaud, Léopold Delbeke, Juliette Reynaud ; le maître Verrier : Gruber ; le ferronnier d'art : Raymond Subes ; la musicienne Mme G. Serraz.

Henri de Maistre, Autoportrait, *huile sur toile, coll. part.*

Les réalisations les plus significatives en tant que groupement sont : l'Exposition d'art religieux 1929 au musée Galliéra, la Chapelle Sainte-Thérèse-de-l'Enfant-Jésus à Alger, l'Exposition coloniale de 1931.

D'autres groupements moins importants naissent : **Les amis des cathédrales** qui organisent des visites des édifices religieux sous la direction d'archéologues, des conférences, et des concerts.

Les Amis des arts liturgiques présidés par Mgr Batiffol, organisent des conférences, des expositions et des cours de liturgies. Cette association est surtout pour sa Revue *« La Vie et les arts liturgiques. »*

A Lille en 1925, se crée la **Société De Saint-Marc**, société d'artistes présidée par Paul Pruvost. Cette Société est une filiale de la Société de Saint-Jean à Lille plutôt qu'une association originale.

Dans les années 1925-1940, la Société de Saint-Jean vit sur une immense contradiction. Ses membres sont des artistes, des notabilités reconnues, encensées, admirées par tous. Elle organise des expositions internationales d'art religieux, en 1925, 1927 et 1938 au Pavillon de Marsan. Elle est l'épine dorsale de l'art catholique dans les expositions de 1931 et 1937. Elle fait le lien entre les différents groupements d'artistes. Mais la réflexion sur l'Art, et l'Art Sacré surtout, se fait ailleurs, dans les revues : « *L'Artisan liturgique* », « *L'Art sacré* », « *La Vie catholique* », « *Les Cahiers catholiques* », « *Les Cahiers thomistes* ».

Si cette période se caractérise par une production nombreuse et de très grande qualité pour l'Art Sacré, l'artiste d'Art sacré est de moins en moins libre en tant qu'artiste, il est soumis de plus en plus à de multiples contraintes.

Les grandes réalisations se font par atelier. Ce travail collectif est victime du « syndrome du convoi », c'est malheureusement le minima qui l'emporte. Cette production où tant d'intervenants interfèrent (curés, vicaires, conseil paroissial, architectes, artistes,...) est celle du plus petit dénominateur commun.

L'idée d'un « art chrétien » avec une technique chrétienne est à nouveau présente. A nouveau des livres, des publications font la recette des procédés d'un art chrétien :

Dès la fin des années 30, des critiques très vives commencent à poindre à l'encontre des « spécialistes de l'art religieux ». Un relais important de ces critiques sera la revue « Art Sacré ». On y reproche aux spécialistes de l'art sacré une monotonie, un style sec et compassé, un désintérêt et un désengagement vis à vis de l'art moderne. : « *... (autres) dangers pour les talents modestes : la spécialisation dans l'art religieux. Je crois qu'il y a une grave et douloureuse erreur, étant donné ce que sont aujourd'hui les choses. Concrètement, c'est déjà une attitude arbitraire en face de la vie artistique de notre temps. La vie est unie. Dans un monde où le sens de la vie n'est plus religieux, l'art ne saurait l'être. Dès lors quiconque s'isole du courant, devenu profane, de l'art, risque toujours de se couper de sa vitalité et de singulariser artificiellement ses dons. Il s'y épuiseront vite* ». (Art sacré, 1938)

Cette critique qui venait du sein même de l'Église attaquait non seulement les spécialistes de l'art sacré mais annonçait également l'ouverture de l'Église à l'art devenu profane. Cet œcuménisme est la préfiguration de l'Église d'après-guerre aboutissement logique de l'Action catholique qui s'adressera à la classe ouvrière, aux athées non plus comme à un peuple à évangéliser mais comme les interlocuteurs d'un dialogue.

Ce courant d'opinion se concrétisera avec la chapelle-manifeste du Plateau d'Assy de Novarina et où vont s'illustrer les grands absents du courant officiel de l'art sacré et des artistes éminents non catholiques : Léger, Matisse, Chagall, Lurçat, Rouault,... On peut citer également l'exposition d'art religieux du Pavillon de Marsan en 1938, où Pichard laisse une grande place à Chagall, Derain, Rouault et Utrillo. En 1939, Hébert-Stevens organise au Petit Palais une exposition de vitraux et de tapisseries où Braque, Picasso, Léger, Lurçat et Rouault dominent.

Parallèlement à cette critique une autre opposition s'exprime, interne à l'art sacré, celle de Rouault, Bazaine et Manessier dont les intérêts spirituels et picturaux se sont déplacés vers la volonté de ne jamais aller au delà de ce l'on éprouve, de faire parfaitement correspondre l'expression et le sentiment. Contrairement à l'art sacré officiel qui semblait capable de traiter n'importe quel sujet à n'importe quel moment. L'admirable définition que Rouault donne au « métier » est caractéristique de toute une attitude qui est la condamnation de l'art sacré de l'entre-deux guerres : « *J'appelle métier, l'accord du monde sensible et de certaine lumière intérieure.* »

Si à la veille de la guerre, l'art religieux reprenait contact avec le courant général de l'art, elle mettait fin à ce courant si spécifique de l'art sacré des années 30. Les différents ateliers, corporations d'artistes chrétiens vont disparaître. Seul survivra, sans grand éclat les Ateliers d'art sacré jusqu'en 1975 et la société de Saint-Jean.

La peinture encadrée

Emmanuel Bréon,
conservateur du Musée Municipal de Boulogne-Billancourt

Querelle cyclique des Anciens et des Modernes, querelle des images, ces controverses passionnées sur la peinture sacrée – nous y entendrons art d'église – où chaque partisan ne voyait que l'aspect de la question qui collait le mieux à son tempérament, font figure de débats d'un autre âge (et pourtant toujours prêts à resurgir). Des années trente aux années cinquante, que d'anathèmes ! Était-il bien nécessaire de traiter Georges Desvallières de « Michel-Ange des macchabées », de railler le « doux » Maurice Denis, de ranger au placard le Christ de Germaine Richier, de fustiger les mosaïques de Fernand Léger, d'ignorer Georges Rouault, la plus flagrante parmi toutes ces occasions manquées de l'Église de France.

Ces artistes n'avaient-ils pas une âme ? N'y a t-il pas une place pour tous dans la maison du Père.

Mais nous vivons une fin de siècle. Le temps béni de ces périodes ou avec le recul nécessaire de l'Histoire, vient enfin l'heure des bilans sereins. A Boulogne-Billancourt nous avons décidé, et c'est la raison de vivre d'un musée, de « donner à voir ». Il nous faut montrer ce que l'on ne montre pas, remontrer ce que l'on a enfoui au purgatoire, voir, la formule est peut-être immodeste, prémontrer (toujours les ordres religieux !) devançant tout phénomène de mode.

La peinture sacrée des années trente, que nous prétendons défendre, a eu ces « génies du christianisme » : Maurice Denis, Georges Desvallières, Henri de Maistre, Valentine Reyre ont entraîné avec eux des cohortes de fresquistes sur les chantiers d'un christ banlieusard. N'ayons pas peur des mots, malgré tous ces

Henri de Maistre, Esquisse de la fresque La vie de Saint Louis de Gonzague*, réalisée dans la chapelle de l'école Saint-Louis-de-Gonzague à Paris, huile sur papier, 1936.*

Père Couturier, Saint Dominique recevant le rosaire de la vierge, *oratoire privé du maître général du couvent Sainte-Sabine à Rome, huile sur toile, 1936.*

Georges Desvallières, La Bonté, *huile sur papier, Musée Municipal de Boulogne-Billancourt, 1937.*

défauts, tous ces handicaps, toutes ces limites cette période est la plus intéressante de l'art sacré du XXᵉ siècle. Nous avons là une production de masse artistiquement mâture et belle.

Les peintres des ateliers d'art sacré, puisqu'à l'époque on préférait créer en groupe, voir en famille, ont assuré des réussites exemplaires : Épinay-sur-seine, le Saint-Esprit de Paris, Saint Christophe de Javel, Le Raincy... et à l'heure des bilans, Saint-Louis de Vincennes, somme toute, vaut bien Assy.

Pour l'église de l'entre-deux guerres, séparée depuis 1905 de l'État, il faut faire face à deux problèmes essentiels : reconstruire à tout prix les églises dévastées par la première guerre mondiale (surtout dans le nord de la France) et évangéliser les banlieues des grandes villes de France où la classe ouvrière est livrée à elle-même. A l'œuvre des chapelles de secours qui ne suffit plus vont succéder Les Chantiers du Cardinal devancés souvent par des initiatives particulières de « curés de choc » qui vont prendre de cours leur propres hiérarchie. Le Père Lhande avec son « Christ dans la Banlieue » a suscité bien des vocations de bâtisseurs. L'abbé David se retrousse les manches à Sainte-Agnès de Maison-Alfort, l'abbé Lieubray, à Sainte-Thérèse de Boulogne-Billancourt, Pierre l'ermite (le futur monseigneur Loutil qui portait bien son nom) à Sainte-Odile, porte de Champerret à Paris. En quelque sorte, Dom Camillo nargue Peppone en version originale. Ceux qui sont parfois d'anciens missionnaires des colonies vont faire merveille et notamment sur la ceinture rouge de la capitale.

De l'autre côté des fortifications de cette dernière, de nouvelles paroisses sont implantées. Le dialogue parfois difficile est cependant amorcé. Le père Touzé, administrateur des Chantier du Cardinal, en nouera un fructueux avec Henri Sellier, maire de Suresnes, promoteur des cités-jardins et des habitations à bon marché.

Myrthée Baillon de Wailly, Esquisse préparatoire
La nativité du Christ et la Vie de Saint
Joseph, *pour la fresque de la chapelle du Mont-Pelerin-en-Vevey, gouache sur papier, 1936, Musée Municipal de Boulogne-Billancourt.*

Georges Desvallières, Le Confessionnal, *huile sur papier, Musée Municipal de Boulogne-Billancourt, 1919.*

Jean-Pierre Laurens, Annonciation, Église
Notre-Dame-du-Calvaire à Chatillon-sous-Ba-
gneux, fresque, 1933-1935.

Le caractère d'urgence imposé à ces nouvelles implantations d'églises ne
laissera pas toujours de place à une création originale. Il faudra, pour la plupart
d'entre elles, réaliser des prodiges d'économie et de rapidité. De maigres budgets
ne permettent pas d'habiller le ciment, de construire le clocher ou de décorer
l'intérieur. Maurice Denis note en 1933 que «le clergé parfois pressé d'ouvrir
l'église au culte ou de procéder à une inauguration solennelle, obtient trop
souvent que les travaux soient ou négligés ou bâclés».

Si l'urgence est une excuse recevable, il est certain que le clergé de l'époque
n'est pas non plus préparé à faire le choix de l'audace artistique. Esclave de ses
préjugés, de routines, de malentendus, soumis à un mercantilisme triomphant, il
ne profite pas assez de l'éclairage offert par les revues de l'époque telle «L'artisan
liturgique» (revue bénédictine du monastère de Saint André de Lophem en
Belgique) ou bien «L'Art Sacré» fondée en 1934 par Joseph Pichard. Le père
Couturier qui reprendra «L'Art Sacré» en 1936 avec le père Régamey, regrettera
alors, à juste titre, dans son bilan de 1948 que l'on n'ait pas fait appel ni à Tony
Garnier, ni à Mallet-Stevens, ni à le Corbusier pour les Chantiers. Il est vrai que
le père Touzé (op. cit.), apôtre du juste milieu, se méfiait de la modernité:
devenu Monseigneur en 1952, il déclare: «que reproche-t-on aux prêtres, de
ne pas marcher assez vite? Oui, tant mieux, car nous allons à la mesure du
temps, nous reconnaissons le vrai beau, intelligible, nous nous méfions des
modes qui passent. Nos prêtres n'en ont que plus de raisons pour exiger des
artistes qu'ils leur donnent des œuvres équilibrées, des œuvres immédiatement
compréhensibles à leur peuple et à eux-mêmes. Est-ce là trop demander?» Mais

Maurice Denis, Beati Mites Quoniam Ipsi Possidebunt Terram, *esquisse pour la décoration de Saint-Louis de Vincennes, huile sur carton, 1923, Musée Municipal de Boulogne-Billancourt.*

il ne fera pas non plus appel très souvent à ceux qui pourtant attendaient beaucoup de leur pasteur : Les Ateliers d'Art Sacré, Les Artisans de l'Autel, L'Arche, La Société de Saint-Jean ou les Catholiques des Beaux-Arts.

Des chefs de file comme Maurice Denis, en garderont une certaine amertume et s'en plaindront dès 1933 de manière légitime : «...La société se transforme, les tendances égalitaires, la disparition ou l'appauvrissement des élites, la crise économique, la nouvelle civilisation scientifique risquent de détacher les hommes du plaisir de l'art. Dans les paroisses, les œuvres pratiques d'apostolat, les œuvres sociales ou scolaires laissent bien loin derrière elles les préoccupations artistiques. Les choses se passent comme si la société n'avaient plus besoin d'art, mais seulement de divertissements ou de réformes utilitaires : c'est ce que pensent beaucoup de prêtres... »

Et il est un fait que peu de commandes parviendront à ceux qui avaient voulu se spécialiser dans le service de l'église, qui avaient voulu une renaissance des Arts Sacrés qui méritât son nom. Appuyés par des écrivains célèbres ou par des architectes de renom (Paul Tournon), les artistes « regroupés » bénéficièrent presque uniquement de commandes prestiges pour les expositions universelles et les grands chantiers phares de l'époque qu'ils soient suscités ou non par le Cardinal Verdier.

Ils assurèrent bien, à titre individuel, quelques autres décorations mais ce ne fut que peau de chagrin en regard de la multitude des constructions envisagées puis réalisées.

Les grands programmes et le renouveau de la fresque

Les créations saint-sulpiciennes dès années 1880, celle produites par exemple par la Sainterie de la région troyenne où le prélat pouvait choisir son modèle au « paradis », (Vierge bleue azur au sourire suave, Sainte Thérèse aux yeux humides, Saint Joseph en toge et sandalette) mais aussi la peinture décorative au pochoir ont envahi les lieux de culte sur tout le territoire. La réaction contre cette production parfois diabolisée et contre ces nouveaux marchands du temple sera unanime.

Dès la fin de la première guerre mondiale on va épurer les églises et renouer avec la grande tradition. Le rejet de Saint-Suplice desservira la sculpture. A l'intérieur donc point de salut, elle ira rejoindre le haut des clochers et les tympans des nouveaux édifices.

Les grands programmes décoratifs feront donc la part belle à la fresque. Cette technique, remise au goût du jour par Puvis de Chavannes, correspond parfaitement à la doctrine Thomiste qui conseille le retour à la simplicité et à une certaine sincérité dans le choix de l'expression.

« La peinture à la fresque demande une préparation longue et une exécution rapide,... la peinture à l'huile favorise davantage la paresse, tant de l'esprit que de la main. On comprend de quel côté se rencontreront naturellement les lignes pures, les pensées mûries et les formes vigoureuses, la spiritualité de quel côté

Henri Marret, Étude pour un Chemin de Croix, *coll. part.*

aussi les improvisations, les reprises, l'incuriosité de l'essentiel et, les curiosités sensuelles » affirme alors, non sans un certain aplomb, l'abbé Duret. Sans beaucoup de préparation, sans artifice, en évitant les manières truquées tel que la pratique du faux-marbre, le béton austère des églises va donc être recouvert par de larges et ambitieuses compositions. Ce retour à la fresque sera d'autant plus suivi qu'il sera favorisé par la mise au point d'un produit révolutionnaire d'Alice Lapeyre et Pierre Bertin auquel ces derniers donnèrent le nom, à l'apparence cabalistique, de Stic B.

Les artistes pouvaient employer les couleurs mêmes qui servaient à la peinture de bâtiment et peindre réellement à « buon fresco » comme les maîtres italiens, sans avoir à redouter les désastres des tentatives de peinture à l'huile sur mur tentées en son temps par Léonard de Vinci. Maurice Denis, lui-même, n'hésitera pas à employer le procédé qui n'avait pas encore subi l'épreuve du temps. Il exécutera par ce moyen l'abside de Saint-Louis de Vincennes, le baptistère de Saint-Nicaise, la Cène du Pavillon Pontifical et sa chapelle du prieuré, à Saint Germain-en-Laye.

Des groupes, des équipes, ressuscitant en quelque sorte les chantiers du moyen-âge (apprenti puis compagnon), vont prendre d'assaut les murailles qui

M. FLANDRIN

leur sont offertes. La fonction d'architecte, maître d'œuvre, ayant été restaurée, Paul Tournon, président des catholiques des beaux-arts, en assumera, à plusieurs reprises, la charge. Conseillé par le clergé, il impose un programme iconographique qui est divisé assez équitablement entre les groupements divers d'artistes. A Épinay-sur-Seine (anciennement église des missions catholiques) on évoque, par exemple, l'évangélisation du monde sur fond imposé de cartes historiées et au Saint-Esprit (Paris) les grands pères de l'Église.

Les artistes qui ont « renoncé au pastiche » (ce sera leur credo) mais qui ne s'interdisent pas « l'utilisation de solutions anciennes demeurées bonnes » iront chercher, pour beaucoup d'entre eux, dans le Quattrocento italien matière à renouvellement de leur inspiration : La fresque du Saint-Esprit, avenue Daumesnil à Paris, consacrée à Catherine de Sienne par Marthe Flandrin et Élisabeth Faure en est l'exemple le plus probant.

Dans cette dernière église, on est saisi par la majesté de l'architecture (Sainte-Sophie de Constantinople) et le souffle de ces fresques en totale adéquation avec leur cadre. Tandis que ses pas résonnent, raisonne le promeneur silencieux les

Madeleine Massonneau, Annonciation, *huile sur toile, Musée Municipal de Boulogne-Billancourt.*

Marthe Flandrin, L'Ange déchu, *morceau de la fresque pour le bureau de Poste du 7 boulevard Haussmann à Paris, fresque, 1941, Musée Municipal de Boulogne-Billancourt.*

yeux levés vers ces œuvres à la manifeste volonté didactique recherchée par des artistes comme Maurice Denis: «En évoquant un fait historique ou religieux connu de tout le monde (qui le connaît aujourd'hui?), on donne à cette poésie qu'est la peinture un support auquel on pourra accrocher la pensée. Ainsi l'esprit du spectateur se trouvera relié directement à l'esprit du peintre».

Ces fresques, cet ensemble important du Saint-Esprit en tout cas, n'a rien comme a pu l'écrire le père Régamey, «d'une intolérable cacophonie d'éléments juxtaposés qui crie l'impossibilité d'une entente entre des participants dont la plupart ne sont pas arrivés à s'accorder avec eux-mêmes».

Il faut être chrétien

Le manifeste des Ateliers d'Art Sacré (il en sera de même pour les autres groupes) reprend à son compte le mot de Michel-Ange selon lequel il est nécessaire à l'artiste de mener une vie très chrétienne... afin que le Saint-Esprit l'inspire. Pour le clergé, les œuvres d'artistes non-pratiquants, a fortiori non croyants, ne peuvent être acceptées en raison d'une carence de leur «esprit religieux». Le Sacré des années trente sera donc restrictif.

«Le talent mis à part» (heureusement nos artistes en avaient), affirmera le père Touzé, «nous exigeons tout d'abord qu'un bâtisseur d'église ait la foi en Dieu et en sa présence sous le toit qu'il doit Lui édifier. Nul ne peut donner ce qu'il n'a pas». On est bien loin de la conception du Sacré formulée par Le Corbusier, dans une lettre de 1955 au Cardinal Dubois, selon laquelle «des choses sont sacrées, d'autres ne le sont pas qu'elles soient religieuses ou non» ou bien de celle du père Couturier selon lequel «même sans la foi, les grands artistes ont un sens métaphysique du mystère».

Ce débat se révélera, dans les faits et dans la pratique, plein d'ambiguïté.

Des modernistes comme le père Régamey, rappelant l'universalité de l'Église instaurant tout dans le Christ, admettent que celle-ci retrouve aussi sa figure dans l'Arche où quelques préservés échappent au déluge, tandis que de plus traditionnels comme Jacques Maritain demandent aux artistes chrétiens de «chercher à faire œuvre belle» sans forcément chercher justement «à faire chrétien». Tous, dans les années trente, se retrouveront dans cette dernière définition thomiste de l'art et de sa pratique.

A la lumière de Saint Thomas, on observera alors chez ces artistes catholiques, avec quelques amusements, des glissements de sujets du sacré vers le profane. Certains d'entre eux n'hésiteront pas, en effet, à produire des œuvres religieuses dans des bâtiments à vocation laïque: Maurice Denis décore, en 1931, le Bureau International du Travail à Genève avec un Christ prêchant aux ouvriers et Marthe Flandrin et Élisabeth Faure le bureau de poste du boulevard Haussman à Paris d'une fresque intitulée «la bonne et la mauvaise nouvelle».

Il est certain qu'il fallait de la personnalité pour, tout en étant chrétien, ne pas «faire chrétien». Tous, à part les maîtres et c'est là l'une des faiblesses des Ateliers, n'y parviendront pas.

Une Peinture sous influence, les Dominicains

L'ordre des frères prêcheurs est universel comme la catholicité. Dominique de Guzman, son fondateur, naquit en Espagne en 1170. En 1208, à Prouille, près de Carcassonne, il fonda son premier couvent de femmes. C'est en 1215, avec l'appui de l'évêque de Toulouse, qu'il réunit dans cette ville ses six premiers compagnons. Ainsi l'ordre illustre, dont sont issus, des docteurs tels qu'Albert Le Grand et Thomas d'Aquin et surtout des artistes comme les Fra Angelico et Bartoloméo, a reçu de la France son berceau.

Henri de Maistre, Les jésuites du Canada, *église des Missions à Épinay-sur-Seine, huile sur toile marouflée, 1931.*

En 1839, il était donc tout naturel que Lacordaire y reconstitua l'ordre aboli par la Révolution. A l'origine de la Société de Saint-Jean, ce dernier et ses Frères de l'ordre prêcheur seront les interlocuteurs privilégiés du monde artistique.

En 1919, le jeune Marie-Alain Couturier rentre dans les Ateliers d'Art Sacré aux côtés de Maurice Denis et de Georges Desvallières. Artiste de talent mais sans originalité excessive, il sera ordonné avec plusieurs de ses compagnons quelques temps plus tard. De l'ordre des frères prêcheurs son rôle sera alors déterminant pour les Ateliers au sein desquels on enseigne le dogme, la philosophie et la théologie de Saint Thomas d'Aquin. L'artiste des Ateliers doit rester libre en tant qu'artiste et il lui est recommandé de ne pas faire de sa dévotion une règle d'opération artistique.

Sous le généralat du R.P. Gillet, Marie-Alain Couturier fut requis en 1936 pour décorer Sainte-Sabine de Rome (établissement qui avait été donné par le pape Honorius III à Saint Dominique et où il vécut en 1220). Il y réalisera des toiles marouflées pour le nouvel oratoire privé du maître général : Saint Dominique conduisant Saint Thomas d'Aquin au Christ et La Vierge donnant le rosaire à Saint Dominique avec à ses côtés Catherine de Sienne. Ces toiles figuratives étaient très respectueuses du dogme et encore dans la lignée de ce qui se faisait couramment dans les Ateliers de la place Fürstenberg à Paris. Cette juxtaposition de personnages d'époques différentes est de tradition dans l'œuvre des peintres dominicains. Chez Maurice Denis on retrouvera ainsi, sous les traits des saints et des saintes, sa famille et ses proches.

Ce qui est intéressant de remarquer, c'est qu'à l'époque exacte ou le père Couturier peint ses toiles figuratives et traditionnelles, il prend la direction de la revue Art Sacré pour lui insuffler une ligne radicalement différente et nouvelle.

Pendant la seconde guerre mondiale, Français Libre à New-York, il fait la connaissance de tous les maîtres en exil : Matisse, Chagall, Léger, Lipchitz.... juifs et communistes fuyant alors la répression de Vichy. Ce sera pour lui une révélation. La rencontre de ces fortes personnalités le pousse, dès 1945, à se tourner vers eux, lui faisant oublier ses anciens compagnons de route : « Il vaut mieux s'adresser à des hommes de génie sans la Foi qu'à des croyants sans talent ».

Le coup porté fut rude car à part le groupement des Artisans de l'Autel dont les membres faisaient partie du tiers-ordre franciscain, l'ensemble de l'encadrement des Ateliers d'Art Sacré, dont Maurice Denis et Georges Desvallières, appartenait au tiers-ordre dominicain. En 1913, pour l'illustration de la vie de Saint-Dominique, Denis avait même refait l'itinéraire de Dominique de Guzman : Prouille, Fanjaux, Monréal, Toulouse, Viterbe, Bologne. Cet « abandon de poste » du père Couturier, et la mort de Maurice Denis en 1943, précipitèrent la fin des groupements d'artistes chrétiens et, en conséquence, l'influence des dominicains sur ces derniers.

Maurice Denis, Georges Desvallières et la relève

La peinture sacrée de l'entre-deux-guerres a été dominée et marquée par deux grandes figures incontournables pour l'époque : Le doux Maurice Denis et l'impétueux Georges Desvallières. Quelle curieuse alchimie que cette rencontre entre deux tempéraments si différents, rencontre que l'on pourrait presque qualifier de contre-nature. D'un côté une peinture tendre, poétique tout en étant réfléchie, de l'autre, une peinture fiévreuse, expressionniste et à l'emporte-pièce. D'un côté la foi de la petite enfance, de l'autre l'exaltation du converti.

Ces deux hommes ont pourtant décidé de fonder ensemble les Ateliers d'Art

Pauline Peugniez, Saint Patrick débarquant en Irlande et Saint Colomban, *église des Missions à Épinay-sur-Seine, huile sur toile marouflée, 1931.*

Émile Beaume, Jean de Monte-Corvino, premier évêque de Pékin, *église des Missions à Épinay-sur-Seine, huile sur toile marouflée, 1931.*

Sacré en 1919, car au sortir d'une guerre effroyablement meurtrière, il faut encore et toujours croire en l'homme et à son sens du Sacré. Le conflit a été vécu de manière très différente par les deux hommes. Maurice Denis envie à Desvallières son panache : «Desvallières devenu pacifiste» écrit-il dans son journal en 1918 «explique la guerre comme l'accomplissement d'une mission, d'un devoir, comme une abnégation. C'est vrai. Mais l'aurait-il aussi bien faite s'il n'avait cultivé son tempérament batailleur, son goût du risque et de l'aventure.... et moi je déplorerai toujours d'avoir été élevé dans du coton». Les deux hommes se retrouveront dans le deuil. Georges Desvallières a perdu un fils qui est tombé sous ses ordres et Maurice Denis, Marthe, son épouse, son égérie, son réconfort.

Cette direction bicéphale des Ateliers d'Art Sacré ou ils entraîneront, dès l'origine, Boulet, Couturier, Dubois, Hébert-Stevens, de Laboulaye, Lecoutey, de Maistre, Metschersky, Peugniez, Plessart, Vines sera pour eux désormais leur raison de vivre. Les deux enseignements se retrouveront en parfaite symbiose chez certains de leurs élèves (Henri de Maistre et Valentine Reyre) tel qu'avait pu être en son temps le résultat sur l'œuvre de Chassériau d'un équilibre parfait entre le dessin de Monsieur Ingres et la couleur de Delacroix.
Les deux hommes s'estimaient, c'est certain mais comment les faire cohabiter. La solution aux Ateliers fut simple : Desvallières «peintre des mystères douloureux et de la guerre» selon Denis, corrigeait les élèves le vendredi, tandis que Denis «celui qui nous a donné les signes les plus sûrs de la douceur de Dieu» selon Couturier, restait toujours fidèle au Samedi.

Maurice Denis, qui regrettait d'avoir le prénom d'un saint belliqueux, marque dès l'âge de quatorze ans, dans ses carnets et son journal, sa volonté de décorer des murs et spécialement des églises. La réalisation de Sainte-Croix du Vésinet en 1899 sera la consécration de ce rêve d'enfant. Le problème du sacré dans l'art l'interpellera en permanence et à Saint-Martin de Beuron, dès 1903, lui dont la curiosité ne se fermait à rien, s'entretiendra longuement avec le père Désiderius Lenz des possibilités d'un renouveau des arts sacrés ; réflexion qui, à cette époque, était le fait d'un bénédictin. Sans commande religieuse depuis le Vésinet, ce ne sera qu'en 1919 qu'il pourra de nouveau se consacrer réellement à de l'art d'église car «aux lueurs de l'autel s'éclairent les œuvres d'art, les jambes des anges, les peintures, et tous les souvenirs et tout ce qui m'attache à la vie». Les années trente seront, au contraire, pour l'artiste très prolifique. Tableaux de chevalet comme grandes compositions, tournés exclusivement vers les mystères de la vie intérieure (Maurice Denis, le doux, est aussi un angoissé qui doute) vont l'aider, en théoricien qu'il est, à dégager la claire figure de sa Foi. A la lumière de la peinture italienne du Quattrocento, peinture d'une Italie qu'il vénère comme une «vieille maîtresse» («ou mieux épouse affectionnée qui ne m'a jamais déçu»), il va mettre en scène inlassablement, dans ses œuvres, ses proches car quoi de plus naturel pour le peintre que de vivre sa Foi au jour le jour dans l'intimité de ceux qu'il aime.

Georges Desvallières, que le grand public connaît moins car il n'est pas montré, ne méritait pas d'être traité de «Déroulède de la piété» ou de «Michel-Ange des macchabées». Certes sa peinture est plus dérangeante que celle de Denis et, en 1920, il faisait tout autant scandale que Rouault. L'église eut peur de la véhémence de ce converti qui affirmait que le dogme chrétien était l'exaltation même de la vie. Moins théoricien que son compagnon, il avait cependant songé en 1912 à un projet d'une école d'art placée sous la haute protection de Notre-Dame de Paris. La première guerre mondiale mit en sourdine ce dernier. Après la mort de son fils accepté comme un sacrifice divin (voir à ce propos le

Georges Cornelius, La Vierge vieille, *huile sur bois, coll. part.*

tableau du musée de Boulogne intitulé le confessionnal) l'aboutissement de ce projet d'un atelier d'art sacré en 1919 fut salutaire. A côté de son rôle de professeur, il continua son œuvre personnel exclusivement tourné, comme Denis, vers le Sacré. Ses christs douloureux, trop douloureux pour certains, sur fond de tranchées de Douaumont, sont d'une humanité poignante. Le peintre est alors son propre sujet. Ce qu'exprime Desvallières est une émotion où il passe tout entier. Malgré ses qualités, et de même que Rouault, il n'aura que très peu de commandes. En 1920 il peint son drapeau du sacré cœur (Verneuil) et, en 1925, la chapelle de son mécène Jacques Rouché, à Saint-Privat. Vers 1930, il exécute son chemin de croix de Wittenheim, son chef d'œuvre, qu'il reprendra modifié pour l'église du Saint-Esprit à Paris et dont le Musée municipal de Boulogne-Billancourt conserve l'esquisse. Le bilan est maigre pour cet artiste hors pair, l'un de nos seuls expressionnistes Français. Georges Desvallières, qui aimait peindre en costume de chasseur alpin, a fait peur, lui qui pourtant était un véritable libéral. En 1912, il avait déclaré, à propos des cubistes : « Tout est si profondément bouleversé dans le domaine des arts que c'est parmi les peintres les plus avancés, les moins croyants, que nous retrouverons la trace des règles plastiques qui ont fait la grandeur de nos ancêtres ». Et il est un fait qu'il montrera toujours du goût et de l'intérêt pour ce qui était le plus éloigné de son propre talent.

En 1926, Maurice Denis va confier (par lettre du 13 octobre) les Ateliers d'Art Sacré à Henri de Maistre : « Je vous remercie d'accepter le poste du camarade qui s'en va (Lecoutey qui entrait en religion) ; et je ne suis pas étonné : je pensais bien que nous ne ferions pas en vain appel à votre générosité et à votre dévouement. Vous êtes un soldat. C'est bien ainsi ! mais c'est aussi parce que vous êtes un chef que vous savez prendre vos responsabilités que je me réjouis de votre acceptation ».

Henri de Maistre qui n'avait accepté la place que pour quelques mois, restera directeur jusqu'à la fermeture des Ateliers en 1947. Plus jeune que ses maîtres, il avait cependant le profil idéal pour ce poste. Lui qui avait subi tout jeune les feux de la guerre 14/18 (il en sera toujours marqué), sera le juste équilibre entre Denis et Desvallières. Les ateliers, sous sa houlette, assurèrent ainsi les grandes commandes des années trente.

L'après seconde guerre mondiale fut fatale à leur développement. Georges Desvallières était trop vieux désormais (85 ans) et la mort tragique de Maurice Denis, en 1943, laissa tout le monde désemparé, en particulier le père Couturier qui lui rendit justice : « C'est Denis que nous avons trouvé sur le seuil... près de vingt ans avant que Desvallières ne vint ; c'est Denis et Denis tout seul qui fit rentrer l'inspiration chrétienne dans le courant le plus vif de la peinture moderne... sans cette impulsion on ne serait pas parti, sans cette lumière on n'aurait pas vu clair ».

Le remplacement de Denis par Souverbie comme correcteur fut bien salué par la presse comme un facteur de pérennité encourageant (selon Xavier Lalloz) mais le répit ne fut que de courte durée. Les ateliers qui avaient pris un air de petite académie privée pour jeunes filles ne reçurent plus de commandes et ce manque de commande cessa d'attirer les jeunes artistes les plus doués, que les Ateliers avaient attirés lors de leur fondation. D'autre part les pères dominicains Couturier et Régamey, anciens de l'Art Sacré mais qui rejetaient les idées artistiques de leur jeunesse, ne s'adressèrent plus qu'aux maîtres indépendants.

L'évolution architecturale des églises de l'après-guerre, enfin, dont celle de Perret au Raincy a été en quelque sorte le modèle, firent une place de plus en plus grande au vitrail au détriment du mur peint. La conjonction de ces facteurs conduisit Henri de Maistre, d'un naturel discret et humble, à fermer définitivement les Ateliers à l'automne 1947, lui qui les avait dirigés à l'ombre de ses deux maîtres. Les locaux de la place Furstenberg furent alors cédés à de jeunes verriers dont le compagnon Le Chevallier.

Les anges de l'Art Sacré

On a l'habitude de dire que les anges n'ont pas de sexe. ; ceux des Ateliers d'Art Sacré, des Artisans de l'Autel, de L'Arche étaient des femmes : ils avaient pour prénoms : Myrthée, Marthe, Élisabeth, Valentine, Yvonne, Madeleine, Marie-Rose, Pauline, Odette...

La Guerre, mais aussi les nombreuses vocations, ayant emporté bon nombre d'hommes, ces femmes assurèrent courageusement la relève. Les catholiques des beaux-arts, sous l'impulsion de Paul Buffet, créèrent même, à partir de 1926, une section exclusivement féminine. Maurice Denis aurait souhaité un recrutement masculin plus actif (lettre à De Maistre de 1926) mais il dut composer avec elles.

Nadine Landowski, Décoration du chœur de l'église Saint-Pierre, Le Brusc.

Les femmes de l'Art Sacré, d'ailleurs, ne se contentèrent pas de broder des napperons ou d'organiser des bouquets. Certaines furent animatrices de groupe (Valentine Reyre créa l'Arche en 1916), rédactrices de revues, fresquistes en France et Outre-mer (Élisabeth Faure et Marthe Flandrin), sculpteurs (Marie Roux-Colas). Elles aidèrent les maîtres Denis et Desvallières à parachever de manière efficace leurs propres œuvres.

Le père Régamey qui déclara un jour « les Arts Sacrés doivent être virils » ne les avait sans doute pas vues à l'œuvre, montées sur des échafaudages de fortune, leur rouleaux de poncifs sous les bras et de longs et lourds pinceaux à la main. D'ailleurs, virils, pourquoi ne le seraient elles pas de temps en temps ? A la délicate Pauline Peugniez qui propose que la Foi soit tout ensemble inspiratrice et maîtresse de l'art, en souriant, Valentine Reyre ajoute : « comme inspiratrice beaucoup l'acceptent, mais qui, en art, se laisse discipliner par sa foi ? » L'art de Valentine Reyre sera alors selon Paule Escudier « viril et obéissant. Il est viril par son solide dessin, ses intentions nettement déclarées ; il est obéissant parce qu'il est orthodoxe ».

A Valentine on confie des chapelles à décorer entièrement. Elle les éclaire de fresques, de verrières, de mosaïques, quittant le pinceau pour l'outil, l'échafaudage pour le four. Sa fresque d'Épinay-sur-seine n'a rien à envier avec celles voisines de ses collègues masculins. Son atelier récemment redécouvert (3 000 œuvres) témoigne d'un véritable sens du monumental, de la pureté de la ligne et de l'organisation de l'espace visible.

Marthe Flandrin et Élisabeth Faure peignent à quatre mains de formidables morceaux qui racontent la vie de Sainte Catherine de Sienne (Saint-Esprit de Paris) ou de Sainte Geneviève (Nanterre) qui, patronne de Paris, naquit, il faut le noter, en banlieue. Elles voyagent, couple fraternel, au Maroc, poussant parfois plus au sud comme Élisabeth à Madagascar.

Le Musée municipal de Boulogne-Billancourt conserve un dossier complet de Myrthée Baillon de Wailly, concernant une commande qu'elle reçut pour une petite église de Savoie et où l'on voit, au travers d'un échange épistolaire avec le chanoine en charge de la paroisse, que l'on avait rien à apprendre à ces férues de théologie.

Marie-Rose Fouque, fille d'un marchand de fruits, qui aimait représenter ses collègues des ateliers, a peint de jolis tableaux à « la naïveté sincère » selon Desvallières.

Pauline Peugniez, épouse du verrier Hébert-Stevens, sait également tout faire : fresques, cartons de vitraux, tapisseries et images pieuses. Elle est plus à l'aise dans la peinture de chevalet qui convenait sans doute mieux à son sens de l'intime. Ses vierges entourées d'enfants ont un charme indéfinissable que l'on pourrait rapprocher de l'œuvre profane de Marie Laurencin. Quel dommage que le clergé de l'époque ait refusé sa vierge dans la prairie sous prétexte qu'elle portait un chapeau de paille.

Odette Pauvert en 1925, remporte le premier grand prix de Rome attribué à une femme (14 tours de scrutin seront cependant nécessaires) avec *La légende de Saint-Roman* où elle affirme déjà une forte personnalité que l'on retrouvera intacte dans sa fresque du Saint-Esprit. Yvonne Soutra, qui travaille souvent avec Henri de Maistre, sera, elle aussi, très prolifique et talentueuse. Elle compose de larges fresques pour le Saint-Esprit, Saint-Michel de Picpus à Paris et la chapelle de la providence à Mendé.

N'oublions pas non plus dans nos prières les beaux talents que furent Hermine David, qui fut la compagne tumultueuse de Pascin avant de rentrer chez les Bénédictines de Touques, Odette Bourgain, Élisabeth Branly, Germaine Lecler, Nadine Landowski et son admirable chapelle de Saint-Jean du Brusc, Paule Ingrand, Marie Belmon, Madeleine Massoneau, Yvanna Lemaître, Jeanne Simon et Louisa de Framont.

Ainsi ces anges ou ces femmes, quoique réalistes, ne firent pas de la figuration ! Elles jouèrent un rôle important dans ce renouveau de l'Art Sacré.

La querelle du réalisme et le choix de l'expression

Dans un article du Monde du 24 août 1992, Alberola, qui fut de Supports-Surfaces, a confié à Philippe Dagen : « L'Art s'est isolé, il s'est coupé du monde. Après 1945, c'est à dire depuis Auschwitz, depuis les camps de concentration et le génocide industrialisé des juifs... c'est la phrase d'Adorno : après Auscwitz, plus d'art possible. Les artistes qui ont commencé leur œuvre juste après la guerre, vers 1947 ou 1948, se sont demandé que faire. La représentation du monde était devenue impossible, parce qu'il était devenu lui-même insupportable ». Maurice Denis, mort prématurément en 1943, avait pressenti sans doute la même chose dans son journal dès 1940 : « Ce qui se passe n'est plus à l'échelle humaine, comme en 1914 ; c'est un cataclysme mondial, une catastrophe cosmique ». Peut-être, s'il avait survécu, aurait-il renoncé à toute figuration ou plus radicalement aux pinceaux, lui qui, s'en souvient-on, paradoxe entre tous, fut à l'origine de l'art abstrait et l'homme du retour au réel.

Mais le choc de la première guerre mondiale, si cruel fut-il, si stupide aussi comme le sont toutes les guerres, ne mit pas en cause les réalités humaines. Des deux côtés des tranchées on avait encore peur du néant.

La peinture sacrée de l'entre-deux-guerres se souviendra donc que le christianisme est la religion du verbe fait chair. Le principe de l'incarnation ne permettra pas que l'on réduise le Christ à l'état de symbole. Maurice Denis et ses amis le comprendront bien qui tentèrent de faire tout à la fois le plus réaliste et le plus spirituel possible, provoquant la colère du père Régamey adversaire de ce goût « moyenâgeux », selon lui, de décorer les églises afin d'instruire les illettrés : mais ces « ignorantes », ces « nescientes », ces « idioties », ces « rudes », ces « illeterati », ils lisent tous aujourd'hui !

A cela Maurice Denis répondra pédagogique comme toujours : « Le moyen d'édifier les foules n'est pas d'utiliser un poncif, d'employer des stratagèmes –, fonds d'or, rayons ou auréoles, attitudes conventionnelles plus ou moins imposées par l'usage –, c'est d'abord d'émouvoir. Il y a premièrement le pouvoir direct, le sortilège de l'art, qui par le jeu des couleurs et des formes remue profondément les facultés de l'âme : « message de l'au-delà » a dit Jacques-Émile Blanche ; et c'est ce que Delacroix appelait la musique du tableau. Mais il y a aussi un élément humain dans le sujet représenté, l'élément descriptif, que perçoivent plus aisément tous les hommes, car, dit encore Delacroix, « il s'établit un pont mystérieux entre l'âme des personnages et l'âme des spectateurs ». Ce qui dans l'art transmet aux spectateurs les passions, les sentiments, la joie et la douleur, enfin toute la psychologie du sujet, c'est l'expression de la figure humaine. On s'étonne d'être amené à insister très particulièrement sur de telles évidences ».

Ce débat est vieux comme la religion. A l'origine, le christianisme se défiait des artistes. On ne représentait jamais le visage du Christ. La Bible avait dit : « tu ne feras point d'images, figurant quoi que ce soit dans le ciel ou sur la terre ». Il s'agissait de tuer le culte des idoles, rivales de Dieu, qui appartenaient au paganisme. Le concile de Grenade, en l'an 300, précise que « l'objet de notre adoration, le visage du Christ, ne doit pas figurer sur les murailles des églises ». Puis le christianisme assimile l'art. Des basiliques s'élèvent à Byzance, à Rome, à Antioche et le visage du Christ et celui de la vierge apparaissent en 431 dans l'église de Blachernes. La représentation est admise. Il faut maintenant faire le choix de l'expression.

Les siècles passent, les artistes que nous appelons classiques soulèvent la

Henri de Waroquier, Dolori Sacrum, *peinture fixée sous verre, 1937, Musée Municipal de Boulogne-Billancourt.*

colère des fidèles et des évêques à cause de leur hardiesse. Michel-Ange, couché sur un échafaudage, peint au plafond de la Chapelle Sixtine ses admirables « Ignudi ». Daniel de Volterra retouchera, sur ordre du concile, Ces fresques en les rendant plus pudique.

Au XIXe siècle lorsque Delacroix eut passé sept années à décorer de fresques la chapelle des Saints-Anges à Saint-Sulpice, on hurle au scandale et Ingres s'écrie : « Je m'oppose à l'épilepsie de l'auteur des massacres de Chio. Je suis fier d'avoir respecté la forme humaine au lieu de disloquer les personnages et changer la vierge en iroquois ».

Mais pouvons-nous sourire, gens du XXe siècle, qui avons raisonné presque de la même manière, et parfois avec plus de virulence, à propos des Christs douloureux de Desvallières, de Rouault ou de Germaine Richier. Le débat, plutôt que d'hésiter de façon stérile entre abstraction et figuration, (la peinture étant de toute manière « Cosa mentale »), n'est-il pas concrètement là ! N'a t-il pas toujours été là ! dans le choix d'une expression.

Le clergé des années trente, et c'est une constante de l'histoire de l'art, préférera les néo-classiques, les décorateurs, aux romantiques, aux expressionnistes. Dupas, Bouquet, Laurens, Cheyssial, Simon, Marret, Genicot, Bernard, Baudoin, Poughéon, Zarraga, Virac, Untersteller, Toublanc, Martin-Ferrières, de Maistre, Lemaître, Laboulaye, Del Marle, Ducos de la Haille, Imbs, Billotey, Gowenius, Ollessievicz, tous de grands talents, seront privilégiés par rapport aux hommes de la démesure et du tragique, ceux qui se retrouvaient dans les Christ souffrants plutôt que dans les christ en majesté : Desvallières, Nakache, Waroquier, Cornélius, l'ami de Bernanos, Marchand, Artemoff, Osterlind, Alix, Eekman, Péterelle.

Une sculpture sous influences

Michèle Lefrançois,
conservateur aux Musées Municipaux de Boulogne-Billancourt

Louis Muller, Saint Mathieu, *céramique –
coll. Part.*

« Il est temps d'en finir avec cette statuomanie qui n'a pas sévi qu'a l'église, mais qui est partout déplorable... Il est temps de respecter la pureté des colonnes et des murs »[1].

Ce souhait, énoncé par Joseph Pichard, paradoxal quand on sait le rôle joué par la sculpture dans la piété populaire, visait essentiellement à l'épuration de l'art sulpicien, et s'inscrivait dans le projet plus vaste de renouer avec une spiritualité perdue depuis le naturalisme païen de la Renaissance, en retrouvant l'esprit des corporations médiévales. Et de fait malgré l'omniprésence dogmatique du patronage ecclésiastique, il n'y eut en matière de sculpture aucun programme édicté pour ces nouveaux « Ymagiers » du XXᵉ siècle. Le postulat demeura vague : entrer dans la modernité soit, mais en observant certaines convenances. Redéfini par Jacques Maritain à la lumière de la doctrine thomiste, l'art chrétien ne se concevait qu'en osmose avec un comportement chrétien, et les critères esthétiques limitaient la liberté de l'artiste à la tolérance d'un expressionnisme pédagogique qui excluait toute manifestation anecdotique. « Les images de l'église ne doivent en aucun cas scandaliser »[2]. Il faudra attendre les années 35-40 pour nuancer art d'église et art religieux et pour qu'une personnalité telle que le Père Couturier trouve « ...autant d'incarnation dans une œuvre non figurative que dans une figurative... »

Cela établi, l'art du sculpteur avait d'autres raisons de revenir aux sources de la tradition médiévale.

Dans l'austérité et la nudité des matériaux nouveaux, il renouait avec la simplicité. Dans la géométrisation induite des formes, la « loi du cadre » s'imposait à nouveau ; à nouveau, le primat donné à l'architecture annonçait la soumission de la sculpture réservée de fait aux tympans, aux clochers, aux chapiteaux. On retrouvait dans la taille directe les vertus de la vérité de la matière, comme on attachait à la polychromie de la pierre, une valeur populaire. Dans l'urgence de la reconstruction, *l'Arche* disait sa foi dans le nouveau et rapide Dieu Béton : « Loin de les repousser nous accueillerons avec sympathie tous les matériaux nouveaux. Nous les emploierons dans leur sens et nous n'essaierons pas de dissimuler leur rôle ». Un même matériau unissait désormais sculpture et architecture, tandis que la taille directe dans le ciment permettait une virtuosité technique qui réduisait paradoxalement à quelques heures le long travail du traditionnel tailleur de pierre. Contradictions d'une sculpture qui remettait à l'honneur le sens populaire du labeur manuel, mais se réclamait aussi de modernité, et qui se banalisa souvent dans une production de série.

Antoine Bourdelle, Vierge à l'offrande, *Vallée de Masevaux, Alsace, 1922.*

Raymond Delamarre, Béatitude, *église des missions, Épinay-sur-Seine, 1931.*

Passé le premier temps des chapelles de secours, les grands chantiers revendiquèrent la lisibilité de la fonction sacrée de l'église : les clochers furent monumentaux, les grands porches, triomphaux avec profusion sculptée aux tympans (l'élévation de la nef, due aux nouveaux matériaux n'étant pas étrangère à ce renouveau).

Dans cette démarche la récurrence du médiévisme fut fédératrice et le rôle qu'y joua la reconstruction ne fut pas négligeable dans la fidélité qu'on mit à l'imitation des anciens édifices romans et gothiques détruits pendant la guerre. De façon exemplaire elle apparaît sur les deux cents mètres carrés de façade de l'église Saint Ignace de Gentilly. « Tout pétri de gothicisme et de roman... » Saupique y sculpta dans la pierre cent vingt personnages, un *Christ en gloire* dans une mandorle, entouré du tétramorphe, ceint de panneaux historiés affectant la forme des voussures médiévales, tandis que les montants du portail évoquent les trumeaux de Souillac. Le Père Régamey reconnut là « ...Une tradi-

Carlo Sarrabezolles, Vierge, *église du village français, 1925.*

Carlo Sarrabezolles, clocher de l'église de Villemomble.

tion de notre art le plus authentiquement chrétien (...) celui qui entre à plein dans le jeu de l'Incarnation ».

L'image du *Christ en gloire* fut souvent reprise ; à Saint Pierre de Chaillot, Bouchard la complète par une iconographie hagiographique répartie en registres. La frontalité, les plis cassés dessinant ventres et genoux, la soumission à la loi du cadre, l'horreur du vide... rappellent sans peine les réminiscences romanes du sculpteur bourguignon. Sur d'autres tympans, des thèmes plus rares, comme celui de la crucifixion. Gaumont à l'église de Villers-Plouich, Bourget à l'église Sainte-Thérèse de Rennes, sculptent un gigantesque *Christ crucifié* ; à Arvilliers, Couvègnes l'accote de deux figures angulaires d'anges portant le calice du sacrifice.

Henry Bouchard, façade de l'église Saint-Pierre de Chaillot, *Paris, 1932.*

Jan et Joël Martel, Les prophètes, *basilique de la Sainte-Trinité, Blois, 1936.*

La technique nouvelle de sculpture sur ciment eut ses parangons. Sarrabezolles lui donna sa dimension monumentale à Elisabethville en plaçant en façade de l'église trente cinq statues réalisées en six semaines. Couvègnes joua aussi de ces possibilités nouvelles au tympan de Saint-Waast de Moreuil. A la Trinité de Blois, manifeste de la modernité U.A.M, où collaborèrent Lambert-Rucki et Barillet, les frères Martel engloutissaient quatre-vingt-dix tonnes de béton pour symboliser la doctrine théologique de la basilique.

Ainsi l'emploi du ciment, qu'il fût direct, moulé ou mélangé à de la pierre, permit la réalisation d'œuvres de grande taille, à plans largement épannelés, de lignes et de compositions synthétisées, qui répondaient aux recherches modernistes d'alors. Il autorisait également des hardiesses dans l'élancement des figures, la dentelle des claustra, qui l'apparentaient aux prouesses gothiques. Les architectes jouèrent d'ailleurs leur rôle dans ce nouvel aspect de la statuaire, en incitant les sculpteurs à utiliser le même matériau qu'eux. On vit ainsi des équipes se constituer. Couvègnes témoigne de cette nouvelle approche de « L'emploi du ciment dans la statuaire moderne »[3] : «...Lorsque Messieurs Duval et Gonse architectes D.P.L.G., me firent l'honneur de recourir à ma collaboration pour la décoration de quelques uns des édifices confiés à leurs soins, tous deux m'orientèrent vers l'amour du ciment, qu'eux-mêmes aimaient. Il me fallut accomplir des recherches dans le champ nouveau qui m'était offert, me familiariser avec cette matière, hier inconnue de moi». De même, comme le soulignait Tournon, «la grandeur expressive de l'unité de la matière», rendue possible par le béton, se conjuguait aussi avec l'économie pécuniaire que permettait sa rapidité d'exécution. Atout supplémentaire que Sarrabezolles retenait à propos du clocher de Villemomble : «... la paroisse n'était pas riche. Comment arriver avec peu d'argent à élaborer un pareil chant sculptural ? C'est alors que je proposai le béton... ».

Cependant l'austère géométrie du ciment laissa parfois peu de place à la décoration. A l'église du Raincy, seul était prévu le tympan sculpté par Bourdelle. La collaboration avec Perret reprenait avec le même souci de mettre à l'unisson sculpture et architecture. Le trait incisif de Bourdelle donnait au thème des *Saintes Femmes au tombeau* toute son acuité dramatique. La sculpture ne fut jamais mise en place.

Triomphales encore les façades sculptées de Saint-Christophe-de-Javel à

Gilbert Privat, Pietà *, terre cuite, coll. part.*

Paris, Saint-Maurice-de-Bécon-les-Bruyères, Sainte-Agnès-d'Alfort... A Jussy, un colossal *Sacré-Cœur* «...devait sa physionomie si religieuse... à sa simplicité de lignes. Jorret, qui en est l'auteur, a compris qu'il fallait faire là œuvre de caractère architectural, c'est à dire une statue aussi dépouillée que possible de façon à ce qu'elle fit un avec l'édifice »[4].

Plus rare par son iconographie modeste, le tympan de Sainte-Odile à Paris, dû à Anne-Marie Roux-Colas, évoque une douce envolée de chérubins, avec inclusion de pierres de couleur dans la sculpture polychrome, sorte de miniature agrandie enchâssée dans la façade. Vision suave qui démontrait la théorie de Maurice Denis sur «...le sentiment profond de la poésie des choses chrétiennes, de ce qu'elles enferment en elles de jeunesse et de paix ».

Cependant ce fut une exception qui confirma la règle, car le souci de la formule percutante se vérifia aux clochers. Signe visible de reconnaissance, on le haussa, on le décora. A Villemomble, vingt statues (7 m) le ceinturent; à Gentilly, quatre anges (6 m) le signalent... En 1925, 1931, 1937, les grandes expositions ne manquèrent par de coiffer chapelles, pavillons pontificaux et églises de statues gigantesques.

La statuaire était donc destinée à impressionner par sa monumentalité et situer immédiatement l'église dans l'espace urbain.

A l'intérieur, la dramaturgie des chemins de croix donna lieu à d'innovantes recherches formelles. Pour la chapelle du *Normandie*, Le Bourgeois utilise le «gros-plan» pour donner toute son intensité aux visages, aux attitudes, aux objets. Anne-Marie Roux-Colas utilisera le même procédé à la chapelle de l'Institut Sainte-Anne à Quimper. Lambert-Rucki, à la Trinité de Blois, tout au long de la nef, donna une importance exceptionnelle au chemin de croix. Moulée dans le béton, dans une polychromie atténuée et un dessin réduit à l'essentiel, la tragédie des stations, exprimée sans pathos, se fait l'écho de la sobriété de l'ensemble architectural; la verticalité des silhouettes, les jeux géométriques de la croix sont en parfaite harmonie avec les piliers et les parties hautes des vitraux. Cette pieuse «bande dessinée» se prolonge dans l'abside par

Georges Saupique, Façade de l'église Saint-Ignace de Gentilly, *1935.*

Raymond Couvègnes, Tympan de l'église Saint-Pierre de Roye.

des scènes évangéliques. Lambert-Rucki justifiait son souci de polychromie en regrettant que «... les artistes de Saint-Suplice n'aient jamais pris garde que les couleurs agissent puissamment sur nos sentiments religieux». «Pour ce motif...», ajoutait-il «...Je ne puis comprendre la statue religieuse que polychromée...»[5]. Cet art populaire où se mêlaient expressionnisme et primitivisme, humour et tendresse, correspondait bien à l'iconographie narrative des chapiteaux. Dans la même veine, Lambert-Rucki sculpta ceux de la crypte de Sainte-Thérèse de Boulogne Billancourt; il y posa en principe la «loi du cadre» dans un respect de la tradition médiévale qu'on put également observer de façon exemplaire sous le ciseau de Madeleine Froidevaux aux chapiteaux de Sainte-Geneviève de Nanterre ou encore à ceux de Prunay sculptés par Charlier.

De la même manière resurgit la statue colonne. Parfois simplement ornementale, comme à l'église des Missions d'Epinay sur Seine où les *Béatitudes* adossées aux piliers de la nef, en épousent la verticalité austère respectant ainsi le message iconographique de la pauvreté, strictement chez Anne-Marie Roux-Colas, de façon plus souple et lyrique chez Delamarre.. Parfois fonctionnelle, comme à la Trinité de Blois où les *Prophètes* sont taillés par les frères Martel dans la masse même du béton du pilier. Leur hiératisme était parfois adouci, par des exercices de style comme des diagonales, des volutes, issues d'un cubisme décoratif qui, comme à la tribune de la chapelle du *Normandie*, rompaient avec le jeu rigide des verticalités.

Si colonnes, chemins de croix, chapiteaux, autels, tribunes restaient en adéquation avec une géomérisation des formes, la statuaire isolée elle, répondit à d'autres critères. On remit en cause l'utilité de la statue, objet de dévotion idolâtre; on théorisa sur les moyens de sa spiritualité, et à son propos recommença l'éternelle «querelle des images». Elle survécut néanmoins et elle eut ses

Roger de Villiers, Reliquaire de la Vierge, *coll. part.*

Henri Charlier, Vierge à l'enfant, *abbaye de Solesmes, 1927.*

maîtres. « Le Denis de la Sculpture fut alors Henri Charlier... », comme l'écrivit Joseph Pichard. Empreint de philosophie bénédictine, lié en cela au message d'ascèse de Dom Bellot, menant sa vie au sein d'une communauté d'oblats, rédacteur à l'*Art Sacré*, membre fondateur de l'*Arche*, membre de la *Société de Saint-Jean*, Charlier chercha dans la sobriété des matières et l'économie des moyens, une technique chrétienne reconnaissable à son austérité. Le procédé prévalait sur le résultat : il y avait un certain héroïsme à travailler sans repentir. Ainsi ses pierres taillées directement, parfois polychromes, souvent non polies, qui affectent un certain archaïsme (*Vierge* de la Pierre-qui-vire, *Notre-Dame-de-la-Paix* de l'Hôtel-Dieu de la Flèche...). En faisant l'éloge d'un réalisme mystique, Charlier n'hésitait pas à faire passer par l'église la rénovation même de l'art : « ...La technique chrétienne aura son ascétique et sa mystique. Le sensualisme païen et le moralisme protestant sont exclus également de la cité de Dieu... La représentation de la lutte même et de la douleur n'y va pas sans une sérénité, sans une paix intime et cordiale... Si bien qu'en sauvant l'art chrétien, l'église sauve l'art tout court ».

Cette probité ouvrière, cette reconnaissance du travail manuel fut largement répandue. Des artistes comme Py, Jacob.. multiplièrent les bois polychromes, les ivoires. Dubos recommandait la « rusticité »[6] et le retour aux artisans de village. Le décor même de nombre d'églises faisait du travail un thème privilégié. Les prédications du Père Lhande restaient dans les mémoires et le « Christ dans la banlieue » s'incarnait au faîtage du Saint-Esprit par des statues d'ouvriers, au

Anne-Marie Roux-Colas, Porche de l'église Sainte-Odile, *Paris, 1936.*

porche de Saint-Pierre-de-Roye où figurent les « artisans de l'autel », à Sainte-Thérèse de Boulogne Billancourt ou la chapelle « Exemplar Opificum » est dédiée à Joseph Charpentier, à Notre-Dame-de-l'Espérance sise Faubourg Saint-Antoine et dont un bas relief honore le métier du meuble...

Inclure la vie quotidienne dans l'iconographie sacrée ne relevait-il d'ailleurs pas des préoccupations de la doctrine thomiste alors en faveur dans les Ateliers ?

« Faire prier le peuple sur de la beauté »... demandait l'*Atelier de Nazareth*. Pour satisfaire aux critères demandés, de nombreux sculpteurs se soumirent à une iconographie et un style convenus. Le plus célèbre d'entre eux fut probablement Roger de Villiers qui dut sa réussite à un art délicat, une imagerie suave. Cette représentation sereine et coutumière qui trouvait sa place à « l'église comme au foyer », vit son succès couronné par les nombreuses maisons d'édition (Rouart, Duffour, Mignard, Cheret..) et trouva des céramistes (Manufacture de Sèvres, Fau, Canale...) pour la populariser. Dans ce domaine s'illustrèrent Castex, Dufrasne, Bouffez, Serraz, Bouscau et beaucoup d'autres. Sculpture de série qui signifiait assez la difficile contrainte d'exprimer le mystère sous l'apparence d'un naturalisme familier et paisible et où apparaissaient comme une récurrence, les maniérismes de Réal Del Sarte ou les grâces de Privat. Mais quel que fut le modèle, il s'affadit en perdant de sa signification originale ; ainsi les Ateliers d'Art sacré qui se réclamaient de médiévisme renoncèrent aux « terreurs de l'An Mille » de l'iconographie romane et se bornèrent dans leur imitation à une idée globale de retour à la simplicité ; soumis au programme

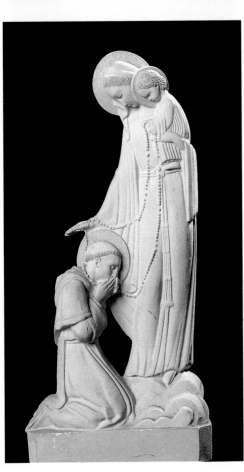

ecclésiastique, dont les maîtres-mots étaient lisibilité et sérénité, ils vidaient leur principale source d'inspiration de son sens premier.

Il fallait donc que l'église fût visible de loin ; on a vu comment la sculpture monumentale, aux porches et aux clochers contribua à cette « reconnaissance ». Hors de l'édifice même, elle continua son rôle de vecteur privilégié, et dans ce gigantisme, Serraz établit des records – trente trois mètres pour *une Vierge du Sacré-Cœur*, toute de béton, à Miribel ; vingt-deux mètres pour un *Christ Roi* bénissant la vallée de Chamonix.. A Paris, Landowski dressait une *Sainte Geneviève* de cinq mètres sur un pylône haut de quatorze mètres qui remettait en cause de façon polémique le problème du socle.

De formes simples et géométrisées, ces statues se signalaient par leur frontalité hiératique. « *La Vierge à l'offrande* » (6 m) que Bourdelle sculptait dans la vallée de Masevaux rompait avec ces formes rigides : les formes courbes de l'attitude, le visage incliné, lui donnaient dans la monumentalité cet aspect familier et doux des vierges médiévales. Et Maurice Denis vit là « Le chef d'œuvre de l'art moderne et de l'art religieux de tous les temps... »

Ainsi se déclinaient les principes de la sculpture catholique, moderne, conforme à la théologie, pédagogiquement simple, soumise à une commission d'experts qui en vérifiait l'authenticité religieuse et où dominait la présence des peintres. Chassé par la fresque peinte, la statuaire fut le parent pauvre de la

Marcel Gimond, Saint Thomas d'Aquin, *Bibliothèque ambrosienne, Milan, 1937.*

Georges Serraz, Saint Dominique recevant le rosaire, *plâtre polychrome, Musée Municipal de Boulogne-Billancourt.*

Paul Landowski, Saint Mathieu, *bois, 1992, Musée Landowski.*

Fernand Py, Saint François dictant l'Hymne au soleil au frère Léon, *bois, 1927.*

Jean Lambert-Rucki, Chapiteau de la crypte de l'église Sainte-Thérèse *de Boulogne-Billancourt.*

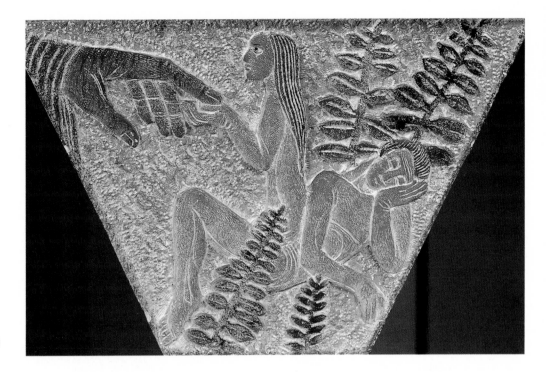

décoration intérieure d'église, et à la ronde-bosse on préféra le bas-relief, intégré et soumis à l'architecture.

En prônant l'utilisation de matériaux nouveaux comme le béton, les formes simples, l'épuration du décor, les Ateliers d'art sacré puis la revue « L'Art Sacré » se réclamaient de la modernité. Modernité certes, mais modernité ambiguë qui relevait encore de l'académisme ; rien ne remettait en cause une figuration naturaliste soumise à des règles iconographiques, et de façon exemplaire, Roger de Villiers, Henri Charlier apparaissaient alors comme les maîtres incontestés de la sculpture religieuse. Les limites de l'art sacré imposaient une vision sereine où « ...une sincérité douloureuse ne s'accordait pas forcément avec ces caractères de pureté et de paix, de confiance et de joie, qui dominent la liturgie »[7]. Seul le thème de la passion du Christ toléra l'expression de la souffrance ce qui permit une plus de grande audace dans la réalisation des chemins de croix.

Le Père Régamey confirmait cette prudence dans le bilan qu'il dressait en 1948 sur les années 1920-1940, en regrettant les « occasions perdues » : « ...Le bel avantage de casser les statues » Saint-Sulpice, « pour les remplacer par des productions de Bouchard, Réal Del Sarte, de Serraz... ». Jugement sévère qui révélait assez les options lacunaires. « L'Art Indépendant », qui avait en gommant l'anecdote, rendu sa sérénité à la sculpture, ne fut que médiocrement sollicité par l'Église : Despiau, Maillol, Wlérick... n'eurent pas les honneurs de la maison de Dieu[8]. Et pourtant Gimond modela un *Saint-Thomas-d'Aquin* et Bernard tailla une *Prière*, qui reçurent tous deux l'éloge de la critique.

Dans ce climat frileux, les individualités furent donc rares. Les frères Martel apportèrent néanmoins l'écho d'un cubisme décoratif et un synthétisme qui apparurent cependant au Père Couturier comme manquant de sensibilité : ...« je ne vois dans leur œuvre aucune tendresse pour le corps du Christ, aucune affection »[9].

« L'expressionnisme » de Lambert Rucki, qui se traduisit en art sacré par une extrême simplicité de formes géométriques, une polychromie appuyée, une imagerie naïve, répondait en fait au souci de lisibilité et aux règles de convenance que l'on souhaitait.

Il n'en demeurait pas moins que ces artistes incarnaient une évidente ouverture de l'église sur la création personnelle.

Mais il fallait ailleurs chercher plus de hardiesse. Dans le secret de son atelier,

en 1939, Zadkine taillait dans le bois une *Crucifixion* où l'arbre « ...serait resté présent » ; la réalité dépassée stimulait l'imagination, suscitait l'émotion. Dans le métal, Gargallo, jouant des vides et des pleins, des effets d'ombre et de lumière dramatisait la déchirure d'un *Christ crucifié* (1923), l'attitude inspirée d'un *Prophète* (1933). Le martyr de *Saint Sébastien,* (1943) sous les mains de Robert Couturier, devenait le long affaissement d'une silhouette à peine esquissée. On s'acheminait là vers la sculpture-symbole qui ferait le succès des années 50-60. L'art sacré se libérait de ses conventions ; l'église allait en faire l'expérience.

Georges Serraz, Notre-Dame de la Paix, *béton, Miribel, 1938.*

Dhomme, Les Évangélistes, *église Saint-Louis de Vincennes.*

Notes

1. PICHARD J., «Iconoclasie», *Art Sacré*, n° 10, Avril 1936.

2. COLOMBIER P., «L'Église et l'Art moderne», *Beaux-Arts*, 21 février 1923.

3. COUVEGNES R., *L'Age du ciment*, n° 9, avril 1936.

4. ARNAUD D'AGNEL G., *L'Age religieux moderne*, page 109.

5. LAMBERT-RUCKI J., «*L'Art Sacré*» n° 4, octobre 1935.

6. DUBOS A., «L'Art religieux au village», *Art Sacré* n° 4, juillet 1939.

7. PICHARD J., «Les limites de l'art religieux», *Art Sacré* n° 5, novembre 1935.

8. Seul WLÉRICK, exécuta une *Vierge à l'Enfant* (d'après Botticelli), modeste commande du curé de Cérons en Gironde. Un exemplaire se trouve dans la chapelle de Duravel (Lot).

9. COUTURIER M.A., *Se garder libre*, p 14-18.

La Règle vivante de l'Art et les lois de l'Art sacré

Philippe Rivoirard
Architecte D.P.L.G.

« On argue du passé, mais on ne sait pas assez la tyrannie de l'œil : pour le profane, c'est le déjà vu qui est le beau ». Abel Fabre, *Manuel d'Art Chrétien*, p. 416.

Les édifices cultuels construits en France durant l'entre-deux guerres sont méconnus et *a priori* mal perçus. C'est pourtant une période prolifique quant à la construction de ce type de bâtiments, et variée quant à leurs sources d'inspiration. Ce sont sans doute là des raisons de leur méconnaissance : il en est d'autres, comme le peu d'intérêt porté à l'art sacré par le mouvement moderne en France, et, de ce fait, sa marginalisation à côté des questions et des enjeux soulevés alors, qui restent les thèmes favoris des historiens de l'architecture. Période prolifique ? À cela trois causes principales.

D'abord, les importants flux de population autour des centres industriels – notamment la région parisienne – ont, depuis 1830, gonflé les paroisses urbaines ou suburbaines qui ne peuvent plus accueillir de nouveaux fidèles. Cette cause, sensible bien avant la Grande Guerre, est responsable des premiers projets d'édifices cultuels, souvent interrompus pendant le conflit.

Ensuite, les destructions de la guerre elle-même conduisent à la nécessaire reconstruction des « R.L. » – Régions Libérées – dans le nord et l'est de la France.

Enfin, la crise économique et morale qui suit l'euphorie de la fin de la guerre, renforce les aspirations communautaires et religieuses des populations.

Ces nécessités démographiques, économiques et sociales cumulées confrontent les autorités religieuses aux principales difficultés de toute édification : l'obtention de terrains et le financement de la construction.

Pour la reconstruction dans les « R.L. », et la construction en grande banlieue, le choix des terrains est relativement aisé et permet de conserver le principe d'édifices – églises ou chapelles – indépendants, symétriques, comme l'usage avait jusqu'alors prévalu. Dans les zones urbanisées, les terrains sont rares et onéreux ; ce sont bien souvent des terrains enchâssés entre parcelles. Plusieurs solutions sont retenues : construire une nouvelle église à l'emplacement d'une ancienne, comme Saint-Ferdinand-des-Ternes, ou sur un terrain concédé par la ville, comme la nouvelle église paroissiale de Champerret-Courcelles, Sainte-Odile, ou bien se résoudre à l'acquisition de nouveaux terrains, en complément autour d'une ancienne église, pour Saint-Pierre-de-Chaillot par exemple, ou non, pour le Saint-Esprit (Paris).

La nécessaire et souvent ingénieuse adaptation des projets au parcellaire et aux contraintes du site est l'un des traits caractéristiques de l'architecture de

A. et G. Perret, Église Sainte-Thérèse, Montmagny.

cette période; cela reste vrai pour les édifices cultuels: que ce soit dans les régions libérées, à Vendhuile (Aisne), par exemple, où Jacques Droz reconstruit l'église Saint-Martin et transforme une église à trois nefs en église à une seule nef en utilisant les fondations de l'église primitive détruite pendant la guerre, ou à Roye (Somme), où Duval et Gonse reconstruisent entre 1931 et 1933 l'église Saint-Pierre dont seul le chœur du XVe siècle a été sauvé de la destruction; ou bien encore à Paris, où, qui plus est, il faut respecter les gabarits et les servitudes inhérents au parcellaire et aux immeubles voisins: déjà le chantier de Saint-Jean-l'Évangéliste de Montmartre avait été arrêté pour de telle raisons; Bernard Haubold à Saint-Michel-des-Batignolles, Paul Tournon au Saint-Esprit, Jacques Barge à Sainte-Odile, Brillaud de Laujardière et Puthomme à Sainte-Agnès

Paul Tournon, église du Saint-Esprit*, Paris.*

Paul Tournon, église d'Elisabethville.

M. Brillaud de Laujardière et R. Puthomme,
église Sainte-Agnés*, Alfort.*

(Maisons-Alfort) adoptent des partis intelligents sur des terrains irréguliers et contraignants.

Le financement de la construction de ces édifices, souvent difficile , a pour conséquence des chantiers longs, abandonnés puis repris sur plusieurs années, notamment quand il s'agit de programmes ambitieux. Ainsi Saint-Pierre-de-Chaillot : après le concours en 1926, les travaux commencent en juillet 1931, s'arrêtent, faute de crédits, en 1935, reprennent l'année suivante, grâce à la persévérance de Mgr Jean Gaston, curé de Saint-Pierre, qui avait déjà édifié l'un des premiers sanctuaires neufs de la périphérie, Saint-Hippolyte, et ne sont achevés qu'en 1938. Si l'archevêché a fourni les fonds nécessaires à l'achat des terrains de complément, la construction de l'église a été entièrement financée par la générosité des paroissiens de Chaillot[1].

De même pour le Saint-Esprit : la première pierre est posée à la Pentecôte de 1928, l'achèvement, prévu pour 1931 – l'Exposition Coloniale n'est pas loin – n'est que partiel en 1934 : le narthex et le clocher sont terminés quelques années plus tard, en 1942. Certes, il s'agit là de deux des quatre plus importants programmes d'églises lancés alors à Paris (avec Saint-Ferdinand-des-Ternes et Sainte-Odile), mais il en allait de même pour des programmes moins ambitieux,

A. et G. Perret, projet pour l'église Sainte-Jeanne d'Arc, *Paris.*

telle l'église Saint-Jacques-le-Majeur, à Montrouge [2].

En fait, la première conséquence de ces difficultés financières et temporelles est le nécessaire recours aux matériaux et procédés constructifs nouveaux – le fer et le béton armé principalement, «matériau de cinéma ou d'abattoir» [3] selon certains – par une maîtrise d'ouvrage très attachée à la tradition. Malgré quelques exemples établis dès le XIXe siècle (Saint-Eugène, 1855, par Boileau et Lusson, en fer et fonte ; Saint-Augustin, 1860-1871, par Baltard, en fer et fonte ; Notre-Dame-du-Travail, 1899-1903, par Jules Astruc, «ce marché, ce hangar» [4] ; Sainte-Marguerite, au Vésinet, 1862-1864, par Boileau et Coignet, en béton sur structure métallique ; Saint-Jean l'Évangéliste de Montmartre, 1894-1904, par Anatole de Baudot, «aux formes agressives et veules» [5], en ciment armé), les nouveaux procédés constructifs ont été longtemps mis à l'index, en raison de leurs caractères «artificiels». Il faut attendre les réalisations de Droz et Marrast, Saint-Louis de Vincennes (1914-1924), et des frères Perret, Notre-Dame-du-Raincy (1922-1923) pour qu'ils trouvent enfin leurs lettres de noblesse.

La seconde conséquence de ces difficultés est la nécessaire adaptation des projets à leur financement. Si l'usage du fer ou l'emploi du béton permet une économie de matériaux et de temps, cette adaptation passe également par la simplification des projets : ainsi voit-on Albert Guilbert, l'architecte de la très académique chapelle commémorative du Bazar de la Charité, rue Pierre-Charron, en 1897, simplifier les plans de l'église Sainte-Jeanne-d'Arc de Versailles et adopter le principe d'une ossature en béton armé dès 1919 ; Albert Guilbert est l'auteur de l'intéressante église Saint-Julien, à Domfront (Orne), réalisée en 1925 en béton armé. Ainsi également J. Droz et M. Brissart avaient-ils dû reprendre leur projet de l'église Sainte-Jeanne-d'Arc, à Saint-Éloi-les-Mines (Puy-de-Dôme), édifiée aussi en béton armé.

La construction d'édifices cultuels connaît, à partir de 1931 et des premières conséquences de la crise économique, une accélération en Ile-de-France : les programmes lancés antérieurement n'étaient pas suffisants pour satisfaire aux besoins religieux de la population du diocèse parisien. Déjà, en son temps (1886-1908), le cardinal de Paris, Mgr Richard, avait ouvert aux fidèles une cinquantaine de chapelles de secours [6]. Reprenant cette idée, le cardinal Verdier, assisté de l'archidiacre de Sainte-Geneviève, Mgr Touzé, lance un vaste programme de construction afin d'ériger une soixantaine d'églises : les Chantiers du Cardinal. Entre 1931 et 1934, soixante chantiers sont ouverts ; au total, jusqu'en 1939, une centaine de chantiers, dont environ soixante-dix en banlieue, sont entrepris. Ils correspondent à l'agrandissement d'une dizaine d'églises paroissiales, à l'ouverture de 25 chapelles de secours, à l'édification d'une trentaine de chapelles et à la création d'autant d'églises. Quelques soixante-dix architectes ont collaboré aux Chantiers du Cardinal, financés par la seule générosité des fidèles.

Beaucoup d'églises édifiées durant l'entre-deux guerres sont construites sur le plan basilical à une nef, plus rarement sur le plan en croix grecque ; le plan en croix latine reste cependant la règle. Le rejet des modèles néo-gothiques, perçus comme trop ostentatoires, incite à chercher de nouvelles sources d'inspiration : les architectes tentent de retrouver la simplicité des premiers édifices chrétiens, qu'ils soient de style romain, byzantin ou roman. Préférant l'arc en plein cintre et l'arc polygonal, rares sont les architectes qui ont recours à l'arc brisé : parmi eux, Dom Bellot, James Bouillé et Edouard Monestès en font un usage remarqué. La simplicité recherchée aboutit à une intégration de la sculpture sur les façades extérieures, au retour de la fresque sur les grandes surfaces planes qu'offrent les murs intérieurs. L'ornementation intérieure de la nef réside également dans son traitement architectural : ressauts de briques, claustras de béton armé, etc... Une attention toute particulière est portée aux effets de lumière, et l'art du vitrail y retrouve expression et intérêt.

J. Droz, église Sainte-Jeanne d'Arc, *Nice.*

L'architecture religieuse reste un domaine où le poids de la tradition, des symboles et des rites entraîne plus souvent vers la copie, voire vers un éclectisme savant, que vers un renouveau des sources d'inspiration. A cette aune, peu de chefs-d'œuvre ont vu le jour, mais quelques œuvres stimulantes, et plusieurs réalisations intéressantes. L'intérêt premier réside dans cette survivance qui fait de l'église le dernier lieu où se rencontrent architecture, sculpture, peinture, art du vitrail, tapisserie, serrurerie, orfèvrerie, etc., dans une fragile recherche d'accord entre ces diverses formes d'expression qui est restée trop souvent une « cacophonique juxtaposition »[7]. Architectes, sculpteurs formaient équipe : ainsi Paul Tournon et Carlo Sarrabezolles que l'on retrouve à Villemomble, à Elisabethville et au Saint-Esprit (Paris). Les artistes faisaient souvent partie d'un groupe, à l'image des Ateliers d'Art Sacré, tel que l'Arche[8], l'Atelier de Nazareth[9] ou les Artisans de l'Autel[10]. Bien des églises doivent leur réel intérêt

P. Vilain et Serex, église de Rouges-Barres.

Dom Bellot, église Notre-Dame-des-Trévois, *Troyes.*

P. Rouvière et M. Froidevaux, Basilique Notre-Dame-de-la-Trinité, *Blois.*

aux artistes qui ont participé à la décoration, et non à l'architecte. Rares sont les parfaites affinités.

Incontestablement, les frères Perret ont, les premiers, donné une œuvre d'Art Sacré contemporaine, où se retrouvent leur savoir-faire en matière de béton-armé et leur goût pour un hiératisme classique. Notre-Dame-du-Raincy, sans aucun doute l'une des plus belles églises de la période, reste aussi l'une des œuvres majeures des frères Perret, et certainement l'une des plus attachantes dans leur production. Notre-Dame-du-Raincy est souvent opposée [11] à l'église de Moreuil (Somme), réalisée par C. Duval et E. Gonse suivant les mêmes procédés, le hiératisme en moins, et partant, moins réussie. Sainte-Thérèse de Montmagny, toujours des frères Perret, est une variante en mineur de Notre-Dame-du-Raincy. Parmi les projets non réalisés des frères Perret, à côté de l'église de Carmaux, figure le projet de concours pour la basilique Sainte-Jeanne-d'Arc, à Paris, dont les dessins traduisent l'envergure : « sans doute la basilique Sainte-Jeanne-d'Arc dont Perret avait conçu le projet aurait-elle été cette œuvre suprême, il y a un quart de siècle environ » [12].

Autre architecte dont les œuvres religieuses de cette époque sont stimulantes : Jacques Droz. Après l'église Saint-Louis de Vincennes, réalisée en collaboration avec Joseph Marrast, il dessine l'église du Village français à l'Exposition des Arts Décoratifs de Paris (1925), qui est la première manifestation publique traduisant le renouveau de l'art sacré ; puis l'église Sainte-Jeanne-d'Arc de Nice, dont les trois coupoles ellipsoïdales ont étonné les contemporains. Beaucoup plus contestable apparaît le projet de l'église du Christ-Roi à Huningue de cet architecte.

Si Paul Tournon reste un architecte incontournable quant il s'agit d'édifices religieux, l'intérêt de ses œuvres est très variable. L'église Sainte-Thérèse de l'Enfant-Jésus, à Elisabethville, malgré son « genre artiste » [13], est l'une de ses œuvres les plus homogènes et les plus expressives. L'église du Saint-Esprit, à

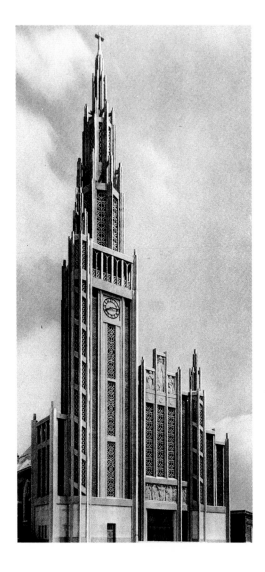

C. Duval et E. Gonse, église Saint-Waast, *Moreuil.*

J. Tandeau de Marsac, église des Saints-Anges-de-Gravelle, *Saint-Maurice.*

Paris, dont le plan et les façades sont d'une belle intelligence, est toute imprégnée de la Sainte-Sophie de Constantinople. La chapelle du Pavillon des Missions, à l'Exposition Coloniale de Paris (1931) a été reconstruite à Epinay en 1933 : la décoration intérieure vaut mieux que l'architecture de style « colonial ». Le Pavillon Pontifical de l'Exposition internationale de Paris – 1937, auquel avaient collaboré les architectes Braunwald, R. Petit, Jean Guy, Leroy, Jacques Droz, Saulaville, Yves-Marie Froidevaux et Paul Flandrin, a également été reconstruit partiellement à Amiens en 1957, malheureusement avec quelques modifications et sans le programme décoratif d'origine : l'église Saint-Honoré n'a pas la splendeur et l'originalité de son modèle.

On ne saurait non plus passer sous silence l'œuvre immense du R.P. Dom Bellot, moine bénédictin, architecte dont la carrière s'inspire de celle de ses prédécesseurs du Moyen-Age, puisqu'il construisit monastères et églises, en Angleterre, en Hollande et en France. Spécialiste de la brique, il n'en méprisait pas pour autant le béton armé, et avouait rechercher dans ses œuvres l'esprit authentique de l'art roman. Un temps exilé par les lois « laïques », Dom Bellot réalisa à son retour en France plusieurs églises et bâtiments conventuels parmi les plus intéressants de la période : l'église de Comines (Nord), 1925-1931, en collaboration avec M. Storez ; l'église d'Audincourt (Doubs), 1929-1930, aux curieuses voûtes polygonales ; l'abbaye Saint-Paul de Wisques (Nord), 1930, où l'architecte bénédictin s'était établi ; le prieuré Sainte-Bathilde, 7 rue d'Issy, Vanves, 1930-1935 ; l'église Notre-Dame-des-Trévois, Troyes (Aube), 1932-1933, aux arcs paraboliques ; l'église Notre-Dame-de-la-Paix, place Aristide-Briand, Suresnes, 1932-1934, restée inachevée.

Parmi les œuvres intéressantes de cette époque – qui a vu aussi la construction de la basilique Sainte-Thérèse de Lisieux (Cordonnier père et fils architectes) – citons, sans prétendre à une quelconque exhaustivité :

– Saint-Dominique (Paris) construite de 1913 à 1921 en béton armé, malgré les apparences, sur un plan en croix grecque – l'un des premiers de la période – dessiné par Gaudibert ;

– Saint-Léon (Paris) construite de 1925 à 1936 par Émile Brunet ;

– Saint-Pierre de Chaillot (Paris) construite de 1931 à 1938 par Émile Bois assisté de Bernard Lissalde, qui vaut surtout pour son église basse édifiée telle une crypte, sur un plan en croix grecque ;

– Sainte-Agnès (Maisons-Alfort) construite en 1933 par Marc Brillaud de Laujardière et Raymond Puthomme ;

– Saints-Anges-Gardiens (Gravelle-Saint-Maurice) construite en 1933 par J. Tandeau de Marsac ;

– Notre-Dame-du-Calvaire (Chatillon-sous-Bagneux) construite en 1933 par Paul Flandrin ;

– Saint-Antoine-de-Padoue (Paris) construite de 1933 à 1936 par Léon Azéma, l'un des architectes du Palais de Chaillot, mais également l'un des auteurs (avec H. Edrei et J. Hardy) de l'émouvant ossuaire de Douaumont ;

– Saint-Ignace de la Cité Universitaire (Gentilly) construite de 1933 à 1936 par Pierre Paquet et son fils ;

– Sainte-Odile (Paris) construite de 1935 à 1938 par Jacques Barge, qui est l'un des derniers Chantiers de Cardinal.

Deux bâtiments aussi exceptionnels que Notre-Dame-du-Raincy et Saint-Louis de Vincennes, qui ouvraient cette période de l'entre-deux-guerres, marquent son achèvement puisque, lancés avant 1939, ils ne seront terminés qu'après 1945.

La basilique Notre-Dame-de-la-Trinité, à Blois, commencée en 1932 par Ch.-H. Besnard, reprise en 1936 par Paul Rouvière et menée à terme par Yves Froidevaux après le décès de son prédécesseur en 1939, est une œuvre remarquable et véritablement méconnue de cette époque.

L'église Notre-Dame-de-Toute-Grâce, érigée à partir de 1937 par Maurice Novarina sur le plateau d'Assy (Savoie), au milieu des *sanatoria* (de Pol Abraham et Henri-Jacques Le Même) et des pensions pour malades, reçut après 1945 une décoration intérieure de tout premier ordre et reste une pièce essentielle de l'histoire de l'art au XXe siècle.

Si l'ensemble des édifices cultuels de l'entre-deux-guerres n'est pas de cette qualité, leur redécouverte, leur connaissance autorisera peut-être un jugement dernier plus équitable et lèvera en tout cas leur mise à l'index par l'histoire de l'art contemporain.

Notes

1. N. André DEVÈCHE, *L'Église Saint-Pierre de Chaillot de Paris*, Librairie de la Nouvelle Faculté – Édition de la Tourelle, Paris, 1977. Cf. également les revues *L'Architecture*, et *La Construction moderne*.
2. « Les Chantiers du Cardinal », *L'Architecture*, mai 1938.
3. P.-R. RÉGAMEY O.P., *Art sacré au XXe siècle ?* Éditions du Cerf, Paris, 1952, p. 304. L'auteur cite un extrait de conférence.
4. *Ibid*. p. 314.
5. *Ibid*. p. 315.
6. « Les Chantiers du Cardinal », *op. cit*.
7. P.-R. RÉGAMEY O.P., *op. cit*., p. 228.
8. « L'Artisant liturgique » n° 13, avril-mai-juin 1929.
9. « L'Artisant liturgique » n° 17, avril-mai-juin 1930.
10. « L'Artisant liturgique » n° 18, Juillet-août-septembre 1930.
11. « Cahier de l'Art sacré » n° 10, 1946, p. 36. Plus de quinze ans après la construction de l'église de Moreuil (Somme), le contraste avec Notre-Dame-du-Raincy reste entier.
12. P.-R. RÉGAMEY O.P., *op. cit*., p. 417.
13. *Ibid*. p. 315.

Index des architectes

Abraham Pol (Hippolyte, dit) 1891-1966
● Chapelle du sanatorium de Guébriant (Haute-Savoie) 1934, en collaboration avec Henri-Jacques Le Même.

André P. ● Sainte-Famille, Le Kremlin Bicêtre, 1925-1935.

Andrieu J. ● Églises de Bazentin, Bécordel et Irles (Somme).

Astruc Jules (1862-1935)
● Notre-Dame-du-Travail, 59 rue Vercingétorix, Paris 14ᵉ, 1901-1903 – agrandissement 1922-1924.

Auburtin J.-M.
● Saint-Nicaise – Foyer rémois, Reims, (Aisne).

Autant* Chapelle Saint-Jean, Gentilly. △

Azema Léon*,
(Grand Prix de Rome 1921)
● Ossuaire de Douaumont 1923, (Meuse), en coll. avec H. Edrei et J. Hardy.
● Saint-Antoine de Padoue, 52 boulevard Lefèvre, Paris 15ᵉ, 1933-1936 △.

Bagge Éric*
● Saint-Jacques le Majeur, Montrouge, 1934-1937 △.

Ballu Théodore (1817-1885)
● Cathédrale d'Oran, 1908, entreprise Perret frères.

Barbier Julien*
● Saint-Maurice, Bécon les Bruyères, 1907-1910.
● Sainte-Germaine, Cachan, 1930 △
● Saint-Adrien, Courbevoie, 1928-1930.
● Notre-Dame-des-Saints-Anges, Mitry-Mory.
● Sainte-Marie des Fontenelles, Nanterre, 1912-1913.
● Notre-Dame-de-L'Espérance, 51 bis rue de la Roquette, Paris 11ᵉ, 1928-1930.
● Sainte-Jeanne de Chantal, rue du Lieutenant-Colonel Duport, Paris 16ᵉ, 1938 △.
● Chapelle des Otages, rue Haxo-villa des Otages, Paris 20ᵉ △.
● Sainte-Famille, Pré-Saint-Gervais.

Barge Jacques*
● Sainte-Odile, 2 avenue Stéphane Mallarmé – boulevard de la Somme, Paris 17ᵉ, (1935-1938) △

De Baudot Anatole (1834-1915),
(2ᵉ Grand Prix de Rome)
● Saint-Jean-l'Évangéliste de Montmartre, 2 place des Abbesses, Paris 18ᵉ, 1894-1904.

Dom Bellot Paul (1876-1944)*
(2ᵉ Grand Prix de Rome)
● Abbaye de l'île de Wight (Angleterre).
● Abbaye d'Oosterhout (Hollande).
● Saint-Chrysole-Comines (Nord), 1925-1929 (en coll. avec Maurice Storez).
● Église d'Audincourt (Doubs) 1929-1930.
● Abbaye Saint-Paul de Wisques,

(Nord) 1930.
● Prieuré Sainte-Bathilde, 7 rue de d'Issy, Vanves, 1930-1935.
● Notre-Dame-des-Trévois, Troyes, 1932-1933.
●Notre-Dame-de-la-Paix, place Aristide Briand, Suresnes, 1932-1934 △.
● Monastère, Montpellier, 1936

Bernard ● Chapelles Saint-Christophe des autodromes de Montlhéry et de Miramas, projets, 1928

Bertich ● Église de Logelbach (Haut-Rhin)

Bertrand* ● Saint-Ferdinand des Ternes, 27 rue d'Armaillé / rue Saint Ferdinand, Paris 17ᵉ, en coll. avec Durand et Théodon, 1938 △.

Besch ● Sainte-Thérèse de l'Enfant-Jésus, Metz, projet primé en 1933, mais non réalisé.

Besnard Charles-Henri
● Saint-Christophe de Javel, 28 rue de la Convention, Paris 15ᵉ, 1927, Lossier entrepreneur, 1921-1934
● Basilique Notre-Dame-de-la-Trinité, Blois, 1932-1949.

Besnard-Bernadac*
● Sainte-Louise de Marillac, Drancy, 1938-1939 △

Bezault* ● Sainte-Marie-Libératrice, le Plant-Champigny △.

Billecocq* MM.
● Chapelle Jésus-Ouvrier, Arcueil △. Notre-Dame-Auxiliatrice, Clichy, agrandissement △.

Bion* ● Saint-Louis, Bondy, en coll. avec Voillemot, (abrite la table de communion du Pavillon Pontifical de 1937) △.

Blavette Victor (1850-1933)
(Grand Prix de Rome 1879)
● Couvent des Pères Franciscains, rue Marie-Rose; rue du Père Corentin, Paris 14ᵉ, 1930-1938, en coll. avec Gelis P., et Hulot J. après son décès.

Boileau Louis-Auguste (1812-1896)
● Église Saint-Eugène, 4 bis rue Sainte-Cécile, Paris 9ᵉ, 1854-1855, en coll. avec Lusson Adrien-Louis.
● Église Sainte-Marguerite Le-Vésinet, 1862-1864, en coll. avec Coignet François.

Bois Émile (1875-1960)*
● Saint-Pierre de Chaillot, 33 avenue Marceau, rue de Chaillot, Paris 16ᵉ, 1931-1938, en coll. avec Bernard Lissalde △.

Bouillé James (1894-1945)
● Saint-Egareg, Lesneven (Finistère).
● Sainte-Thérèse de Gouëdic, Saint Brieuc, 1930.
● Église I.V. an dud a vor, Larmor-Pleubian, 1932.
● Église de Loguivy, Ploubazlanec (Côtes d'Armor); 1933.
● Koat Keo, en Scrignac, 1934.
● Chapelle de l'Institution Saint-Joseph-Lannion (Côtes d'Armor), 1936-1937.

Boulenger*● Notre-Dame de Lourdes, Choisy le Roi, chapelle de secours, 1931 △.

Bourdery Charles
● Sainte-Thérèse de l'Enfant-Jésus, Boulogne-Billancourt, 1926-1940.

Bourquin ● Église de Mont-Notre-Dame (Aisne), en coll. avec Grange Germain.

Boutterin Jacques
(Grand Prix de Rome 1909)
● Saint-Martin, Hénin-Liétard, aujourd'hui Hénin-Beaumont, (Pas de Calais), 1932.

Braive G.* ● Saint-Stanislas des Blagis, Fontenay aux Roses (en coll. avec Braive J., ingénieur) △.

Bridet* ● Saint-Yves, La Courneuve, 1931-1933, en coll. avec Robert △

Brillaud de Laujardière Marc*
(1er Second Grand Prix de Rome 1920)
● Sainte-Agnès, Maisons-Alfort, 1933, en coll. avec Puthomme Raymond △.

Brissart ● Église Sainte-Jeanne-d'Arc, Saint Eloi les Mines (Puy de Dôme) en coll. avec Droz Jacques

Brocard ● Chapelle Notre-Dame-d'Espérance, Villemomble, 1929-1930.

Brunet Émile*
● Saint-Léon, place Dupleix, place du Cardinal Amette, Paris 15e, 1925-1936 △.
● Église de Coulommiers

Busse R.* ● Sainte-Louise de Marillac, L'Hay-les-Roses △.

Chailleux* ● Sainte-Marie des Vallées, Colombes, 1933 △.

Charaval Jean (1884-1957)
● Églises de Jussy et de Roupy (Aisne), en coll. avec Enault et Melendès.

Chauchet* ● Notre-Dame-de-Toutes-Grâces, Le Perreux △.

Chauvel Albert
● Saint-Laurent, Rosny-sous-Bois, 1930-1931.

Chirol Pierre
● Sainte-Jeanne-d'Arc, Charleville (Ardennes).
● Chapelle du collège de Cally (Eure).

Closson C.* et M.*
● Basilique Sainte-Jeanne-d'Arc, 18 rue de la Chapelle, place Torcy, Paris 18e, 1932-1938 △.

Coignet François (1814-1888) – cf. Boileau

Cordonnier père et fils L.-S.
● Église d'Albert (Somme)
● Basilique Sainte-Thérèse, Lisieux (Calvados)
● Notre-Dame des Mineurs, Waziers (Nord).

Courcoux Augustin* et P.*
● Église Saint-François-d'Assise, 7 rue de Mouzaïa, Paris 19e, 1914-1926.
● Notre-Dame d'Espérance, Petit-Ivry, 1931, agrandissement △.
● Chapelle nouvelle de l'École départementale pour pupilles de la Nation, Vitry △.

Curtelin Georges
● Notre-Dame-de-Lumière (Vaucluse).
● Église de La Gimond, près de Chevrière en Forez (Loire).

Danton* ● Saint-Hilaire, La Varenne-Saint-Hilaire △.

Datessen P.-H.
● Sacré-Cœur de La Baule, Loire-Atlantique, 1932.

Daubin* ● Église de Courbevoie (agrandissement) △.

Debut ● Sainte-Barbe, près de Wittenheim (Haut-Rhin).

Delaire Jacques (1901-1975)*
● Notre Dame Protectrice des Enfants, Issy-les-Moulineaux, en coll. avec Sage △.

Delaville A.*
● Notre-Dame-de-Consolation, chapelle desservant le cimetière du Père Lachaise, 4 boulevard Edgar Quinet, Paris △.

Deporta ● Notre-Dame-Auxiliatrice, Nice, en coll. avec Febvre.

Droz Jacques
● Saint-Louis de Vincennes, 1914-1924, en coll. avec Marrast Joseph.
● Saint-Martin, Vendhuile (Aisne)
● Sainte-Jeanne-d'Arc, Saint-Eloi les Mines (Puy de Dôme) en coll. avec Brissart
● Chapelle du village français, à l'Exposition des Arts Décoratifs, Paris, 1925
● Sainte-Jeanne-d'Arc, Nice, 1927-1932.
● Le Christ-Roi, Hunningue, projet.

Dupire René
● Notre-Dame de Lourdes, Roubaix, projet.

Durand* ● Saint-Ferdinand des Ternes, 27 rue d'Armaillé, rue Saint-Ferdinand, Paris 17e, 1938, en coll. avec Bertrand et Théodon △.

Duthoit A.* et R.*
● Sacré-Cœur, Petit Colombes, 1932-1933 △.

Duval Charles ● Église d'Arviliers (Somme) en coll. avec Gonse Emmanuel
● Église de Beuvraignes (Somme) en coll. avec Gonse Emmanuel
● Église de Moreuil (Somme) en coll. avec Gonse Emmanuel
● Église Saint-Pierre-de-Roye (Somme) en coll. avec Gonse Emmanuel, 1931-1933
● Église de-Rouvroy-les-Mines (Pas de Calais) en coll. avec Gonse Emmanuel

Edrei H. ● Ossuaire de Douaumont, 1923, (Meuse), en coll. avec Azema Léon et Hardy J.

Enault ● Église de Jussy (Aisne) en coll. avec Charaval et Mélendes
● Église de Roupy (Aisne) en coll. avec Charaval et Mélendes

Expert Roger-Henri (1882-1955)
● Sainte-Thérèse de l'Enfant-Jésus, Metz, 1935-1955.

Favier Marcel*
● Sainte-Jeanne-d'Arc, avenue Louis Roche, Gennevilliers, 1933 △.

Fébvre ● Notre-Dame Auxiliatrice, Nice, en coll. avec Deporta.

Flandrin Paul*
● Notre-Dame du Calvaire, Châtillon sous Bagneux, 1933 △.

Froidevaux* Yves-Marie
● Saint-Maurice et Sainte-Geneviève, Nanterre, 1926-1930, en coll. avec Pradelle M. △.
● Basilique Notre-Dame-de-la-Trinité, Blois, 1932-1949, à la suite de Rouvière Paul.

Gaudibert ● Saint-Dominique, 18 rue de la Tombe Issoire, Paris 14e, 1913.

Gautier* ● Saint-Urbain, La Garenne Colombe, agrandissement △.

Gélis Paul ● Couvent des Pères Franciscains, rue Marie-Rose, rue du Père Corentin, Paris 14e, 1930-1938, en coll. avec Hulot J. et Blavette V.

Glaize Ferdinand (1850-?)
● Église de Rethel (Ardennes), 1925.

Gonse Emmanuel
● Église d'Arvilliers (Somme) en coll. avec avec Duval Charles.
● Église de Beuvraignes (Somme) en coll. avec Duval Charles.
● Église de Moreuil (Somme) en coll. avec Duval Charles.
● Église Saint-Pierre-de-Roye (Somme), en coll. avec Duval Charles, 1931-1933.
● Église de Notre-Dame-des-Mineurs, Rouvroy les Mines, (Pas de Calais) en coll. avec Duval Charles.

Grange Germain
(1er Second Grand Prix de Rome 1929).
● Église de Mont-Notre-Dame (Aisne) en coll. avec Bourquin.

Guidetti P. et L.
● Église de Fargniers (Aisne).

Guilbert Albert (1866-1949)
● Chapelle commémorative du Bazar de la Charité, rue Pierre Charron, Paris, 1897.
● Église arménienne, rue Jean-Goujon, Paris.
● Église Sainte-Jeanne d'Arc, Versailles, 1929.
● Église Saint-Julien, Domfront (Orne), 1925.

Hardy J. ● Ossuaire de Douaumont (Meuse), 1923, en coll. avec Azema Léon et Edrei H.

Hardy Léopold (1829-1894)
● Église du Rosaire, Lourdes, 1883-1892.

Halley H. ● Église de Nanteuil-la-Fosse, 1932.

Haubold Bernard
●Saint-Michel-des-Batignolles, 12 bis rue Saint-Jean, Paris 17e, 1913-1936.
● Saint-Jean-Baptiste, rue Dombasle, Noisy-le-Sec, 1927-1935.

Homberg P.*
● Notre-Dame de Lourdes, 113 rue

Pelleport, Paris 20e, 1909-1910 et agrandissement ultérieur △.
● Saint-André, 36 rue Arsène-Chévreau, Montreuil-sous-bois, 1928.

Hornecker Joseph (1873-1942)
● Église de-Rouvres-en-Woevre (Meuse), 1920, reconstruction.
● Église d'Ephy (Meurthe et Moselle), 1922, projet.
● Église presbytère-de-Leintrey (Meurthe et Moselle), 1922, reconstruction.

Hulot J.*
(Grand Prix de Rome)
● Saint-Maurice de la Boissière, Montreuil △.
● Couvent des Pères Franciscains, rue Marie-Rose, rue du Père Corentin, Paris 14e, 1930-1938, en coll. avec Gelis P., après le décès de Blavette Victor.

Hulot P.* ● Sainte-Bernadette, 4 rue d'Auteuil, Paris 16e, 1937-1939 △.

Jacquemin*
● Saint-Curé d'Ars, Bicêtre, agrandissement △.
● Saint-André, Saint-Maurice, en coll. avec Renaudin L.
● Saint-Jean-Baptiste de la Salle, Paris.

Jardel ● Saint-Martin, Chauny (Aisne).

Lacourrège*
● Saint-François de Sales, Petit Clamart, 1933 △.

Laffilée I. ● Saint-Cyrille et Saint-Méthode, rue de Bagnolet, place Saint Blaise, Paris 20e, 1938-1939 △.

Lagnel Raoul
● Saint-Vincent de Paul, Sotteville-lès-Rouen, 1929-1930.

Leconte André*
(Grand Prix de Rome 1927)
● Sainte-Marguerite-Marie. Notre-Dame des Joncs-Marins. Le Perreux, 1933-1935 △.

Lefort Georges-Robert (1875-1934)
● Grand Séminaire de Cesson, Saint-Brieux (Ille et Vilaine), 1928.

Le Même Henri-Jacques
● Chapelle du sanatorium de Guébriant (Haute Savoie) 1934, en coll. avec Abraham Pol.

Lissalde Bernard*
● Saint-Pierre de Chaillot, 33 avenue Marceau, rue de Chaillot, Paris 16e, 1931-1938, en coll. avec Émile Bois

Luciani ● Église de Bichancourt (Aisne)
● Notre-Dame, Chauny (Aisne)

Lusson Adrien-Louis
● Église Saint-Eugène, 4 bis rue Sainte Cécile, Paris 9e, 1854-1855, en coll. avec Boileau Louis Auguste.

Magne Lucien
● Clocher du Sacré-Cœur, Paris 18e, 1905-1910.

Margerand A.*
● Saint-Joseph, Nanterre △.

Marin* ● Saint-Benoît, Issy-les-Moulineaux, agrandissement △.

Marrast Joseph
● Saint-Louis de Vincennes, 1914-1924, en coll. avec Droz Jacques.

Martin ● Église d'Etreillers (Aisne) en coll. avec Roux.

Mélendès Marcel
● Église de Jussy (Aisne) en coll. avec Charaval Jean et Enault
● Église de Roupy (Aisne) en coll. avec Charaval Jean et Enault

Ménard René (1876-1958)
● Église de Bellevigué
● Chapelle de la Papeterie de l'Odet, Ergué, Gabéric (Finistère)
● Église de Louisfert

Monestès Edouard*
● Église de Ciry, Salsogne (Aisne)
● Église de Craonnelle (Aisne)
● Église de Fontenoy (Aisne)
● Église de Quessy (Aisne)
● Saint-Luc des Grands Champs, Romainville △
● Église de Sancy (Aisne)
● Sacré-Cœur, Tergnier (Aisne).

Mortamet Louis
● Église de Cours (Rhône)
● Sainte-Famille, Croix-Luiset (Rhône)
● Chapelle de l'externat de la rue Pitrat, Lyon

Muller P. ● Église de Martigny – Courpierre (Aisne)

Murcier* ● Saint-Gabriel, 5 rue des Pyrénées, rue de Lagny, Paris 20e, 1935-1938 △.

Nasousky* ● Notre-Dame du Perpétuel Secours, Asnières △.
● Saint-Joseph des Quatre Routes, Asnières, agrandissement △.
● Mutualité-Sainte-Jeanne-d'Arc, Saint-Denis, 1933 △.

Nicod Charles (1878-1967)*
(Grand Prix de Rome 1907)
● Sacré-Cœur, Saint-Ouen, 1933 △

Novarina Maurice
● Notre-Dame-de-Grâce, Plateau d'Assy (Savoie) 1937-1946.

Paquet Pierre-Anne (1875-1959)* et son fils Jean-Pierre
● Saint Ignace, chapelle de la Cité Universitaire, 115 avenue Paul Vaillant-Couturier, Gentilly, 1933-1936 △.

Pelletier* ● Notre-Dame-du-Salut, Pierrefitte, agrandissement △.

Péronne J.*
● Saint-Joseph, Clamart △
● Chapelle de l'Institution Saint-Aspais, Fontainebleau, en coll. avec Richer P.

Perret Auguste (1874-1954)

Perret Claude (1880-)

Perret Gustave (1876-)
● Notre-Dame-du-Raincy, 1922-1923.
● Sainte-Thérèse de Montmagny, 1925.
● Sainte-Jeanne-d'Arc, Paris, 1926. Projet de coucours.
● Chapelle d'Arcueil, 52 avenue Laplace, 1927-1928.

● Église à Carmaux (Tarn), projet

Philippot Jean (1901-1983)*
● Saint-Jean l'Évangéliste, Drancy △.

Pingusson Georges-Henri
● Jésus-Ouvrier, Arcueil, 1938, projet.

Pinsard ● Abbaye de Briquebec, 1938, reconstruction.

Pouradier-Duteil
● Séminaire de Voreppe (Isère)

Pradelle M.*
● Saint-Maurice et Sainte-Geneviève, Nanterre, 1926-1930, en coll. avec Froidevaux △.

Puthomme Raymond*
● Sainte-Agnès, Maisons-Alfort, 1933, en coll. avec Brillaud de Laujardière △

Rabant Paul
● Église de Proyart (Somme), 1932

Renaudin* ● Saint-Augustin, Pavillons sous Bois
● Saint-André, Saint-Maurice, en coll. avec Jacquemin

Rey Jean* ● Notre-Dame-de-Pitié et Sainte Mathilde, Puteaux, 1933-1934 △

Richer P. ● Chapelle de l'Institution Saint-Aspais, Fontainebleau, en coll. avec Péronne J.

Robert* ● Saint-Yves, La Courneuve, 1931-1933, en coll. avec Bridet △.

Rotter père et fils (René)*
Saint-Jean-Bosco, 42 rue Planchat, Paris 20e.

Rouvière* Paul
● Saint-Bruno, Issy-Les-Moulineaux, 1937 △.
● Basilique Notre-Dame-de-la-Trinité, Blois, 1932-1949, à la suite de Besnard Charles-Henri.

Roux ● Église d'Etreillers (Aisne) en coll. avec Martin.

Roy Lucien● Saint-Antoine des Quinze-vingt, 66 avenue Ledru Rollin, Paris 12e, 1901-1903, en coll. avec Vaudremer Joseph.

Ruprich-Robert Auguste Émile
● Nombreuses églises en Normandie et en Auvergne.

Sage Jacques*
● Notre-Dame Protectrice des Enfants, Issy-les-Moulineaux, en coll. avec Delaire Jacques △.

Sainsaulieu M.
● Basilique Sainte-Jeanne d'Arc, Reims.

Sajous-Hébrard MM.
● Églises d'Ibarre et de Lahosse, (Landes).

Salle
● Églises dans l'Aisne et la Marne.

Sardou Pierre (1873-1952)
● Notre-Dame-du-Rosaire, 194 rue Raymond Losserand, Paris 14e, 1912.

Serex ● Notre-Dame-des-Fièvres, Halluin (Nord), en coll. avec Vilain Paul.
● Sacré-Cœur, Rouges Barres, Marq-en-Barœul, 1929, en coll. avec Vilain Paul

Sourdeau Jean-L.

● Saint-Louis, Marseille.

Storez Maurice
● Saint-Chrysole, Commines (Nord), 1925-1929, en coll. avec Dom Bellot.

Tandeau de Marsac J.*
● Saints-Anges-Gardiens, Gravelle-Saint-Maurice, 1933 △.
● Sainte-Marguerite, Fontenay aux Roses, chapelle, 1937 △.

Tavernier* ● Sainte-Catherine de Sienne, Nanterre △.

Théodon* ● Saint-Ferdinand des Ternes, 27 rue d'Armaille, rue Saint-Ferdinand, Paris 17e, en coll. avec Bertrand et Durand, 1938 △.

Thomas Louis
● Saint-Joseph des Epinettes, Paris, 1909-1910.
● Chapelle de l'hôpital Edouard-Herriot, Lyon.

Tournon Paul*, (1881-1964)
● Autel de Saint-François d'Assise à Montmartre
● Clocher de Villemomble, 1927.
● Sainte-Thérèse de l'Enfant-Jésus, Elisabethville, 1927-1928.
● Église du Sacré-Cœur, Casablanca.
● Église Saint-Joseph, Rabat, 1934.
● Chapelle des Missions à l'Exposition Coloniale de Paris, 1931.
● Notre-Dame-des-Missions, 102 avenue Joffre, Epinay — Ancienne chapelle des Missions à l'Exposition Coloniale de Paris, 1932-1933 △.
● Saint-Pierre-Apôtre, Alfortville, (Ile Saint-Pierre), 1931 △.
● Saint-Esprit, avenue Daumesnil, 7 rue Cannebière, rue Claude Decaen, Paris 12e, 1928-1942 △.
● Pavillon Pontifical à l'Exposition de Paris, 1937, (collab.: salle des Missions: Braunwald; flèche; R. Petit; cloître: Jean Guy; chapelle du Saint-Suaire (Crypte): Leroy; autel majeur: Droz et Saulaville; autel de 1ère communion: Froidevaux; baptistère: P. Flandrin △.
● Saint-Honoré, Amiens, 1957

Trévoux* ● Sainte-Hélène, 102 rue du Ruisseau, Paris 18e △.

Vaudremer Joseph Auguste Émile (1829-1914) (Grand Prix de Rome 1854)
● Saint-Antoine des Quinze-Vingt, 66 avenue Ledru Rollin, Paris 12e, 1901-1903, en coll. avec Roy Lucien.

Venner Charles*
● Saint-Louis, Alfortville.
● Sainte-Odile de la Croix de Berny, Antony, 1933 △.
● Notre-Dame-de-la-Route, Asnières △.
● Saint-René, Bagneux — (chapelle identique à Saint-Louis d'Alfortville) △.
● Saint-Pierre, Billancourt — chapelle △.
● Sainte-Bernadette, Champigny △.
● Sainte-Madeleine-Sophie-Barat, Charenton (1938-1939) △.
● Sainte-Bathilde, Chatenay — chapelle △.
● Sainte-Thérèse de l'Enfant Jésus, Chatillon — chapelle △.
● Saint-Jean-Baptiste du Plateau, Ivry △.
● Sainte-Lucie, Issy-les-Moulineaux △.
● Saint-Joseph, Montrouge △.
● Saint-Charles, Montreuil △.
● Sainte-Bernadette, Nanterre les Fontenelles, sanctuaire △.
● Sainte-Anne, Orly, chapelle △.
● Cœur-Eucharistique de Jésus, rue Alphonse Penaud, rue du Lieutenant Chauré, Paris 20e △.
● Maroc-Notre-Dame de la Reconnaissance, Pierrefitte, sanctuaire (le plus petit des chantiers du Cardinal) △.
● Sainte-Solange, Romainville, 1933 △.
● Saint-Joseph, Saint-Denis, 1931.
● Saint-Ouen-le-Vieux, Saint-Ouen, agrandissement de la vieille église △.
● Saint-François d'Assise, Vanves, 1921.
● Sainte-Thérèse de l'Enfant Jésus, Villejuif, chapelle △.
● Saint-Joseph, Villeneuve la Garenne, 1932 △.
● Saint-Marcel, Vitry △.
● Saint-Roger des Malassis, Vitry, chapelle △.

Vidal H.* ● Saint-André et Sainte-Hélène, Bois-Colombes △.
● Sainte-Thérèse de l'Enfant Jésus, Boulogne Billancourt, 1926-1940, à la suite de Bourdery Charles.
● Saint-Jean l'Évangéliste, Cachan △.
● Sainte-Madeleine, Chatenay, chapelle de secours △.
● Le Bon Pasteur, Chevilly △.
● Saint-Étienne et Saint-Henri, Colombes, 1937 △.
● Sainte-Jeanne de France, Le Plant Champigny, chapelle △.
● Saint-Léon, Maisons-Alfort △.
● Saint-Jacques, Neuilly △.
● Sainte-Marie aux Fleurs, Saint-Maur, chapelle △.
● Saint-Paul, Vitry △.

Vilain Paul
● Notre-Dame des Fièvres, Halluin (Nord) en coll. avec Serex.
● Église du Sacré-Cœur, Rouges Barres, Marcq-en-Barœul, 1929, en coll. avec Serex.

Viollet Henry (1880-1955) (frère de l'abbé Jean Viollet)*
● Sainte-Madeleine-Postel, Vitry sur Seine △.

Voillemot* ● Saint-Louis, Bondy en coll. avec Bion, (abrite la table de la communion du Pavillon Pontifical de 1937) △.

Wulfleff Ch.-A.
● Cathédrale de Dakar, 1924.
● Église de Konakry.
● Sainte-Thérèse de l'Enfant Jésus, Fort de France.
● Notre-Dame de Purgatoire (Martinique).
● Église des Terres Sainville (Martinique).

* Architectes ayant travaillé pour les chantiers du Cardinal.

△ Églises construites dans le cadre des Chantiers du Cardinal.

Le Vitrail 1920-1940

Jacques Bony

J. Hebert-Stevens, Saint Dominique, *vitrail pour le couvent Sainte-Sabine à Rome, 1937.*

Marguerite Huré, Saint Joseph protecteur de l'église, Le Saint-Père Pie XI présente à l'Enfant-Dieu des Saints de toutes les races, *d'après les compostions de Valentine Reyre, église des Missions à Épinay-sur-Seine, 1931.*

Les verres de couleurs traversés par la lumière exercent sur nous une emprise puissante.

Dangereux pouvoir du vitrail : capable du meilleur et du pire, il peut avoir la force et la douceur d'un éveil spirituel, d'une musique de l'âme – ou bien l'indigence agressive de tons désaccordés qui détruisent l'harmonie d'un lieu, en font une succursale de l'enfer...

C'est ce qu'ont éprouvé au début des années 20 de jeunes peintres réunis sous la houlette de Maurice Denis et Georges Desvallières dans les Ateliers d'Art Sacré : Pierre Couturier, Jean Hébert-Stevens, Pauline Peugniez. Atterrés par le niveau de la production des vitraux – alors que la peinture est en pleine explosion de vie, après les Fauves, les cubistes, les abstraits, – ils ont voulu introduire dans le vitrail la sensibilité de peintres et resacraliser un art profané. [1]

Car si la qualité était rare, la production de vitraux était abondante dans les années qui suivirent la guerre de 14-18. De grandes fabriques, existant parfois depuis plus d'un demi siècle, répandaient dans les églises leur marchandise – continuant souvent la méthode industrielle de division du travail. Les plus sérieux étaient surtout spécialisés dans la restauration et l'entretien des vitraux de cathédrales (Ateliers Lorin à Chartres, Simon à Reims, Gaudin et Gruber à Paris, Chigot à Limoges) qu'ils complétaient parfois par des créations d'un archéologisme modernisé. Venu de l'école de Nancy, Jacques Gruber quittait les courbes de l'art floral 1900 pour se tourner vers des stylisations cassantes. Malgré les recherches, rien de tout cela n'approchait la liberté de création de la peinture contemporaine.

En 1922, Auguste Perret avait donné au Raincy « le type le plus admirable de l'architecture religieuse de béton » [2] – et intégré dans les grandes baies, outre les tableaux figuratifs de Maurice Denis, un jeu subtil de verres colorés, orchestré par le peintre-verrier Marguerite Huré. [3]

Voyant des vitraux de Pierre Couturier réalisés aussi par Marguerite Huré pour Domèvre-sur-Vezouze (Meurthe et Moselle), J. Hébert-Stevens et sa femme découvrent de nouvelles possibilités du vitrail – et ouvrent à leur tour avec André Rinuy un atelier. A l'Exposition des Arts Décoratifs de 1925, il présente dans l'église du Village Français (Jacques Droz architecte), des vitraux d'après Maurice Denis, Desvallières, Georges Gallet (ami de La Fresnaye, qui dans une lettre lui fait l'éloge de simples vitraux campagnards du XIXe siècle, jouant du blanc avec deux ou trois tons purs – lignée où l'on pourra retrouver Matisse...)

Peu d'années auparavant, Louis Barillet avait fondé un atelier où s'exprimait

Marcel Poncet, Crucifixion, *carton de Maurice Denis, chapelle du Musée du Prieuré à Saint-Germain-en-Laye, 1919-1920.*

Jacques Gruber, Moïse sauvé des eaux et Agar Ismael, *Basilique Saint-Denis à Saint-Denis, chapelle des fonds Baptismaux, 1931.*

Marguerite Huré, Détail de vitrail, *pour l'église de Raincy, 1922-1923.*

Théodore Hanssen, Saint Vincent de Paul, *basilique du Sacré-Cœur-de-Montmartre à Paris, chapelle de la nef, réalisation atelier Gouffaut d'Orléans, 1945.*

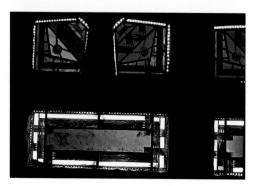

le peintre-verrier Jacques Le Chevallier – dont les compositions cubistes en verres blancs et noirs, miroirs et verres striés, dans l'esprit du Bauhaus, s'accordaient bien à l'architecture de Robert Mallet-Stevens – (Pavillon du tourisme à l'exposition de 1925).

Il avaient été précédés par des verriers suisses : dès les années 10, Alexandre Cingria traitait le verre très librement, avec une générosité proche de l'art baroque. Marcel Poncet traduisait en 1920 pour Saint Paul de Genèvre des vitraux de son beau-père Maurice Denis – qui apprenait alors ce que doit être un vitrail : lui qui avait déjà dit, suivant la ligne de Gauguin et de Sérusier, qu'un tableau « est essentiellement une surface plane recouverte de couleurs en un certain ordre assemblées », il découvre maintenant que « le vitrail représente la lutte des ténèbres et de la lumière, des ténèbres colorées contre la lumière décolorante », qu'il est « une mosaïque de pierres précieuses qu'il faut enchâsser dans le gris et le sombre pour mieux les faire valoir ». [4] Dans les années 30, Poncet évolue vers un art sombre et tourmenté. [5] – Puis apparaît un verrier de grand talent, Hans Stocker, à St Antoine de Bâle.

Mais revenons en France – où en 1929, à une exposition au Musée Galliera, Jean Gaudin présente une « mosaïque translucide » faite de petits cubes de verre (d'environ 3 cm d'épaisseur) enchâssés dans du béton. Avec de plus grands morceaux, cette technique deviendra la dalle de verre, qui sera reprise par Labouret et que Décorchemont réalisera en coulant des verres moulés en relief. Mais elle n'avait pas encore trouvé de créateur qui la sorte d'une imagerie facile – comme le fera Fernand Léger à Audincourt.

A l'Exposition coloniale de 1931, Paul Tournon bâtissait l'église *Notre-Dame-des-Missions* pour laquelle un concours était ouvert entre les verriers : J. Hébert-Stevens fut choisi en premier – et le vitrail central, qu'il fit avec P. Peugniez et A. Rinuy, est flanqué d'un côté par un vitrail de Barillet, Le Chevallier et Hanssen, de l'autre par une composition de Valentine Reyre exécutée en vitrail par Marguerit Huré. Cette église a été rebâtie à Epinay s/Seine, au Cygne d'Enghien, où l'on peut toujours voir ces grandes verrières colorées. (L'église vient d'être classée monument historique).

Il n'en est malheureusement pas de même pour des ensembles importants détruits par la guerre entre 40 et 44 : les vitraux de J. Hébert-Stevens et P.

Peugniez à l'église de Roye (Somme, Duval et Gonse architectes), ceux de l'atelier Barillet et de J. Hébert-Stevens dans la chapelle de l'école St François à Alençon (Orne), ceux de P. Peugniez à l'église de Plessiers-Rozainvilliers (Somme).

Un autre ensemble, qui comportait des éléments remarquables, a disparu dans la tourmente des projets abandonnés. En 1937, Barillet et Hébert-Stevens, soutenus par Georges Huisman, Directeur Beaux-Arts, et la Commission des Monuments Historiques, entreprennent la création de vitraux pour les baies hautes de la *nef de Notre-Dame de Paris* – douze grandes baies de deux lancettes surmontées d'une rose. Marcel Aubert avait établi le programme : dans les lancettes, de grandes figures des Saints et Saintes de France (« une avenue de hautes présences » disait Louis Gillet) et le Credo dans les rosaces. Douze verriers sont choisis – de qualité très inégale : en partant du transept, ce sont au nord Le Chevallier, Gruber, Max Ingrand, Gaudin, Mazetier et J.J.K. Ray, – au sud Barillet, Valentine Reyre, Hébert-Stevens, le R.P. Couturier, Rinuy et Louzier. Pourtant la plupart des vitraux du côté sud (ceux à dominante rouge) témoignent d'un art vivant d'une grande rigueur monumentale [6].

A l'Exposition des Arts et Techniques de 1937, ces vitraux forment le couronnement du Pavillon Pontifical (Paul Tournon architecte). Lorsqu'on les replace en 1938 dans la nef de Notre-Dame (en pose provisoire, pour accorder l'ensemble), leur valeur est reconnue par des voix éminentes [7]. Comme l'écrit alors Louis Gillet : « L'atmosphère toujours neutre et grisâtre, qui mettait dans le splendide vaisseau un deuil et une nostalgie, était transfigurée, ruisselait d'or et de pourpre, retrouvait son équilibre et sa plénitude. C'était un corps ressuscité, comme par une transfusion de sang. J'en conviens avec humilité : je n'en croyais pas mes yeux. Je ne pensais pas que des peintres d'aujourd'hui, des gens que je connais, eussent en eux tant de grandeur ».

Mais ils provoquent dans la presse une violente polémique – manifestation d'hostilité à l'introduction de vitraux modernes dans un édifice ancien [8].

Pourtant de nombreuses expositions [9] avaient suivi l'évolution du vitrail, tant en France qu'en Suisse, – et la revue « L'Art Sacré » [10] soutenait cet effort. Dans les églises nouvelles, quelques ensembles s'affirmaient [11] – et dans les ateliers, une seconde génération de verriers commençait à s'exprimer : Jean Barillet, Jean-Jacques Gruber, Adeline Hébert-Stevens et Paul Bony.

La variété est grande, Dieu merci, chez les meilleurs verriers. Il y a ceux pour qui – jeu de vides et de pleins, de transparences et d'opacités – le vitrail repose avant tout sur le contraste des valeurs. Ils se rattachent souvent à une lignée de peintres (Cézanne, le cubisme, La Fresnaye, F. Léger, Delaunay). Ils sentent essentielle la présence du blanc (même dans les vitraux du XIIIe siècle) auprès de valeurs fortes et de couleurs intenses. D'autres veulent surtout retrouver comme au Moyen Age une surface chatoyante, jouant dans des accords « majeurs » de bleu et de rouge. Certains emploient fortement la grisaille, comme les suisses Alexandre Cingria et Marcel Poncet, peintres du mystère –, comme en France Marguerite Huré, qui transcrit dans des nuances très subtiles la crucifixion du P. Couturier pour la chapelle des éditions du Cerf [12]. Pour traduire les toiles de Rouault, Jean Hébert-Stevens et Paul Bony donneront une place primordiale aux grisailles de couleurs et aux verres gravés, – mais dans leurs œuvres personnelles, la grisaille est moins forte. Elle l'est moins encore dans les vitraux de l'atelier Barillet-Le-Chevallier-Hanssen-encore que l'influence du verrier suisse Hans Stocker sur Jean Barillet redonne plus de vigueur au graphisme.

Ainsi quelques-uns s'efforcent-ils de progresser. Mais les plus lucides des anciens compagnons des Ateliers d'Art Sacré sentent qu'il faut aller plus loin. Avec son armature de plomb, le vitrail a toujours tendance à se figer dans des stéréotypes : il faut, pour le régénérer, s'adresser aux plus grands peintres. Jean Hébert-

Marguerite Huré, Marie aux noces de Cana, *carton de Maurice Denis, église Notre-Dame du Raincy, 1925-1927.*

Stevens avait, dès 1927, transcrit avec force dans les vitraux de l'Ossuaire de Douaumont la peinture tourmentée de Desvallières. En 1938, il va trouver Rouault, qui lui confie trois toiles sur la Passion. Il demande à Gromaire et à Bazaine de réaliser des vitraux à son atelier [13]. Trois générations de peintres trouvent ainsi leur première expression en verres − et sont présentées en juin 1939 à l'exposition *Vitraux et Tapisseries modernes*, accueillie au Petit-Palais par Raymond Escholier. Exposition qui est directement à l'origine du mouvement de renouveau : en effet l'un des vitraux de Rouault (le Christ aux outrages exécuté par Paul Bony) se trouvait juste à la dimension des baies de façade de l'église que Maurice Novarina venait de construire sur le Plateau d'Assy. Retenu par l'abbé Devémy, curé d'Assy, il fut l'amorce de l'ensemble de Rouault dans cette église.

Dans sa préface au catalogue de l'exposition, le père Couturier écrivait : « La renaissance du vitrail, qui est certaine et qui déjà remonte a un quart de siècle, porte en elle bien des germes qui pourraient être inquiétants »... et il concluait : ... « nous croyons qu'aujourd'hui sa renaissance ne sera assurée que si les verriers une bonne fois se décident à faire appel aux maîtres de l'art vivant : leur goût, leurs intuitions importent plus à cette renaissance que toute érudition et toute doctrine !! » Et à l'intention des verriers, il écrivait aussi dans « L'Art Sacré » :

J. Hebert-Stevens et Pauline Peugniez, Saint Germain, *esquisse pour un vitrail à Notre-Dame de Paris, 1937.*

Pauline Peugniez, Annonciation, *vitrail présenté dans la section Monument Historique au Palais de Chaillot, 1937.*

...« Les problèmes posés à la sensibilité du verrier ne sont pas ceux qui sont posés à celle du peintre, mais c'est toujours à la *sensibilité* comme telle qu'ils sont posés et par elle qu'ils devront être résolus. Sinon nous retomberons toujours dans des stylisations factices et trop facilement marchandes pour ne pas être entraînés à nouveau dans la décadence et la servilité dont nous sortons à peine ». [14]

1939 – année charnière à plus d'un titre.

Pour le vitrail, elle amorce le grand tournant des années 45-50 – qui verront naître Assy, Vence, Audincourt, Les Bréseux, – les vitraux de Bazaine, Manessier, Le Moal, – ceux de Villon, Bissière, Chagall et Miró.

Les initiateurs disparaissent prématurément : après Jean Hébert-Stevens en 1943, le Père M.A. Couturier meurt en 1954 – mais leur exigence demeure. Entraîné par les grands peintres loin des formules décoratives, on retrouve les chemins de la création et « cette flamme d'insatisfaction, cette liberté angoissée où les œuvres se purifient et se renouvellent, et sans lesquelles il n'y a que facilités et redites d'artisan ». [15]

A côté du « savoir faire » que l'on aime à vanter chez l'artisan, il y a le « ne pas savoir que faire » où s'aventure le créateur – qui écarte les solutions de facilité et cherche sa voie : « Ce qui m'a sauvé, disait Braque, c'est que je n'ai jamais su ce que je voulais ».

Le peintre verrier pourra redire avec Rouault : « J'appelle métier l'accord du monde sensible et de certaine lumière intérieure ». Il a le redoutable honneur de

travailler une matière vivante, intense, mais toute-puissante et qui le plus souvent ne fait pas de cadeaux. Il appartient à chacun, pour la maîtriser, de retrouver en lui la source de la lumière.

Notes

1. «L'art du vitrail est après la musique celui qui, agissant de façon plus directe sur les sens, ouvre aussi plus naturellement l'accès des seuils invisibles. On voudrait que puissent témoigner ceux-là qui, au cours des âges, dans la lumière de Chartres, ont senti pour la première fois la nostalgie d'une lumière intérieure». J. et P. Hébert-Stevens dans «L'Artisan Liturgique» n° 49 : L'art du Vitrail (avril-mai-juin 1938).

2. Père P.R. Régamey, «L'Art Sacré» : Bilan de l'époque 1920-1940 (mars-avril 1948).

3. «Les premiers vitraux abstraits de l'art sacré», dit Françoise Perrot («Le vitrail français contemporain», édition La manufacture, 1984).

4. Maurice Denis, dans un supplément du «courrier de Genèvre» (7 octobre 1923) – cité par Maurice Brillant («L'art chrétien en France au XXe siècle», 1926).

5. Cf. l'article de Robert Boulet (son beau-frère) dans «l'Art Sacré» de février 1939.

6. «L'harmonie éclatante ou le grand caractère de dignité et de somptuosité des uns, ont fait regretter la platitude ou la sécheresse agressive des autres ; mais il était présomptueux de pouvoir réunir un ensemble d'une égale tenue en s'adressant à tant de verriers. Déposées pendant la guerre, les verrières de Notre-Dame, dont certaines compteront parmi les meilleures de cette génération, attendent d'être remises en place».
François Mathey dans «Le vitrail français» : Tendances modernes (édition des 2 mondes, 1958)

7. Le Cardinal Verdier («une cathédrale n'est ni un tombeau ni un musée») Jean Verrier (Inspecteur général des monuments historiques), Maurice Denis («offrande juvénile du présent au passé»), Desvallières, J.-E. Blanche, Othon Friesz, Raoul Dufy, Bonnard.
Cf. Les articles de Jacques de Laprade dans Beaux-Arts (18 février, 18 novembre et 30 décembre 1938), Raymond Escholier, Pierre du Colombier dans Candide, Louis Gillet dans l'Époque (17 décembre 1938).

8. Cf. «L'Art Sacré» de février 1939 : La querelle des Vitraux, par le père P.R. Régamey, Letre d'un verrier (J. Hébert-Stevens) et dossier de la querelle.

9. En 1934, à l'Hôtel de Rohan (organisée par J. Pichard), en 1936 le Salon du vitrail à la Société Nationale des Beaux-Arts (par Barillet et Hébert-Stevens), en 1938 au musée des Arts Décoratifs (par J. Pichard). – sans compter le Pavillon du Vitrail à l'Exposition de 1937

10. Fondée en 1935 par Joseph Pichard, reprise en 1937 par les pères Dominicains M.A. Couturier et P.R. Régamey.

11. Cathédrale de Luxembourg et Basilique de la Trinité à Blois par l'atelier Barillet, église Ste Agnès d'Alfort par Paule et Max Ingrand.

12. Cf. «L'Art Sacré» mars 1937 – et le catalogue du 1er Salon du vitrail au Centre International du Vitrail à Chartres (juillet-sept. 1980)

13. ...«Il fallait plus étroitement encore intéresser les peintres contemporains aux problèmes plastiques et techniques du vitrail, les associer à une entreprise même limitée, même sans lendemain, mais dont les conséquences seraient imprévisibles. Ce fut la généreuse pensée de Jean Hébert-Stevens qui organisa l'exposition de Vitraux et Tapisseries qui eut lieu au Petit-Palais pendant l'été 1939... La guerre survenant interrompit brutalement cette impulsion mais l'initiative de J. Hébert-Stevens avait été lourde de promesses que tiendront les années suivant la Libération.»
François Mathey dans «Le Vitrail français» : Tendances modernes (édition des 2 mondes, 1958).

14. «L'Art Sacré : Vitraux et Tapisseries», juin 1939 – Fr. M.A. Couturier : Problèmes de verriers.

15. P. Couturier dans «L'Art Sacré» n° 3-4, novembre-décembre 1951 : Audincourt.

Berçot, Saint François d'Assise, vitrail de la nef de l'église Notre-Dame-de-Toute-Grâce à Assy.

Berçot, Saint Vincent de Paul, vitrail de la nef de l'église Notre-Dame-de-Toute-Grâce à Assy.

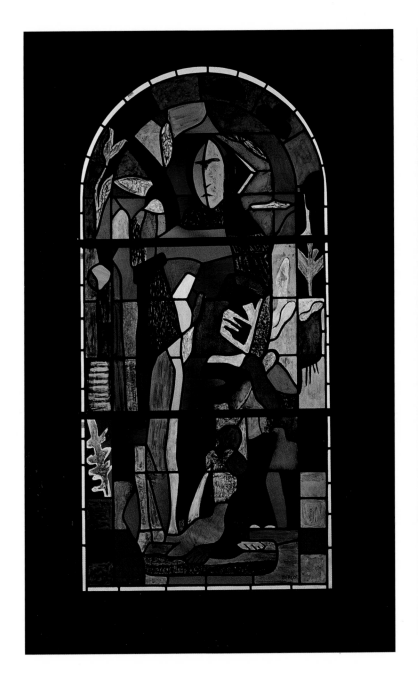

G. Rouault, Christ, *vitrail de l'église Notre-Dame-de-toute-Grâce à Assy.*

L'Art Sacré s'expose
1925-1931-1937

Emmanuel Bréon,
conservateur du Musée Municipal de Boulogne Billancourt

Pour faire connaître les nouvelles réalisations, pour les promouvoir, les expositions qui vont se succéder de 1919 à 1940 vont être un formidable faire valoir. Si l'Office d'Art Religieux organise les manifestations ponctuelles du palais Galliera intitulées « L'Art Religieux d'aujourd'hui », ce sont les grands rendez-vous de 1925, de 1931 et de 1937 qui auront pour l'art sacré le plus grand retentissement.

1925

En 1925, à l'Exposition Internationale des Arts Décoratifs et Industriels, on ne s'est guère préoccupé de mettre véritablement en valeur l'art religieux. C'est donc en ordre dispersé que ce dernier se présentera à l'appréciation du public. J.-C. Broussolle remarquait ainsi dans La Semaine religieuse de Paris, du 24 octobre 1925, que « l'on demeure surpris de rencontrer si souvent, dans cette grande foire, tant de belles choses qui, à l'improviste, vous ramène à la pensée de Dieu et de la religion ». Du fait d'initiatives particulières, il y avait bien un certain nombre d'œuvres groupées, dans un stand, et même dans une église, pour donner une impression d'ensemble de l'activité d'un groupe d'artistes religieux mais à la différence des expositions suivantes il aura manqué à l'exposition de 1925 un édifice fédérateur et vraiment remarquable.

La chapelle rémoise est la première des réalisations dans l'ordre du catalogue officiel de l'exposition qui puisse retenir l'attention. Bâtie par l'Union rémoise des Arts Décoratifs (1919), elle manifestait la vitalité d'une population cruellement atteinte par la guerre et soucieuse de reconstruire une cité célèbre. Il s'agissait d'un mausolée de béton armé dessiné par l'architecte Prost. Bâtiment assez simple couvert de toitures et pignons aux lignes familières et surmonté d'un phare, lanterne des morts. Trois portes, l'une en façade et deux latérales, étaient closes par des grilles en fer forgé de Decrion, Lacour, Van Hove, Mougne, Quenot et Prevost qui réalisèrent aussi la décoration intérieure. De part et d'autre des portes, sur fonds de rehauts d'or, se trouvaient des sujets sculptés par Berton, Lacotte, Wary et Sediey. Les vitraux intérieurs avaient été exécutés par Jacques Simon.

Les Alsaciens présentèrent un oratoire dédié à Sainte-Odile dont l'architecte était Gelis, le mosaïste Kieffer, le maître verrier Ott et les peintres Marcel Imbs et A. Boucherot. L'ensemble, encore très marqué par l'Historicisme, n'était pas convainquant.

Plus intéressante était l'église du Village Français. Elle en restait le centre sans être remise en question par le Commissariat Général comme ce sera le cas

Mausolée des batailles de Champagne, *Prost, architecte.*

pour celle de l'exposition de 1937. L'église était celle d'un modeste bourg. Elle devait avoir dans « le village nouveau, sa figure nouvelle ». C'est ce qu'avait bien compris la Société de Saint-Jean et Maurice Denis, son Président, qui ne manquera pas de participer à ce bel effort. Jacques Droz, architecte choisi par la Société de St-Jean fit appel aux Ateliers d'Art Sacré, au groupe des catholiques des Beaux-Arts et aux Artisans de l'Autel. Les peintres, Valentine Reyre, René Olivier, Rigaud, Moreau-Néret, Azambre, de la Hougue, Marcel Breton, Girard, Henri Marret, Virac, Peugniez, Imbs, Branly, Varcollier, Desvallières, de Maistre ; les sculpteurs, de Villiers, Castex, Spitzer, Monginot, Thiollier, Sarrabezolles, Callède ; les maîtres-verriers, Chigot, Gruber, Barillet, Gsell, Le Chevallier ; les ferronniers, Subes et Richard Desvallières participèrent à cet édifice.

Autour de l'église du village se trouvait bien évidemment le cimetière (une première dans le cadre des expositions internationales). Parmi les monuments intéressants de ce dernier on remarquait des œuvres des architectes Roux-Spitz, Hector Guimard et Prouvé et des sculptures de Chevret, Miroux, Martel, Leyritz et Pourquet.

Dans le cadre du Grand-Palais, la section des Écoles d'Art de France présentait une chapelle dédiée à Saint-Sébastien, Œuvre de l'École Municipale des Beaux-Arts de Lille dirigée par MM. Gavelle et Dubuisson. Des disciplines aussi différentes que la peinture, la sculpture, le vitrail, la mosaïque et le fer forgé avaient été travaillées par les élèves de l'école. Toujours au Grand Palais, la Société dirigée par Marcel Magne « l'Art appliqué aux métiers » soumettait un oratoire, œuvre commune sous la direction de Monsieur Haubold et qui se composait d'un autel avec orfèvrerie, de revêtements et dallages en marbre, de mosaïques d'après les dessins de Maurice Denis, des ferronneries de Subes et vitraux de Gruber.

La Galerie des Ensembles Mobiliers entre les deux tours de Charles Plumet présentait, après le stand Primavera, un oratoire conçu et exécuté par les artistes du groupe Merklen qui s'étaient imposés une discipline commune : simplicité des lignes et volonté de symbolisme. L'architecte en était Mornet. Les vitraux étaient réalisés par Monsieur Merklen qui fit appel à Vidrolle pour les fresques (chemin de croix, mosaïque de verre), à Chesneau pour les sculptures (la Vierge, sainte Geneviève et saint Louis) a Guilleux, et Bellugue pour la sculpture décorative (Tabernacle, Prie-Dieu).

Le Pavillon du vitrail fut l'un des plus visités de l'exposition. Œuvre des architectes Woog et Bouvet, il consistait en une plate-forme en béton armé, abritant une véritable lanterne close, formée de tous les vitraux des exposants. La nuit, les effets du pavillon dans la Seine produisaient un effet des plus pittoresques. Jacques Gruber eût la charge de présider la section vitrail de cette exposition. Tous les grands maîtres verriers du moment étaient présents : Alleaume, Tournel, Matisse, avec une commande de la Ville de Paris, Chigot, Yps, Barillet, Rey, Gsell, Walter, Testemain, Lorin, Piebourg, Simon, Fernique, David, Plateaux et Turpin, Louzier, Gaudin, Jeannin, Costat, Lardeur, Merklen. Mallet-Stevens, Peugniez et Rinuys présentèrent un panneau remarquable. On trouvait également des vitraux d'après les dessins de Desvallières et Maurice Denis. Les grands ateliers étaient également représentés : Maumejean, Balmet de Grenoble, Merklen d'Angers et Alleaune Frères de Laval. La grande moitié de la production des maîtres verriers présentée, était inspirée par l'art sacré, reconstruction oblige.

Le pavillon des cloches et sonneries enfin, fut lui aussi témoin des nouvelles recherches. Œuvre de l'architecte Polti, il s'agissait d'un beffroi en ciment armé commandé par un fondeur de cloches, Monsieur Blanchet. Sur un quadrillage de lourdes poutres reposant sur le sol et assurant la stabilité de l'ensemble étaient dressés de grands chevalets triangulaires réunis par une traverse à leur sommet. Une autre traverse, très puissante, était destinée à supporter les pivots des

Paul Tournon, Pavillon des missions catholiques, *1931.*

Église du Village français, *1925, Droz, architecte.*

Valentine Reyre, esquisse pour le Pavillon des missions catholiques, *1931.*

cloches sculptées par monsieur Seguin. Ce pavillon était destiné à attirer la clientèle des nouveaux édifices religieux à construire dans le nord de la France.

Le Cardinal Dubois, archevêque de Paris, rapporte Broussolle dans *La Semaine religieuse de Paris,* fut vivement intéressé par l'exposition des Arts Décoratifs et se préoccupa de tout ce qu'on pouvait en tirer d'enseignement : ses conclusions furent que l'exposition était une croisade qui prêchait l'organisation.

1931

En 1931, l'Exposition Coloniale Internationale va permettre justement à l'Église de s'organiser. Le bilan de l'œuvre « civilisatrice » de la France dans ses colonies aurait été faussé si les missions catholiques n'avaient eu leur place. Sous la présidence du vice-amiral Lacaze, les catholiques constituèrent un comité pour organiser la participation des missions à cette exposition. Cette participation avait été évoquée au cours d'un conseil des missions en 1929, sous la direction de Mgr A. Boucher, Président des Œuvres Pontificales Missionnaires.

Notre-Dame-des-missions, *Épinay-sur-Seine*.

Paul Tournon, architecte agréé de l'archevêché, fut choisi comme maître d'œuvre du pavillon des missions catholiques. Un programme qui était assez contraignant pour les artistes fut établi. Ainsi aux peintres furent imposés un fond de carte historié des pays évangélisés, une échelle des personnages et une gamme des palettes. Paul Tournon éleva un édifice composite de trois styles différents : la façade extrême-orientale, rappelant les pays de religion bouddhique ; le clocher de style africain, rappelant les pays de religions « fétichistes » et enfin le second corps de bâtiment de style marocain rappelant les pays de religion

Notre-Dame-des-missions, *Épinay-sur-Seine*.

musulmane. L'architecte signait là l'une de ses meilleures réalisations. – Très belle de proportions, éclairée par une verrière colossale, cette chapelle étonnante fut longtemps l'exemple à surpasser pour les créateurs des années trente.

De nombreux artistes (venus de groupes divers : Société de St-Jean, Artisans de l'Autel, l'Arche, Ateliers d'Art sacré...) participèrent a la décoration intérieure. Les vitraux du chœur, pièce maîtresse du bâtiment, furent réalisés magistralement par Hebert-Stevens, Valentine Reyre, Marguerite Huré et Barillet. Les sculptures furent taillées par Delamarre (Sacré-Cœur, béatitudes), Roger de Villiers (père de Foucauld, Notre-Dame), Anne-Marie Roux (béatitudes), Simone Callède (saint Kisito), Droz, Sanlaville et Py (le maître-autel), Castex (saint François). Les peintures, dont le choix iconographique fut très dirigé, se répartirent entre les artistes suivants : Maurice Denis (la conquête du monde romain et du monde grec par saint Pierre), Henri Marret (l'Évangélisation de la Gaule), Valentine Reyre (l'Évangélisation de l'Angleterre), Paul de Laboulaye (l'Évangélisation de l'Allemagne), Georges Ballot (l'Évangélisation des pays slaves), Émile-Marie Beaume (l'Évangélisation de la Chine), Lucien Simon (Évangélisation des Indes), Henri de Maistre (l'Évangélisation du Canada), Genicot (l'Évangélisation du Japon), Georges Desvallières (l'Évangélisation de l'Afrique). Peu de temps après l'exposition, la Chapelle des missions fut reconstruite sous le vocable de Notre-Dame-des-missions (consacrée le 31 mars 1932) sur un terrain offert par Monsieur Firmin-Didot à Épinay-sur-Seine (Seine-Saint-Denis), au lieu dit le « Cygne d'Enghien ». Elle est toujours aujourd'hui (pour son côté église « en kit »), l'un des meilleurs témoins de l'architecture religieuse de l'entre-deux-guerres.

A côté de la Chapelle des Missions, il faut mentionner également le pavillon des missions protestantes et la chapelle Sainte-Thérèse de l'Enfant Jésus. Lucien Vaugeois, président de l'atelier de Nazareth, fut l'architecte de cette dernière. Cet oratoire était destiné à l'église Saint-Augustin d'Alger. On y trouvait des vitraux de Gruber, des statues de Monginot, des mosaïques de Georges Serraz et Reynaud ainsi que des ferronneries de Subes

1937

L'Exposition Internationale des Arts et Techniques de 1937 ne semblait guerre propice à une manifestation religieuse. L'éditorialiste de *La Semaine religieuse* de Paris du 6 février 1937 se posait la question : « le village français sera-t-il front populaire ou front français ? Un village français sans église ne serait pas un village français ! ». Les inquiétudes du journaliste était fondées car ni le Centre régional, ni le Centre artisanal, ni le Centre rural de l'exposition ne présentèrent une église en leur sein. A l'architecte du Centre rural qui avait indiqué que l'église apportait avec elle, à tout le moins, une verticale bien nécessaire, Monsieur Monnet, ministre de l'agriculture, répondit qu'il fallait, dans ce cas, la remplacer par un silo. Ce qui fut fait. L'État français ne donna donc aucune subvention à l'Église de France. Le verdict était sévère car à cette époque cette dernière partait justement en mission dans les banlieues ouvrières (cf. le père Lhande, *Le christ dans la banlieue* ou l'action d'un syndicat comme la CFTC). Ne pouvant être prise en charge par l'État qui subventionnait la construction des pavillons nationaux, l'Église catholique, juridiquement indépendante, dut présenter son projet d'un Pavillon des Artisans d'Art et de Foi sous les couleurs de l'État du Vatican. Le programme du pavillon catholique pontifical devait réaliser l'idée du sanctuaire chrétien et rappeler le rôle de la religion dans la société moderne. A part la participation de certains artistes au pavillon de la céramique et à celui du vitrail, ce pavillon pontifical fut le seul témoin de l'Art Sacré à l'exposition de 1937.

Le cardinal Verdier, avec ce dernier (centième réalisation des Chantiers) réalisait sa promesse de 1931 qui était d'édifier une centaine d'églises et de

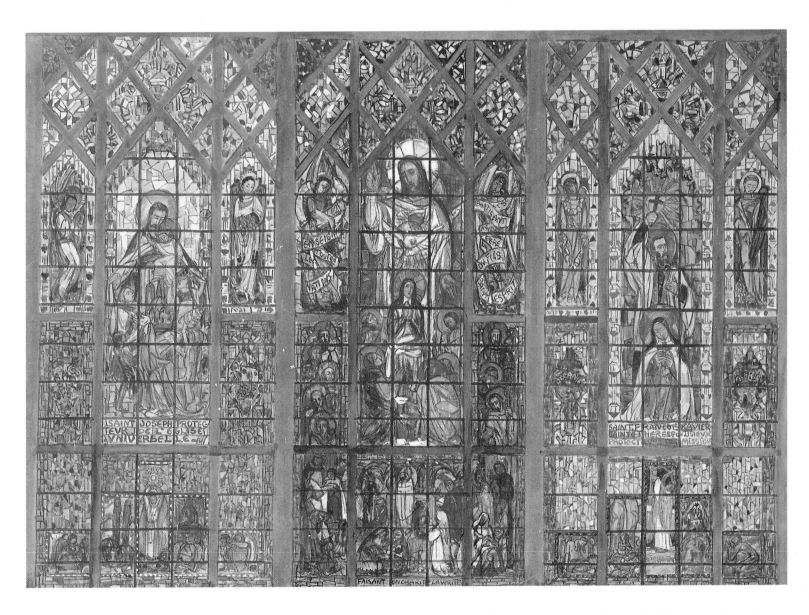

chapelles modernes bâties selon le goût et les techniques de l'époque. Installé sur les pentes de la colline de Chaillot, le pavillon occupait un terrain d'une centaine de mètres en longueur et de cinquante à vingt-sept mètres en largeur. L'ensemble était dominé par un campanile de 75 mètres de haut. A côté du sanctuaire un espace d'exposition se proposait d'illustrer les étapes spirituelles de la vie du chrétien.

Paul Tournon, architecte de nouveau choisi par l'Archevêché, s'entoura d'une pléiade d'artistes pour assurer le programme décoratif. Maurice Denis, Droz, Froidevaux, Flandrin, Branly, Georges Desvallières, Carlo Sarrabezolles, Roger de Villiers, Valentine Reyre, Marthe Flandrin, Barillet, Ingrand, Hebert-Stevens s'associèrent dans cette entreprise où le travail d'équipe donnait une dimension humaine et spirituelle à ce projet d'architecture sacrée.

Le pavillon pontifical devint pavillon marial pour le centenaire de 1939 avant d'être détruit. En 1957, Paul Tournon, eut l'opportunité de pouvoir le reconstruire sur un plan légèrement différent à Amiens pour devenir l'église St Honoré. L'autel qui était au centre dut être déplacé à l'extrémité du chœur et la grande verrière de la lanterne reçut des vitraux moins lumineux. Le programme décoratif ne fut pas maintenu. Seule la vierge de Roger de Villiers, haute de 9 mètres, en cuivre rouge, qui avait été un moment déposée au Mont-Valérien, couronna la réadaptation de ce pavillon de l'exposition 1937.

Avec cette dernière réalisation, visitée par plus de sept millions de personnes,

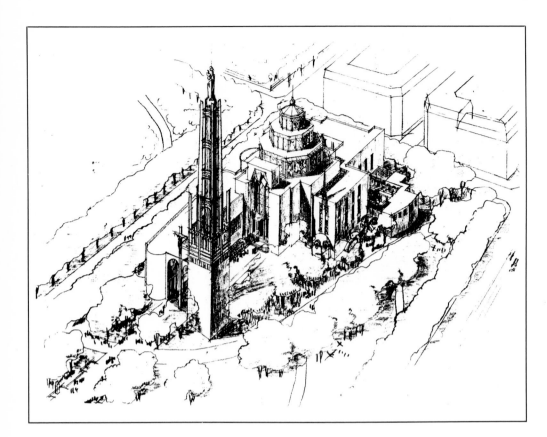

Paul Tournon, Pavillon pontifical, *1937.*

l'Église, aidée de ses artistes les plus fervents, avait montré la voie d'un renouveau de l'art sacré. De 1925 à 1937, ce renouveau s'était, en effet, petit à petit
organisé, imposé et multiplié. L'art sacré de l'entre-deux-guerres avait enfin son
caractère. Les expositions, amplificatrices d'idées, avaient largement contribué à
cette révélation.

Monographies

Les peintres

Martine CHENEBAUX

BAUDOUIN Paul-Albert
(1844-1931)

Sociétaire des Artistes Français, hors concours, il obtient une médaille de 3e classe en 1882, une médaille de 2e classe en 1886, une médaille d'or à l'exposition Universelle de 1889. Promu chevalier de la légion d'Honneur en 1891.

Il retrouve la technique de la fresque traditionnelle qu'il enseigne dans son atelier des Beaux-Arts. Il adhère au groupe des catholiques des Beaux-Arts et travaille à plusieurs décorations religieuses avec ses élèves.

Principales réalisations :

1922-1924 Chatenay-Malabry (92), chapelle des Dominicaines
– *Sainte Conversation*, fresque a tempera, chœur, Baudouin et élèves des Beaux-Arts,
– fresque a tempera, mur nef, Baudouin et élèves des Beaux-Arts.

1923 Saint-Maur-des-Fossés (94), chapelle des religieuses

dominicaines :
– fresques du chœur.

1924 Neuilly (92), chapelle de l'Institution Sainte-Geneviève
– *l'Annonciation*
– *la Cène*,
– *La mise en croix*,
– *Le couronnement de la Vierge*, fresque a tempera, parties basses du chœur.

1929 Nanterre (92), cathédrale Saint-Maurice-et-Sainte-Geneviève :
Il a dirigé l'ensemble de la décoration.
– *Le couronnement de la Vierge*, fresque a tempera, croisillon sud sous la verrière.
– *Saint Germain et Saint Loup bénissant Geneviève, Sainte Geneviève guérit sa mère aveugle*, fresque, chapelle nord.
– Beati Pacifici, *Bienheureux les Pacifiques*,
– Beati qui persecutionem patiuntur propter justitiam, *Bienheureux ceux qui souffrent persécution pour la justice*, fresques, bases des voûtes.

Paul-Albert Baudouin, Le couronnement de la Vierge, *cathédrale Saint-Maurice-et-Sainte-Geneviève à Nanterre, fresque, 1929.*

BILLOTEY Louis
(1883-1940)

Élève aux Beaux-Arts de Paris, il reçoit le premier Grand Prix de Rome en 1907. De retour en France, il enseigne à l'Académie des Beaux-Arts de Valenciennes. Il s'engage en 1914. Il est aussitôt fait prisonnier en Allemagne. Il enseigne de 1919 à 1925 à l'École Lemonnier et se tourne vers la peinture monumentale. Il est nommé professeur aux Beaux-Arts de Paris en 1939. Il met fin à ses jours à l'arrivée des allemands en 1940.

Principales réalisations :

1926   Ciry-Salsogne (02), église
        – *Chemin de Croix*, huile sur toiles
        marouflées,
        – *Saint Martin* et *Salomé*, vitraux

1927   Tergnier (02), église :
        – *Crucifixion*, vitrail.

1930   Fontenoy (02), église :
        – *Christ de la Passion*, fresque,
        chevet.
        Sancy-les-Cheminots (02), église :
        – *Vierge Marie*, vitrail.

1934   Villers-Cotterets (02), église :
        – *Charles et Philippe de Valois dédient
        à Saint Louis de Toulouse, la
        Chartreuse de Bourgfontaine fondée en
        1316 ; les premiers ouvriers
        évangéliques de Villers-Cotterêts,
        religieux de Saint Georges dans la
        plaine Saint-Rémi au VIIe siècle ;
        Fuyant devant les Normands, des clercs*
        *de Paris, porteurs des reliques de Sainte
        Clothilde et Sainte Geneviève, se
        séparent à Pisseleu pour se diriger vers
        Vivières et vers Marizy – 845 ;
        conversion de Saint Hubert*, 4 vitraux.

Louis Billotey, Étude préparatoire pour la fresque Christ de la Passion, *réalisée à Fontenay, huile sur toile, 1930.*

BOUQUET Louis
(1885-1951)

Élève de Morisot, de Cormon puis de Maurice Denis. Il exécute de nombreuses fresques à Paris, notamment au Musée de la France et d'Outre-Mer (Musée des Arts Africains et Océaniens) où il décore en 1931 le Salon d'Afrique, et en région parisienne. Il illustre de nombreux ouvrages de Pascal, Maeterlinck, Baudelaire, Moreas..

Principales réalisations :

1932-1934 Paris, église du Saint-Esprit :
          VIe au XIe siècle :
          – *Le Baptême de Clovis par Saint
          Rémy à Reims*,
          – *Le Concile d'Ephèse*, transept du
          côté de l'Évangile, peinture à
          fresque

vers 1940 Paris, église Saint-Ferdinand-des-
          Ternes
          – *Saint Pierre, Saint Jean, Saint
          Jacques et Saint André*, peinture
          murale, coupole.

Louis Bouquet, Le baptême de Clovis, église du Saint-Esprit à Paris, peinture à fresque, 1932.

de MAISTRE Henri
(1891-1953)

Il fait un court passage aux Beaux-Arts de Paris avant la première guerre mondiale.

Il est blessé et fait prisonnier au cours de cette guerre. C'est en captivité qu'il se lie d'amitié avec Marcel Aubert et Jacques Leleu. Il entre aux Ateliers d'Art Sacré en 1921. Georges Desvallières et Maurice Denis deviendront ses maîtres.

En 1926, Maurice Denis lui confie la direction des Ateliers d'Art Sacré qu'il assure pendant plus de vingt ans. Il séjourne en Italie en 1929-1930.

De 1939 à 1944, réfugié dans le midi de la France, il essaie d'assurer la survie des Ateliers. Les Ateliers d'Art Sacré ferment en 1947. En 1949, il fait un dernier voyage en Italie avant de se retirer dans le Vexin.

Henri de Maistre, Étude préparatoire pour la décoration La Messe *à l'église Saint-Germain-la-Blanche-Herbe, gouache sur calque, 1933-1934, coll. part.*

Principales réalisations :

1923   Soissons (02), cathédrale
– *Le Martyre de Saint Sébastien,* retable pour la chapelle du portail sud

1925   Paris, Exposition des Arts Décoratifs,
Église du Village Français :
Chapelle du Sacré-Cœur exécutée par les Ateliers d'Art Sacré.
– *Ange* , fresque
– *Bon Pasteur,* fresque, dans le chœur côté gauche.
Participe à la réalisation du chœur de Maurice Denis : *Sacré-Cœur crucifié,* fresque.

1928   Boulogne-sur-mer (62), église Notre-Dame :
– décoration.

1931   Paris, Exposition Coloniale, Pavillon des Missions, reconstruit au « Cygne d'Enghien »,
Église Notre-Dame-des-Missions à Epinay-sur-Seine (93) :
– *Les martyres français du Canada,* huile sur toile marouflée.

1933   Paris, église du Saint-Esprit : Première chapelle du côté de l'Évangile,
Chapelle des martyres du Iᵉʳ au Vᵉ siècle au dessus de l'Autel des martyres :
– *Martyre de Saint Pierre et de Saint Paul, vocation des Apôtres, les 12 Apôtres sur leurs trônes avec les instruments de leur supplice et l'Esprit Saint sur la basilique de Saint Pierre, Autres martyres,* fresques.

1934   Caen (14), église Saint-Germain-la-Blanche-Herbe :
– *La messe,* huile sur toile marouflée.
Paris, chapelle de l'école Saint-Michel-de-Picpus :
Maître d'œuvre de toute la décoration.
Il peint *les 6ᵉ et 7ᵉ stations de chemin de croix* et compose le vitrail de la *Résurrection.*

1936   Paris, chapelle du collège rue Franklin :
– *La vie de Saint Louis de Gonzague,* fresque.
Mendé (48), chapelle de la

Providence :
– *Laissez venir à moi les Petits Enfants,* peinture murale, chœur à gauche, il est le maître d'œuvre de l'aménagement de l'ensemble de la chapelle.

1937   Paris, Exposition Internationale des Arts et Techniques, Pavillon Pontifical :
– *Le Sacrifice* (médaille d'or), cloître.
Briançon (05), chapelle et oratoire de la communauté religieuse du sanatorium de la CPDE, (maintenant sanatorium du Pas de l'Ours) :
– maître d'œuvre de la décoration.

1938   Anglards-de-Salers (15), église :
– *Chemin de croix,* huile sur toiles marouflées.
Dieppe (76), église du Pollet
– *Les Évangélistes,* 4 grandes peintures pendentifs, chœur

1939-1944 Marseille (13), chapelle d'une communauté religieuse :
Décoration de la chapelle.

1944   Plaisir-Grignon (78), chapelle de la Maison-des-Vieillards-des-Petits-Prés :
– *La présentation de la Vierge au Temple.*

1946   Villejuif (94), église Sainte-Thérèse-de-l'Enfant-Jésus :
– *La Sainte Face,* fresque.

1947   Fécamp (76), chapelle Notre-Dame-du-Salut :
– *La Tempête apaisée* et *la pêche miraculeuse,* fresque pour le retable.

DENIS Maurice
(1870-1943)

Entré pour peu de temps à l'Académie Julian en 1888, il fait la connaissance de jeunes peintres tels : Bonnard, Vuillard, Ranson, Sérusier... avec qui il forme le groupe des Nabis. Très vite, il devient le théoricien du groupe. On retient de lui sa célèbre définition d'un tableau : « Se rappeler qu'un tableau – avant d'être un cheval de bataille, une femme nue ou une quelconque anecdote est essentiellement une surface plane recouverte de couleurs et un certain ordre assemblées ». Remarqué au Salon dès sa première participation en 1890, il connaît vite le succès.

Peintre religieux, il fonde avec Georges Desvallières en 1919 les Ateliers d'Art Sacré dans lesquels ils souhaitent retrouver l'esprit de compagnonnage du Moyen-Age. C'est alors qu'il réalise seul ou avec les Ateliers, de nombreux décors d'églises. Membre de l'Institut, il travaille jusqu'à la fin de ses jours. Il meurt accidentellement en novembre 1943.

Maurice Denis, Glorification de Saint-Louis, *église Saint-Louis de Vincennes, Stick B, 1927.*

Principales réalisations :

1900	Le Vésinet (78), chapelle du Collège Sainte-Croix : – *Exaltation de la Croix*, Chapelle désaffectée en 1905, cartons Musée du Prieuré.
1901-1903	Le Vésinet (78), église Sainte-Marguerite :
1901	– *Chapelle de la Vierge*,
1903	– *Prophètes, apôtres et symboles*, déambulatoire,
1903	– *Chapelle du Sacré-Cœur*.
1911	Paris, Salle d'Hulst, rue de Varenne : – *Les anges*.
1913	Projet de décoration pour la chapelle de M. Otto Bemberg, interrompu par la guerre.
1915-1928	Saint-Germain-en-Laye (78), chapelle du Musée départemental du Prieuré :
1915	– *Chemin de croix*, huile sur toiles,
1918-1922	– *Résurrection du Christ*, – *Résurrection de Lazare*, fresques, mur chœur, – *Vie de Saint Louis*, 4 médaillons, huile sur bois, chœur, vitraux, plafond, ornements liturgiques,

1928	– *Béatitudes*, Stick B, sur les 4 murs de la chapelle.
1916-1923	Genève (Suisse), église Saint-Paul :
1916	– *Vie de Saint Paul Apôtre*, huile sur toile marouflée, abside,
1918-1922	– *Saints de Genève, du Lyonnais et de la Savoie*, vitraux,
1920	– *Vie de Saint Paul*, vitrail,
1923	– *Baptême du Christ*, mosaïque exécutée par Marcel Poncet, baptistère.
1917	Genève (Suisse), Notre-Dame : – *Les quatre Évangélistes*, vitraux.
1919	Saint-Maurice-en-Valais (Suisse), abbaye de Saint-Maurice : – *Martyre de Saint Maurice*, mosaïque, chœur.
1922	Gagny (93), église Saint-Germain : – *Aux morts de la Guerre*.
1923	Quimper (29), cathédrale : – *Aux morts du clergé de Quimper*, mosaïque
1923-1927	Vincennes (94), église Saint-Louis :
1923	– *Béatitudes*, nef,
1927	– *La Glorification de Saint Louis*, Stick B, abside.
1924	Le Raincy (93), Notre-Dame : – *La vie de la Vierge*, 8 cartons de vitraux, – *La bataille de l'Ourcq ou Victoire de la Marne*, vitrail.
1925	Paris, Exposition des Arts-Décoratifs, L'Église du Village Français, Chapelle du Sacré-Cœur exécutée par les Ateliers d'Art Sacré : – *Sacré-Cœur crucifié*, fresque – *Sainte Marguerite-Marie et le Curé d'Ars*, vitraux. Pavillon des mosaïstes : – *Sacré-Cœur*, mosaïque. Fère-en-Tardenois (02),église : – *Le soldat et l'ange*, vitrail.
1926	Villenauxe (10), église : – *Le Sacré-Cœur et Sainte Marguerite* Vitrail soufflé par un bombardement en 1940.
1926-1934	Reims (51),église Saint-Nicolas :
1926	– *Vierge d'Annonciation*,

1934
- *Enfance du Christ,*
- *La source de vie,* fresque, baptistère.

1930 Rouen (76), église des Franciscaines :
- *Le Christ Crucifié et Saint François d'Assise,* abside,
- *Le repas de Sainte Claire avec Saint François,*
- *Saint François bénissant Assise,* huile sur toiles maroufflées.
Cholet (49), Carmel :
- *Annonciation au cloître de Fiésole,* tableau d'autel.

1931 Paris, Exposition Coloniale, Pavillon des Missions reconstruit au « Cygne d'Enghien », Église Notre-Dame-des-Missions à Epinay-sur-Seine (93) :
- *Saint Pierre et Saint Paul, évangélisation des mondes romain et grec,* huile sur toile maroufflée.
Perros-Guirec (22), Chapelle Notre-Dame-de-la-Clarté ;
- *Chemin de Croix,* peinture sur fibro-ciment.

1933 Saint-Ouen (93), église du Sacré-Cœur :
- *Le Sacré-Cœur et les Béatitudes,* stick B, abside,
- *Annonciation* et *Atelier de Joseph,* cartons de Maurice Denis éxecutés à fresque par B. Metschersky et A. Martine.

1932-1941 Vienne (38), église Saint-Martin :

1932-1933 – *L'Eucharistie,* abside,

1939-1941 – *La multiplication des pains,*
- *L'adoration des Bergers*
- *Saint Thomas,*
- *Le Curé d'Ars,* huile sur toiles maroufflées, murs latéraux.

1932-1934 Paris, église du Saint-Esprit :
- *La Pentecôte,* stick B, abside.

1935 Solesmes (59), abbaye :
- *L'Épiphanie,*

- *La Cène,*
- *Le coup de lance.*

1937 Paris, Exposition Internationale des Arts et Techniques, Pavillon Pontifical :
- *La Cène,* réfectoire des moines, collection particulière.

1938 Verneuil-sur-Avre (27), église Notre-Dame :
- *Première communion de Sainte Thérèse,* tableau d'autel.
Lapoutroie (68), église du Monastère :
- *La légende de Sainte-Odile :*
- *Etticho donne à sa fille Odile le chateau de Hohenbourg,*
- *Sainte Odile modèle de prière et Union avec Dieu,*
- *Sainte Odile guérit les malades,*
- *Sainte Odile, patronne de l'Alsace, priez pour nous,* Stick B, 4 panneaux, chœur.

1939 Paris, chapelle de Port-Royal, l'hôpital Cochin :
- *La résurrection de Lazare,* tableau d'autel donné après la mort de Maurice Denis.

1940 Saint-Gall (Suisse), Monastère :
- *Apparition de la Salette,* tableau d'autel.

1941 Crète, par Thonon-les-Bains (74), chapelle du Pensionnat du Sacré-Cœur :
- *Marie-Médiatrice,* abside.

1942 Reposoir Cluses (74), Chatreuse du Reposoir :
- *Chemin de croix,* exécuté par une moniale d'après les cartons de Maurice Denis.

1942-1943 Marolles-en-Brie, par Villecresnes (94), Église :
- *Le Bon Pasteur,* Vitrail.

1941-1943 Thonon-les-Bains (74), basilique :
- *Chemin de croix,*
- *Le Jardin des Oliviers,*
- *Resurrection,* transept.

DESVALLIERES *Georges* *(1861-1950)*

Élève de Delaunay et Voiladon, ami de Gustave Moreau, il étudie beaucoup les maîtres italiens.

Il débute au Salon des Artistes Français en 1883. Ses œuvres décrivent alors un univers aristocratique et aisé. En 1906, il entre à la société de Saint Jean. Il veut renouveler l'Art Religieux. En 1914, il est appelé au front. Au cours de cette guerre, il perd un fils de 16 ans tombé au champ d'honneur. Il fait alors le vœu de consacrer sa peinture aux sujets religieux. Il entre au tiers-ordre dominicain.

En 1919, il crée les Ateliers d'Art Sacré avec Maurice Denis. Plus mystique et lyrique que ce dernier, il présente un Christ souffrant qui contre balance la vision sereine de Maurice Denis.

Jusqu'en 1943, il exécute de nombreuses décorations pour des églises françaises et étrangères ainsi que des vitraux tels ceux de la chapelle de l'Ossuaire de Douaumont.

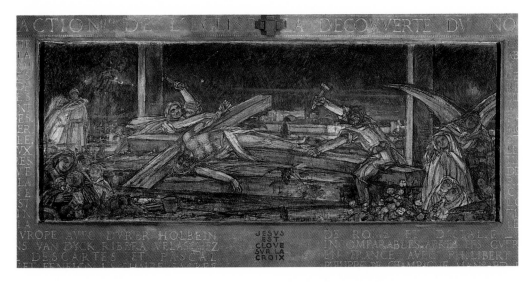

Georges Desvallières, XIe station du Chemin de Croix, le Christ est cloué sur la croix, *église du Saint-Esprit à Paris, huile sur toile marouflée, 1932-1934.*

Principales réalisations :

vers 1920 Verneuil-sur-Avre (27), église Notre-Dame :
— *Le Drapeau du Sacré-Cœur,* tableau d'église.

1922-1924 Saint-Privat (30), chapelle de M. Rouché :
— *Le sacrifice de la Guerre de 1914-1918,*
— *La famille Rouché,* mur côté porte,
— *Dieu Trine,* mur côté autel,
— *Les Saintes Femmes — Tout est consommé — Caïn et Abel,* mur gauche,
— *L'Ascension 1914 — Le Sacrifice — l'Assaut 1918,* mur droit,
huile sur toiles marouflées.

1925 Paris, Exposition des Arts Décoratifs,
Église du Village Français,
Chapelle du Sacré-Cœur exécutée par les Ateliers d'Art Sacré :
— *La Sainte Face,*
Retable maintenant conservé au Musée du Vatican.

1929-1931 Wittenheim (68), église Sainte-Barbe :

1929 — *Victoire de Sainte Barbe,* huile sur toile marouflée, voûte,
— *Les Dix commandements,* peinture murale, murs hauts de la nef,

1930-1931 — *Chemin de croix,* nefs latérales et vitrail.

1931 Paris, chapelle de la Cité du Souvenir :
— 3 murs, huile sur toiles marouflées et peintures murales dans les parties basses.

1931 Paris, Exposition Coloniale, Pavillon des Missions, reconstruit au « Cygne d'Enghien »
Église Notre-Dame-des-Mission à Epinay-sur-Seine (93) :
— *L'Afrique et le Père de Foucauld,* huile sur toile marouflée.

1932-1934 Paris, église du Saint-Esprit :
— *Chemin de croix,* 14 stations, peinture murale.

1933 Fontainebleau (77), chapelle de l'École Privée Saint-Aspais :
— *Saint Joseph protecteur des élèves,* huile sur toile marouflée, chœur.

1937 Paris, couvent des Domincains :
— *Aimez,* huile sur toile marouflée.

1937 Meaux (77), chapelle du Séminaire :
— *Christ en croix,* huile sur toile marouflée, chœur,
— Sur l'arc qui encadre l'autel, *Dieu Le Père* au sommet,
— *Lapidation d'Étienne* à gauche,
— *le retour de l'Enfant Prodigue* à droite, huile sur toile marouflée,
— *Le pape portant l'Église* à gauche, *Assemblée d'Évêques* à droite, huile sur toiles marouflées, soubassement.

1937 Paris, Exposition Internationale des Arts et Techniques, Pavillon Pontifical :
— *Réconciliation,* peinture murale.

1943 Arras (62), cathédrale :
— 2 panneaux décoratifs.

non daté Paw tucket (États-Unis), église :
— Décorations.

FAURE Elisabeth
(1906-1964)

Élève de Lucien Simon aux Beaux-Arts de Paris, elle s'initie à la fresque. Elle expose depuis 1933 au Salon. Elle obtient une seconde médaille en 1935, et le prix national la même année.

Elle séjourne un an en Italie ayant obtenu « une bourse de voyage » en 1936, puis à Fés au Maroc, à la Casa Velasquez. Membre du groupe des Catholiques des Beaux-Arts depuis 1928, elle y rencontre Marthe Flandrin avec qui elle travaillera. Elle collabore activement à la constitution du Musée de la Fresque au Musée des Monuments Français au Palais de Chaillot de 1942 à 1959, en effectuant de nombreux relevés de fresques.

Titulaire du prix de Madagascar, elle séjourne 3 ans dans la grande Ile de 1951 à 1953. Puis un an et demi à Brazzaville.

Principales réalisations :

1931   Paris, Exposition Coloniale, Pavillon des Missions, reconstruit au « Cygne d'Enghien », Église Notre-Dame-des-Missions à Epinay-sur-Seine (93) : Collaboration.

1932-1934 Paris, église du Saint-Esprit : Chapelle des Vierges XIVe et XVe siècles : – *Le Jubilé de 1450, Saint Vincent Ferrier (1357-1419)*, bas-côtés de l'Épître, fresque.

1936   Nanterre (92), cathédrale Saint-Maurice-et-Sainte-Geneviève : – *L'Ivraie*, en haut, – *Le Riche Insensé*, centre, – *Le Mauvais Riche*, bas, fresque déambulatoire.

1937   Paris, Exposition Internationale des Arts et Techniques, Pavillon Pontifical : 3 grandes figures *Foi, Espérance et Charité*, peinture murale.

1941   Cachan (94), église Sainte-

Germaine : – *La Visitation*, fresque, au-dessus autel de la Vierge à gauche, – Baptistère.

Elisabeth Faure, Esquisse de la fresque L'Ivraie *(en haut),* Le riche insensé *(centre),* Le mauvais riche *(bas), pour la cathédrale Saint-Maurice-et-Sainte-Geneviève à Nanterre, gouache sur papier, 1935, Musée Municipal de Boulogne-Billancourt.*

FLANDRIN Marthe
(1904-1987)

Petite fille de Paul Flandrin, petite nièce de Hippolyte Flandrin, nièce de Paul Hippolyte Flandrin.

Élève de Jean-Pierre Laurens de 1926 à 1931 aux Beaux-Arts de Paris. Elle suit des cours de peinture à fresque dans l'atelier de Ducos de la Haille, successeur de Baudouin. Elle expose au Salon des Artistes Français depuis 1929. Elle y remporte de nombreuses récompenses dont une bourse de voyage en 1930 et le prix Irma Lukinovic en 1934.

Assidue aux Catholiques des Beaux-Arts, elle y rencontre Élisabeth Faure avec qui elle travaillera. Elle adhère à la Société de Saint Jean. Jusqu'en 1950, elle réalise de nombreuses copies de fresques dans diverses régions de France pour le Musée des Monuments Français.

Principales réalisations :

1932-1934 Paris, église du Saint-Esprit: Chapelle des Vierges XIVe et XVe siècles : – *Sainte Catherine de Sienne devant le Palais des Papes à Avignon, scènes de la vie de Sainte Catherine, Le Christ accompagné de Saint Paul et Saint Pierre, l'Olivier de la Paix et la Croix du Sacrifice*, fresques, bas côté de l'Épître.

1933   Colombes (92), église du Sacré-Cœur : Projet de décoration, – *Résurrection, les Béatitudes et la Mission des Apôtres*, abside, (échec

en 1943) :

1935   Paris, église Saint-Médard : Avec la collaboration de Madame Paul Flandrin : *Chemin de croix*.

1935-1945 Nanterre (92), cathédrale Saint-Maurice-et-Sainte-Geneviève :

1936   – *La maison bâtie sur le sable et la maison bâtie sur le roc*, en haut. – *la Parabole du méchant débiteur*, au centre, – *les vierges sages et les vierges folles*, en bas fresque déambulatoire,

1945   – *Sainte Geneviève*, fresque, crypte.

1936   Orléans(45), séminaire : – *Présentation au temple*, peinture.

Olivet (45), église:
– *La Sainte famille*, fresque a tempera.

1937 Paris, Exposition Internationale des Arts et Techniques, Pavillon Pontifical:
– *Les 7 jours de la Création*, voûte du baptistère.

1941 Cachan (94), église Sainte-Germaine:
– *L'atelier de Nazareth*, fresque a tempera, chapelle Saint-Joseph.

1947 Harcouët (50), église Saint-Hilaire:
– Baptistère, fresque.

1949 Blois (41), église de la Trinité:
– *La Tour de David*, dais tendu au-dessus de l'autel, crypte.

1953 -1963 Grivy-sur-Aisne (08), église:

1953 – fresque, chœur, aidé par Jean-Paul Froidevaux et Claude Perset,

1963 – *Saint Antoine*, pierre gravée.

1958 Chanterac (24), église: céramique dans la nef.

1962 Valogne (50), église:
– *Les prophètes*, gravure sur pierre, entrée.

Marthe Flandrin, Sainte Catherine de Sienne, église du Saint-Esprit à Paris, fresque, 1932-1934.

GOWENIUS Rudolf (1898-1960)

Peintre suédois. En Suède, il est élève de Caleb Althin et Carl Wilhelmson avant d'entrer à l'École des Beaux-Arts de 1919 à 1921. Il séjourne à Paris de 1923 à 1939. Il est alors élève d'André Lhote et de Fernand Léger en 1924-1925. Il décore le bar de la Cigogne à Montparnasse de 1929 à 1931. Il expose dans les sections d'Art Religieux et d'Arts Décoratifs des Salons Parisiens.

Principales réalisations:

1930 Montgeron (91), chapelle des Sœurs servantes du Sacré-Cœur-de-Marie
– *Symboles des Évangélistes*, coupole, encadrements des fenêtres et arches.

1932 Sens (89), monastère de la Nativité:
– *Le bon Samaritain*, réfectoire,
– *Pietà*, crypte,
Réalisation de la porte d'exposition de l'ostensoir, composition de H. Vidal.

1934 Colombes (92), église Saint-Étienne-et-Saint-Henri:
– *Christ en croix*, fresque derrière l'autel.

1936 Cachan (94), église Saint-Jean-l'Évangéliste:

– *Aigle*, moëllons, tympan de la façade.

1937 Chevilly (94), chapelle Notre-Dame-du-Bon-Pasteur:
– *Le Bon Pasteur et les hiérarchies des anges*, chœur.

1939 Tavaux-cités (39), église Sainte-Anne:
– *L'Assomption*, fresque, abside.

avant 1939
Conflans (95), chapelle Saint-Jean-Baptiste-Vianney.

avant 1939
Chapelle du Poitou: Décoration.

Rudolf Gowenius, Le Bon Pasteur, chapelle Notre-Dame-du-Bon-Pasteur à Chevilly-larue, 1937.

IMBS Marcel (1882-1935)

Il fait un court séjour à l'École des Arts Industriels de Strasbourg, puis entre dans l'atelier de Luc-Olivier Merson à Paris. Il est mobilisé pendant les quatre années de guerre. En 1920, il termine la mosaïque du Sacré-Cœur de Montmartre d'après les cartons de Merson. Il est médaillé d'argent au Salon des Artistes Français en 1928.
Il meurt en 1935 alors qu'il réalise sa dernière décoration à l'église Saint-Jean-Baptiste-de-La-Salle de Paris.

Marcel Imbs, Laissez venir à moi les petits enfants, *église Saint-Jean-Baptiste-de-la-Salle à Paris, mosaïque et peinture, arc du chœur, 1935.*

Principales réalisations

1914	Chapelle de Secours de l'architecte Regnault : – *Sainte Cécile.*
1920	Paris, Sacré-Cœur de Montmartre : – *Christ,* mosaïque, abside du chœur. Stoeffelden, église : – *Assomption,* peinture murale.
1925	Paris, Exposition des Arts Décoratifs,

Oratoire Sainte-Odile :
Plafond.
Église du Village Français,
Chapelle dédiée aux Saints de
France exécuté par les Catholiques
des Beaux-Arts : carton de vitrail.

1926	Brunstatt (68), église : – *Immaculée Conception,* peinture murale.
non daté	Alençon (61), église : – *Sainte Thérèse,* mosaïque.
non daté	Lourdes (65), chapelle Sainte-Bernadette : – *La Vierge avec les bergères Sainte Germaine et Sainte Bernadette,* peinture murale.
non daté	Paris, chapelle Notre-Dame-de-Consolation : – *Saint Jean-Baptiste enseignant* – *Sainte Jeanne d'Arc.*
non daté	Soissons (02), chapelle du Grand-Séminaire : – *Séraphins entourant le Père Éternel,* – *Chemin de Croix.*
non daté	Rouen (76), église Saint-Jean-Eudes : – *La Vierge et Saint Michel, Saint Gabriel et Saint Raphaël, groupes de saints,* mosaïque, chœur.
1932-1934	Paris, église du Saint-Esprit : – *Les Douze Apôtres,* mosaïque prise dans le béton, coupole, – *La Sainte Trinité,* vitrail du chœur de la crypte, – *Emblèmes eucharistiques,* colatéraux.
1935	Paris, église Saint-Jean-Baptiste-de-La-Salle : – *Laissez-venir à moi les petits enfants,* mosaïque et peinture.

LABOULAYE Paul de (1902-1961)

Il entre aux Ateliers d'Art Sacré en 1925. A partir de 1932, il expose régulièrement au Salon d'Automne et au Salon des Tuileries. Fidèle à l'esprit des Ateliers, il est aussi proche de Pierre Bonnard et admire la peinture de Dunoyer de Segonzac. En 1945-1946, il est nommé expert-membre de la mission chargée de retrouver les œuvres d'art qui avaient été prises par les forces d'occupation. A ce titre, il effectue plusieurs voyages en Allemagne.

Principales réalisations :

1931	Paris, Exposition Coloniale, Pavillon des Missions, reconstruit au « Cygne d'Enghien » Église Notre-Dame-des-Missions à Epinay-sur-Seine (93) : – *Saint Boniface, Apôtre de la Germanie,* huile sur toile marouflée.
1934	Paris, chapelle du Collège Saint-Michel-de-Picpus : – *Les 8ᵉ et 9ᵉ stations, du Chemin de Croix.*
1936	Mende (48), chapelle de la

Providence :
– *Notre-Dame de la Providence,* peinture murale, dans le chœur à gauche.

Paul de Laboulaye, Saint Boniface, apôtre de la Germanie, *église des Missions à Épinay-sur-Seine, huile sur toile marouflée, 1931.*

LAURENS Jean-Pierre (1875-1932), LAURENS Paul-Albert (1870-1934)

Fils de Jean-Paul Laurens, Jean-Pierre Laurens entre à l'atelier Bonnat aux Beaux-Arts.
Il est fait prisonnier de guerre en 1914 pendant 4 ans. Il en laisse de nombreux dessins dans ses *cahiers d'un prisonnier de guerre.* Profondément marqué par les atrocités de la guerre, il se convertit à la religion catholique.

A partir de 1924, il dirige un atelier aux Beaux-Arts. Il succombe à une longue maladie pendant les travaux de Notre-Dame-du-Calvaire à Chatillon-sous-Bagneux.

Son frère aîné Paul-Albert réalise en 1927, un *Saint Martin* à la suite d'un vœu, qui sera placé dans l'église de Follainville-Dennemont (78). Il prend la relève de son frère aux Beaux-Arts.

Jean-Pierre Laurens, Vierge au Calvaire, *église Notre-Dame-du-Calvaire à Châtillon-sous-Bagneux, fresque, 1932-1935.*

Principales réalisations :

1922-1923 Neuilly (92), chapelle du Petit-Collège de Sainte-Croix
– *La Vierge enseignant aux petits enfants,* huile sur toile marouflée, mur plat qui termine la chapelle à l'est.

1932-1935 Chatillon-sous-Bagneux (92), église Notre-Dame-du-Calvaire :
Jean-Pierre Laurens décède pendant les travaux. La relève est prise par sa femme et ses élèves. La décoration est poursuivie d'après ses cartons.
– *Notre-Dame du calvaire, Annonciation,*
– *Adoration des bergers* : fresques, chapelle de la Vierge : même équipe.

LEMAITRE André-Hubert (1885-) et Ivanna

Élève aux Arts Décoratifs puis aux Beaux-Arts de Paris, membre du Salon d'Automne depuis 1920. Il intervient au théâtre parmi les rénovateurs de la mise en scène. Il réalise de nombreuses peintures monumentales en collaboration de sa femme Ivanna, peintre née à Saint-Petersbourg. En 1930, il décore à fresque le Salon du Maréchal Lyautey au Musée de la France d'Outre-mer, (Musée des Arts Africains et Océaniens). Il réalise un carton de tapisserie, exécuté par les ateliers des Gobelins pour le Paquebot « Touraine ».

Principales réalisations :

1923-1924 Toulouse (31), chapelle du couvent Notre-Dame-de-la-Charité :
– *Sainte Madeleine aux pieds du Christ,* huile sur toile marouflée,
– *La Trinité,* huile sur toile marouflée.

1925-1926 Toulouse (31), chapelle de l'Institut Catholique de Toulouse :
– *La Trinité,* huile sur toile marouflée, chœur.
Toulouse (31), chapelle du refuge
– *Décor.*

1927-1928 Meudon (92), église Sainte-Jeanne-d'Arc :
Arc à l'entrée du Chœur :
– *La Vierge à l'Enfant,* sommet,
– *La vie de Sainte Jeanne d'Arc,* huile sur toiles marouflées, sur les côtés,
– *La Trinité,*
Disparues.

1932-1934 Paris, église du Saint-Esprit :
Chapelle du travail, XIXe et XXe siècle :
– *Le Dogme de l'Immaculée Conception,*
– *L'apparition de la Vierge à Sainte Bernardette,*
– *Le Concile du Vatican (1870),*
– *Le Saint Curé d'Ars,* Fresques.

Vers 1935 Paris, église Sainte-Hélène :
– *Décoration de l'arc triomphal du chœur.*

Avant 1949
Paris, église Saint-Gabriel :
– *Christ triomphant,* abside,
– *Prophètes Isaïe, Osée et les Évangélistes* sur l'arc.

André-Hubert et Ivanna Le-maitre, L'Immaculée Conception, Sainte Bernadette, Pie IX, le concile du Vatican, le Saint Curé d'Ars, église du Saint-Esprit à Paris, peinture à fresque, 1932-34.

MARRET Henri (1878-1964)

Élève de Cormon, Humbert, Thirion et de Baudouin pour la fresque.

Il expose au Salon des Artistes Français de 1901 à 1908, puis à la Société Nationale des Beaux-Arts qu'il présidera.

Il se voue à la rénovation de la fresque qu'il enseigne pendant près de vingt ans à partir de 1923, à l'École des Arts Appliqués. Il compose de nombreuses toiles monumentales et fresques pour les églises et les mairies.

Principales réalisations :

1920   Paris, *Union Centrale des Arts Décoratifs,*
Exposition d'Art Religieux en vue de la reconstruction d'églises dans les régions dévastées.
Décoration pour une chapelle : maquette grandeur nature du chœur d'une église provisoire en fibro-ciment, décorée de 6 fresques : *La Résurrection, 4 stations de chemin de croix,* et *Vierge à l'enfant.*

1921-1924 Vincennes (94), église Saint-Louis :
– *Chemin de Croix,* fresques,
– *Les Saints prêchant les paroles du Christ,* sous le porche, autels secondaires.

1922   Thourotte (60), église :
– *Le Sermon sur la Montagne,* fresque.
Fourqueux (78), église :
– *Mémoriam,* fresque,
– *Chemin de croix.*
Toussaint (76), église :
– *Monument aux morts.*
Sainte-Hélène (76), église :
– *Monument aux morts.*

1924   Neuviller (54), église :
– *l'Entrée à Jérusalem,*
– *Le Sermon sur la Montagne,*
– *La Sainte famille et la fuite en Égypte,* tympan.

1925   Paris, Exposition des Arts Décoratifs,
Église du Village Français :
– *L'Annonciation,* fresque de part et d'autre de l'arc triomphal du chœur.
Montpellier (34), chapelle particulière de Mgr Mignen :

Henri Marret, XIe station du Chemin de Croix, le Christ est cloué sur la croix, *église Saint-Louis de Vincennes, fresques, 1921-1924.*

– *Présentation au Temple.*

1926   Fresnoye-les-Roye (80), église :
– *Entrée à Jérusalem,*
– *Chemin de croix,* fresques.

1927   Chatillon-sur-Indre (36), église :
– *Mémoriam,* fresque.
Saint-Pol-de-Léon (29), église :
– *Pietà* pour le tombeau du comte de Guébriant, fresques.
Troyes (10), église Saint-Nizier :
– *In mémoriam et Spem,*
– *Chemin de croix,* fresques.

1928   Roquecourbe (11), église :
– Chapelle funéraire, fresques,

– peintures à la colle.

1929   Arvilliers (80), église :
– Fresque.

non daté avant 1930
Rouvroy-Mines (62), église Saint-Louis :
– *La vie de Saint Louis,* fresques, trompes de la coupole.

1930   Drocourt (62), église :
– Fresque.
Jouy-le-Moutier (95), église :
– Fresque.

1931   Tricot (60), église :
– *Chemin de croix,* fresques.
Paris, Exposition Coloniale, Pavillon des Missions, reconstruit au « Cygne d'Enghien »,
Église Notre-Dame-des-Missions à Epinay-sur-Seine (93) :
– *Saint Pothin évangélisant la Gaule au IIe siècle,* huile sur toile marouflée.
Moreuil (80), église :
– Fresques.
Beuvraignes (80), église :
– *La vie de Saint Martin,* fresques, chœur.
Irles (80), église :
– Fresques.

1932   Roye (80), église Saint-Pierre :
– *La vie de Saint Pierre,* 4 grands panneaux, fresques,
– *20 saints de France,* murs hauts de la nef,
– *Symboles des Évangélistes,* arc triomphal.
Paris, église du Saint-Esprit :
– *L'Évangile du VIe au XIe siècle Grégoire VII et Charlemagne,* fresque.

1935   Paris, église Saint-Hippolyte :
– *Saint Hippolyte* martyr, tympan façade,
– *Sainte Anne,* toile (Disparue).

1943   Arras (62), cathédrale :
– Panneau décoratif.

1945   Le Mesnil-Amelot (77), église Saint-Martin :
– *Retable.*

1948   Brunoy (91), église :
– Peinture.

MARTIN-FERRIERES Jac (1893-)

Élève de Cormon, Laurent et Martin. Sociétaire et hors concours du Salon des Artistes Français, mention en 1920, médaille d'argent en 1923, bourse de voyage en 1924 ; il obtint le prix National en 1925, en 1928 la médaille d'or et le prix Legay – Le brun (Prix de l'Institut). A exposé des paysages en 1965.

Principales réalisations :

1929- 1933

Paris, église de Saint-Christophe-de-Javel :
– *La légende de Saint Christophe*, 12 panneaux de 8,5 m x 5 m, peint à l'encaustique sur toiles marouflées, murs bas côtés.

1933

Saint-Ouen (93), église du Sacré-Cœur :
– Dessus de porte.

1935

Marseille (13), église Saint-Louis :
– *Chemin de croix*, nef.

Jac Martin-Ferrières, Reprobus fait passer le torrent à Jésus qui le baptise et lui donne le nom de Christophe, *église Saint-Christophe-de-Javel à Paris, huile sur toile marouflée, 1929-1933.*

PEUGNIEZ *Pauline*
(1890-1987)

Élève aux Beaux-Art d'Amiens, puis aux Beaux-Art de Paris où elle rencontre Jean-Hebert Stevens qu'elle épouse en 1915.

En 1919, elle entre avec son mari aux Ateliers d'Art Sacré dès leur création. Ils ouvrent un atelier de vitrail en 1923. Ils souhaitent introduire la sensibilité des peintres, dans l'art du vitrail.

Parallèlement à sa peinture, elle réalise des œuvres monumentales : tapisseries exécutées aux Gobelins, vitraux, fresques et décorations extérieures.

Pauline Peugniez, Notre-Dame des Prairies, *vitrail de MM. Hebert-Stevens et Rinuy, présenté à l'Exposition des Arts Décoratifs de 1925 à Paris, coll. part.*

Principales réalisations :

1921-1922

Domèvre-sur-Vezouve (54), église :
– *La vie de Saint Epvre.*

1925

Paris, Exposition des Arts Décoratifs,
Eglise du Village Français
Chapelle des Saints-de-France exécutée par les Catholiques des Beaux-Arts :
Maquette d'ensemble de la décoration murale et carton de vitrail.
Chapelle du Sacré-Cœur exécutée par les Ateliers d'Art Sacré : un tapis.

1929-1930

Bressuire (79), chapelle du Lycée de Garçons.

1931

Paris, Exposition Coloniale,
Pavillon des Missions, reconstruit au « Cygne d'Enghien »
Église Notre-Dame-des-Missions à Epinay-sur-Seine (93) :
– *Saint Patrick débarquant en Irlande et Saint Colomban,* huile sur toile marouflée, avec Ch. Plessard.

1932-1934

Paris, église du Saint-Esprit :
Chapelle des Martyres du Ier au Ve siècle,
Le Premier siècle :
– *Dispersion des apôtres, imposition des mains, martyre de Saint Étienne, la barque des Saintes Maries, les chrétiens livrés aux bêtes dans l'amphithéatre de Neron, l'Apôtre Saint Jean et ses disciples. Saint Irénée et Saint Ignace d'Antioche ; Saint Clément pape martyr ; les diacres chargés des premières œuvres d'assistance ; la première martyre Sainte Thérèse, disciple de Saint Jean,* fresque, première chapelle au côté de l'Évangile.

1933-1934

Paris, chapelle privée, rue Cortembert :
au-dessus de l'autel.

1936

Mende (48), chapelle de l'Orphelinat de la Providence :
– *La Charité* ou *l'Esprit de sacrifice,* fresque a tempera, autel latéral.

1937

Paris, Exposition Internationale des Arts et Techniques,
Pavillon Pontifical :
– *La visite aux prisonniers et aux malades.*
Elle dirige les peintures qui évoquent les œuvres de l'église consacrées à la Mère et à l'Enfant, avec Odette Bourgain.

Non daté

Alençon (61), chapelle du collège Saint-François :
– *Chemin de croix.*

POUGHEON Eugène-Robert
(1886-1955)

Élève de Laurens puis d'Albert Besnard, il remporte le premier Grand Prix de Rome en 1914. Il est nommé Professeur aux Beaux-Arts de Paris en 1935, puis directeur de la Villa Médicis en 1942. Il termine sa carrière conservateur du Musée Jacquemard-André.

Principales réalisations :

1932-1934 Paris, église du Saint-Esprit
XVIe au XVIIIe siècle :
– Sainte Thérèse d'Avila et Saint Jean de la Croix aux pieds du Christ, au-dessous,
– Saint Ignace de Loyola et ses compagnons devant l'Église du Gésu à Rome,
– Palestrina, le Roi Henri IV, Saint Vincent de Paul, le Cardinal de Richelieu, le Pape Grégoire XIII,
– Saint Charles Borromée, Saint François Xavier, les conquistadors : Fernand Cortez, Magellan et Pizarre, fresque, transept côté de l'épître arcade supérieure.

1936 Paris, église Saint-Antoine-de-Padoue :
Projet de fresques non réalisé : *Les sept sacrements,* tympan de l'arc triomphal,
– La crucifixion entre l'Église et l'Eucharistie, Saint Antoine de Padoue et Saint François d'Assise, la Vierge et le Sacré-Cœur, autel majeur et autels latéraux.
10 cartons de vitraux réalisés :
– Les Béatitudes et 2 épisodes de la vie du Christ, oculi de la nef.

Eugène-Robert Pougheon, Saint Charles Borromée, Saint François de Sales, autour de la fenêtre Saint François Xavier et les conquistadors, *église du Saint-Esprit à Paris, peinture à fresque, 1932-1934.*

REYRE Valentine
(1889-1943)

Très jeune, elle reçoit les conseils du peintre Gustave Colin et s'adonne à différentes techniques artistiques. A 20 ans, elle est élève de Lucien Simon et Georges Desvallières à l'atelier de peinture de la Grande Chaumière. Elle n'y reste que peu de temps.

Pendant la guerre de 1914-1918, elle travaille sans relâche et réalise de nombreux dessins. Avant la fin de la guerre, elle créée avec plusieurs camarades, animés de la même foi et des mêmes principes d'art, un groupe de travail : l'Arche.

C'est alors qu'elle réalise de très nombreux décors d'églises : peintures murales, fresques ou vitraux. A partir de 1940, elle abandonne toutes ses activités artistiques pour se consacrer à des œuvres sociales jusqu'à sa mort en 1943.

Principales réalisations :

1919 Coulans-sur-Gee (72), église
– Chemin de croix, exécuté par les Ateliers d'Art Sacré d'après ses compositions et sous sa direction, huile sur toile.

1921 Verneuil sur Avre (27), chapelle de l'École des Roches :
– Chemin de croix.
Les Aubiers (79), église :
Chapelle des morts de la guerre 1914-1918,
– Sacré-Cœur, fresque, fond d'autel et deux vitraux.
Macon (71), église de Saint-Pierre :
– Christ, sculpture.

1922 Fall-River (Massachussets, États-Unis), chapelle :

– Saint Dominique et *Sainte Catherine,* 2 panneaux, huiles sur toile.

1923 Wisques (62), abbaye Notre-Dame :
– Christ aux outrages, huile sur toile marouflée.

1925 Malines (Belgique), oratoire de la maîtrise de Saint-Rambault :
– Saint Tarcisius, peinture à la cire.
Paris, Exposition des Arts Décoratifs,
Église du Village Français :
– Vierge de l'Apocalypse, fresque, entourant la rosace,
– Rosace, carton de vitrail exécuté par Lorin.
Montmagny (95), église Sainte-

Valentine Reyre, Saint Augustin de Cantorbery baptise le roi de Kent, *église des Missions à Épinay-sur-Seine, huile sur toile marouflée, 1931.*

Thérèse-de-l'Enfant-Jésus :
– *La Trinité, la Vierge à l'Enfant, Sainte Thérèse,*
– *Sainte Véronique,* fresque, mur du chœur,
– *Chemin de croix,* nef,
– *Saint Tarcisius,* sacristie.

1927 Fontaine-Notre-Dame (59), église :
– *Chemin de croix,* fresque,
– *Calvaire, Marie et Saint Jean , anges,*
– *Le Baptême et la Pénitence,* fresques, voûte du chœur et arcs.

1928 Bruxelles (Belgique), chapelle de l'Institut Sainte-Marie :
– *Calvaire, avec Saint Jean et la Vierge,* fresque, abside.

1928-1932 Vend'huile (02), église Saint-Martin :

1928-1929 – *Chemin de croix,* fresque, et sept vitraux réalisés par Hebert-Stevens,

1930 Toiles du chœur,

1932 – *Sacré-Cœur,* fond d'autel et six vitraux.

1929 Bruxelles (Belgique), Chapelle Auxilium :
Fresques, abside et fond d'autel :
– *Ordinations l'Eucharistie, la Prédication, l'Adoration,* vitraux.

1930 Cambrai (59), Chapelle du Grand-Séminaire :
– *Les sept sacrements,* chœur, fresque,
– *La naissance de Notre Seigneur Jésus,*
– *La présentation de Jésus,*
– *l'Institution de la Sainte Eucharistie,*
-- *la Mission des Apôtres,*
4 vitraux, pavage et mobilier.

1930-1934 Sancellemoz (74), Chapelle du Sanatorium :
– *La vie du Christ,* naissance et déposition de la croix, derrière l'autel,
– *Chemin de croix ,*
– *La Foi, l'Espérance et la Charité,* vitraux,
– *Anges de la Résurrection* devant l'autel et mobilier.

1931 Paris, Exposition Coloniale, Pavillon des Missions, reconstruit au «Cygne d'Enghien», Église Notre-Dame-des-Missions à Epinay-sur-Seine (93) :
– *L'évangélisation de la Grande-Bretagne,* huile sur toile marouflée et vitraux.

1932 Paris, église du Saint-Esprit Chapelle du Travail XIXe et XXe :
– *l'église contemporaine, les Anges des quatre races et les martyres missionnaires contemporains, le R.P. de Foucauld, l'Action Catholique, le Pape Pie XI, les nouveaux sanctuaires,* fresque.

1933- 1934 Grenoble (38), église Saint-Louis
– *Chemin de croix,* peinture à la cire sur toile marouflée.

1933 Voreppe (38), Monastère des dominicaines :
– *Chemin de croix* et vitraux.

1935 Rouen (76) :
– *Chemin de croix.*
La Panne (Belgique), église Saint-Antoine-de-Padoue :
– *Chemin de croix,* mosaïques,
– *Saint Antoine de Padoue,* mosaïque, réalisées par Lorin.

1937 Malines (Belgique), Grand-Séminaire :
– *Vocation des Apôtres,* fresque.

1939 Coat an Doc'h, Perros-Guirec (22), église :
– Projet de fresques : *Christ en croix, la Vierge et Saint Jean,* chœur,
– *Sacré-Cœur et Sainte Marguerite, la Vierge et Saint Jean Bosco,* chapelles latérales et vitraux. Non réalisé à cause de la guerre.
Paris, Chapelle Fleurus, 31 rue de Fleurus :
– *ex-voto* pour une mère qui a perdu son enfant.

SIMON Lucien (1861-1945) et Jeanne

Avec Charles Cottet et René Ménard, ils forment un trio surnommé «La Bande Noire». Ils peignent et exposent souvent ensemble notamment à la célèbre «Société Nouvelle». Il est nommé professeur à l'Académie de la Grande Chaumière puis aux Beaux-Arts. En 1929, il décore avec Maurice Denis un escalier au Sénat. L'essentiel de son œuvre s'attache à décrire une Bretagne pittoresque et traditionnelle.

Son épouse Jeanne Dauchez, médaillée de bronze en 1900 à l'Exposition Universelle, exécute de 1929 à 1935 quatre panneaux pour la chapelle Sainte-Catherine-de-Sienne dans l'église Saint-Dominique à Paris.

Jeanne Simon, Les pèlerins allant visiter Sainte Catherine de Sienne, *église Saint-Dominique à Paris, huile sur toile marouflée, 1929.*

Principales réalisations :

1920	Paris, église Notre-Dame-du-Travail, Chapelle des morts : – *Le Sacrifice* : Martyr des soldats, – *Les morts accueillis au Paradis par le Christ,* deux panneaux, huile sur toile.
1931	Paris, Exposition Coloniale, Pavillon des Missions, reconstruit au « Cygne d'Enghien » Église Notre-Dame-des-Missions à Epinay-sur-Seine (93) : – *Saint François Xavier, Évangélisation des Indes et du Japon,* huile sur toile marouflée.

TOUBLANC Léon

Il expose dans les Salons annuels parisiens, notamment aux Tuileries. Il illustre *Alexandre Asiatique* et *la princesse Bibesco.*

Léon Toublanc, Sainte Geneviève protégeant Paris et la France, *cathédrale Saint-Maurice-et-Sainte-Geneviève à Nanterre, fresque, 1927.*

Principales réalisations :

1927-1935	Nanterre (92), cathédrale Saint-Maurice-et-Sainte-Geneviève – *Sainte Geneviève protégeant Paris et la France,* fresque, abside chapelle Sainte-Geneviève,
1929	– Beati spites, *Bienheureux les doux,* – Beati Pauperes Spiritu, *Bienheureux les pauvres en Esprit,* bases des voûtes,
1935	– *Christ en majesté, Sainte Geneviève et Sainte Jeanne d'Arc,* voûte du chœur, fresque de 150 m².
1929	Saint Maur-des-Fossés (94), église Saint-François-de Sales-d'Adamville : – *La Cène.*
1932-1934	Paris, église du Saint-Esprit : du VIe et XIe siècles : – *Le vœux de Clovis à Tolbiac (496),* fresque transept du côté de l'Évangile.
1935	Ternant-d'Orcines (63), église : Collaboration à la fresque de Louis Dussour : – *Le Bon Pasteur,* chœur.
1937	Paris, Exposition Internationale des Arts et Techniques, Chapelle de la Bretagne : – *Le Marin protégé par 2 anges.*
vers 1942	Vésines (01), église Sainte-Thérèse-de-l'Enfant-Jésus : – *Aimez-vous les uns les autres,* fresque (80 m²), fond de chœur et arc triomphal.

UNTERSTELLER Nicolas (1900-1968)

Élève de Cormon et J.P. Laurens aux Beaux-Arts de Paris. Il expose au Salon des Artistes Français, médaille d'argent et prix de la Savoie en 1927. Il reçoit le Grand Prix de Rome en 1928. Il réalise de nombreuses peintures monumentales, des vitraux comme ceux de la cathédrale de Metz. Il est directeur de l'École des Beaux-Arts de Paris, après la dernière guerre. Il tente de rajeunir les méthodes et les cadres d'enseignement de la vieille maison, tâchant de l'ouvrir aux audaces de l'Art libre.

Nicolas Untersteller, Alma Mater Ecclesia, *église Saint-Pierre-de-Chaillot à Paris, peinture sur béton, 1937.*

Principales réalisations :

1932-1934 Paris, église du Saint-Esprit :
— *Les sept jours de la Création,*
— *Les forces spirituelles et les forces matérielles,* sous la forme de trois facultés et des 4 éléments, fresque en camaïeu, narthex.

vers 1933 Le Perreux (94), église Sainte-Marguerite-Marie-des-Joncs-Marins :
— *Chemin de croix,* nef.

après 1935
Saint-Maurice (94), église des Saints-Anges-de-Gravelle :
— *Baptistère,* fresques Hélène Delaroche.

1932-1935 Chatillon-sous-Bagneux (92), église Notre-Dame-du-Calvaire : travaille sous la direction de Mme J.P. Laurens avec Cheyssial, Genieis, Gérome et Couturat.

1937
Paris, Exposition Internationale des Arts et Techniques, Chapelle d'Alsace :
— *Saint Bernard,* fresque a tempera.
Paris, église Saint-Pierre-de-Chaillot :
— *L'Église Catholique, l'Unité, la Sainteté, la Catholicité,* tympans du chœur, peinture sur béton.

1939
Crusnes-Cités (54), église Sainte-Barbe :
— *Sainte Barbe, Sainte Jeanne d'Arc, Saint Bobola* et une *présentation de la Vierge célébrée lors de la procession de Czestochowa en Pologne,* peinture sur métal.

non daté avant 1946 :
Grenoble (38), église des Saints-Anges-Gardiens.
Amneville (57), église :
— *Chemin de croix.*
Boulange (57), église :
— *Chemin de croix.*
Senon (55), église :
— *Chemin de croix.*
Étain (55), église :
— *Chemin de croix.*

1958
Lorient (56), église :
Décoration.

VIRAC Raymond (1892-)

Élève de Baschet, Schommer et Laparra à l'Académie Julian, puis de Ernest Laurent et Baudouin aux Beaux-Arts de Paris.

Il expose aux Salons : Artistes Français, mention honorable et prix Trémont en 1922, prix Chenavard en 1922 et 1923, prix Roux en 1923... bourse de voyage et médaille d'argent en 1924. Grand prix et médaille d'or à l'Exposition des Arts Décoratifs en 1925.

Il reçoit le Prix de l'Indochine en 1927 à l'office des colonies et est nommé professeur à l'École des Beaux-Arts de Hanoï de 1928 à 1929.

Il adhère au groupe des Catholiques des Beaux-Arts.

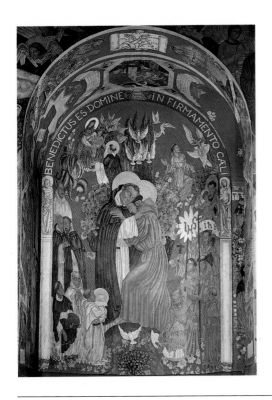

Principales réalisations

non daté années 20
    Saint-Cenin (15), église
    – *Chapelle aux morts*

1925   Paris, Exposition des Arts
        Décoratifs,
        Église du Village Français,
        Chapelle de gauche dédiée aux
        Saints-de-France exécutée par le
        groupe des Catholiques des Beaux-
        Arts :
        – décoration murale à fresque, avec
        Mademoiselle Virac d'après les
        maquettes d'ensemble de
        P. Peugniez et M. Schmitt.
        – *Carton de Vitrail.*

1931   Paris, Exposition Coloniale,
        Pavillon des Missions, reconstruit
        au « Cygne d'Enghien »,
        Église Notre-Dame-des-Missions à
        d'Epinay-sur-Seine (93) :
        – *Le Bienheureux Théophane Vénard,
        Évangélisation de la Cochinchine,* huile
        sur toile,

– Porcelaines de la façade avec
    Mlle Lorémy, caractères chinois en
    bleu sur fond blanc.

1932-1934 Paris, église du Saint-Esprit,
        Chapelle des confesseurs XIIe et
        XIIIe siècles :
        – *Les grands ordres mendiants,* murs,
        – *La Rencontre de Saint François
        d'Assise et Saint Dominique,* abside,
        – *Vision séraphique et apparition du
        Rosaire,* voûte,
        – *Franciscain et Dominicains,* côtés,
        – *Fioretti,* Arcade.

Non datée Fontenelle, catéchisme de l'église
        de Fontenelle :
        Chapelle des Saints-de-France.

Raymond Virac, La rencontre de saint François et saint Dominique, *église du Saint-Esprit
à Paris, peinture à fresque, 1932-1934.*

ZARRAGA Angel
(1886-1946)

Peintre mexicain, il arrive en France en 1904. Il étudie à Bruxelles, Madrid, Tolède et Florence, et se fixe à Paris. Il débute au Salon d'Automne en 1911 et séjourne en France jusqu'en 1940.

Il peint des portraits, des murs, des allégories, des natures mortes ainsi que des fresques pour l'ambassade du Mexique à Paris et pour plusieurs chapelles.

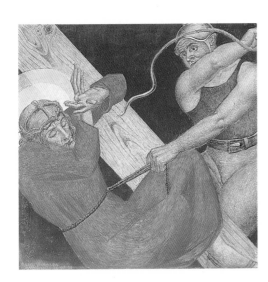

Principales réalisations :

1922-1924 Suresnes (92), chapelle de Notre-
        Dame-de-la-Salette,
        Crypte :
        – *Le Couronnement de la Vierge,*
        peinture à la cire.
        – *l'Annonciation, l'Assomption,*
        peinture à la cire, fond des
        chapelles à l'est.
        Les peintures dégradées ont été
        supprimées au lendemain de la
        dernière guerre.

1925   Rethel (08), église des Minimes :
        – *Nativité* et *Mise au tombeau,*
        au-dessus *les 4 évangélistes* soutenus
        par une frise d'ange,
        – *La Résurrection,* fresque, chœur

1936-1937 Martel-de-Janville (74), chapelle
        du Sanatorium militaire :
        Chœur.

1936   Gentilly (94), église Saint-Ignace-
        de-la-Cité-Universitaire :
        – *Chemin de croix,* nef.

vers 1937 Paris, crypte de l'église Saint-
        Ferdinand-des-Ternes :
        – *Sainte Thérèse de l'Enfant Jésus.*

non datée Guébriant (74), chapelle du
        Sanatorium :
        – *La résurrection du Christ,* fresque
        et ciment :

1939   A présenté à l'Exposition
        International d'Art Sacré de mai-
        juin 1939, Espagne,
        3 projets :
        – Décoration de l'église des Anges
        triomphants,
        – Décoration de la chapelle de
        Notre Dame de la Miséricorde,
        – Fresques extérieures d'une
        chapelle Franco-Espagnole.

Angel Zarraga, VIIIe station du Chemin de
Croix, Jésus tombe pour la troisième fois,
*église Saint-Ignace-de-la-Cité-Universitaire-de-
Paris, Gentilly, peinture murale, 1936.*

Les sculpteurs

Béatrice MOYRAND
Aude AGIS-GARCIN

BOTINELLY Louis
(1883-1962)

Elève de Coutan à l'Ecole Nationale Supérieure des Beaux-Arts, Louis Botinelly réalise une importante statuaire monumentale, de préférence exécutée en taille directe.

Son style ample trouva son épanouissement dans la commande publique notamment à Marseille.

(Gare Saint-Charles, cathédrale, Mairie...)

Principales réalisations :

Entre 1920 et 1941
    Marseille, église du Sacré-Cœur :
    – *Pietà*
    – *Saint Joseph Charpentier*
    – *Sainte Thérèse*
    – *Mater Dolorosa*

1931   Marseille, église des Réformés
    Saint-Vincent-de-Paul :
    – parvis : *Jeanne d'Arc*
    – Intérieur : *Christ*

vers 1934   Marseille, église de la Très Sainte
    Trinité :

    – *Maître autel*
    – *Sainte Thérèse*

vers 1936   Marseille, église Saint-Louis
    Chapelle Sainte-Fortunée : *Vierge Martyre*

1937   Marseille, cathédrale :
    Dôme : *Évangélistes* (H : 4 mètres)

1943   Marseille, cathédrale :
    – parvis :
    – *Jeanne d'Arc*
    – *Christ des Réformés*

vers 1951   Marseille, église des Chartreux :
    – *Saint Bruno*

Louis Botinelly, Pietà.

– *Sainte Marie Madeleine*

1961   *Tête de Christ*

1962   Rome, Saint-Pierre-le-Vieux :
– *Sa Sainteté Pie XII*

autres :

. Ile Bendor :
– *Sainte Marthe*
. Nîmes :
– *Vierge aux enfants*
. Marseille, église Saint-Georges :
– *Vierge*

. Marseille, église des Chutes-Lavie :
– *Sainte Thérèse de l'Enfant Jésus*

BOUCHARD Henry
(1875-1960)

Elève de Barrias à l'Ecole Nationale Supérieure des Beaux Arts, Henry Bouchard obtient le Premier Grand Prix de Sculpture en 1901. Empreint des traditions de la Bourgogne médiévale, il réalise sur la façade de Saint-Pierre-de-Chaillot un ensemble monumental lié aux lois architecturales du tympan.

Son nom reste lié à de nombreux monuments commémoratifs. (*Mur de la Réformation* à Genève réalise en collaboration avec Landowski, Monument de la Marne à Mondement...) et au groupe monumental d'*Apollon* au Palais de Chaillot.

Principales réalisations :

Mont Saint-Michel :
– *Parement du Maître Autel*
(*Anges, Christ*)

1926   Chauny, église Saint-Martin :
– Façade principale :
– *Saint-Martin* :
– Façade transept sud :
– *Calvaire*
– Chapelle Saint-Michel :
– *Grand Christ*
– Chaire :
– *Bon pasteur*
– *Chemin de croix*

1927   *Jeanne d'Arc au Sacre* (H : 2,40)

1928   Lestrem, église :
– Façade du transept : *Vierge à l'enfant*
– Maître autel, et deux autels secondaires : – *Vierge*
                   – *Saint Amé*
                   – *Calvaire*
– Chemin de croix

1928   Pont-Lévèque, église :
– Façade :
– *Vierge de l'Assomption*

1930   Sauchy Lestrée :
– *Chemin de croix*

1931   – *Virgo dei Genitrix*

1932-1935 Paris, église Saint-Pierre-de-Chaillot :
– Façade
– Statues intérieures
– *Calvaire*
– *Sacré-Cœur*
– *Saint François d'Assise*
– *Saint Jean Baptiste*
– *Saint Jude*
– *Sainte Marie Madeleine*
– *Vierge*
– *Saint Joseph et Jésus*
– *Sainte Geneviève*

1934   Paris, église Saint-Léon :
– *Vierge en majesté*
– *Chemin de croix*

1934   Arras, cathédrale :
Intérieur (transept gauche) :
– *Calvaire aux anges*

1935   – *Vierge assise*

1942   Dijon, église du Sacré-Cœur :
– *Saint Christophe*

1945   Montplonne :
– *Sept douleurs de la vierge*
– *Notre-Dame de l'Espérance*

1950   – *Sainte Famille*
– *Saint Michel*

1952   – *Vierge aux raisins*

Autres :

. Paris, cathédrale Notre-Dame :
– *Tombeau du Cardinal Dubois*
. Paris, église du Sacré-Cœur :
– *Symbole des Évangélistes*
. Reims, église Saint-Louis :
– *Christ en croix*

Henry Bouchard, Vierge, *église Saint-Léon de Paris, 1926.*

BOURDELLE Antoine
(1861-1929)

Elève de Falguière à l'Ecole Nationale Supérieure des Beaux Arts, Bourdelle après avoir un temps suivi le lyrisme dramatique de son ami Rodin, s'engage vers l'expression de structures ordonnées, un retour vers un certain archaïsme des formes et ouvre la voie à un renouvellement de la sculpture, (*Monument aux Morts* de Montauban, Théâtre des Champs Élysées, *Herakles archer*, *Monument à Alvéar*...) De sa *Vierge à l'offrande* Bourdelle devait dire... «Cette œuvre est ma certitude».

Principales réalisations :

1886   – *Jeanne en Prière*

1916   Église Saint Julien de l'Hermes :
            – *Sainte Barbe*

1921   Niederbrück (Alsace) :
            – *Vierge à l'offrande* (H : 6 mètres)

vers 1934 – *Jeanne d'Arc*
            – *Vierge*

vers 1938 – *Le Christ pleuré par les Saintes Femmes*
            Devait être placé au tympan de l'église du Raincy

Antoine Bourdelle, Sainte Barbe, *1916, Musée Bourdelle.*

CHARLIER Henri
(1883-1975)

Elève de J.P. Laurens, Henri Charlier touche aux diverses techniques de la peinture et de la sculpture pour adopter définitivement celle de la taille directe polychromée.

Baptisé à 30 ans, menant sa vie au sein d'une communauté au Mesnil Saint Loup, Charlier réalisa dans une foi profonde une importante production où les réminiscences médiévales dans l'esprit et la technique furent primordiales. Théoricien, il rendit compte de sa vocation dans de nombreux articles, où il exprime ses idées sur l'esthétique chrétienne.

Henri Charlier, Chapiteau *de l'église de Prunay-sur-Aube.*

Principales réalisations :

1919 Sainte-Menehoulde :
– *Sainte Menehoulde* (H : 3,20)

1920 Verneuil, église Notre-Dame :
– *Jeanne d'Arc*

1922 – *Sainte Jeanne d'Arc*

1923 Montigny sur Avre, monument à la mémoire de Mgr Montmorency - Laval :
– *Saint Joseph, l'enfant Jésus et la Canadienne*

1923 Paris, église Saint-Germain-des-Près :
– *Mgr Montomorency Laval, consacré évêque*

1923 Les Aubiers, église :
– *Crucifix*

1924 – Saint Julien des landes, église
– *Sacré-Cœur*

1924 – Acy en Multien :
– *Ange de l'Apocalypse*

1925 Paris, Exposition des Arts décoratifs, église du Village Français :
– *Christ en croix*

1925 Abbaye de la Pierre-qui-Vire, Monastère des Bénédictins :
– *Notre-Dame du Dolmen*
– *Saint Joseph*

1925 Seyssinet, cimetière :
– tombeau : *Saint Michel et le dragon*

1926 Prunay sur Aube, église :
– *chapiteau*

1926 Mesnil Saint-Loup, église paroissiale :
– *Saint Louis*
– *Sainte Thérèse de Lisieux*

1927 Solesmes, cloître de l'Abbaye Saint-Pierre :
– *Notre Dame*

1927 La Flèche, chapelle de l'Hôtel-Dieu :
– *Notre Dame de la Paix*

1928 Verneuil sur Avre, école des Roches :
– *Notre-Dame des Roches :*

1930 Grenoble, église du Bon Pasteur :
– *Calvaire*

1931 Souin :
– *Jeanne d'Arc*

1932-1938 Audincourt, église paroissiale :
– *Vierge debout*

1932-1934 Paray Le Monial, chapelle du Bienheureux de la Colombière :
– *Chapiteau*

1933 Solesmes, abbaye :
– *Dom Gueranger*

1934 Voreppe, séminaire :
– Maître autel : – *Sacrifice d'Abraham*
        – *Sacrifice d'Abel*
– Trumeau : *Sacré-Cœur de Jésus*

1938 Troyes :
– *Notre-Dame des Trévoix*

1972 Le Barroux, abbaye Sainte-Madeleine :
– *Sacré-Cœur*

Autres :

Onesse, monastère :
– *Saint Vincent de Paul*
Compiègne, église :
– *Jeanne d'Arc prisonnière*
Giers, église :
– *Vierge assise*
Saint Lupicin, église :
– *Pietà*
Commensacq :
– *Calvaire*
L'hay les Roses, église Sainte-Louise-de-Marillac :
– *Crucifix*
Noiterre, église :
– Autel :
– *Christ*
– *Anges*

COUVEGNES Raymond
(1893-1985)

Elève d'Injalbert à l'Ecole Nationale Supérieure des Beaux Arts, Raymond Couvègnes obtient le Premier prix de Rome de sculpture en 1927. Pendant l'entre deux guerres, il participe activement à la rénovation de la sculpture monumentale dans les églises sinistrées notamment dans la Somme (Roye, Moreuil, Arvilliers...). Il utilise la technique du ciment directement travaillé qui intègre parfaitement la sculpture à l'architecture.

L'art de Couvègnes devait évoluer vers une plus grande stylisation, voir même l'abstraction dans la réalisation de sculptures effectuées pour l'E.D.F. sur les barrages du Rhin.

Principales réalisations :

1928   Arvilliers, église Saint-Martin :
          – Tympan : *Crucifixion*

1929-1931 Moreuil, église Saint-Waast :
          Tympan : *Saint Waast entouré de deux anges musiciens*
          Narthex : *Saint Waast guérissant l'aveugle*
          Porche : – *Saint Pierre*
                   – *Saint Catherine, Saint Georges, Saint Christophe*
                   – *Triomphe du Christ*

vers 1930 Rouvroy les Mines, église Saint-Louis :
          Tympans : – *Saint Paul et Saint Pierre*
                    – *Saint Louis entouré d'anges*

1932   Roye, église Saint-Pierre :
          Linteau : *Saint Pierre recevant l'hommage du premier Pape et Pie XI escortés des artistes ayant collaboré à l'église*
          Narthex : Sept bas reliefs *(la vie de Saint Pierre)*
          Revers du narthex : *Vie de Saint Florent*
          – Calvaire du banc d'œuvre
          – Nef : *Chemin de Croix*
          Chapelle des fonts baptismaux, plafond : *Baptême du Christ*

1937   Cachan, église Saint-Jean-l'évangéliste :
          – *Christ*

1943   Drancy, église Sainte-Louise-de-Marillac :
          – *Sacré-Cœur*

1963   Rhinau, barrage :
          – *Vierge à l'enfant*

Autres :

          Beuvraignes, église Saint-Martin :
          – *Saint Martin*
          Alexandrie, chapelle des Jésuites de l'Institut Français :
          – *Chemin de croix*
          Le Bosquel, église :
          – *Calvaire*
          – *Saint Blaise*
          Paris, chapelle Saint-Louis-de-Gonzague
          Paris, église Saint-Pierre-de-Montmartre
          Lugam, église
          Mesle sur Sarthe, église
          Caen, église Saint-Pierre
          Flavy, église
          Athies, église :
          – *Saint François d'Assise et le Loup de Gubbio*
          – *Saint Dominique*
          – *Saint Michel*

Raymond Couvègnes, Tympan *de l'église d'Arvilliers.*

DELAMARRE Raymond
(1890-1986)

Elève de Coutan l'Ecole Nationale Supérieure des Beaux-Arts, Grand Prix de Rome de sculpture en 1919, Raymond Delamarre, de 1961 à 1973 prenait la direction des Ateliers d'Art Sacré. Parallèlement à ses importantes réalisations en art sacré, Raymond Delamarre a gravé de nombreuses médailles religieuses, et sculpté diverses œuvres monumentales : *Monument aux morts du canal de Suez* (1930), *Figures allégoriques* au Palais de Chaillot (1937).

Raymond Delamarre, Chemin de Croix, église Saint-Antoine-de-Padoue, Paris.

Pavillon des Missions :
– *Sacré-Cœur*
Nef : Béatitudes :
– *Heureux les pauvres*
– *Heureux ceux qui ont le cœur pur*
– *Heureux les pacifiques*
– *Heureux ceux qui pleurent*
(œuvres conservées à Dijon, basilique du Sacré-Cœur)
Église reconstruite à Epinay sur Seine, Notre-Dame des Missions – (Répliques en pierre).

1934   Paray-le-Monial :
– *Saint Ignace de Loyola*

1936   Paris, église Saint-Antoine-de-Padoue :
– *Chemin de croix*
– *Saint Antoine*
– *Saint François*
Clocher :
Saint François d'Assise
Sainte Élisabeth de Hongrie

1936   Saint-Amand :
– *Vierge à l'enfant*

1942   Orival, église :
– *chemin de croix*
– *Pietà*
– *Vierge de Lourdes*

1948   La Ferté-Saint-Cyr :
– *Monument au R.P. Brothier*

1950   Chartres :
– *Christ*

1956   Nantes, église Saint-Félix :
– *Christ*
– *Vierge*
– *Saint-Jean*

1963   Nantes, chapelle du Nouvel hôpital :

1970   Varengeville, église :
– *Notre-Dame de la mer*
– *Saint Expédit*
Dijon, basilique du Sacré-Cœur :
– *Sainte-Thérèse de Lisieux*

1979   Saint-Véran :
– *Vierge*

Principales réalisations :

1916   – *Vierge*
       – *Jésus en croix*

1923   – *Jésus rencontre sa mère* (chemin de croix. Envoi de Rome)

1931   Paris, Exposition Coloniale,

DUBOS Albert
(1889-)

Élève de Bourdelle en 1911, membre des Ateliers d'Art Sacré en 1919, Albert Dubos écrivit de nombreuses articles dans lesquels il remet à l'honneur le travail artisanal dans l'art sacré. Lui même tailla le bois, l'épannelant de manière brute et lui donnant souvent une polychromie.

Principales réalisations :

1920   – *Jeanne d'Arc*

1925   Paris, Exposition des Arts décoratifs, église du village

français
– autel

1934   – *Vierge à l'enfant*
       – *Saint Christophe*

1935   *Saint Michel*

1936   *Pietà*

1937   *Calvaire*
Villejuif, église
– *Sainte Thérèse*
Chessenaz, église
– croix d'autel
– *Pomade*
– *Bon Pasteur*
– *Vierge*
Rambercourt, église
Clocher : – *Christ,*
        – *Anges*
        – *Évangélistes*
La Rochelle, église
Bayonne, église
Mont de Marsan, église
Arles, église
Le Mans, église
Saint-Germain-en-Laye, Chapelle
du Prieuré
Monteils, Couvent
Etrepagny, église

Albert Dubos, Descente de croix, *église Saint-Germain-l'Auxerrois, Paris.*

FROIDEVAUX-FLANDRIN
Madeleine (1910-1991)

Elève de Niclausse, Madeleine Froidevaux-Flandrin sœur de Marthe Flandrin consacra sa carrière à l'Art Sacré. Fidèle de la société de Saint Jean, elle réalisa à elle seule l'ensemble sculpté de l'église Sainte-Geneviève-de-Nanterre. Également médailliste, elle devait après la guerre se tourner vers la tapisserie.

Principales réalisations :

1933   Châtillon sous Bagneux, église
Notre-Dame-du-Calvaire :
– façade, bas reliefs : *Charité*
                Foi
                Espérance

1933   Nanterre, église Sainte-Geneviève :
– Chapiteaux : *Vie de Sainte
Geneviève*
maître-autel
Extérieur : – Bas reliefs

1937   Paris, Exposition Internationale,
Pavillon Pontifical :
– *Vierge des enfants*

1939   New York, Exposition
Internationale :
– Bas relief

1952   Givry, église

1970   Bourg-Charentes, église :
– autel

1975   Mont Saint-Michel, abbaye :
– autel : *Notre-Dame des 30 cierges*

autres :

Bethel, église :
– Baptistère

Madeleine Froidevaux, chapiteaux de la cathédrale de Sainte-Geneviève de Nanterre.

LAMBERT-RUCKI Jean (1888-1967)

Né à Cracovie, Jean Lambert Rucki, arrive très jeune à Paris. Engagé volontaire en 1914-1918, dirigé sur le front d'Orient, il travaille à Salonique à la restauration de mosaïques byzantines. En 1935, il se tourne vers l'art religieux transformant dans le domaine sacré sa veine populaire, faite de primitivisme et modernisme. Partisan de la taille directe, de la polychromie, il réalise une très importante production qui culmine à *Notre-Dame-de-la-Trinité* à Blois, manifeste de modernité ou collaborent les frères Martel, Marie Roux Colas, Barillet...

Parallèlement, Lambert Rucki créa un important bestiaire empreint là comme ailleurs de réminiscences cubistes.

Jean Lambert-Rucki, La Cène, église de Bruay, 1952.

Principales réalisations :

1938   Blois, Notre-Dame-de-la-Trinité :
- Nef :
- *Chemin de croix* (Frise de 2,50 m de hauteur)
- Chœur : *scènes évangéliques* : 9 bas reliefs
- Chapelle du Saint-Sacrement : *Christ entouré de six anges*

vers 1938-1939
Conflans Sainte-Honorine,
Chapelle Saint-Jean-Baptiste
Vianney :
Retable : *Le curé d'Ars et la Vierge*
Bobigny, Chapelle Notre-Dame-de-l'Étoile :
- Retable : Bas relief (détruit)
Suresnes, chapelle Saint-Louis :
- *Christ*
- *Vierge à l'enfant*

entre 1941-1943

Boulogne Billancourt, église Sainte-Thérèse :
- Façade : *Sainte Thérèse présentant Jésus en croix*,
- Porche nord : *Christ entouré des apôtres*
- Entrée sud : *Nativité*
- Nef : *Chemin de croix*
- Chœur : *Sainte Thérèse entourée d'anges – Grand crucifix*
- Chapelle Saint-Joseph : *Saint-Joseph et Jésus entourée d'anges et d'ouvriers*
- Fonts baptismaux : *Cerfs*
- Chapelle de la Vierge : *Vierge et l'Enfant Jésus entourés d'anges et d'orants*.
- Crypte : 11 chapiteaux historiés avec épisodes tirés de la Bible, de la Légende Dorée...
- un pilier gravé et peint sur trois côtés, *La vie de Sainte Thérèse, Vierge, Saint-Pierre, Saint-François, Saint Paul*.

vers 1954 Deuil, église
Autel : *Crucifix et six candélabres*

entre 1954-58
Seltz, église
- Façade

1955   Hyères, chapelle de castebelle
- *décor statuaire*

1957   Matzenheim, juvenat :
Petite chapelle : *Chemin de croix Christ en gloire*

vers 1960-65
Boust, église
Soubassement de l'autel principal
Parvis : *Jésus bénissant les foules Vierge Crucifix*

Après la seconde guerre mondiale, restaurations et rénovations d'églises détruites dont :
- Église de Laigle
- Église de Chanu
- Église de Lèves
- Église de Charmes

MARTEL Jan et Joël
(1896-1966)

Jan et Joël Martel entrent à l'Ecole Nationale des Arts Décoratifs en 1912.

Membres fondateurs de l'Union des Artistes Modernes en 1929, qui mêle à une tradition figurative une stylisation des formes, les deux sculpteurs participent aux grandes expositions de 1925, 1931 et 1937. Dans la Chapelle du Paquebot « Normandie » à l'église de la Trinité de Blois, ils réalisent un ensemble sculpté où la simplification géométrique et rationnelle des lignes conserve sa charge expressive.

Leur œuvre, (*Monument Debussy* à Paris, Casino de Saint Jean de Luz... petite satuaire) révèle un art marqué par le sens du mouvement et l'attraction des matériaux nouveaux.

Jan et Joël Martel, Jésus calmant la tempête, chapelle du « Normandie », coll. part.

1936	Bois-de-Cené, église :
	– Statue
1937	Luxembourg, cathédrale :
	– *Crucifixion*
	– Maître-autel : – *Quatre Anges musiciens*
	– *La Cène*
	– *Vierge Couronnée*
1934	Paris, église du Saint-Esprit :
	– Dôme : Quatre statues d'artisans ouvriers
1937	– *Sainte Thérèse*
1951	Saint-Jean-de-Monts :
	– *Notre Dame*
1953	Marsal, église :
	– *Ange musicien*
1953	– Machaut :
	– *Vierge à l'Enfant*
1953 à 1959	Metz, cathédrale :
	– Chimères et gargouilles
	– Sommet : *Ange musicien*
1954	Mézières, église de Notre-Dame-de-l'Espérance :
	– Portes
1954	Charbogne, église :
	– *Ange à la Lyre*
1956	Souillac, église Sainte-Marie :
	– Fonts baptismaux :

Principales réalisations :

1925	– *Saint Christophe*
1935	Paquebot « Normandie », chapelle :
	– Autel : *Jésus dans sa gloire céleste*
	– Porte du tabernacle : *Agneau mystique*
	– *Crucifixion*
	– Tribune : *Jésus calmant la tempête*
1935	– *Sainte Suzanne*
1936	– *Vierge à l'enfant*
1937	– *Trinité*
1936	Blois, église de la Trinité :
	– Façade : *la Sainte Trinité*
	– Porche : *Les Prophètes*

PY Fernand
(1887-1949)

Fernand PY, commença sa carrière, exclusivement tournée vers l'expression religieuse, comme ébéniste. En 1912 il rencontra Charlier et collabora avec ce maître de 1919 à 1923. Adepte de la taille directe il réalisa une production très importante dans le bois et l'ivoire, marquée d'un accent populaire, de fraîcheur et de fantaisie.

Principales réalisations :

1925 Paris, Exposition des Arts Décoratifs, église des Missions catholiques :
   – Maître autel
   Paris, Exposition des Arts Décoratifs, église du village français :
   – *Symbole des Évangélistes*

1937	Paris, Exposition internationale, Pavillon Pontifical
1938	*Crèche*
Autres :	
	Paris, église Saint-Louis-en-l'Isle :
	– *Saint Joseph*
	Puteaux, église Sainte-Mathilde :
	– Tabernacle

Fernand Py, Jeanne d'Arc, *cathédrale de Thiers.*

Les Aubiers, église :
– Chapelle des morts de la guerre
Audincourt, église :
– *Christ*

Nombreux reliquaires, crosses, pendentifs, calices, médailles...

REAL DEL SARTE Maxime (1888-1954)

Etudiant à l'Académie Julian, président des Camelots du roi, Réal Del Sarte affirme très tôt son idéologie patriotique et religieuse. Amputé de la main gauche pendant la guerre, il poursuit néanmoins une carrière prolifique de sculpteur. Sa dévotion aux Saints et en particulier à Jeanne d'Arc l'incite à réaliser une très importante série sur ce thème. Le style lyrique, la grandiloquence de Réal Del Sarte s'accommoda tout autant des monuments commémoratifs qui symbolisaient ses convictions.

Principales réalisations :

1909 Roubaix, église Saint-Martin :
– *Jeanne d'Arc au bouclier casquée*

1913 Saint Clair sur Epte, église :
– *Saint Clair*
– *Jeanne à l'étendard*

1916 Saint-André-de-la-Réunion, monument aux morts :
– *Sainte Geneviève*

1920 Plouzané, église de Kérangoff :
– *Le Sacré-Cœur de la Victoire*
– *Sainte Geneviève*
Paris, église Saint-Philippe-du-Roule :
– *Jeanne d'Arc à l'épée, non casquée*
Variante : Béthune, église Saint-Waast

1923 *La Vierge à l'olivier*

1925 *Saint Christophe*

1926 Tourcoing, cimetière :
Tombe de Monsieur Lhorthiois :
Le christ et la misère humaine
Nanterre, basilique :
Sainte Geneviève et Saint Germain
Béthune, église Saint-Waast :
– *Saint Michel*
Vézelay, Basilique Sainte Madeleine :
– *Saint Bernard prêchant la croisade*

– *Saint François d'Assise* ; réplique à la chapelle Saint-François-d'Assise, crypte de la basilique du Sacré-Cœur à Montmartre

1927 – *Saint Louis*

1928 Rouen, cour du Couvent du Sacré-Cœur d'Ernemont :
– *Vierge aux épines*
Réplique à Hendaye

1929 Paris, Place du Théâtre français :
– *Jeanne d'Arc*
Réplique en marbre offerte au croiseur Jeanne d'Arc
Réplique en pierre sur la tombe du sculpteur à Saint Jean de Luz
Rouen, Place du vieux marché :
– *Jeanne d'Arc au bûcher*
Répliques à Bône, Buenos Ayres, Montréal, Tanger, Rome, Hanoï (Église des martyrs) Saint Jean de Luz (église)
Poitiers, Palais de Justice :
– *Jeanne d'Arc, ange de la Paix*
– *Interrogatoire de Jeanne d'Arc par les juges de Poitiers*
Pau, Square Notre Dame :
– *Jeanne d'Arc*

1930 Reliquaire de Jeanne d'Arc
Variantes à Saint Denis de la Chapelle, Rouen, Domrémy

Maxime Réal Del Sarte, Jeanne d'Arc, *Musée Municipal de Boulogne-Billancourt.*

1930   Paris, chapelle des Sœurs de Saint-Vincent-de-Paul :
– *La Vierge puissante.*
Répliques : à la Teppe à l'hôpital Purpan, à Toulouse chez les Sœurs de Saint-Vincent-de-Paul, en Australie etc...

1931   Rouen, chapelle du couvent d'Ernemont :
– *Sainte Thérèse de l'enfant Jésus protectrice des missions.* Répliques à Paris, chapelle des Missions
– *Sainte Thérèse de l'enfant Jésus*
Rouen, église Saint-Patrice :
– *Sainte Thérèse de l'Enfant Jésus*
Arras,
– *Jeanne d'Arc prisonnière*

1932   Laventie, église Saint-Pierre :
Chemin de croix

Répliques : – Perpignan, Saint Martin du Bon secours
– La Madeleine-lès-Lille, Notre-Dame de Lourdes
– Gamaches
– Saint Jean de Luz
– Tanger

1933   Port Gentil (Gabon), église Saint-Louis :
– *Saint Louis, avec étendard et bouclier*
Billitorte, Moulin :
– *La Vierge aux Saints de France*

1934   Tourlaville, chapelle du patronage de Saint-Joseph-de-Mielles :
– *Saint-Michel*
Babeuf, église :
– *Saint Sébastien*

1935   – *Sainte Bernadette*
– *le Christ sortant du tombeau*
– *Jeanne et ses compagnons*
Laventie, église Saint-Pierre :
– *Pietà* : au verso la *Sainte Face*
Réplique pour le Carmel de Meaux

1937   Saint Nazaire, collège Saint-Louis :
– *Saint Louis*

1937   Laventie, église Saint-Pierre :
– *Sainte Thérèse de l'enfant Jésus*
– *Saint Antoine de Padoue*
Rouen, église Saint-Patrice :
– *Saint Antoine de Padoue*
Bény :
– *Vierge*

1938   Niort, chapelle des Frères :
– *Saint Joseph*
Laventie, église Saint-Pierre :
– *Jeanne au bûcher*
– *Saint Louis*
Rouen, église Saint-Ouen :
– *Jeanne d'Arc de l'abjuration*
Saint Martin de Vitré, église :
– *Tympan*

1939   – *Saint Éloi*
Petit Massy, église : chapelle Saint-Maxime
– *Saint Maxime*

1939   Domrémy, vieille église :
Autel : *Jeanne d'Arc*

1940   Saint Aigulin, église :
Tympan

1941   La Madeleine-lès-Lille, église :
Chemin de croix

1942   Paris, église du Bon-Pasteur :
– *Jeanne d'Arc*
Laventie, église Saint-Pierre :
– *Sacré-Cœur*
– *Notre Dame du Sacré-Cœur*
Chambéry, Jardin du Verne :
– *Jeanne d'Arc*

1943   Roubaix :
– *Jeanne d'Arc*
Cannes :
– *Jeanne d'Arc*
– *Christ pour la tombe de L. Frère*

1943	Annecy :
	– *Jeanne d'Arc*
	Nîmes :
	– *Jeanne d'Arc*
1944	Gamaches, église :
	– *Chemin de croix*
1945	Grenoble :
	– *Jeanne d'Arc*
1947	– *Le Christ aux outrages*
1948	Prélaez, Lausanne, paroisse Saint Joseph :
	– *Notre Dame de Tendresse*
1950	– *Saint Pierre*
1951	Saumur, chapelle de l'école de Cavalerie :
	– *Saint Georges*

1951	Bayonne, cathédrale :
	– *Saint Jean Baptiste de la Salle*
	Hendaye :
	– *Vierge aux épines*
	Bayonne, chapelle des Capucins :
	– *Saint François d'Assise*
1953	Bayonne :
	– *Jeanne d'Arc*
	Bayonne, église Saint-Léon-de-Marracq :
	– *Vierge à l'enfant*
	– *Sainte Thérèse de l'Enfant Jésus*
	Dax :
	Vierge de Notre Dame de Lourdes

ROUX COLAS Anne Marie (1898-)

Elève de Ségoffin à l'Ecole Nationale Supérieure des Beaux Arts, Anne Marie Roux-Colas consacra entièrement sa carrière à l'art religieux. Son style très dépouillé et sobre la lie à la tradition figurative comme au courant moderniste

Principales réalisations :

1927	Amiens, collège Saint-Martin
	– *Gisant*
1929	Cachan, église
	– *Sainte Germaine*
1929	Carteret, église
	– *Christ-roi*
1929 à 1933	Saint Léonards/Sea, couvent des oiseaux :
	– *Notre Dame*
	– *Saint Joseph*
	– *Saint Pierre Fourier*
1931	Paris, Exposition coloniale, Notre-Dame-des-Missions :
	– nef : *4 Béatitudes*
	– Bas côté gauche : *Saint François-Xavier* ;
	– Bas côté droit : *Sainte Thérèse de l'Enfant Jésus* ;
	– *Saint Joseph*
	(église reconstruite à Epinay sur Seine)
1931	Paris, cathédrale Notre-Dame :
	– *Crèche*
1931	Rodez, cathédrale :
	– *Vierge à l'étoile*
1933	Ivry :
	– *Notre-Dame de la Charité*
1933	Amiens, chapelle Louvencourt :
	– *Vierge*
	– *Saint Joseph*
1933	Blancmesnil, église du Bourget :
	– *Notre Dame des Airs*
	– *Saint Michel*
vers 1934	– *Vierge et enfant*
	– *Saint Michel*
	– *Saint François d'Assise* ;
	– *Jeanne d'Arc*

	– *Pietà*
1935	Tokyo, carmel :
	– *Saint Joseph*
1935	Pau :
	– *Sainte Jeanne d'Arc*
	– *Saint Michel*
1937	Bagneux, Maison de repos :
	– *Saint René*
1937	Blois, église de la Trinité :
	– porche : *Immaculée Conception* *Annonciation* *Assomption*
	– chapelle de Notre-Dame de la Trinité : *La Vierge de la Trinité*
1937	Megève, maison d'enfants Les Marmousets :
	– *Sacré-Cœur*
1937	Paray le Monial, Sœurs auxiliatrices :
	– *Saint François Xavier*
1937	Sèvres, manufacture :
	– *Saint Jacques d'Ulm*
	– *Saint Bont*
1937	Paris, église Sainte-Odile :
	– Tympan : *Sainte-Odile présentée par la Vierge à la Sainte-Trinité, entourée d'anges musiciens.*
	– Nef : quatre chapiteaux : *Symboles des quatres évangélistes.*
	– Chapiteaux du chœur : *Symboles des Apôtres*
	– Chapiteaux au-dessus des vitraux : *Procession*
	. Première chapelle : *Sainte-Thérèse de Lisieux - Sainte Rita*
	– Troisième chapelle : *Vierge présentant l'Enfant - Jésus*
	– Crypte : *Sainte-Odile*
1945	Châteauroux, église :

Anne-Marie Roux-Colas, Chemin de Croix, chapelle de l'Institution Sainte-Anne, Quimper, 1948.

– *Notre Dame de Lourdes*

1945 Albert, église :
– *Sainte Thérèse*
– *Pietà*

1945 Beyrouth, église des Jésuites
– *Vierge assise*

1948 Versailles, collège d'Hulst :
– *Sainte Jeanne d'Arc*

1948 Quimper, Institut Sainte-Anne :
– *Chemin de Croix*

1948 Paris, église Saint-Christophe-de-Javel
– *Saint Antoine de Padoue*
– *Sainte Thérèse*
– *Notre Dame des Grâces*

1948 Paris, Basilique du Sacré-Cœur :
– *Crèche*
– *Saint René*
– *Sacré-Cœur*

1948 Para Le Monial, Sœurs auxiliatrices :
– *Saint Joseph au pain*

1950 Gouville, église :
– *Vierge à l'enfant*

1950 Paris, Sœurs Auxiliatrices de la Charité :
– *Sainte Thérèse d'Avila*
– *Pietà*
– *Sainte Colette*
– *Saint Antoine*

1950 Toulouse, Institut catholique :
– *Christ*

1950 Reims, couvent des Clarisses :
– *Notre-Dame-du-Sacré-Cœur*

1950 Pellevoisin, église :
– *Vierge aux roses*

1952 Creil, église :
– *Saint Joseph artisan*

1952 Épernon, église :
– *Saint Joseph Cupertino*

1952 Montauban, cathédrale :
– *Saint Pie X*

1952 Paris, église Saint-François-de-Sales :
– *2 anges bénitiers*
– *Sainte Thérèse*
– *Saint Antoine*

1952 Tonnerre, presbytère :
– *Saint Thierry*

1955 Giromany, maison de retraite :
– *Vierge à l'enfant*

1955 Roubaix, église :
– *Sainte Famille*

1957 Jérusalem, couvent des Filles de Croix :
– *Calvaire*

1959 Paris, église Notre-Dame-du-Cénacle :
– *Notre Dame*

1959 Meudon, Institution Notre-Dame :
– *Vierge à l'enfant*
– *Notre Dame de toute joie*

1959 Kalahari, mission :
– *Notre Dame du Molopo*

1961 Goussainville, église :
– *Notre Dame de la Consolation*
– *3 Vertus théologales*

1961 Brazzaville, Séminaire Mgr Bamou :
– *Notre-Dame du Congo*

1963 Paris, église Saint-Séverin :
– *Crèche*

1965 Basse Terre, Carmel :
– *Notre Dame de la Guadeloupe*

1968 – *Saint Élie*

1968 Clermont-Ferrand :
– *Sainte Bernadette*

Autres :

Barentin, église Saint-Martin :
Façade – *Saint Bont*
– *Saint Jacques d'Ulm*
Diocèse de Bayeux et Lisieux :
– *Sainte Thérèse de Lisieux*
Berville, église
– *Notre Dame de Fatima*
Conches, église Sainte-Foy
– *Notre Dame de Lourdes*
Kibuende, Sœurs de Cluny :
– *Saint Joseph ouvrier*
– *Saint Joseph au pain*
Paris, couvent des Clarisses :
– *Sacré-Cœur*
– *Sainte Claire*
Port en Bessin, église :
– *Vierge*

SARRABEZOLLES Carlo
(1888-1971)

Elève de Mercié et Marqueste et l'Ecole Nationale supérieure des Beaux Arts, Carlo Sarrabezolles obtient en 1914 le Deuxième Grand Prix de Rome de sculpture.

Très proche collaborateur des architectes, Sarrabezolles réalise d'ambitieux programmes iconographiques par sa méthode originale de taille directe sur le béton. La formule inaugurée avec l'architecte Paul Tournon pour l'église de Villemomble en 1926, se renouvellera par la suite. Parallèlement à sa production d'Art Sacré on peut, parmi les plus importantes citer les œuvres suivantes : aménagement de l'Hôtel de Ville de Reims, *Génie de la mer* du paquebot « Normandie », *Éléments* surmontant l'attique du Palais de Chaillot, *Monument aux morts* à la station de métro Richelieu Drouot...

Principales réalisations :

1924   Paris, église des Frères-prêcheurs
        – Autel du Très Saint Sacrement :
        Saint Thomas d'Aquin
        (H : 2,25 m)

1925   Paris, Exposition des Arts
        Décoratifs, église du Village
        français :
        – *Vierge* (H : 2,15 m)
        (Actuellement au Musée Municipal
        de Boulogne Billancourt)

1926   Villemomble, église Saint-Louis :
        – Campanile composé de vingt
        Saints, quatre séraphins (H : 8 m)

1926   Vincennes, église Saint-Louis :
        – Porche : *Saint Louis* (H : 4,40 m)

1928   Elisabethville, église Sainte-
        Thérèse-de-l'Enfant-Jésus :
        – Tympan composé de 35 statues
        (Saints et figures allégoriques)
        A la clé de voûte : *Le Cardinal
        Mercier* (H : 2,30)
        – Intérieur : *Christ*

1931   Paris, Exposition coloniale,
        Pavillon des Missions Catholiques :
        – Clocher : *Les quatre races humaines*
        (H : 7 m)
        (Église reconstruite à Epinay sur
        Seine)

1934   Paris, église du Saint-Esprit
        – Coupole : 4 symboles
        évangéliques
        – Contreforts : 4 figures
        allégoriques
        (*Peinture, Sculpture, Architecture,
        Musique*)

1935   Marseille, église Saint-Louis :
        – Façade : – *Christ* (H : 6,50 m)
                    – *Anges en adoration*
        (H : 3,20 m)
        – Clocher : – *Archange Gabriel*
        (H : 7 m)

1935   Alfortville, église Saint-Pierre-
        l'Apôtre :
        – Clocher : *Saint Pierre* (H : 14 m)

1942   Privas, Chapelle de l'asile Sainte-
        Marie :

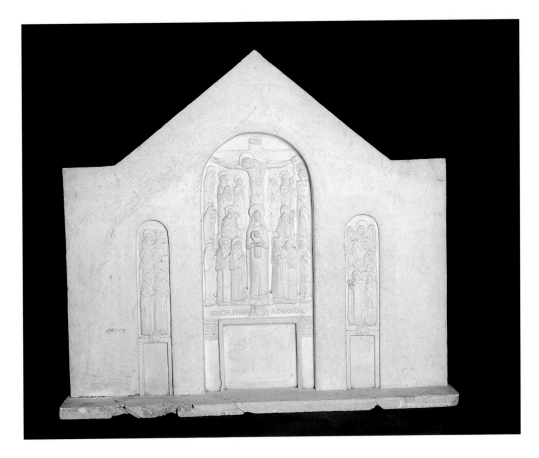

*Carlo Sarrabezolles, projet de façade pour l'église
Sainte-Jeanne-de-Chantal, Paris.*

– Retable : *Assomption de la Vierge*
(H : 6,10 m)
– Autel latéral droit : *Saint Joseph*
(H : 2,85 m)
– Autel latéral gauche : *Sacré-Cœur*
(H : 2,85 m)
– Bas côté : *Chemin de croix,*
Annonciation
Résurrection

1947   Ancrétiéville, Notre-Dame de
France :
– *Saint Victor* (H : 4 m)

1950   Paris, église Sainte-Jeanne-de-
Chantal :

– Façade, maquette
Projet non réalisé, actuellement au
Musée Municipal de Boulogne
Billancourt

1950   Privas, asile Sainte-Marie :
– *Père Marie Joseph Chiron*
– *Sainte Famille*

1955   Privas :
Mont Toulon :
– *Pietà*

Autres :

Hyères, établissement marin de
Pomponiana :
– *Vierge*

SAUPIQUE Georges
(1889-1961)

Elève de Coutan et Lefèvre à l'Ecole Nationale Supérieure des Beaux-Arts, Saupique doit sa vocation dit-il à la *Cathédrale* de Huysmans et ses visites à Chartres. Sa grande réalisation dans le domaine de l'Art Sacré fut l'ensemble du portail de l'Église de la Cité Universitaire à Gentilly.

Conscient de l'union nécessaire de la sculpture et de l'architecture, Saupique réalise de nombreux ensembles sur le thème colonial (Exposition coloniale de 1931), au Palais de Chaillot en 1937 (Bas relief : *L'Asie*) sur le Paquebot « Normandie »... Diverses de ses œuvres figurent sur les monuments commémoratifs. (Monuments aux morts de Saint Dizier, de Langres, gare maritime du Havre...)

Principales réalisations :

1924   Herserange :
– *Jeanne d'Arc*

1936   Fédala (Maroc), église :
– *Chemin de croix*
– *Pietà*
– *Saint Joseph*

1936   Gentilly, église Saint-Ignace :
– Tympan :
Christ en majesté (H : 6 m). *Scènes de*

la vie du Christ, anges,
donateurs, saints Patrons,
Docteurs de l'Université de Paris.
– Clocher :
Quatre anges (H : 6 m)

1936   Arras, cathédrale :
– Quatre dés en bronze dorés
– Supports de table d'autel
– Médaillons
– *Tombeau de Mgr Julien (1943)*

1937   Dakar, cathédrale :
– *Stèle Jean Mermoz*

1938   Le Mans, église des Frères du
Saint-Esprit :
– Maître-autel : *Mise au tombeau*
– Autels latéraux : – *Sainte Famille*
– *Sacré-Cœur*

1938   Aix-Noulette, église :
– *Saint Nicolas*
– *Sainte Barbe*

1941-1949 Chartres, cathédrale :
– *Chemin de croix*

1943   Beg-Meil :
– *Calvaire*
– *Saint Jean-Baptiste*

1943   Liévain :
– *Sacré-Cœur*

1943   Le Falgoux :
– *Jeanne d'Arc*

1943   Châtillon-sur-Seine, église :
– Porche : *Sainte Thérèse de l'enfant-*
Jésus

1944   Quimper :
– *Vierge de la Libération*

1944   Tavaux-Cités, église Sainte-Anne :
– Sommet de la façade : *Christ*

Georges Saupique taillant la La Vierge de
Notre-Dame de France, *à Londres.*

– Trumeau du porche : *Saint Louis*
– Maître autel

1947 Boulogne-sur-Mer :
– *Christ des marins*

1950 Reims, cathédrale :
Tour nord : *Christ et Saint Thomas*
Portail central : *Couronnement de la Vierge*

1954 Londres, église Notre-Dame de France :
Façade : *Vierge de la miséricorde*

1956 Rouen, cathédrale :
Jeanne d'Arc au bûcher

Neuilly, église Saint-Jacques :
– *Saint Jacques*
– *Crucifix*
Rethel, église des Minimes :
– Tympan : *Baptême de Clovis*
Paris, église Sainte-Odile :
– *Annonciation*
Cachan, église Sainte-Germaine :
– *Saint Joseph*
Suresnes, église du Sacré-Cœur :
– *Christ apparaissant à Sainte Marguerite et à Saint François de Salles*

SERRAZ *Georges*

Membre des Ateliers d'Art Sacré, Georges Serraz a réalisé une importante production allant de la statuaire monumentale (*Christ Roi* haut de 22 m), à l'œuvre de série pour laquelle il possédait un atelier.

Georges Serraz, Christ Roi, *1932, Vallée de Chamonix.*

Principales réalisations :

1925 Paris, Exposition des Arts Décoratifs, église du village Français :
– Chapelle de droite, *Christ rédempteur*

vers 1926 Villemomble, église :
– *Sainte Thérèse*
– *Saint Joseph*

1931 Paris, Exposition coloniale, Pavillon des Missions :
Oratoire de Sainte Thérèse de l'enfant Jésus :
– Détail de l'autel : *Sainte Face*

1932 à 1934
Les Houches, Massif des Aiguilles Rouges :
– *Christ-Roi* (H : 22 m)

vers 1934 Paris, basilique Sacré-Cœur :
– Autel de la chapelle centrale : *Vierge de la Paix*

vers 1934 *Sainte Bernadette en paysanne*

vers 1936 Montpellier, chapelle des Dominicains :
– *Rosaire*

vers 1936 La Courneuve, église Saint-Yves-des-quatre- routes
– *Pietà*

vers 1936 Paray Le Monial, chapelle :
– *Saint Joseph*

vers 1936 Vitry, église :
– *Saint Joseph*

vers 1936 – *Curé d'Ars*
– *Vierge Mère*
– *Bernadette enfant*
– *Saint Joseph et l'enfant divin*
– *Sainte Anne apprend à méditer les saintes écritures à la Sainte Vierge*

vers 1936 Villeneuve la Garenne, église Saint-Joseph :
– extérieur : *Saint Joseph*

vers 1937 Ivry, église Saint-Jean-Baptiste :
— *Saint Joseph ouvrier*

vers 1937 Chartres, petit séminaire :
— *le Précurseur adolescent*

vers 1937 Ivry, plateau :
— *Saint Jean-Baptiste*

vers 1937 — *Vierge de Miribel*
— *Descente de Croix*
— *Christ*

vers 1938 — *Vierge à l'enfant*

1942 Paris, église du Saint-Esprit
— Dôme : *Statue*

1943 Genevilliers, église Sainte-Jeanne-d'Arc :
— *Sainte Thérèse de l'Enfant-Jésus*

1947 Paris, Notre Dame du travail :
— *La Vierge aux Fleurs*
— *Pietà*

Autres

Lille, Notre-Dame de Pellevoisin :
— *Chaire*
Paris, Notre-Dame de Clignancourt :
— *Sainte Rita*
Paris, église Saint-Jean-Bosco
— parvis : *Saint Jean*
— intérieur : *Sacré-Cœur*
Saint Joseph
Paris, Notre-Dame-des-Otages :
— *Statuaire intérieure*
Alfortville :
— *Saint Louis de Gonzague*
Boulogne Billancourt, église Sainte-Thérèse :
— *Saint Pierre*
Paris, chapelle Saint-Simon :
— *Saint Antoine de Padoue*
— *Bernadette*
— *Notre Dame de Lourdes*

VILLIERS Roger de (1887-1958)

Elève de Mercier à l'Ecole Nationale Supérieure des Beaux Arts, maître de l'atelier de sculpture aux Ateliers d'Art Sacré, Roger de Villiers, auteur aux expositions de 1925 et 1937 d'œuvres majeures dans l'Art Sacré, réalise dans un style délicat une abondante iconographie.

Principales réalisations :

1917-1918 Hollande, Oosterbeek :
— *Chemin de la Croix*

1919 *Le sacrifice*

1925 Paris, Exposition arts décoratifs, église du village Français :
— Chapelle du maître autel
— *Sainte Geneviève*
— *Saint Joseph*

1927 — *Saint Joseph* (destiné à l'université catholique de Louvain)
— *le Christ Roi*

1927 — *Notre Dame de la paix*

1928 — *le Sacré-Cœur*

1930 — *Fontaine de la Vierge*

1930 Reims, église Saint-Nicaise-du-Foyer-Rémois
— *Sainte Famille*
— *Sainte Vierge*
— *Sacré-cœur*
— *Sainte Jeanne d'Arc*
— *Sainte Geneviève*
— *Sainte Thérèse de l'Enfant Jésus*

1931 Paris, Exposition coloniale, Pavillon des Missions catholiques :
— Pignon : — *Vierge présentant l'enfant Jésus*
— Intérieur : — *Le père de Foucauld*
— *Sainte Jeanne d'Arc*
(Église reconstruite à Epinay sur Seine)

1932 — *Notre Dame de Lourdes*

1932 — *Vierge à l'enfant*
— *Christ*

1934 — *Vierge à l'enfant*
— *Vierge assise*
— *Christ en croix*
— *Sacré-Cœur*

1936 Rouvroy, église :
— *Vierge*
— *Sainte Thérèse*

1936 — *Vierge mère*
— *Saint Joseph ouvrier*
— *Sainte Geneviève*
— *Jésus enfant ouvrier*

1937 — *Saint François d'Assise*

1938 — *Vierge à l'enfant*

1939 — *Saint Michel*

1943 Genevilliers, église Sainte-Jeanne d'Arc :
— *Saint Louis et Saint Rémi*

1944 — *Saint Michel*

1945 Neuilly sur Seine, église Saint-Jacques :
— *Saint Jacques le Majeur*

1945 — *Saint Georges*

1947 — *Sacré-Cœur*
— *Saint Yves*
— *Vierge*
— *Sainte Famille*
— *Sainte Agnès*
— *Nativité*

Autres :
Suresnes, église du Cœur immaculé
de Marie :
– *Jeanne d'Arc*
– *Sainte Geneviève*
Paris, église Saint-Dominique :
– *Jeanne d'Arc*
Paris, église Notre-Dame-des-
otages :
– *Façade*
Paris, église du Saint-Esprit :
– *Sacré-Cœur*

Roger de Villiers, Sacré-Cœur, *église du Saint-
Esprit, Paris.*

Les maîtres verriers

Martine DECAENS
Martine CHENEBAUX

BARILLET Louis
(1880-1948)

Né à Alençon (Orne). Il expose à la Société Nationale des Beaux-Arts en 1914, et devient sociétaire en 1932 pour la section d'art décoratif. Il rejoint rapidement le groupe des Artisans de l'Autel, affilié à la société de Saint-Jean. Dès 1920, il figure au Salon des Artistes Décorateurs, et, à partir de 1922, au Salon d'Automne. Il entre à l'Union des Artistes Modernes en 1930. En 1937, il est chargé d'organiser la création de vitraux destinés à garnir les baies du Pavillon Pontifical à l'Exposition Universelle, puis à prendre place dans les fenêtres hautes de Notre-Dame de Paris. Les verrières et les mosaïques sorties de ses ateliers ont été exécutées en collaboration avec Jacques Le Chevallier à partir de 1920 et Théodore Hanssen à partir de 1923.

Principales réalisations :

1924   Calais (62), église Saint-Joseph :
        – *Le bon Samaritain* et *Le retour du fils prodigue*.

1931   Paris, Exposition Coloniale, Pavillon des Mission, reconstruit au « Cygne-d'Enghien », Église Notre-Dame-des-Missions à Épinay-sur-Seine (93) :
        – *Le divin prédicateur*, *Jésus les bras ouverts*, *Le sermon sur la montagne* et *La descente du Saint-Esprit* ; *La Vierge, reine des Missions*, verrière du chevet, avec Hébert Stevens et Valentine Reyre.

1932-1934 Paris, Église du Saint-Esprit :
        – Ensemble des verrières colorées à l'exception de la première chapelle.

1934 (?) Saint-Maurice (94), église de Saint-Ange-de-Gravelle :
        – *l'Ange du Sépulcre* et *Lutte de Jacob et de l'Ange*.

1936   Argentan (61), chapelles du Pensionnat Jeanne-d'Arc :
        – *Nativité* et *Cène*.

1936 (?) Coudekerque (59) :
        – *Sainte-Thérèse*, avec Le Chevallier et Hanssen.

1937 (?) Meaux (77), chapelles du séminaire :
        – *Saint-François de Sales* et *Saint-Jean*, avec Le Chevallier et Hanssen.

1937   Paris, Exposition Internationale des Arts et Techniques, Pavillon Pontifical (verrières pour la cathédrale Notre-Dame de Paris) :
        – *Saint-Étienne* et *Saint-Denis*, *La Vierge au milieu de la création* et une rose : *Je crois en Dieu, le Père tout puissant, créateur du ciel et de la terre*, avec Le Chevallier et Hanssen. (Vitraux situés du côté de l'Epître, en descendant de la croisée du transept vers le narthex).

1937-1938 Luxembourg, cathédrale :
        – *Le couronnement de la Vierge* et *L'Arbre de Jessé*, avec Le Chevallier et Hanssen.

1938   Dijon (21), église du Sacré-Cœur :
        – *Le Christ et Saint-Jean Baptiste*, *Flagellation*, *Le Christ portant la croix*, *Crucifixion*, avec Le Chevallier et Hanssen.

1941   Paris, Salon d'Automne :
        – Vitrail destiné à la chapelle Sainte-Marie à Privas, avec Le Chevallier et Hanssen.

1940-1946 Blois (41), Basilique des Trois Ave :
        – *Saint Jean Bosco*, avec Le Chevallier et Hanssen.

1945   Paris, Basilique du Sacré-Cœur :
        – Rosaces et baies des transepts, avec Le Chevallier et Hanssen.

1951   Audincourt (25), Église du Sacré-

Louis Barillet, Le Vierge Reine des Missions, *vitrail du chœur, église des Missions à Épinay-sur-Seine, 1931.*

Cœur :
- *Les Instruments de la Passion*, 17 vitraux en dalles de verre taillées et ciment, d'après les cartons de Fernand Léger,

1954   Vitraux en dalles de verre et béton pour le baptistère, cartons de J. Bazaine.

1955-1960   Varengeville (76), Église paroissiale :
- *Arbre de Jessé*, carton de G. Braque.

1958   Villeparisis (77), Église :
- *L'Arbre de vie*, vitrail en dalles de verre, cartons : J. Bazaine.

non daté   Blois (41), Notre-Dame-de-la-Trinité :
- *Vierge douloureuse, Purification, Nativité* (vitraux est), *Marie apparaît à Sainte Mechtilde et lui explique le fondement théologique du culte qu'elle lui demande* (vitrail de la chapelle du Saint-Sacrement), 12 verrières de 40 mètres carrés chacune, sur le thème des mystères de la vie de Marie dans ses rapports avec la Sainte Trinité, maîtres-verriers : L. Barillet et J. Le Chevallier.
- *Saint J.-M. Vianney enfant prie la Sainte Vierge en gardant son troupeau, Le curé d'Ars prêche la dévotion à la Vierge Immaculée, et Saint J. M. Vianney recommande à ses pénitents la pratique du chapelet de l'Immaculée*, avec Le Chevallier et Hanssen.
Biville (50), avec Le Chevallier et Hanssen.

Brancourt (02) : *Les travaux des champs*, avec Le Chevallier et Hanssen.
Chauny (02), *église Saint-Martin invité à la table de l'Empereur, sert son clerc le premier*, vitrail faisant partie de la vie de Saint Martin, avec Le Chevallier et Hanssen.
L'Aigle (61), église :
- *Les huit tons du plain-chant*, en collaboration avec Le Chevallier et Hanssen.
Limé (02), église :
- *Saint-Hubert, Le bon Samaritain*, avec Le Chevallier et Hanssen.
Martigny (Suisse) :
- *Claustra*, avec Le Chevallier et Hanssen.
Montligeon (02), église Notre-Dame :
- *Les Prophètes*, réalisation atelier Hermann.
Paris, église Saint-Dominique :
- *Saint Jean l'Évangéliste, Saint Thomas d'Acquin, Saint Vincent Ferrier, Saint Jean Baptiste, La Vierge* et des scènes des Évangiles, avec Le Chevallier et Hanssen.
Paris, église Saint-Léon :
- *Saint Louis* et *Saint Léon*, vitraux en blanc, avec Le Chevallier et Hanssen.
Périers (50), chapelle Saint-Joseph :
- *Le Nourricier, Le fils de David, L'ouvrier, Le Patron des familles....*, avec Le Chevallier et Hanssen, motifs enlevés à la pointe sur fond de grisaille avec adjonction de jaune d'argent.

CINGRIA Alexandre (1979-1945)

Né à Genève. Il fait ses études aux Écoles d'Art de Genève et aux Beaux-Arts de Paris. Il peint, puis s'intéresse au vitrail et à la mosaïque. En 1918, il fonde la Société d'Art religieux de Saint-Luc et Saint-Maurice, avec Marcel Poncet et François Fosca, afin de renouveler l'art sacré. Il écrit *La décadence de l'art sacré*, préfacé par Paul Claudel et *Le Vatican et l'art religieux moderne*, en 1933.

Principales réalisations :

1919   Genève (Suisse), église Saint-Paul :
- *Joseph et Jacob*, (en collaboration avec Maurice Denis et Marcel Poncet).
- *Le Curé d'Ars*.

1921   Paris, Salon d'Art Sacré, Pavillon de Marsan :
- *Saint-Michel*.

1924   Echarlens, Suisse :
- vitrail, peinture décorative et mosaïque de l'antependium.

1924   Perly (Suisse), chapelle.

1936   Orsonnens, (Suisse).

non daté   Le Fayet, (74), église Notre-Dame-des-Alpes :
- *Jésus est retrouvé dans le temple, La descente du Saint-Esprit sur les Apôtres*, vitraux en mosaïque de dalles de verre.
Genève (Suisse), église Notre-Dame.

DECORCHEMONT
François-Émile (1880-1971)

Né à Conches (Eure), d'une vieille famille d'artisan. Après le lycée, il suit les cours de l'École des Arts Décoratifs. De 1901 à 1903, il fabrique quelques grès. A partir de 1903, il se lance dans les pâtes de verre : il crée de nombreux vases, des décors influencés par l'Art Nouveau, des fleurs, fruits, animaux.... C'est en 1933 qu'il découvre le vitrail ; de 1935 à 1938, il s'y consacre de manière exclusive pour l'église Sainte-Odile-de-Paris, abandonnant quelque peu l'art du verre. Il est sociétaire du Salon des Artistes Français, du Salon d'Automne, et membre du comité du Salon des Artistes Décorateurs.

Principales réalisations :

1934   Paris, Exposition « L'art religieux d'aujourd'hui », Hôtel des Ducs de Rohan :
– *Saint-Taurin, premier Évêque d'Evreux, Vierge à l'enfant,*
– *Sainte-Thérèse de Lisieux,*
(plaquette vitrail, réalisée par un assemblage d'épais morceaux de pâte de verre).

1934   Paris, Salon d'Automne :
– *Le Christ et les enfants,* vitrail exécuté pour une salle de catéchisme.

1937   Paris, église Sainte-Odile :
– *Scènes de la vie de Sainte Odile, Saint Raphaël, Saint Michel, Saint Gabriel ;* trois verrières de deux cent mètres carrés (mur nord-est) :
Menesqueville (27) :

non daté   – *Les Arbres bibliques, La Flore et La Faune du Cantique des Cantiques, Le Parfum, La Lumière, La Sulamite, La Vierge Marie.*
Rouen (76), Notre-Dame d'Ernemont :
– *Vierges aux Anges,* pâte de verre sertie de ciment.

François-Émile Decorchemont, Sainte Odile, priez pour nous, *église Sainte-Odile à Paris, 1937.*

GAUDIN Jean
(1879-1954)

Successeur de Félix Gaudin, fondateur de la Maison parisienne. Il met au point un nouveau type de vitrail adapté à l'architecture moderne en béton à la fin des années 20. Cette technique dite de la dalle de verre eut un succès considérable après la seconde guerre mondiale.

Principales réalisations :

1924   Paris, Salon de la Société Nationale des Beaux-Arts
– *La crucifixion,* vitrail pour la chapelle de l'Institut Désir à Paris, cartons de Louis Mazetier
– *Saint Barthélémy exorcise une possédées,* vitrail pour l'église de Saint-Germain (71), cartons de Marc Choisnard,
– *Saint Valbert,* mosaïque pour la basilique Saint-Farjeux à Besançon, cartons de Louis Mazetier.

vers 1925 Domfront (61), église Saint-Julien :

– *Christ entouré de Saints,* vitrail, abside.

1929-1932 Mory (62), église Saint-Waast :
– *10 vitraux de la nef,*
scènes de la vie de la Vierge, épisodes de la vie du fondateur du diocèse d'Arras.

1930-1931 Le Portel (62), église Sainte-Thérèse-de-L'Enfant-Jésus :
– Vitraux en dalles de verre, ont disparu en 1941-1944.

1930   La Couture (62), église Saint-Pierre :
– *La Vie du Christ,* 7 baies, grisaille

2 baies, maquettes André Pierre.

1930-1932 Courbevoie (92), église Saint-Adrien :
– *Christ en Majesté entouré de Saints*, mosaïque, voûte de l'abside.

1931-1932 Beaumetz-les-Cambrai (62), église Saint-Géry :
– *Scènes de la vie du Christ, curé d'Ars*,
– *La remise du rosaire à Saint Dominique*,
– *Dévotion à Saint Benoît Labre au Saint-Sacrement*, 2 vitraux sur la vie de Sainte Thérèse, Saint Paul, Saint Pierre (19 baies et 7 baies de grisaille), cartons et réalisation Gaudin.

1931-1932 Hénin-Beaumont (62), église Saint-Martin :
– 66 vitraux en dalles de verre
– *Christ-Roi, Sacré-Cœur du Christ, Sacré-Cœur de la Vierge, Notre-Dame de la Salette, Notre-Dame de Lourdes, Notre-Dame de Pontmain*, et 26 saints maquette André Pierre.

1931-1932 Rocquigny (62), église Notre-Dame :
– *La crucifixion*,
– *L'adoration des Rois Mages*, 2 grandes roses, cartons de J.L.B., vitraux en dalles de verre.

1932 Rouen (76), Exposition d'Art religieux :
– *Nativité*, mosaïque transparente en dalles de verre.

1932-1934 Paris, église du Saint-Esprit :
– *La Trinité*,
– *Les symboles des évangélistes*,
– *Les 12 apôtres*, cartons des Imbs, mosaïques en émaux de Venise pris dans le béton de la coupole.

1933 Sandry-Lestree (62), église Saint-Aubert :
– *La crucifixion*, vitrail de la Tribune en dalle de verre et verre cathédrale.

1933-1938 Beuvry (62), église Saint-Martin
– Culte de *Saint Éloi*, 11 baies

Vitrail d'axe et fenêtres chapelle du chœur,

1936 – *Vie de la Vierge*, trois verrières de la chapelle latérale nord.

1935-1936 Rouvroy (62), église Saint-Louis :
– Vitraux.

1937-1938 Dijon (21), église du Sacré-Cœur :
– *Sainte Chantal*, vitrail.

1937 Pais, Exposition Internationale des Arts et Techniques, Pavillon Pontifical :
– *Saint Hubert* et *Sainte Odile*, 2 vitraux
– *La Sainte Église Catholique et la Communion des Saints*, rose, proposition de vitraux pour Notre Dame de Paris

1938-1939 Paris, Musée des Arts Décoratifs, Exposition d'Art Sacré
– *Sainte Jeanne de Chantal*, vitrail,
– *Crucifixion*, mosaïque d'or peinte,
– *Saint François d'Assise*, fragment de vitrail.

1951 Audincourt (25), église du Sacré-Cœur :
– Mosaïque de la façade, carton Bazaine réalisation atelier Gaudin.

Non daté Beuvraigne (80), église :
Chemin de croix.

Idem Neuilly-sur-Seine (92), église Saint-Jacques :
– *Sainte-Thérèse* et dallage du chœur, Mosaïque.

Idem Amiens (80), cathédrale :
– *Vie du christ* et *Vie de saints*, Vitraux chapelle Saint-Jacques, Le Majeur et vitraux du chœur, Collaboration J. Le Breton.

Idem Rosny-sous-Bois (93), église Saint-Laurent :
– *Chemin de croix*, nef,
– *Le Christ* peinture à fresque, arc triomphal,
– *Notre-Dame de Lourdes*, peinture à fresque à gauche du chœur,
– *Sainte Thérèse de L'Enfant Jésus*, peinture à fresque à droite du chœur.

GRUBER Jacques (1870-1936)

Né à Sundhouse (Bas-Rhin). Aux Beaux-Arts de Paris, il est élève de Gustave Moreau. Il fait l'apprentissage du verre en créant, entre 1894 et 1897, des modèles pour Daum. En 1900, il ouvre un atelier de meubles à Nancy. C'est à partir de 1902 qu'il se consacre au vitrail ; en 1903, il exécute les vitraux de la Villa Majorelle à Nancy. Après la première guerre mondiale, il installe son atelier à Paris ; il participe à L'Exposition des Arts Décoratifs de 1925, puis produit des vitraux à thèmes industriels pour la Compagnie asturienne des Mines, les Fonderies de Pont-à-Mousson ou encore les Aciéries d'Escaut et de Meuse. En 1925, il est président du jury du vitrail. Il expose au Salon des Artistes Décorateurs à partir de 1908, et au Salon des Artistes Français dès 1911.

Principales réalisations :

1908-1910 Nancy (54), église Notre-Dame-de-Lourdes.

1922 Paris, Salon d'Automne
– *Christ* (tympan du presbytère de Saint-Christophe),
– *Assomption* (chapelle du presbytère de Javel, Paris).

1923 Reims (51), Temple de l'église réformée.

1925 Paris, Exposition Internationale des Arts Décoratifs
Église du Village français,
– chapelle de gauche :
– vitraux en collaboration avec Chigot.

1927 Varengeville (54), église : ·
– cartons de Claude, maître-verrier Gruber

1927 Saint-Hilaire-en-Woëvre (55), Église Notre-Dame-de-la-Compassion ;
– cartons de Claude, maître-verrier : Gruber.

1929 Paris, exposition « L'Art religieux moderne », Musée Galliéra
– *Fiat voluntas tua* et *Le Christ et le Foyer*.

1934 Paris, exposition « L'art religieux d'aujourd'hui »
– Hôtel des Ducs de Rohan :
– *Martyre de Sainte Barbe*, fragment de vitrail de la Cathédrale de Verdun.

Après 1931 (?) Saint-Denis (93), Basilique, Chapelle des fonds baptismaux,
– verrière à quatre lancettes sur le thème de l'eau Salvatrice :
–· *Moïse sauvé des eaux*, *Agar et Ismaël*, *l'Arche de Noé*, *Moïse faisant jaillir l'eau du rocher*...

non daté Angers (49), église Notre-Dame.
Koeut la Grande (55).
Nancy (54), église Saint-Epvre.
Oran, Maroc, cathédrale.
Péronne (80), collégiale.
Preny (54) : *Assomption*.
Tulle (19), cathédrale.

Jacques Gruber, Le Baptême du Christ, basilique Saint-Denis à Saint-Denis, chapelle des fonds baptismaux, 1931.

HANSSEN *Théodore*

Né à Wonck, en Belgique. A partir de 1923, il travaille essentiellement avec Louis Barillet et Le Chevallier. Il exécute, outre des vitraux, des gravures, des émaux, des fresques, des tapisseries, réalisées par Aubusson. Ses vitraux sont le fruit de sa longue et fructueuse collaboration avec Louis Barillet et Le Chevallier. Il quitte l'atelier en 1940 et s'installe à Roane ; dès lors, il reçoit de nombreuses commandes exécutées dans des ateliers de Metz, Valence et Mulhouse.

Principales réalisations :

1936 (?) Coudekerque (59) :
– *Sainte Thérèse*, avec Barillet et Le Chevallier.

1937 (?) Meaux (77), chapelles du séminaire : *Saint François de Sales* et *Saint-Jean*, avec Barillet et Le Chevallier.

1937 Paris, Exposition Internationale des Arts et Techniques, Pavillon Pontifical :
– *Saint Étienne* et *Saint Denis*, *La Vierge au milieu de la création* et une rose : *Je crois en Dieu, le Père tout puissant, créateur du ciel et de la terre*, avec Barillet et Le Chevallier, verrières pour la cathédrale Notre-Dame de Paris. Vitraux situés du côté de l'Épître, en descendant de la croisée du transept vers le narthex :
– *Le Christ et les quatre évangélistes*.

1937-1938 Luxembourg, cathédrale :
– *Le couronnement de la Vierge* et

L'Arbre de Jessé, avec Barillet et Le Chevallier.

1938 Dijon (21), église du Sacré-Cœur :
– *Le Christ et Saint Jean-Baptiste*, *Flagellation*, *Le Christ portant la croix*, *Crucifixion*, avec Barillet et Le Chevallier.

1941 Paris, Salon d'Automne :
– vitrail destiné à la chapelle Sainte-Marie à Privas, avec Barillet et Le Chevallier.

1945 Paris, Basilique du Sacré-Cœur de Montmartre :
– baies des chapelles de la nef, avec l'atelier Gouffaut d'Orléans.

non daté Biville (50),
– avec Barillet et Le Chevallier.

Blois (41), Basilique des Trois Ave :
– *Saint Jean Bosco*, avec Barillet et Le Chevallier.

Brancourt (02) :
– *Les travaux des champs*, avec Barillet et Le Chevallier.

Chauny (02) :
– *Saint Martin invité à la table de l'Empereur, sert son clerc le premier*, vitrail faisant partie de la vie de Saint Martin, avec Barillet et Le Chevallier.

L'Aigle (61), église :
– *Les huit tons du plain-chant*, en collaboration avec Barillet et Le Chevallier.

Limé (02) :
– *Saint-Hubert, Le bon Samaritain*, avec Barillet et Le Chevallier.

Martigny, Suisse :
– *Claustra*, avec Barillet et Le Chevallier.

Montligeon (61), église Notre-Dame :
– *Les Prophètes*, avec Barillet et Le Chevallier.

Paris, église Saint-Léon :
– vitraux en blanc, avec Barillet et Le Chevallier.

Périers (50), chapelle Saint-Joseph :
– *Le Nourricier, Le fils de David, L'ouvrier, Le Patron des familles....*, avec Barillet et Le Chevallier,

motifs enlevés à la pointe sur fond de grisaille avec adjonction de jaune d'argent.

Théodore Hanssen, Sainte-Marguerite-Marie, basilique du Sacré-Cœur-de-Montmartre à Paris, chapelle de la nef, réalisation atelier Gouffaut d'Orléans, 1945.

HEBERT-STEVENS Jean (1888-1943)

Né à Maisons-Laffitte. A ses débuts, il suit les cours de l'Académie Julian. En 1914, il participe au concours de l'École des Beaux-Arts pour le Prix de Rome. Après la guerre, il fréquente les Ateliers d'Art Sacré et se découvre une passion pour le vitrail. Dès lors, il produit des vitraux d'après ses modèles, avec la collaboration d'André Rinuy. Il travaille également avec l'atelier Barillet-Le Chevallier-Hanssen, et exécute des vitraux d'après des modèles de Valentine Reyre, Marguerite Huré, Rouault, Maurice Denis, Desvallières, Bazaine... et de sa femme Pauline Peugniez. En 1937, il est membre du jury au Pavillon du Vitrail de l'Exposition Internationale, et il participe au programme des verrières pour Notre-Dame de Paris, exposées au Pavillon Pontifical. Il est membre des Ateliers d'Art Sacré.

Principales réalisations :

1925   Paris, Exposition Internationale des Arts décoratifs, Église du Village français :
– *Sainte Marie-Marguerite Alacoque* (Chapelle du maître autel), cartons de Maurice Denis, maîtres-verriers : Hébert-Stevens et Rinuy.

1927   Douaumont (55), ossuaire :
– cartons de G. Desvallières.

1930   Audincourt (25), Église de l'Immaculée-Conception :
– Réalisation de 6 vitraux de la nef et rosace du porche « Pentecôte », cartons de Valentine Reyre

1930-1934 Roye (80), église Saint-Pierre :
– *Christ douloureux* (transept Nord), *Christ en gloire* (transept Sud), *La Vierge et l'enfant, Crucifixion*, vitraux détruits en 1940, reconstruits en 1942.

1931   Paris Exposition Coloniale, Pavillon des Missions, reconstruit au « Cygne d'Enghien » :
Église Notre-Dame-des-Missions à Epinay-sur-Seine (93) :
– *Christ Missionnaire*, (fenêtre centrale),
– *Les Anges des quatre parties du monde*, avec la collaboration de Rinuy,
– *La Dispersion des Apôtres* de Pauline Peugniez,
– *Le divin prédicateur, Jésus les bras ouverts, Le sermon sur la montagne* et *La descente du Saint-Esprit*, verrière du chevet, avec Barillet et Valentine Reyre, réalisation atelier Barillet.

1932-1934 Paris, église du Saint-Esprit :
– verrières de la première chapelle.

1934   Solesmes (72), abbaye.
Beuvraignes (80).

J. Hebert-Stevens, Le Christ Missionnaire, *vitrail du chœur, église des Missions à Épinay-sur-Seine.*

Plessier-Rozainvillers (80) :
– *Notre-Dame des Enfants sages,*
L'Ange des moissons, Ange du
souvenir (nef), cartons de Pauline
Peugniez, maître-verrier : Hébert-
Stevens.

1937   Paris, Exposition Internationale
des Arts et Techniques,
– Pavillon Pontifical,
– *Sainte Radegonde* et *Saint Martin* et
une rose : *Est né de la Vierge Marie,*
deux verrières, cartons Peugniez.
Pavillon des vitraux :
– *Pentecôte,* avec P. Bony.
Rome (Italie), Couvent Sainte-
Sabine :
– *Saint-Dominique rentrant au couvent*
accueilli par un ange, cartons du Père
Couturier, maître-verrier : Hébert-
Stevens.

1937-1939 vitrail pour une chapelle privée :
– *Les Instruments de la Passion,*
cartons de Bazaine, maître-verrier :
Hébert-Stevens.

1938   Dijon (21), église du Sacré-Cœur :
– *Saint-François d'Assise* (?).
Briançon (05), oratoire du
Sanatorium du Pas-de-l'Ours.

1939   Cartons de Rouault (Musée
National d'Art Moderne), maître-
verrier : Hébert-Stevens.

1942 (?) Paris, église Saint-Médard :
– *Saint Médard* et *Sainte Geneviève.*

1942 (?) Senlis (60), cathédrale :
– *Saint Rieul.*

1943   Paris, chapelle de l'École Bossuet.
Margny-aux-Cerises (60) :
– *L'Eucharistie,* carton de Maurice
Denis, maître-verrier : Hébert-
Stevens.

1946   Feucherolles (78) :
– trois vitraux, cartons du Père
Couturier, maîtres-verriers :
Hébert-Stevens et Bony.

1946-1947 École (25), séminaire :
– trois vitraux, cartons du Père
Couturier, maîtres-verriers :
Hébert-Stevens et Bony.

1947   Plateau d'Assy (74) église Notre-
Dame-de-Toute-Grâce :
– deux vitraux, cartons du Père
Couturier, maîtres-verriers :
Hébert-Stevens et Bony.
– *Notre-Dame des Sept Douleurs.*

1948   Paris, Chapelle de Monseigneur
Bertin, rue Vaneau, cartons du
Père Couturier, maîtres-verriers :
Hébert-Stevens et Bony.

1948   Plateau d'Assy (74), Foyer Saint-
Dominique :
– cartons du Père Couturier,
maîtres-verriers : Hébert-Stevens et
Bony.

non daté Alençon (61), église du collège
Saint-François
– *La Vierge et l'enfant Jésus,* carton
de Pauline Peugniez, maître-
verrier : Hébert-Stevens.
Bantheville (55)
– *Sainte Jeanne d'Arc* et *Notre-Dame*
de Lourdes, cartons de Rinuy,
maître-verrier : Hébert-Stevens.
Condom (02)
– *La Vierge et l'enfant.*
Craonelle (02)
– *Le couronnement de Sainte Benoîte,*
Le corps de Sainte Benoîte est découvert
par un aveugle.
La Grande Chartreuse, monastère
– *Épisode de la vie de Saint Bruno.*
Vouel (02)
– *Sainte Anne,* Pauline Peugniez,
maître-verrier : Hébert-Stevens.

HURE Marguerite (1896-)

Née à Paris. Elle fait ses études à l'École des Beaux-Arts de Paris. Elle consacre sa carrière au vitrail, soit en exécutant d'après ses propres cartons ou ceux de Maurice Denis, Georges Desvallières, Valentine Reyre..., soit dans des programmes de restauration. Elle expose régulièrement au Salon d'Automne et est membre des Ateliers d'Art Sacré.

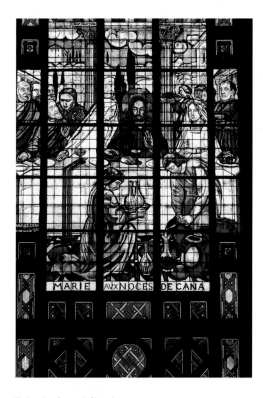

Marguerite Huré, Marie aux noces de Cana, *église* Notre-Dame du Raincy, *carton de Maurice Denis, 1925-1927.*

Principales réalisations :

1922   Saint-Germain-en-Laye (78), chapelle du Musée départemental du Prieuré :
        – *Saint Louis et Louis XIV,* cartons M. Denis

1923   Flavigny-sur-Ozerain (21), Petit Séminaire.

1925   Le Raincy (93) :
        – *Vie de la Vierge (8 verrières),*
        – *La Victoire de la Marne,* cartons de Maurice Denis, maître-verrier : Marguerite Huré.

1928   Elisabetheville (95) :
        – ensemble des vitraux, compositions à base de roses, de verdure ou de dessins géométriques, et une *Vierge à l'Enfant,* réalisée avec Imbs.

1929   Paris, Exposition « L'Art et le mobilier religieux modernes », Musée Galliéra :
        – *Le Père de Foucauld.*

1930   Bogota, Chapelle de l'Hôtel Régna, Mme de Valenzuela :
        – carton de Valentine Reyre

1931   Paris, Exposition Coloniale, Pavillon des Missions reconstuit au « Cygne d'Enghien »,
        Église des Notre-Dame-des-Missions à Epinay-sur-Seine (93)
        – *Saint Joseph, Le Père de Foucauld et*

d'autres missionnaires, cartons de Valentine Reyre, maître-verrier : Marguerite Huré.

1933   Voreppe (38), Petit Séminaire du Sacré-Cœur :
        – compositions non figuratives, à base de petites roses et de bourgeons (claustras où sont enchâssés 1160 morceaux de verre peint dans une seule baie).

1935-1936 Sartene (20), chapelle Polidori :
        – Cartons de Valentine Reyre

1936   Melun (77), Chapelle des Dominicains :
        – *Crucifixion,* cartons du Père Couturier, maître-verrier : Marguerite Huré.

1936   Paris, Chapelle des Domincains de Saint-Jacques, rue Vaneau, :
        – cartons du Père Couturier, maître-verrier : Marguerite Huré.

1937   Paris, Exposition Internationale des Arts et Techniques,
        – Pavillon du vitrail :
        – *Vitrail de la Résurrection,* cartons du Père Couturier, maître-verrier : Marguerite Huré.

1938   – Chartres (28), cathédrale : trois vitraux pour la crypte, cartons du Père Couturier, maître-verrier : Marguerite Huré.
        Sannois, (95), Baptistère :
        – *Saint François Xavier, Saint François d'Assise* et *Saint Antoine de Padoue* ;
        – Rosace : *Sainte Catherine de Sienne,* cartons de Valentine Reyre, maître-verrier : Marguerite Huré.

1943   Assy (74), Notre-Dame-de-Toute-Grâce :
        – trois vitraux sur le thème des saints de la musique, cartons de Bazaine, maître-verrier : Marguerite Huré, et réalisation des vitraux de la crypte représentant des figures et symboles de l'Eucharistie dans la Bible.

1952-1956 Le Havre (76), église Saint-Joseph.

1955   Sofar (Liban) :
        – composition abstraite avec cadres de ciment fermés sur les deux faces par des verres qui isolent une couche d'air constituant un milieu de diffraction pour les rayons lumineux.

1956   Tournan-en-Brie (77), même technique.

non daté Auffay (76), restauration.
Aurillac (15), église du Sacré-
Cœur :
– *L'Ascension.*
Bourg-la-Reine (92).
Châlon-sur-Saône (71), chapelle du
collège de la Colombière.
Coray (29) :
– *Saint Dominique aux pieds du
Christ*, cartons de Georges
Desvallières, maître-verrier :
Marguerite Huré.
Domèvre sur Vezouze (54) :
– cartons de Couturier, maître-
verrier : Marguerite Huré.
Fécamp (76), église de la Trinité :
– restauration de deux grandes
verrières.

Flavigny (21), chapelle du Petit
Séminaire.
La Fère-en-Tardenois (02),
restauration de vitraux.
Rouen (76), église abbatiale Saint-
Ouen :
– restauration de vitraux.
Paris, Chapelle des Jésuites, 15 rue
Monsieur.
Quessy, (02).
Wittenheim, (68), église Sainte-
Barbe :
– cartons de Georges Desvallières,
maître-verrier : Marguerite Huré.
Pierrefite (93), église Notre-Dame-
du-Salut
Le Havre (76), église Saint-Joseph

INGRAND Max
(1908-1969)

Né à Bressuire (Deux-Sèvres). A Paris, il suit les cours de Le Maresquier à l'École des Beaux-Arts, puis ceux de l'École des Arts Décoratifs. Déjà reconnu dans l'art du verre gravé, il aborde le vitrail en 1933. Après la guerre, au sein de ses ateliers, il accorde une place majoritaire au vitrail et prend part aux commissions pour la restauration et la création de vitraux de cathédrales (Rouen, Beauvais, Tours...) Il travaille alors beaucoup pour les Monuments Historiques. Il est membre des Ateliers d'Art Sacré et fait partie du comité de rédaction de la revue.

Principales réalisations :

1933   Alfort (94), église Sainte-Agnès :
peintures murales,
– chemin de croix et vitraux,
– *La Passion du Christ*, *La vie de
Sainte Agnès* (vitraux du centre),
La Visitation, *L'Annonciation*, *La
Fuite en Égypte*, *L'Apparition de la
Vierge à Lourdes* (vitraux de
droite), *La descente du Saint-Esprit*

sur les Apôtres, *Le martyre de Saint
Pierre*,
Le martyre de Saint Paul, *Le martyre
de Saint Denis* (vitraux de gauche),
L'édification de l'église d'Alfort,
L'Église aux colonies, *Sainte
Geneviève*, par Paule et Max
Ingrand.

1934   Paris, Exposition « L'Art religieux
d'aujourd'hui », Hôtel des Ducs de
Rohan :
– *La mise en croix.*

1937   Paris, Exposition Internationale
des Arts et Techniques.
– Pavillon Pontifical :
– *Saint Rémi* et *Saint Éloi*, et une
rose : *La rémission des péchés*,
verrières pour la cathédrale Notre-
Dame de Paris.

1941   Paris, Exposition « 25 Ans d'Art
sacré français contemporain » :
– *Piéta.*

non daté Paris, chapelle du couvent de
l'Assomption.
Bobigny (93), chapelle de Tous-
les-Saints.
La Charité-sur-Loire (58) :
– *Saint-Benoît* et *Saint-Ignace.*
Les Baux-de-Provence (13), église
Saint-Vincent.
Paris, Saint-Pierre de Montmartre.
Ensemble de verrières
Sao-Paulo, cathédrale.
Strasbourg (67), cathédrale :
– seul vitrail moderne.
Yvetot (76) :
– ensemble des vitraux.

Max Ingrand, La croix du martyre de Saint
Pierre, *église Saint-Pierre-de-Montmartre à Paris.*

LOUIS CLAUDE Georges
(1879-1963)

Né à Paris. Il fait ses études à l'École Bernard-Palissy, à Paris, dans la section décoration. Engagé par l'atelier Galland, il travaille avec l'architecte Alexandre Marcel à l'Exposition Universelle de 1900, puis à Laeken en 1904-1905 (Belgique), et à Héliopolis en 1910-1911 (Égypte). C'est après la guerre qu'il exécute ses premiers cartons de vitraux, notamment dans les églises endommagées du Nord et de l'Est de la France. Il travaille également avec la Manufacture de Sèvres, donne des cours à l'École des Arts Appliqués à l'Industrie, et, jusqu'à la fin de sa vie, peint de nombreuses huiles, gouaches et aquarelles. Il a réalisé plus de deux cent cartons de vitraux.

Georges Claude, Anges, *maquette d'un vitrail pour la maison Balmet à Grenoble.*

Principales réalisations :

1920-1928 Bordeaux (33), église Sainte-Eulalie :
– *Ste Jeanne d'Arc,* cartons de Claude, maître-verrier : Dagrant.

1923-1924 Santiago, Chili, église du Sacré-Cœur,
– cartons de Claude, maître-verrier : Dagrant.

1925-1936 Chateauroux (36), église Saint-Christophe :
– *Saint-Christophe patron des Voyageurs, Saint-Christophe protecteur des transports maritimes, Saint-Christophe protecteur des transports terrestres, La Légende de Saint-Christophe portant le Christ,* cartons de Claude, maître-verrier : Balmet.

1925-1938 Grenoble (38) :
– *La pêche miraculeuse, La Résurrection de la fille du Jaïre, L'Entrée à Jérusalem, Descente de croix,* cartons de Claude, maître-verrier : Balmet.

1926 Wez-Macquart (59) :
– cartons de Claude, maître-verrier : Chigot.

1927 Varengeville (54) :
– cartons de Claude, maître-verrier : Gruber.

1927 Saint-Hilaire en Woëvre (55) :
– *Notre-Dame de la Compassion,* cartons de Claude, maître-verrier : Gruber.

1927-1933 Annecy (74), collégiale Notre-Dame :
– *La Vierge et l'Enfant entre Saint-Antoine et Saint-Maurice, Fondation de l'église Notre-Dame, François de Sales et sa femme demandent un fils, Saint François prêche le Grand Pardon, Nativité, Le Couronnement de la Vierge,* cartons de Claude, maître-verrier : Balmet.

1928 Bourganeuf (23) :
– *Sainte Thérèse de l'Enfant Jésus,* cartons de Claude, maître-verrier : Chigot.

1930 Poitiers (86), église Notre-Dame-la-Grande :
– *Saint Dominique s'agenouillant devant la Vierge et l'Enfant* et *Arbre de Jessé,* cartons de Claude, maître-verrier : Chigot.

1930 Montréal (Canada) :
– *Église Notre-Dame : Fondation de Ville-Marie à Notre-Dame de Paris, Élévation d'un autel au Canada en présence des premiers colons, Maisonneuve portant une croix au Mont Royal le Jour des Rois,* cartons de Claude, maître-verrier : Chigot.

1930-1932 Annecy (74), chapelle du Pensionnat Jeanne d'Arc :
– Cartons de Claude, maître-verrier : Balmet.

1931 Saint-Alphonse d'Yauville (Canada) :
– *Adoration du Sacré-Cœur,* cartons de Claude, maître-verrier : Chigot.

1931 Magnac-sur-Touvre (16), église Saint-Cybard :

– *Le Christ entre Joseph et Marie,*
Nativité, Crucifixion, Pentecôte,
cartons de Claude, maître-verrier :
Chigot.

1931-1933 Neuville-Saint-Waast (62), église
Saint-Laurent :
– Cartons de Claude, maître-
verrier : Chigot.

1931-1936 Souchez (62), église Saint-Nicolas :
– *L'entrée à Jérusalem, Le Jardin des*
oliviers, Crucifixion, cartons de
Claude, maître-verrier : Chigot.

1931-1938 Grenoble (38), église Saint-Joseph :
– *Le mariage de Saint-Joseph et de la*
Vierge, cartons de Claude, maître-
verrier : Balmet.

1932 Nice (06), église Notre-Dame-
Auxiliatrice :

– *Le Christ Roi entre Saint-Pierre et*
Saint-Jean, cartons de Claude,
maître-verrier : Balmet.

1935 Bazouge-la-Pérouse :
– Cartons Claude, maître-verrier :
Balmet.

1936-1939 Sainte-Anne-La-Palud (84), église
Sainte-Anne :
– *Scènes de la vie de Sainte-Anne,*
cartons de Claude, maître-verrier :
Chigot.

1945-1950 Saïgon (Viêtnam), cathédrale :
– *Immaculée Conception, Saint-*
Georges, Saint-Michel, Notre-Dame
de Fatima, Sainte-Thérèse, Notre-
Dame du Perpétuel Secours, La mort
de Saint-Joseph, Simon de Monfort, J.
M. B. Vianney, cartons de Claude,
maître-verrier : Balmet.

PONCET Marcel
(1894-1953)

Né à Genève. En 1910, il entre à l'École des Beaux-Arts de Genève. En 1913, il fait la connaissance d'Alexandre Cingria. En 1915, il rencontre Maurice Denis, pour lequel il exécutera beaucoup de vitraux ; il épouse sa troisième fille en 1920. En 1918, il fonde, avec Cingria et François Fosca la Société d'Art religieux de Saint-Luc et Saint-Maurice. Il s'installe à Paris en 1923 et peint de nombreuses toiles. Il expose au Salon des Tuileries.

Marcel Poncet, Vierge au Baiser, *carton de*
Maurice Denis, chapelle du Musée du Prieuré à
Saint-Germain-en-Laye, 1919-1920.

Principales réalisations :

1915 Genève (Suisse), église Saint-Paul :
trois vitraux.

1916 Vaud (Suisse) :
– *La Nativité, Saint-Barthélémy.*

1918 Martigny (Suisse), Procure du
Grand-Saint-Bernard.

1918-1927 Genève (Suisse), église Saint-Paul
– *Sainte Jeanne de Chantal, Saint*
François de Salle, Joseph et Jacob,
Sainte Marguerite, Saint Jean-Baptiste
Vianney, Curé d'Ars (vitraux de la
nef), cartons de Maurice Denis,
maître-verrier : Poncet.
vitraux de la tribune de l'orgue
– *La Crucifixion.*

1921 Lausanne (Suisse), cathédrale :
– *Les quatre Évangélistes* (porche).

1921 Paris, Salon d'Art Sacré :
– *La Béatification de Saint Labre,*
carton de G. Desvallières, maître
verrier : Poncet.

1918-1922 Saint-Germain-en-Laye (78),
chapelle du Musée départemental
du Prieuré :
– *La Vierge au Baiser, la vie du*
Christ, Saint Louis et Sainte Marthe,
cartons de M. Denis
– *La Visitation,* carton M. Poncet

1924 Saint-Maurice (Suisse), vitraux de
la chapelle du collège.

1931 Gstaad (Suisse), vitraux et
mosaïque de l'église.

1932 Abbaye des Sept-Monts (02).

1932 Saint-Ouen (93), église du Sacré-
Cœur :
– quatre vitraux.

1934 Bassins (Suisse), église réformée :
– huit vitraux.

1937 Schlieren (Suisse), église réformée :
– quatre vitraux.

1938 Veyrier (Suisse) :
– six vitraux.

1939 Wynigen (Suisse) :
– vitrail pour le chœur de l'église.

1941 Ascona (Suisse) :
– *Saint-Antoine.*

1945-1947 Saint-Maurice (Suisse) :

1948 Saint-Cergue (Suisse) :
– six vitraux.

RINUY André

En 1924, Rinuy fonde avec Hébert-Stevens et Pauline Peugniez, l'épouse de ce dernier, l'atelier de vitrail attaché aux Ateliers d'Art Sacré. Il y exécutera des vitraux d'après ses propres carton.

Principales réalisations :

1925   Paris, Exposition Internationale des Arts Décoratifs, Église du Village Français chapelle du maître autel :
– cartons de Maurice Denis, maîtres-verriers : Rinuy et Hébert-Stevens.

1929   Paris, Exposition : « L'Art et le mobilier religieux modernes », Musée Galliéra :
– *Ecce Homo* et *Pasteur*, vitraux pour l'église de Bautlaville.

1931   Paris, Exposition Coloniale, Pavillon des Missions reconstruit au « Cygne d'Enghien », Église Notre-Dame-des-Missions à Epinay-sur-Seine (93) :
– *Les Anges des quatre parties du monde*, avec : *Christ Missionnaire* (fenêtre centrale), de Hébert-Stevens,
– *La Dispersion des Apôtres* de Pauline Peugniez.

1937   Paris, Exposition Internationale des Arts et Techniques, Pavillon Pontifical :
– *Saint Louis* et *Saint Yves*, deux verrières :
– *Le troisième jour, est ressuscité des morts*, une rose.
Bantheville (55) :
– *Sainte Jeanne d'Arc* et *Notre Dame de Lourdes*, cartons de Rinuy, maître-verrier, Hébert-Stevens.
Flesselles (80) :
– *Notre-Dame de Lourdes*, avec Hébert-Stevens et Pauline Peugniez.
Montréal (Canada), église Notre-Dame.
Pleine (67) :
– *Saint Pierre, Saint Jean, La communion*, avec Hébert-Stevens et Pauline Peugniez.
Saint-Maurice (94) :
– *In Mémoriam*, avec Hébert-Stevens et Pauline Peugniez.

SIMON Jacques
(1890-1974)

Né à Reims. Il est issu d'une vieille famille de verriers. Il suit les cours des Arts Décoratifs à Paris. Blessé pendant la guerre, il est chargé, en 1917, de la sauvegarde et de la restauration des vitraux de la cathédrale et de l'église Saint-Rémi de Reims. Tout en réalisant de nombreux vitraux, notamment dans sa ville natale (églises Saint-Louis et Saint Benoît, Petit Séminaire et Grand Séminaire) il continue son œuvre de peintre et graveur.

Principales réalisations :

1919   Reims (51), chapelle construite par l'Union rémoise des Arts Décoratifs :
ensemble des vitraux intérieurs.

1924   Reims (51), église Saint-Nicaise :
– vitraux représentant des lys stylisés.

1928   Paris, Salon d'Automne, Exposition du Jubilé ;
partie d'une verrière destinée à l'église de Vouziers, Ardennes :
– *Apparition de la Vierge à Saint Maurille*.

1934   Paris, Exposition « L'Art religieux aujourd'hui », Hôtel des Ducs de Rohan :
vitrail pour l'église Saint-André-de-Reims :
– *Notre-Dame-des-Malades*.

1934   Reims (51), église Saint-Louis.

1938   Chaudardes (02) :
– *Salomé*.

1941   Paris, Salon d'Automne :
– *Vierge médiatrice*.

non daté   Heutrégiville (51).
La-Neuville-en-Tournafuy (08) :
– *Nativité*.
Marquillies (59) :
– *Crucifixion*.
Reims (51), église Saint-André :
– *Saint Jean* et *Saint Marc*.
Reims (51), cathédrale :
– rose sud.
Vitry-le-François (51), église Notre-Dame
– verres blancs montés dans des plombs avec un dessin très dépouillé.

Les églises

Afsaneh KAZEMI

Basilique Notre-Dame-de-la Trinité de Blois

Intérieur de la basilique de la Sainte-Trinité, Blois, 1936.

Architectes : *Paul ROUVIÈRE – Yves Marie FROIDEVAUX*

Construction : 1936, Paul ROUVIÈRE commence les travaux sur l'emplacement d'un chantier auparavant abandonné (1932) par l'architecte Charles Besnard. Plan basilical, nef terminée par une abside voûtée en cul-de-four ; bas-côtés bordés de chapelles. Campanile haut de 60 m. Église construite en béton-armé pour les pères capucins, propagateurs de la dévotion aux Trois Ave Maria. Après la mort de Paul ROUVIÈRE pendant la guerre (1939), Yves FROIDEVAUX continue les travaux, particulièrement la décoration de l'église. Consécration en 1949.

DÉCORATION

Sculptures

Jean et Joël MARTEL

. Façade : Haut-relief, 20 m de haut, ciment : la Sainte Trinité.
. Piliers de porche : bas-reliefs, ciment : prophètes.

Jean LAMBERT-RUCKI

. Nef : Hauts-reliefs, ciment polychrome : Chemin de croix
. Chœur : 12 bas-reliefs, ciment polychrome : Scènes évangéliques.
. Chapelle du Saint-Sacrement : Retable comprenant un Christ en ronde bosse (bois polychrome) entouré de six anges en bas-reliefs, ciment polychrome) portant les instruments de la Passion.
. Portail d'entrée : penture en bronze décorée d'anges.

Anne-Marie ROUX-COLAS

. Reliefs sous le porche, ciment : Immaculé Conception, Annonciation, Assomption.
. Chapelle de Notre Dame de la Trinité : La vierge de la Trinité, plâtre.

BIZETTE-LINDET

. Crypte : bas relief ajouré de l'autel, pierre : Notre-Dame des Trois Ave. Bas-relief sur le devant d'autel : deux cerfs.

L. GUALINO

. Sur le faîtage de l'abside : Saint Michel, ciment recouvert de cuivre.

DAMBRIN et GUILLAUMEL

. Extérieur de la salle de conférences : frise de reliefs représentant des métiers avec au centre un Saint François en ronde bosse.

Vitraux

Louis BARILLET, J. LE CHEVALLIER, HANSEN :

Nef : 14 verrières, 40 m^2 chacune, retraçant les mystères de la vie de Marie, de sa prédestination jusqu'à son Assomption.

Chapelle latérales : 14 vitraux illustrent les textes bibliques se rapportant à la Trinité, à gauche dans l'Ancien Testament, à droite dans le Nouveau. Les 42 petits vitraux rappellent la pratique des Trois Avé dans l'histoire de l'Église.

Crypte : vitraux colorés en dalles de verre.

Mosaïques

Atelier de L. BARILLET

Cul-de-four de l'abside : Glorification de la Sainte Vierge et son Couronnement au Ciel.

Marthe FLANDRIN

. Crypte : dais tendu au-dessus de l'autel, « La Tour de David ».

Tapisseries

Jean et Karine BARILLET

. Abside, 7 tapisseries : Visitation, La Samaritaine, Papes encourageant le culte des Trois Ave Maria (Benoît XV – Léon XIII – Pie XI – Pie IX – Pie X).

Mobilier liturgique

Jean PUIFORCAT

. Le crucifix et les chandeliers de l'autel majeur, bronze.

Jean DUNAND

. Autel de la Chapelle du Saint-Sacrement.

LINOSSIER

. Tabernacle de la Chapelle du Saint-Sacrement.

Église Sainte-Thérèse de l'Enfant-Jésus de Boulogne-Billancourt

Architecte : *Charles BOURDERY*

Construction : 1926, début des travaux arrêtés au début des années 30 faute de fonds. Reprise suivant un plan réduit en 1939. En 1940, Bourdery est remplacé par Vidal qui achève l'aménagement intérieur. Décoration pendant la guerre.

Plan basilical, ossature en béton, remplissage en brique. Clocher haut de 35 mètres. Deux cryptes.

DÉCORATION

Sculpture

Jean LAMBERT-RUCKI

. Façade : Sainte Thérèse présentant Jésus en croix, pierre.
. Porche nord : hauts-reliefs : éffigie du Christ entourée des apôtres, pierre.
. Entrée sud : haut-relief, pierre polychrome : Nativité.
. Nef : hauts-reliefs polychromes, ciment : Chemin de croix.

. Chœur : hauts-reliefs polychromes, ciment : Sainte Thérèse entourée d'anges – Grand crucifix de l'autel, bois.
. Chapelle Saint Joseph : hauts-reliefs polychromes, ciment : Saint Joseph et Jésus entourés d'anges et d'ouvriers – Fonts baptismaux en marbre avec deux cerfs gravés.
. Chapelle de la Vierge : hauts-reliefs polychromes, ciment : Sainte Vierge et l'Enfant Jésus entourés d'anges et d'orants.
. Crypte : 11 chapiteaux historiés avec épisodes tirés de la Bible, de la Légende dorée...
– un pilier gravé et peint sur trois côtés : La vie de Sainte Thérèse.
– 4 statues en plâtre polychrome : Sainte Vierge, Saint Pierre, Saint François, Saint Paul.

Jean Marie BAUMEL

. Chœur : Haut-relief, pierre polychrome : Saint Curé d'Ars, 1942.

Guy REVOL

. Chœur : Haut-relief, pierre polychrome : Saint Philippe de Néri, 1942.

Pierre CAZAUBON

Nef : Sacré Cœur, pierre, 1942.

Yvonne PARVILLÉE

Nef : Saint Vincent de Paul, pierre, 1943

Jean ALAUZET

Nef : Sainte Bernadette, pierre, 1944.

René ICHE

Nef : Sainte Jeanne d'Arc, pierre, 1943.

Façade de l'église Sainte-Thérèse, Boulogne-Billancourt, 1926-1939.

Jean GIOVANETTI

Nef : Saint Antoine de Padoue, pierre, 1944.

Marcel BUREL

Nef : Saint Jean Baptiste, pierre, 1945.

Peintures murales :

C. LIAUSU, F. LABREUX

. Plafond de la nef : personnages de l'Ancien Testament, 1942 : Isaïe, Élie, David, Abraham, Moïse, Melchisedech, Noé.

Vitraux

Andre PIERRE, Claude BLANCHET, atelier de LABOURET

. Crypte : Symboles de l'Eucharistie et de la Passion, dalles de verre.
. Nef : Christ-Roi, Sainte Thérèse de l'Enfant-Jésus, Sainte Face, Saint Sacrement...
. Chapelle de la Vierge : 3 vitraux circulaires consacrés à la vie de la Vierge.

Église Notre-Dame-du Calvaire de Chatillon-sous-Bagneux

Architecte : *Paul TOURNON*

Construction : 1933, en brique – Plan à file de coupoles.

DÉCORATION

Sculptures

Madeleine FROIDEVAUX-FLANDRIN

. Façade, bas-reliefs, gauche, – bronze : Charité – Foi – Espérance.

Marius PETIT

. Façade, bas-reliefs, droite – Bronze : Tempérance, justice, prudence.
. Façade, au milieu : Pieta.
. Intérieur : Sainte Jeanne d'Arc, pierre.

Paul NICLAUSSE

Intérieur : Gisant J.P. Laurens, Pierre.

Peintures murales

G. GENIEIS

– Premier arcade gauche : Histoires de Moïse et de Saint Jean-Baptiste.
– Troisième arcade gauche : Histoire de Sainte Jeanne d'Arc, 1944.
– Premier arcade droite : Histoires de Saint Pierre et Saint Paul.
– Chœur : Couronnement de la Vierge, d'après une maquette de Cheyssial.

Georges CHEYSSIAL

. Deuxième arcade gauche : Illustration des paroles du Christ.
. Deuxième arcade droite : La Vie du Christ.
. Troisième arcade droite : La Vie de la Vierge, 1944.
. Chœur : Maquette du Couronnement de la Vierge.

Jean-Pierre LAURENS

. Chapelle de la Vierge : Vierge au Calvaire, Annonciation, Adoration des bergers, (d'après les maquettes de J. Laurens).

Pierre GUYENOT

. Troisième travée gauche : Sainte Jeanne d'Arc, Pentecôte, 1952.

Jean COUTURAT et GENIEIS

Nef : Troisième coupole : Les sept dons du Saint Esprit et les quatre Évangélistes.

Peintures non signées :

. Revers de façade : Saint Michel Archange.
. Premier arc-doubleau : Saints Gabriel et Raphaël Archanges.
. Première coupole : Adam et Ève, quatre prophètes, Sainte Vierge et l'Enfant-Jésus.
Deuxième arc-doubleau : Saint Vincent de

Façade de l'église Notre-Dame-du-Calvaire, Châtillon-sous-Bagneux 1933.

Paul ; Père Foucault.

Deuxième coupole : La Genèse, anges musiciens.

Troisième arc-doubleau : Saint Louis et Saint François d'Assise.

Vitraux

Jean COUTURAT

. Sujets encadrés de losanges en verre de série.

Église Notre-Dame-des-Missions d'Épinay-sur-Seine

Ancienne chapelle des Missions catholiques à l'Exposition Coloniale.

Architecte : *Paul TOURNON*

Première construction : 1931 – Exposition Coloniale au Bois de Vincennes, matériaux non-durables.
Deuxième construction : 1932-1933 – Épinay – Béton armé.
Style composite évoquant les différents pays des Missions.

DÉCORATION

Sculptures :

Carlo SARRABEZOLLES

. Quatre statues en ciment dominant le clocher : les quatre races du monde.

Roger de VILLIERS

. Sur le pignon de façade : la Vierge présentant l'Enfant Jésus, pose les pieds sur le sphère terrestre et la tête du serpent.
. A l'intérieur, bas-côté droit : Sainte Jeanne d'Arc, Plâtre.

Raymond DELAMARRE

. Nef – quatre Béatitudes, pierre : Heureux les pauvres – Heureux ceux qui pleurent – Heureux ceux qui ont le cœur pur – Heureux les pacifiques.

Anne-Marie ROUX-COLAS

. Nef – quatre béatitudes, pierre : « Heureux les doux » – « Heureux ceux qui sont persécutés pour la Justice » – « Heureux les miséricordieux » – « Heureux ceux qui ont faim et soif de Justice ».
. Bas-côté gauche : Saint François-Xavier, plâtre.
. Bas-côté droit : Sainte Thérèse de l'Enfant Jésus, plâtre.
Saint Joseph, plâtre.

Yvonne PARVILLÉE

. Bas côté gauche : Saint Antoine de Padoue, plâtre.

J. PICAUD

. Bas-côté gauche : Saint François d'Assise, plâtre.

Gustave DERMIGNY et CROIX-MARIE

. Autel de la crypte.

Peintures murales
(Bas-côté gauche)

Georges BALLOT

. Saint Cyrille et Méthode, apôtres grecs, évangélisant les pays slaves.

Paul DE LABOULAYE

. Saint Bonniface, apôtre de la Germanie.

Valentine REYRE

. Le baptême du roi de Kent Ethelbert par Saint Augustin de Canterbury et l'évangélisation de l'Angleterre.

Pauline PEUGNIEZ et CH. PLESSARD

. Évangélisation de l'Irlande par Saint Colomban.

Henri MARRET

. Évangélisation de la Gaule par Saint Pothin.

Maurice DENIS

. Évangélisation des mondes romain et grec par Saint Paul et Saint Pierre.

(Bas-côté droit)
Émile BEAUME

. Évangélisation de la Chine par Jean de Montecorvino.

Lucien SIMON

. Évangélisation des Indes et du Japon par Saint François-Xavier.

GENICOT

. Le bienheureux Navarette, martyr du Japon.

Henri de MAISTRE

. Les martyrs français du Canada.

Façade de l'église Notre-Dame-des-Missions, Épinay-sur-Seine, 1931.

Raymond VIRAC

. Évangélisation de la Cochinchine.

Georges DESVALLIÈRES

. L'apostolat en Afrique du Père de Foucault.

Vitraux

Abside :

Jean HEBERT-STEVENS

. Vitrail central – Le Christ Missionnaire.

André RINUY

. « Les anges des quatre parties du monde » entourant le Christ Missionnaire.

P. PEUGNIEZ

. Partie inférieure du vitrail central : Les apôtres partant évangéliser le Monde.

V. REYRE (composition) M. HURE (exécution)

. Vitrail de droite, registre central : Saint Joseph portant l'Enfant Jésus, auquel le Pape XI présente des saints de toute les races.
Registre de droite : les martyrs d'Ouganda, Saint Kizito et Saint Lwanga.
Registre de gauche : Marie de l'Incarnation, religieuse du XVIIe siècle, représentant Église

d'Amérique et du Canada.
Partie basse : l'activité des missionnaires français dans les colonies d'Afrique et d'Amérique.

Louis BARILLET (atelier de)

. Vitrail de gauche – registre central : la Vierge protectrice des missions, sur une barque accompagnée de Saint François-Xavier et de Sainte Thérèse de l'Enfant Jésus.
Registre de droite : Le Bienheureux Charrel martyr de l'ordre des maristes.
Registre de gauche : Le Bienheureux Perboire, martyr lazariste.
Partie basse : l'évangélisation et les soins donnés aux populations d'Asie et d'Océanie.

BIDEAU

. Bas-côtés : Quinze vitraux : Christianisme à travers le monde – Vertus Chrétiennes – L'Eucharistie – l'Évangélisation – Église Notre Dame de Lourdes – Symboles chrétiens.

Marguerite HURE

. Rosace sur la façade éclairant la nef.

Céramique

Raymond VIRAC et LORYMI

. Décor en bleu et blanc sur la façade.

Église Saint-Ignace de la Cité Universitaire de Gentilly

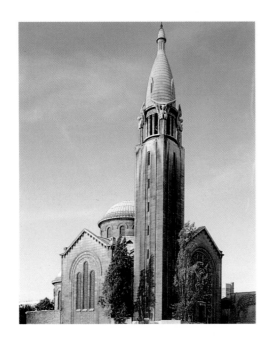

Architecte : *Pierre PAQUET*

Construction : 1933-1936
Style romano-bysantin suivant la volonté des donateurs Monsieur et Madame LEBAUDY. Plan basilical avec une grande coupole sur la croisée du Transept. Crypte aménagée sous le chœur. Clocher haut de 65 m. Ossature en béton-armé, revêtement en pierre.

DÉCORATION

Sculptures

G. SAUPIQUE

. Clocher : 4 anges déployant leurs ailes, bronze, 6 m de haut, 1935.
. Tympan de la façade : bas-reliefs, pierre, Christ enseignant, entouré des Pères de l'Église d'Occident et des symboles des Évangélistes. Autour du motif central : la vie du Christ, de l'Annonciation à la Crucifixion.
. Les deux côtés du portail : l'histoire catholique de l'Université de Paris, avec ses docteurs français et étrangers, depuis Charlemagne jusqu'au XIXe siècle.

Peintures murales

Angel ZARRAGA

. Chemin de croix, 1936

Vitraux

J. GRUBER

. Nef et coupole : motifs décoratifs
. Chœur : Sacré-Cœur entouré de saints.

Façade de l'église Saint-Ignace, Gentilly, 1933-1936.

Cathédrale Sainte-Geneviève et Saint-Maurice de Nanterre

Architecte: *PRADELLE*

Construction: 1925-1974. Église bâtie en pierre à l'emplacement d'un ancien sanctuaire détruit et remanié à plusieurs reprises (IXe, XVe, XVIIe et XIXe siècle). Plan centré muni d'un chœur semi-circulaire à déambulatoire et de trois chapelles rapportées au sud. Une crypte complète l'église haute.

La façade a été refaite en 1973, sa porte monumentale, œuvre de P. Sabattier est réalisée en laiton, étain et plomb, sur le thème du « Buisson ardent ».

Le clocher est la seule partie ancienne subsistante (XIVe siècle).

DÉCORATION

Peintures (mille mètres carrés de fresques sur enduit)

Leon TOUBLANC

. Chœur, cul-de-four: Christ en Majesté entouré de Sainte Geneviève et de Sainte Jeanne d'Arc (vers 1927).
. Chapelle Sainte-Geneviève: La sainte protégeant Paris et la France.
. Voûte: Saint François d'Assise et Saint François de Sales.

Paul BAUDOUIN

. Chapelle de la Vierge: Couronnement de la Vierge, (1929).
. Chapelle Sainte-Geneviève: Saint Germain et Saint Loup bénissant Geneviève – Sainte Geneviève guérissant sa mère aveugle.
. Voûte: Saint curé d'Ars – Sainte Jeanne d'Arc.

Joseph RADAN

. Chapelle Saint-Germain et Saint-Loup: Scènes de la vie des deux évêques et leur arrivée à Nanterre (1935).
. Déambulatoire, troisième panneau: Parabole de l'enfant prodigue en trois tableaux.

Pierre POULIN

. Pendentifs de la coupole: les quatres vertus cardinales (vers 1927).

Pierre PECHMEJA

. Déambulatoire, deuxième panneau: Paraboles du filet rempli de poisson, du semeur, des pharisien et publicain (1935).

Paul LEMASSON

. Chapelle Sainte-Geneviève: Procession de la Châsse de la Sainte à Paris après sa mort, lors d'une épidémie (1927).

Myrthée BAILLON DE VAILLY

. Déambulatoire, quatrième panneau: Paraboles du bon Pasteur, de l'ami importun, du levain.

JALADERT

. Chapelle Saint-Maurice: Triomphe de Saint Maurice et de ses compagnons de la légion Thébaine – Soldats tombés pendant la première Guerre mondiale.

Marthe FLANDRIN

. Déambulatoire, premier panneau: Paraboles de la maison bâtie sur le sable, du méchant serviteur, des vierges sages et des vierges folles.

Louis DUSSOUR

. Déambulatoire, cinquième panneau: Parabole du bon Samaritain en trois tableaux (1935).

Georges LUSSEAU

Voûte: Saint Vincent de Paul.

Elisabeth FAURE

. Déambulatoire, sixième panneau: Paraboles de l'ivraie, du riche insensé, du mauvais riche.

Sculptures

Maxime REAL DEL SARTE

. Extérieur, au-dessus de la verrière de la Vierge: Saint Germain bénissant Geneviève enfant, (le saint est représenté sous les traits du Cardinal Richard, archevêque de Paris), pierre (1926).

Eugène BENET

. Chapelle Sainte-Geneviève: Sainte Geneviève enfant, marbre (1923).

Madeleine FROIDEVAUX-FLANDRIN

. Chapiteaux du chœur: La vie de Sainte-Geneviève, taillés dans le granito.

Vitraux

Abbé Paul BUFFET

. Chapelle de la Vierge: Cinq panneaux disposés en croix (1935), illustrant :

– la nativité – la fuite en Égypte – Jésus à Nazareth – les noces de Cana – le crucifiement de Jésus.

Louis BARILLET

. Chœur : Sept verrières composées chacune de trois médaillons ayant pour thème « la Semaine sainte » exprimée par des objets.

Église Saint-Christophe de Javel de Paris

L'église doit sa dédicace à Saint Christophe, patron des voyageurs, suite à son implantation dans un quartier de construction automobile.

Architecte : *Charles Henri BESNARD*

Construction :
Début des travaux 1926 – béton armé – revêtement en brique – plan basilical à abside polygonale.

DÉCORATION

Sculptures

Pierre VIGOUREUX

. Façade, haut-relief en ciment (hauteur 8m50) de Saint Christophe portant l'Enfant Jésus.

Max et Jean BRAEMER (Exécution)
AUGUSTE ROUBILLE (dessin)

. Bas-reliefs en ciment au-dessus des ouvertures des confessionnaux – Représentation des Vertus et des Vices (Salon d'automne 1922).

Max et Jean BRAEMER

. Trois bas-reliefs en plaque de verre gravé ornant le maître-autel : Le Sacrifice de Melchisédec, le Sacrifice d'Abraham, Jésus et les pélerins.
. Bas-côté nord : bas-reliefs des écoinçons de la chaire : symboles des quatre Évangélistes.
. Linteau en ciment au-dessus de la porte d'entrée : Le Christ accueillant les enfants.
. Linteau en ciment en trois parties au-dessus de la porte du bureau des vicaires : Le baptême d'un enfant, un mariage et une extrême-onction.
. Linteau en ciment de la porte de la sacristie : accessoires servant à l'exercice du culte.

Anne-Marie ROUX-COLAS

Bas-côté droit : Deux statues, Saint Antoine de Padoue et Sainte Thérèse.

Peintures murales

Henri-Marcel MAGNE

. Ensemble de peintures sur plaques de ciment à l'extérieur de l'église : Saint Christophe secourant les voyageurs (Décor côté rue Saint Christophe aujourd'hui partiellement disparu). Certaines de ces plaques ont été exposées au Salon d'Automne de 1922.
. Au-dessus de l'autrel : Le Sacré-Cœur.

. Voûte de l'abside : Saint Christophe portant l'Enfant-Jésus – Anges portant des objets évoquant les divers épisodes de la vie du Saint – Orants représentés sous les traits des usagers des divers moyens de locomotion.
. Voûte de la nef : anges musiciens sur un fond bleu émaillé de constellation d'or.

Jac MARTIN-FERRIÈRES

. Dans les douze travées des bas-côtés, représentation de l'Histoire de Saint Christophe selon la Légende dorée. (Exposition de l'Art religieux d'Aujourd'hui ; Hôtel des Ducs de Rohan-Paris 1934)
Bas-côté droit : 1928 – bas-côté gauche : 1933

Vitraux

Henri Marcel MAGNE (composition)
Louis LEGLISE (exécution)

. Nef, au-dessus des arcs : Représentations symboliques d'animaux et d'objets.
. Chapelle du Sacré-Cœur : l'Eucharistie – Le Sacré-Cœur – Le général de Sonis à la bataille de Patay – Le basilique du Sacré-Cœur de Montmatre.
. Chapelle Saint-Joseph : Sept vitraux illustrant les épisodes de la vie de Saint Joseph.

Jacques GRUBER

. Chapelle de la Vierge : Vitrail divisé en sept parties :
l'Assomption de la Vierge ; (Aujourd'hui remplacé par un vitrail moderne).
. Vitrail au-dessus de la porte d'entrée, rue de la Convention : Christ en croix avec ange et ouvriers.

Mosaiques

Henri Marcel MAGNE

Sanctuaire : Les ambons sont décorés des mosaïques représentant les symboles des quatre Évangélistes, Saint Pierre et Saint Paul, le Christ en gloire, les Pères de l'Église.

Façade de l'église Saint-Christophe-de-Javel, Paris, 1926.

Église du Saint-Esprit de Paris

Architecte : *Paul TOURNON*

Construction : 1928-1936.
Béton armé, revêtement en brique. L'élévation intérieure rappelle les dispositions de l'église Sainte-Sophie de Constantinople.

Façade de l'église du Saint-Esprit, Paris, 1928-1936.

DÉCORATION

Peintures murales

Nicolas et Hélène UNTERSTELLER

. Extérieur, narthex : Les sept jours de la Création – Les forces spirituelles et les forces matérielles.

Elisabeth BRANLY-TOURNON

Le baptistère : La Faute originelle et son rachat par l'avènement du Christ.

Maurice DENIS

Abside : La Pentecôte – Les Pères de l'Église – Les Sacrements.

Chapelle des Martyrs, Ier au Ve siècle.

Pauline PEUGNIEZ

L'évangélisation du monde païen.

Henri de MAISTRE et Germaine LECLER

Le martyre de Saint Pierre et Saint Paul – Les douze apôtres et les instruments de leur supplices – l'Esprit Saint sur le basilique Saint Pierre – l'Édit de Milan, 313 – D'autres martyrs : Saint Denis, Saint Christophe, etc...

Yvonne SOUTRA

Écoinçons : une suite de martyrs.

Transept du côté de l'Évangile, VIe au XIe siècle

Elisabeth CHAPLIN

Saint Benoit avec Saint Maur et Saint Placide entourés de la Foi et du Silence fonde l'abbaye de Mont-Cassin – Saint Grégoire, Pape, envoie les premiers missionnaires en Angleterre.

Léon TOUBLANC

L'évangélisation de l'Ancien monde.

Louis BOUQUET

Le Baptême de Clovis par Saint Remy à Reims – Le concile d'Ephèse 485.

WEILL

Les saints de France.

Henri MARRET

Le Pape Grégoire VII et l'œuvre civilisatrice des monastères – l'empereur Charlemagne – la conversion des Barbares – Les écoles.

Marie BARANGER

Le Pape Sylvestre II, premier pape français – Saint Éloi, Sainte Radegonde.

Chapelle des confesseurs, XIIe et XIIIe siècles

ROISIN

L'église dégagée de l'entreprise du pouvoir séculier par le Concordat de Worms.

Marguerite HANIN

Multiplication des monastères – Saint Bernard de Clairvaux – Abbé Suger – Louis VII – Les croisades – Les ordres militaires.

Marie-Cécile SCHMITT

Construction de nouvelles églises – Naissance du style gothique – Réconciliation des peuples sous le pontificat de Clément III – Le baiser de paix à Gisors entre Louis VII et Henri II.

Raymond VIRAC

Les ordres mendiants – la rencontre de Saint-François et de Saint Dominique.

Robert GENICOT

Saint Louis fonde la cité sur l'observance des vertus chrétiennes.

Chapelle des Vierges, XIVᵉ et XVᵉ siècle

Elisabeth FAURE

L'Église victorieuse du grand schisme reçoit l'hommage des fidèles.
Les prédicateurs défendant le dogme contre les hérésies nouvelles – Saint Vincent Ferrier prêchant dans un jardin.

Marthe FLANDRIN

Les œuvres de charité de Sainte Catherine de Sienne.

Emile BEAUME

Les grands précurseurs de l'art de la Renaissance : Dante et Giotto.

M. BUSSY

L'histoire de Sainte Jeanne d'Arc (1937).

Odette PAUVERT

Les Églises grecque et romaine se réconciliant au Concile de Florence, réalisant l'unité de l'Église sous l'autorité papale.
Transept côté de l'épitre – XVIᵉ au XVIIIᵉ siècle.

Transept côté de l'épitre – XVIᵉ au XVIIIᵉ siècle.

R. POUGHEON

Saint Charles Borromée – Saint François de Sales – Saint François-Xavier et les conquistadors – Sainte Thérèse d'Avila – Saint Jean de la Croix – Saint Vincent de Paul – Saint Ignace de Loyola – Grégoire XIII – Henri IV – Palestrina.
Transept – arcade supérieur : Saint Charles Borromée – Saint François-Xavier – Les Conquistadors.

Jean DUPAS

Transept, face à l'évangélisation de l'Ancien monde : – Christophe Colomb en Amérique – Le concile de Trente – Les grands hommes de la Renaissance.

Chapelle du Travail, XIXᵉ et XXᵉ Siècles

Eugène CHAPLEAU

Les missions à travers le monde – Réforme des ordres religieux.
Les laïcs secondant par leur œuvres l'action charitable de l'Église.

Yvanna et Henri LEMAITRE

Pie IX proclame le dogme de l'Immaculée Conception – Apparition de la Vierge à Lourdes – Le Concile du Vatican – Le Saint Curé d'Ars.

Silvaine COLLIN

Les évêques brésiliens s'élèvent contre l'esclavage – Léon XIII inspiré de la doctrine de Saint Thomas d'Aquin, réforme l'enseignement – Le Cardinal Lavigerie en Afrique du Nord lutte contre l'esclavage – Le Pape Pie X.

Henri CHARLIER

La Sainte Famille à Nazareth.

Annette STOREZ

Les Sciences et les Arts.

Valentine REYRE

Le culte du Sacré Cœur – Sainte Marguerite-Marie – Sainte Thérèse de l'Enfant Jésus – Le Père de Foucault – Le Pape Pie XI et les Missions – Les Martyrs missionnaires – la construction des nouvelles églises.

Sous-bassement, pourtour de l'église

G. DESVALLIERES

Chemin de croix.

Louise LENOIR

Un panneau peint sur plâtre : Mise au Tombeau. (Exposition de « l'Art religieux d'aujourd'hui », Hôtel des Ducs de Rohan, Paris 1934).

Mosaïques

Marcel IMBS (composition)
GAUDIN (exécution)

Coupoles et pendentifs : l'Esprit Saint, les quatre Évangélistes et les douze apôtres.

Vitraux

Louis BARILLET

L'ensemble des verres colorés de l'église.

Jean HEBERT-STEVENS

Vitraux de la première chapelle.

Marcel IMBS (Composition)
LOUZIER (exécution)

Crypte – vitrail central du chœur : La Sainte Trinité.
Les latéraux : emblèmes encharistiques.

Sculptures

EXTERIEUR DE L'ÉGLISE

L. GIBERT   –   N. FEUERSTEIN   –
F. GUIGNIER – MUNZINGER

. Douze bas-reliefs en ciment (1941) représentant les mois de l'année.

J.J. MARTEL – MORLAIX – J. MARTIN –
HOMS – FENAUX – THEZE – SERRAZ –
LELEU – DUFRASNE – Fr. BAZIN –
R. PRAT – C. SARRABEZOLLES

. Statues en ciment des pinacles

Intérieur de l'église

Jacques MARTIN

. A droite de l'abside – haut-relief, pierre, La mort de Saint-Joseph, 1946.

. Chapelle des confesseurs – Haut-relief, pierre, Saint Jean Eudes.

Roger de VILLIERS

A gauche de l'abside – Haut-relief, Sacré-Cœur, Pierre.

Carlo SARRABEZOLLES

. Crypte – Notre-Dame de la paix – Saint-Joseph.
L'aigle et la colombe des ambons.

Roger PRAT

L'abat-voix de l'ambon de l'Évangile, bois.

Mobilier Liturgique

Jean DUNAND

Le rétable de l'autel : La vision apocalyptique de l'Agneau entouré des quatres animaux et des vingt-quatre vieillards.

Raymond SUBES

Les grilles du sanctuaire

Église Saint-Léon de Paris

Architecte : *Émile BRUNET*

Construction : 1924-1933
Béton-armé. Revêtement en brique. Décoration poursuivie pendant la Guerre, consacrée en 1947. Plan basilical. Le vocable de Saint Léon est donné en mémoire de l'archevêque Léon Amotte.

DÉCORATION

Sculptures

François D'ALBIGNAC

. Chapiteaux : Vigne, blés.

Henri BOUCHARD

. Chemin de croix, bas-reliefs, pierre.
. Abside : Vierge à l'Enfant, haut-relief, pierre.

Raoul BENARD

. Chapelle Sainte-Thérèse : Saint Antoine de Padoue et l'Enfant Jésus, pierre.

Albert CHARTIER

. Chapelle Sainte-Thérèse : Sainte Thérèse de l'Enfant Jésus, pierre.
. Chapelle Notre-Dame-de-Lourdes : Notre-Dame-de-Lourdes, pierre.

Auguste CORNU

. Chapelle Notre-Dame-de-Lourdes : Christ

en croix, bois, 1927.

M. MOCQUOT

. Autel à droite de l'arc triomphal : L'Apparition du Christ aux Saintes Femmes, haut-relief, pierre.

Jean TOPIN

. Autel à gauche de l'arc triomphal : Saint Joseph et l'Enfant Jésus, haut-relief, pierre, 1949.

Mosaiques

Auguste LABOURET et CHAUVIÈRE

. Extérieur, façade : l'Apothéose de Saint Léon.
. Intérieur, arc triomphal du chœur : l'histoire de Saint Léon, 1943.
. Intérieur, pourtour de l'église, 12 tympans : Les Apôtres.
. Abside : Couronnement de la Vierge, Nativité, Portement de croix, Symboles des Évangélistes, Anges – 1944.

Façade de l'église Saint-Léon, Paris, 1924-1933.

Vitraux

Louis BARILLET

. Abside: trois vitraux, scènes des Évangiles, 1931.
. Bas-côtés: Les Sacrements et les instruments de la Passion, 1928. Saint Paul et Saint Louis.

A. LABOURET et CHAUVIÈRE

. Nef: Dix demi-rosaces avec effigies de Saints.

Ferronnerie

SUBES – DELOUF – WARTHER

Église Sainte-Odile de Paris

Architecte: *Jacques BARGE*

Construction: 1935-1937
Construite sur l'emplacement d'une église paroissiale dédiée à la Sainte, grâce à l'initiative du chanoine Loutil (Pierre l'Ermite), curé de Saint-François de Sales. Plan à file de coupoles. Ossature en béton, revêtement en briques et grès de Vosges. Clocher haut de 72 mètres. Grande crypte à accès indépendant.

DÉCORATION

Sculptures:

Anne-Marie ROUX-COLAS

. Tympan d'entrée: Haut-relief polychrome, Sainte Odile présentée par la Vierge à la Sainte-Trinité, entourée d'anges musiciens.
. Nef: quatre chapiteaux soutenant la coupole centrale, symboles des quatre Évangélistes.
. Chapiteaux du chœur: symboles des apôtres.
. Chapiteaux au-dessus des vitraux: une procession se répétant cinq fois.
. Première chapelle: Sainte Thérèse de Lisieux, plâtre – Sainte Rita, pierre.
. Troisième chapelle: Vierge présentant l'Enfant-Jésus, pierre.
. Crypte: Sainte Odile, marbre.

Gérard AMBROSELLI

. Bas-reliefs du baptistère: le socle, des cerfs; la cuve, thème biblique (1985)
. Derrière le baptistère: Sainte Odile guérissant une fillette aveugle, grès (1985).

Robert BARRIOT

. Sur le clocher: Coq en cuivre
. Chœur: 7 panneaux en cuivre émaillé, les Vieillards de l'Apocalypse entourant Dieu le Père.

Charles MELLERIOT

Tabernacle du maître-autel: Christ en croix avec la Vierge et Saint Jean, (Bronze)

Vitraux

François DECORCHEMONT

. Abside: vitraux décoratifs
. Chœur: symboles de l'Eucharistie
. Nef: 3 grandes verrières à 7 lancettes, la vie de Sainte Odile, les grands saints et saintes de France des premiers siècles groupés autour

Façade de l'église Sainte-Odile, Paris, 1935-1937.

des archanges Michel et Raphaël et les fondateurs des grands ordres monastiques.

Ferronnerie

R. SUBES

Grille de la porte d'entrée : Bronze

Mosaïque et Verre

LABOURET-CHAUVIÈRE

. Maître-autel : verre, mosaïque, émaux.
. Cabochons de la grille d'entrée : verre, les litanies de la Sainte Vierge.

Église Notre-Dame du Raincy

Architecte : *Auguste PERRET*

Construction : 1922-1923.
Église-halle entièrement bâtie en béton-armé.
Longueur 70 m, Largeur 56 m.
Hauteur du clocher 43 m.

Façade de l'église Notre-Dame, Le Raincy, 1922-1923.

DÉCORATION

Vitraux
La grande particularité de cette église est l'absence de murs. Ils sont remplacés par des claustras de bétons, aux mailles géométriques où s'encastrent des verres colorés. Comme la Sainte-Chapelle, cette église est une immense châsse de verre. Le décor proprement dit est constitué de vitraux historiés dont *Maurice Denis* a dessiné les cartons, exécutés par le maître-verrier *Marguerite Huré* en 1925. Leur iconographie est consacrée à la vie de la Vierge et à la Victoire de la Marne

Sculptures :
Elle joue un rôle minime dans la décoration. Le tympan de la porte d'entrée devait recevoir un bas-relief de *Bourdelle* : « Le Christ pleuré par les Saintes Femmes », qui n'a jamais été réalisé ; la maquette se trouve aujourd'hui au Musée Bourdelle.
Les stations du Chemin de croix sont des hauts-reliefs exécutés par *Chantrel* en 1924.

Église Saint-Pierre de Roye

Église gothique détruite en grande partie en 1917. Seul le chœur du XVᵉ siècle put être sauvé.

Architectes : *DUVAL et GONSE*

Construction : 1931-1933
Béton armé, revêtement en brique et ciment. Plan en croix latine. Clocher haut de 64 mètres.

DÉCORATION

Sculptures

R. COUVEGNES

. Façade : Bas-reliefs, ciment, Saint Pierre recevant l'hommage du premier Pape et Pie XI, escortés des artistes ayant collaboré à l'œuvre.
. Narthex : bas-reliefs, ciment, retraçant la vie de Saint Pierre.
. Nef : bas-reliefs, ciment, Chemin de croix.
. Banc d'œuvre : Calvaire avec la Vierge et

Saint Jean.
. Revers du narthex : bas-relief, ciment, une épisode de la vie de Saint Florent, saint patron de Roye.
. Plafond de la chapelle des fonts baptismaux : bas-relief, ciment, Baptême du Christ.

Vitraux

Jean HEBERT-STEVENS

L'atelier de Jean Hebert-Stevens était chargé de l'exécution de tous les vitraux. Ceux des

Façade de l'église Saint-Pierre, Roye, 1931-1933.

bas-côtés et des transepts sont réalisés et posés après 1957. Les vitraux du chœur datent d'avant 1940. Seul le premier vitrail du chœur est ancien (XVIᵉ siècles).

Adeline HEBERT-STEVENS

. Transept droit : la vie de Saint Pierre.

Paul BONY

. Transept gauche : Christ en Croix étendant les bras sur l'humanité souffrante. En bas : la Cène (1957).
. Chœur : l'arbre de Jessé (1939-1942).

Peintures murales

Henri MARRET

. Transept : illustration de la vie de Saint Pierre avec symboles des Évangélistes (1932).
. Nef : entre les fenêtres hautes vingt figures de Saints.

Céramiques : (Terre cuite émaillée polychrome)

M. DHOMME

. Transept droit : bas-relief, chrisme entouré de Saint Pierre et anges – portant les attributs papaux ; symboles des Évangélistes ; Haut-relief : Déploration.
. Transept gauche : bas-relief, Couronnement de la Vierge entouré d'anges ; haut-relief : l'Adoration des Mages.

Ferronneries

R. SUBES

. Grille d'entrée : dentelle à motifs réguliers encadrant quatres cabochons dorés gravés des quatres symboles évangélistes.
. La Gloire suspendue au-dessus des fonts baptismaux.
. Portes des fonts baptismaux.
. Tables de communion.

Église Saint-Louis de Vincennes

Façade de l'église Saint-Louis, Vincennes, 1924.

Architectes : *Jacques DROZ* et *Joseph MARRAST*

Construction : Début des travaux en 1914, interrompus par la guerre, achevés en 1924. Béton-armé, revêtement en brique. Plan centré, coupole polygonale sur arcs. Clocher carré de 46 mètres. Église d'un style complexe faisant des emprunts aux arts roman, byzantin et syrien.

DÉCORATION

Sculptures

Carlo SARRABEZOLLES

. A droite du porche, s'appuyant au clocher, Saint Louis distribue du pain aux pauvres, ciment.

Armand BOUTROLLE

. Autel à droite de l'abside : Vierge à l'Enfant, pierre. (présentée au Salon d'Automne 1923).
. Autel à gauche de l'abside : Sacré-Cœur, pierre.

Peintures murales :

Maurice DENIS

. Abside : Glorification de Saint Louis (1927),
. Écoinçons de la coupole : Les Béatitudes.

Henri MARRET

. Sous le porche : Les saints prêchant les paroles du Christ.
. Autels secondaires.
. Chemin de croix (1920).

Céramiques
Terre cuite revêtue d'émaux colorés.

DHOMME

. Revêtement des arcs entre chœur et chapelles latérales : Colombes et Agneau pascal.
. Table de communion.
. Chaire : symboles des quatre Évangélistes.
. Bas-côtés : Sainte Jeanne d'Arc et Sainte Isabelle.

Ferronnerie

Raymond SUBES

. Grilles de la porte d'entrée.
. Grilles des autels secondaires.

II
L'art sacré
des années 50

Le Père Marie-Alain Couturier

Jean Lacambre,
conservateur en chef du Patrimoine

A partir d'une *vraie* vocation de peintre et assuré de sa foi religieuse – croire aux miracles – il allait imaginer une inoubliable reproduction moderne du Sacré.

Né le 15 novembre 1877, à Montbrison, Pierre-Charle-Marie Couturier entrait à la fin de l'année 1919 aux Ateliers d'Art Sacré que venaient de fonder Maurice Denis et Georges Desvallières [1].

De nombreuses lettres [2] témoignent de son admiration pour ces maîtres et de l'ineffaçable affection qu'il leur porta toujours, même si des divergences théoriques devaient, par le suite, les opposer.

Déjà, il se révèle. André Lecoutey le rappelle en 1954. « Nous l'avons connu dans sa jeunesse ; il était parmi nous un entraîneur. » [3]

Fin 1921, il découvre l'Italie, ce décor de fête et d'intelligence que Maurice Denis a évoqué dans son livre *Charmes et leçons* d'Italie et ne l'oubliera jamais dans son œuvre.

Durant ces années d'avant-guerre il sait admirer Matisse, Picasso et recommander à son entourage la revue de Le Corbusier, *L'Esprit nouveau*.

Depuis son ordination au Couvent du Saulchoir (il devient alors Frère Marie-Alain en religion), le 25 juillet 1930, il approfondit l'étude de Saint Thomas, ce qui le confirme dans ses idées. Il y a bien une « Route Royale de l'Art » (titre qui doit sans doute à sa passion pour Malraux) mais, dans ces années d'avant-guerre, il la voit encore déserte et ne sait qu'espérer.

Dans un texte, en tête du catalogue de l'exposition du vitrail en 1939 au Petit-Palais, à Paris, il imagine de relier et de faire travailler ensemble « Rouault et Denis, Pauline Peugniez et Francis Gruber, Braque et Jean Hugo, Desvallières et Lurçat, Madeleine Luka et Marguerite Huré, Germaine et Hermine David. »

Il ajoute, dans ses notes : « Le jour où Dufy, Segonzac, Picasso, Matisse, Bonnard, auront les commandes pour Saint-Sulpice, pour Notre-Dame ou pour le Faubourg Saint-Honoré, (l'église de son couvent, 222 faubourg Saint-Honoré), le jour où Perret, Le Corbusier, Mallet-Stevens auront à bâtir dans les Chantiers du Cardinal autant d'églises que M. Barbier et M. Tartempion, ce jour-là une grande partie de notre tâche sera faite ».

Ce qui nous attire dès ce moment chez lui, c'est cette curiosité, cette immédiate facilité à tout comprendre, à s'adapter, tout en maintenant ses anciennes amitiés.

Résultat d'un approfondissement personnel qu'il essaiera toute sa vie de faire partager, le goût de la liberté, y compris pour l'Art, sera la raison même de toute ce qu'il assumera, particulièrement une rupture avec un art chrétien académique ou symboliste.

Le père Couturier en 1949.

Le 30 décembre 1939, il embarque pour New-York.

La guerre allait l'exiler aux États-Unis et aussi au Canada ce qui lui permit de fréquenter un milieu, extrêmement mêlé et passionnant [4]. Ainsi des peintres tels que Fernand Léger [5], Salvador Dali, Bazaine, des architectes tel Marcel Parizeau [6], disparu trop tôt [7]...

Et durant ces années, ses opinions concernant l'Art Sacré se modifient encore, se précisent en fait, et, une rencontre, celle de Henri Laugier, élargit singulièrement son horizon artistique.

Le retour en France marque alors le temps des réalisation exceptionnelles qui étonnent et qui rallient par leur hardiesse et leur perfection.

A sa demande, l'église Notre-Dame-de-Toute-Grâce à Assy (Haute-Savoie) due à l'architecte Novarina, est décorée par Léger, Bazaine, Braque, Matisse, Chagall, Lipchitz, Germaine Richier (dont le Christ sera par la suite enlevé, après une campagne intégriste). Cette église est consacrée le 4 août 1950 [8]. Le 25 juin 1951, la Chapelle de Vence décorée par Matisse est bénie [9]. Enfin, le 14 septembre 1951, est inaugurée l'église du Sacré-Cœur à Audincourt (Doubs); y avaient travaillé Léger et Bazaine. [10]

Il était sûr désormais, qu'il s'était bien battu pour les valeurs les plus hautes.

Cette bataille, elle est inscrite dans les divers ouvrages, fascicules ou articles de la Revue *Art Sacré* qu'il publia [11].

N'oublions cependant pas, et cela mériterait sûrement une étude particulière, son inlassable activité de peintre que jamais il n'abandonna. Nous voudrions citer pour mémoire ses travaux de décoration d'églises (fresques ou vitraux) à Saint-Jean-de-Luz, Oslo, Rome, Paris, Chartres, Montréal, Montbrison (pour le Petit Séminaire, maintenant Collège Victor de Laprade)...

Il était important de le rappeler pour mieux appréhender encore l'extraordinaire qualité de culture, d'intelligence et de savoir-faire de cet être d'exception, qui devait disparaître le 9 février 1954.

R.-P. Couturier, Autoportrait *vers 1921, huile sur toile, 0,41 0,33 ; coll. part.*

Fernand Léger, autel et tapisserie pour l'église d'Audincourt.

Étude pour la façade de Notre-Dame-de-Toute-Grâce à Assy, 1946-1948, aquarelle, Musée National Ferdinand Léger, Biot.

Notes

1. Remarquons qu'à ce moment, outre les Ateliers d'Art Sacré (8 rue Furstenberg), nombreuses sont les associations préoccupées de la propagation de l'Art Catholique. Par exemple, l'exposition d'Art religieux moderne qui se tient au Musée des Beaux-Arts de Rouen, en 1932, en mentionne six autres : « L'Arche » (202 boulevard Saint-Germain), « Art Catholique » (Place Saint-Sulpice), « Les Artisans de l'Autel » (99 rue de Vaugirard), « L'Atelier de Nazareth » (50 rue de Vercingétorix), « Les Catholiques des Beaux-Arts » (228 boulevard Raspail), « La Société de Saint-Marc » dont le siège social est à Lille.

2. Lettres inédites qui seront publiées dans le *Bulletin de la Société de l'Histoire de l'Art français*, 1992.

3. André Lecoutey, « Le P. Marie-Alain Couturier, O.P. », dans *Arts et Pensées*, (Montréal), mars-avril 1954, p. 99.

4. Dans une lettre (inédite) à son frère Jean, datée du 15 mars 1940, il écrit : [à New-York] « Pour l'art on trouve ici dans les galeries privées, Musées et chez les marchands ce qu'il y a de mieux. L'École de Paris règne sans aucun conteste, naturellement Picasso, mais aussi Matisse et Derain, Braque et Marie Laurencin – Utrillo et Rouault (*Archives Famille Couturier*).

5. Cf. M.A. Couturier, *Fernand Léger – La Forme humaine dans l'espace*, Montréal, 1945.

6. Cf. M.A. Couturier, *Marcel Parizeau*, Montréal, 1945.

7. Cf. *L'Art Sacré*, septembre-octobre 1950.

8. Cf. *L'Art Sacré*, juillet-août 1951.

9. Cf. *L'Art Sacré*, novembre-décembre 1951.

10. A signaler comme ouvrages essentiels : Marie-Alain Couturier. *Se Garder Libre* (Journal 1947-1954), Paris 1962; *Dieu et l'art dans une vie – Le Père Marie-Alain Couturier de 1897 à 1945*, Paris 1965; *La Vérité blessée* (préface de Michel Serres), Paris 1984. Et, bien sûr, se reporter à l'article fondamental de Marcel Billot « Le Père Couturier et l'Art Sacré », dans le catalogue de l'exposition *Paris-Paris*, réalisée au Centre Georges Pompidou, en 1982.

R.-P. *Couturier*, Vocation de Saint Louis de Gonzague, *petit séminaire de Montbrison.*

Église du village français, décoration du chœur, Exposition des Arts décoratifs, 1925.

Fernand Léger, La Tunique, *carton de vitrail pour l'église du Sacré-Cœur à Audincourt, 1944-1952.*

Malheurs et heurs de la sculpture sacrée française contemporaine 1945-1968

Bernard Dorival

Ancien conservateur en chef du Musée National d'Art Moderne
Ancien professeur à l'Université, Paris-Sorbonne

Tout le monde le reconnaît: jamais la sculpture sacrée ne s'est élevée si haut en France que lorsqu'elle a été soumise au primat de l'architecture. Vezelay, Autun, Conques, Moissac, Chartres, Bourges, Amiens, Reims, Strasbourg et cent autres sanctuaires chrétiens de chez nous en portent le témoignage, comme ils témoignent aussi du besoin que l'architecture avait alors de la sculpture. Époque romane et époque gothique: c'est un dialogue qui s'était établi entre ces deux arts, un dialogue aussi fécond pour l'un que pour l'autre. Mais, que l'un de ces partenaires se taise, l'autre s'en voit du coup condamné au silence: phénomène qui s'est produit précisément depuis 1945, moment où l'architecture a refusé la sculpture. Ce n'est pas un hasard si l'église de Ronchamp et celle du couvent dominicain de la Tourette ne comportent, si ma mémoire est bonne, pas une seule statue. Murs de béton nus, parois de verre rythmées d'acier, la sculpture, à la différence du vitrail, n'a plus de place dans les églises contemporaines, ou n'en a qu'une subalterne: animation des autels ou des chemins de croix, placés le long des murailles, comme pourraient l'être des tableaux, et indépendants de l'architectonique. Le mariage qui, du XIIe au XVe siècle, s'était révélé si fructueux pour les deux arts, ce mariage est maintenant rompu par un divorce qui semble bien préjudiciable aux deux parties.

Si ce divorce a pu être prononcé si facilement au détriment, surtout, de la sculpture, c'est que notre époque ne lui porte guère d'intérêt. Elle le fait à la peinture, à la gravure, au vitrail, à la tapisserie; la sculpture n'entre plus dans le domaine de ses goûts. Faites-en l'expérience, demandez à l'homme de la rue de vous citer des noms de peintres du XXe siècle; il vous en dira six ou huit. Demandez lui de le faire quant aux noms des sculpteurs, il gardera le silence. Exception faite de Rodin, aucun sculpteur n'est, pour ainsi dire, tombé dans le domaine public. Oubliés, Maillol et Despiau, connus des seuls spécialistes, les grands champions de la plastique cubiste, comme Henri Laurens, Duchamp-Villon et Zadkine. Il en va de même des pionniers de la sculpture abstraite: ainsi Arp et Pevsner.

Malgré sa qualité, ou, peut-être, à cause d'elle, notre sculpture du XXe siècle, qui ne laisse pas d'égaler la peinture de cette même époque, est étrangère à nos contemporains. A plus forte raison en est-il aussi de la sculpture chrétienne. Il est significatif, à cet égard, qu'entre 1945 et 1968, la revue *L'Art Sacré*, si bien informée pourtant, ne lui ait consacré qu'un seul numéro, celui de Novembre-Décembre 1965. Comme Saint-Jean Baptiste, le sculpteur d'aujourd'hui est *vox clamantis in deserto*. Son art se crée dans l'indifférence ou, quand il ne le fait pas, déchaîne une hostilité furieuse.

Raoul Ubac, Chemin de croix, *Fondation Maeght, Saint-Paul-de-Vence.*

Car – et c'est ici le troisième malheur de la sculpture depuis plus de cent ans – elle possède le privilège, le triste privilège, de soulever des tollés plus furibonds que n'importe quel autre art. *Le Déjeuner sur l'herbe* et *L'Olympia* de Manet, avaient été en 1865 l'occasion de scandales, mais ces scandales ne furent rien auprès de celui que, quatre ans plus tard, souleva la *Danse* de Carpeaux. Ses détracteurs allèrent jusqu'à la maculer d'encre et son défenseur, Napoléon III, jusqu'à en envisager l'exil dans un recoin discret de l'Opéra. Le temps passe, le béotisme reste vigilant, et c'est, en 1890, la tempête provoquée par le *Balzac* de Rodin que refusera son commanditaire, la Société des Gens de Lettres, et dont l'auteur gardera le plâtre dans son atelier de Meudon. Il n'en sortira pour être fondu et installé dans une artère parisienne qu'en... 1936! Et la tempête ne fut pas moindre, qu'en 1950 suscita le *Christ* sculpté par Germaine Richier pour l'église du Plateau d'Assy, en Haute Savoie. Qu'avait-il pourtant, ce *Christ*, pour déchaîner cette levée de boucliers? Destiné à la paroisse d'un village de tuberculeux, il était, comme c'est normal, voir nécessaire, un Christ de douleur, et qui se référait explicitement à la célèbre «prophétie du serviteur souffrant» donnée (à tort) à Isaïe:

Jacques Lipchitz, La Vierge et l'Esprit, *Notre-Dame-de-Toute-Grâce, Assy.*

« Les foules ont été horrifiées à son sujet.
A ce point détruite,
Son apparence n'était plus celle d'un homme,
Et son aspect n'était plus celui des fils d'Abram (...).
Il n'avait ni aspect, ni prestance tels que nous le remarquions (...)
Homme de douleur, familier de la souffrance [1] ».

Mais il affirmait, en revanche, ce *Christ* de Germaine Richier, un amour accueillant à toute détresse. Se détachant de la croix, il se penchait fraternellement vers ceux et celles qui venaient l'implorer. Rien de scandaleux, aussi bien, dans cette attitude, ni même de nouveau. C'était celle qu'au Siècle d'Or espagnol, Ribalta et Murillo avaient donné à deux *Christs* de leurs pinceaux, qu'ils avaient penchés, l'un vers Saint Bernard, et, l'autre, vers Saint François d'Assise : les deux tableaux sont bien connus des visiteurs du Prado madrilène. Une

différence, pourtant, entre leurs œuvres et celle de Germaine Richier. Chez eux, les bras transversaux de la croix étaient visibles. Chez elle, ils sont supprimés, ou plutôt remplacés par les bras, grand ouverts, que le Seigneur tend à tous. Rien, ici, des prétendus « Christs Jansénistes aux bras étroits », mais un élan d'amour, comme si Jésus en croix voulait attirer à lui tous les fidèles. Création admirable plastiquement et authentiquement chrétienne (comme son auteur, soit dit en passant), ce *Christ* n'en fut pas moins l'objet d'une cabale[2] qui, née en janvier 1951 dans les milieux intégristes d'Angers, aboutit à la décision, prise en avril de la même année, par l'évêque d'Annecy, de faire retirer de l'église cette pièce[3].

Seul ouvrage parmi tous ceux que réunissait l'église du Plateau d'Assy à avoir déchaîné une pareille tempête, alors que la peinture de Bonnard, la céramique de Matisse, les vitraux de Rouault et de Bazaine, la mosaïque de Fernand Léger, la tapisserie de Lurçat, avaient été reçus sans difficulté, le *Christ* de Germaine Richier est l'exemple le plus évident de l'allergie du grand public et de la majorité du clergé à la sculpture contemporaine, mais il n'en est pas le seul. On peut en citer encore deux autres, qui ne sont malheureusement pas moins significatifs.

En 1950, un jury réduit avait à choisir une statue de Jeanne d'Arc destinée à remplacer celle qui, dans la cathédrale de Saint Dié, avait, en 1944, été détruite, avec tout l'édifice, par les troupes allemandes. Cinq artistes présentèrent un projet : Couturier, Gili, Iché, Lambert-Rucki et Yencesse, auxquels s'ajoutait Collamarini que l'Inspection des Monuments Historiques avait pressenti pour cette tâche. Les six ouvrages furent réunis dans une salle de Saint Dié et le public invité à voter pour désigner celui qu'il préférait. Trois cent visiteurs vinrent à l'exposition, trente seulement votèrent, « réserve (qui) indiquait (...) une déception générale[4] »

On regrettait évidemment la *Jeanne d'Arc* antérieure, spécimen caractéristique de la « bondieuserie saint sulpicienne ». L'évêque le faisait peut-être aussi, qui, *motu proprio*, élargit le jury, de sorte que fut couronnée la pièce, parfaitement médiocre, de Collamarini. Celle de Couturier l'emportait pourtant, et de beaucoup, sur elle.

Erreur en deçà des Alpes, erreur aussi au delà. Chacun se rappelle les inondations désastreuses de l'Arno, qui endommagèrent naguère gravement divers monuments de Florence, et le concours apporté à leur restauration par plusieurs pays. La France se chargea, quant à elle, de celle de la fameuse chapelle des Pazzi et, pour rappeler la part qu'elle y avait prise, envisagea d'y installer une *Jeanne d'Arc* de Gilioli. Mais refus des Florentins, qui n'acceptaient pas cette œuvre, cependant fort belle.

On en vint ainsi à se demander si la sculpture sacrée figurative ne serait pas *personna non grata* dans les églises d'aujourd'hui[5].

Une sculpture abstraite aurait-elle de meilleures chances ? Mais y a-t-il, peut-il y avoir une sculpture sacrée abstraite ? Il peut y avoir et, fort heureusement, il y a une peinture sacrée abstraite, un vitrail sacré abstrait : les noms de Bertholle, de Bazaine, de Manessier, de Le Moal, d'Elvire Jan, parmi beaucoup d'autres, le prouvent, tandis qu'on chercherait en vain une statuaire sacrée abstraite. Il n'en existe pas, et, s'il n'en existe pas, c'est apparemment qu'il ne peut pas en exister.

Un bloc de pierre, une plaque de bronze ne peuvent devenir sacrés que si une indication leur confère cette qualité. Pas de sculpture sacrée abstraite, donc, mais une sculpture sacrée *allusive*, qui s'inscrit à la fois dans un courant artistique contemporain très fort et dans une tradition, très ancienne et très vénérable, du christianisme.

Ce courant, comment en donner une meilleure définition que celle de Matisse qui confiait à Pierre Schneider[6] : « Je compose des signes et non plus des formes ». Paroles que pourraient répéter maints artistes contemporains, peintres comme Miro, sculpteurs comme Giacometti. Et voilà qu'en se ralliant à cet art des signes, la sculpture sacrée d'aujourd'hui retrouve l'esprit de l'art des cata-combes qui faisait du chrisme, de l'alpha et de l'oméga, du poisson, du berger, les symboles du Christ, de la baleine de Jonas, celui de la Résurrection, de la grappe de raisin et de l'épi de blé, ceux de l'Eucharistie, de maintes choses concrètes les chiffres des réalités surnaturelles.

En redevenant ainsi allusive, la sculpture sacrée contemporaine ne se bornait pas à retrouver un modèle particulièrement glorieux, celui de l'art des premiers chrétiens et de la primitive Église ; elle trouvait en outre l'expression la plus appropriée à un monde où le christianisme n'occupe plus qu'une place subalter-ne, et où ce serait mentir que continuer la tradition triomphaliste du baroque, voire celles, plus authentiques, du gothique et du roman, et où, pour être vrai, l'art chrétien doit être discret.

Mais la façon dont cette sculpture a appris cette leçon d'humilité n'est pas moins significative que le fait même qu'elle l'ait apprise. Car elle l'a apprise de plusieurs sources, indépendantes les unes des autres : multiplicité qui prouve fortement la nécessité de cet avatar. La première manifestation en fut sans doute la porte du tabernacle que Braque créa, en 1950, pour l'autel latéral gauche de l'église du Plateau d'Assy. Une œuvre toute simple, de petite dimen-sion, en bronze, sur laquelle apparaissent, en léger relief, le poisson, la grappe de raisin et l'épi traditionnels, d'humbles choses auxquelles s'accorde l'humilité de leur traitement. Manifestement, au sommet d'une gloire internationale, l'auteur a voulu être ici, modeste, effacé, et réaliser une pièce dont la simplicité relève du christianisme le plus authentique. L'esprit des Évangiles est présent dans cette porte et s'y affirme avec une manière de tendresse qui en fait une manière de chef d'oeuvre. [7]

Léon Zack ne connaissait sans doute pas le travail de Braque, lorsqu'il élabora, en 1950, avec sa fille Irène, un chemin de croix en terre cuite pour l'émouvante petite église romane de Carzac, en Périgord. Pour accorder sa création, par un contraste subtil, au mur de pierre grise, il ocra légèrement son matériau, qui introduit ainsi comme un sourire discret dans la sévérité de la nef unique du monument.

Mais, si ce sourire l'humanise, il ne l'affadit pas par les motifs sculptés : des croix, rien que des croix, dont les dispositions signifient les diverses stations du chemin de croix et proposent à la méditation des fidèles autant de tremplins, pour ainsi dire, qui leur permettent de s'élever jusqu'aux épisodes successifs de la Passion du Seigneur [8].

Exposé du 24 au 30 juin 1950 dans la galerie Billet-Caputo à Paris, avant d'être mis en place à Carzac, l'ouvrage, que l'abbé Delteil, curé de la paroisse, avait commandé à l'artiste, sur les conseils de l'abbé Morel, cet ouvrage excellent ne passa pas inaperçu.

Il valut à Zack des commandes pour l'église de la Bastide de Besples dans l'Ariège en 1952, pour celle d'Agneaux dans la Manche, l'année suivante, et pour le sanctuaire alsacien d'Urschenheim, peu après. Gravant des dalles de ciment pour la paroisse pyrénéenne et, pour celle de Normandie, des plaques de pierre de Lorraine, qui furent fixées au mur par des crochets de fer, le sculpteur réalisa, en revanche, une pièce en ronde-bosse, quand il élabora un *Christ* en bronze pour Urschenheim, un *Christ* d'une simplicité, disons même d'une humilité qui sont dans le plus authentique esprit des Écritures.

Pour l'important ensemble d'Agneaux, Zack avait été secondé par un jeune sculpteur, Maxime Adam-Tessier, qui n'allait pas tarder à se révéler, lui aussi, comme un maître dans les nombreuses commandes qui lui furent passées. C'est, en 1955, celle des portes de la piscine, à Lourdes (où il collabora toujours avec Zack). Suivent, en 1957, celle du maître-autel de l'église Sainte-Anne à Saint Nazaire, celle d'un chemin de croix dans l'église de Puyoo (Pyrénées Atlanti-ques) et celle d'un maître-autel pour l'église de Reyersviller dans le Bas-Rhin,

Zack Léon, Jésus meurt sur la croix, *Chemin de croix de l'église de Carzac.*

pour laquelle il sculpta aussi un *Christ*[9].

L'Alsace allait devenir son champ d'élection. Il y sculptera successivement le bénitier du Sacré Coeur du Mulhouse et l'autel de l'église de la Mainau près de Strasbourg. Mais Paris et la région parisienne ne l'ignorent pas.

Il grave un chemin de croix pour la chapelle de l'église des dominicaines de la rue de Vaugirard, et donne le modèle d'un bénitier pour celle d'Issy les Moulineaux (où il collabore une fois de plus avec Zack).

Et il œuvre aussi pour la Bourgogne et la Norvège, deux de ses créations majeures étant le *Christ* de l'église de Rozelay voisine de Montceau les Mines et le chemin de croix du couvent des dominicains d'Oslo. A tous ces ouvrages, qu'ils soient en relief ou simplement gravés, deux caractères communs, leur extrême discrétion et leur allure de chiffre. D'un modelé assez prononcé, le maître-autel de Saint Nazaire ne laisse voir qu'une croix qui se confond avec les rayons qu'elle émane, symboles évidents de la grâce que nous recevons de la Rédemption. *Le Christ en croix* de Reyersviller et celui de Roselay se confondent presque avec l'instrument de leur supplice, source et cause de notre rachat. C'est à peine si un nimbe discret y entoure la tête du Sauveur pour nous rappeler que ce condamné à mort est le fils de Dieu, le Seigneur. Et c'est en vain que l'on chercherait à la Mainau des rappels, si murmurés soient-ils, des mystères chrétiens. Le devant le l'autel n'offre à nos yeux que trois formes, d'un relief assez accusé, grossièrement sphériques, mais qui suffisent pour situer dans son contexte cosmique la messe que le prêtre célèbre sur le cube de pierre, élargi ainsi aux dimensions de l'univers. Suggérer vaut mieux que dire, quand il s'agit de l'ineffable. C'est un des mérites des sculpteurs contemporains adonnés à l'art sacré de l'avoir senti et d'avoir tenté, souvent avec bonheur, de mettre cette expérience en pratique. Les cas de Léon Zack et de Maxime Adam-Tessier viennent de nous l'établir ; celui de Raoul Ubac le fera aussi.

Comme Zack se mesurant pour la première fois à la sculpture dans l'église de Carzac, Ubac était un peintre chevronné lorsque le marchand de tableaux, Aimé Maeght, lui demanda de sculpter un chemin de croix pour la chapelle qu'il lui plaisait d'introduire dans sa fondation de Saint-Paul de Vence. Cette création, avant de s'y consacrer, l'artiste s'imposa une discipline, une ascèse, dont il rendra lui-même compte en ces termes : « L'art religieux ne peut être abordé de la même manière que l'art profane. Alors que l'artiste dispose en ce moment d'une liberté illimitée (...), il se heurte, dès qu'il aborde sérieusement les problèmes de l'art sacré, à un rituel qu'il ne peut délibérément bousculer sans profanation ou dégradation. J'entends par rituel les lois liturgiques qui s'objectivent dans une symbolique riche et complexe dont la cathédrale offre l'exemple parfait [10]. »

Mais cette symbolique, n'allons pas nous imaginer que l'artiste puisse la créer de son propre chef, arbitrairement. Ubac nous l'affirme encore avec force : « Il serait vain de croire que l'artiste invente les symboles : par contre il peut les retrouver, les redécouvrir en lui-même, afin de leur donner, plastiquement au moins, une nouvelle vie (...). Les symboles vivent d'une vie latente : plastiquement ils ne sont pas codifiés et chaque époque (...) retrouve ceux dont elle éprouve un besoin profond, en leur donnant une forme nouvelle [11]. » Trois nécessités se rencontrent ainsi à la source de sa création : celle que lègue un passé mustiséculaire, celle que suscite l'époque dans laquelle et pour laquelle il travaille, celle enfin de sa liberté qui lui permet – reprenons son expression – de redécouvrir en lui-même ces codes. De leur convergence naît l'œuvre dans laquelle – ne nous lassons pas de le citer encore – l'artiste « peut intervenir (...), donner forme à un contenu immuable. C'est ainsi, continue-t-il, que je voyais les choses en abordant ce chemin de croix : quatorze stations gravitant autour du thème de la Passion du Christ, dont chacune devait signifier un moment de cette Passion, depuis la condamnation à mort jusqu'à la mise au tombeau [12] ». Et Ubac d'évoquer, lui aussi, les différentes stations du chemin de croix par des croix et par d'autres signes qu'il veut être plus que des signes, des messages, littéralement, qu'il livre aux fidèles, et dont l'objectivité réduit son apport subjectif à l'exécution plastique. Écoutons-le encore nous dire qu'« un chemin de croix est un appel direct à la prière qu'il s'agissait de traduire par une image symbolique immédiatement accessible et non pas un signe lié trop intimement à l'artiste. C'est seulement dans l'exécution que pouvait résider, selon moi, mon apport original. Il y avait plusieurs manières d'exécuter une croix, plusieurs façons de figurer un clou [13] ». Ainsi a-t-il posé une création très complexe et très riche, où le symbole, relié à la tradition, à l'esprit de son temps et à la vie intérieure de son créateur, une vie profondément religieuse et consciente des impératifs de l'art religieux, où le symbole, devenu Verbe, fait de ce chemin de croix une des expressions majeures de la sculpture sacrée d'aujourd'hui.

L'artiste en était, évidemment, conscient, qui concluait sa profession de foi par ces termes « Je suis heureux que ma tentative de vouloir rajeunir une vieille tradition se soit inscrite dans un cadre aussi moderne (que la fondation Maeght à Saint Paul de Vence) : elle ne me paraît pas contraire à l'idée de vouloir rattacher au passé par le truchement de la tradition religieuse un art dirigé avant tout vers le présent et le futur [14] ».

Les obstacles que rencontre un art sur le chemin de son élaboration ne sont souvent – le phénomène est bien connu – qu'autant d'occasions pour lui de se

Maxime Adam-Tessier, autel de l'église Sainte-Anne à Saint-Nazaire.

mieux définir. Aussi ceux qui se sont présentés sur la route de la sculpture sacrée française contemporaine, négation de la statuaire par l'architecture, indifférence du public, incompétence du clergé, hargne d'une large part des fidèles, toutes ces malchances ont-elles, tout compte fait, été probablement des chances. Grâce à elles, elle a pu et su créer un art original et nouveau. S'il est trop tôt pour se prononcer sur sa valeur esthétique, il ne l'est pas pour relever deux de ses mérites : accord avec des aspirations profondes de son temps et retour aux sources les plus vraies de l'art chrétien : deux raisons, donc, pour ne pas lui mesurer notre intérêt, et, pourquoi pas? notre sympathie. D'autant qu'elle nous donne une leçon fort utile, en confirmant un phénomène que vérifie la connaissance de toutes les sculptures françaises du XIXe siècle et du début du XXe siècle : le rôle déterminant des peintres-sculpteurs. De Géricault et de Daumier à Degas, de Renoir à Matisse et à Picasso, ces peintres-sculpteurs ont été pour la sculpture des stimulants, l'incitant à des recherches, des expériences, des nouveautés que, sans eux, n'eut peut-être pas osées leur art traditionaliste, gêné parfois par les pesanteurs mêmes de sa technique et par ses exigences plus manuelles qu'intellectuelles. Il n'est pas indifférent que les pages les plus novatrices de la sculpture sacrée française contemporaine aient été écrites par des peintres tard venus à la statuaire, Braque, Léon Zack, Ubac, Maxime Adam-Tessier ayant été un des seuls sculpteurs spécifiquement sculpteurs à partager leurs inquiétudes. Sympathique, nous venons de le dire, la sculpture sacrée française entre 1945 et 1968 est ainsi également exemplaire, exemplaire du bénéfice des échanges qui s'établissent entre les arts.

Notes

1. Traduction oecuménique de la Bible, Paris 1980, p. 858.

2. A remarquer que, de façon assez illogique, ces mêmes intégristes se gardèrent bien de s'en prendre au *Christ* sculpté par Matisse pour le maître-autel de la chapelle de Vence et mis en place la même année. Sans doute Matisse était un trop gros morceau pour eux.

3. Reléguée un moment dans le presbytère, elle fut rapidement remise dans l'église, mais dans une chapelle latérale, la chapelle des morts, où elle convenait parfaitement. Elle y demeura plusieurs années avant de retrouver sa place dans le chœur, et c'est devant elle que le chanoine Devémy, curé de l'église du Plateau d'Assy, bénit le mariage de Germaine Richier avec l'écrivain René de Solier. Depuis sa réintégration, il n'est pas inutile de le relever, des milliers de touristes l'ont vue et aucun ne s'en est indigné : le temps avait fait son œuvre.

4. Sur cette affaire, on consultera *L'Art Sacré* de mai-juin 1950.

5. On n'en estime que davantage la persistance avec laquelle certains sculpteurs de talent ont continué à pratiquer cette famille d'art : ainsi Jean Cattant, Andrée Diesnis, Philippe Kaeppelin et, très à part, « l'imagier » Oudin. Il est bien évident que cette énumératon n'est pas exhaustive.

6. Cité par Jean Marie Dunoyer. *Léon Zack*, Paris 1989, p. 75.

7. Certains ne s'y sont pas trompé, qui ont volé cette pièce. Elle n'a jamais été retrouvée, mais il y en avait heureusement une seconde épreuve dans l'atelier de Braque, que ses héritiers, M. et Mme Claude Laurens ont eu la générosité d'offrir à l'église du Plateau d'Assy.

8. Fait qui leur est rendu plus facile par les textes de Claudel qui accompagnent chaque station.

9. Une épreuve de ce *Christ* a été achetée par l'architecte de l'église du Plateau d'Assy, Novarina, qui la plaça sur la tombe de sa mère.

10. André Frénaud et autres. *Ubac*, Paris 1970, p. 153.

11. *Ibid.* p. 153.

12. *Ibid.* p. 153.

13. *Ibid.* p. 153.

14. *Ibid.* p. 153.

De la reconstruction à Vatican II

Gilles Ragot,
historien d'art

La problématique de l'architecture religieuse après la seconde guerre mondiale ne se différencie pas de celle, plus générale, de la reconstruction. Près de 4 000 églises sinistrées imposent la mise en place d'une double structure de décision, civile et ecclésiastique, adaptée à l'ampleur de la tâche[1]. En 1945, le Ministère de la Reconstruction confie à P. Koch l'étude des problèmes posés par la reconstruction des édifices religieux. Koch poursuit cette mission comme architecte-conseil de l'Union nationale des coopératives de reconstruction des églises sinistrées crées en 1948. Le contrôle de l'église s'exerce grâce aux commissions diocésaines d'Art Sacré qui se mettent en place dès 1945. Sur 2 500 églises construites en France entre 1945 et 1970, près de 1 500 sont réalisées par les offices diocésains d'Art sacré qui s'organisent comme de véritables agences d'architecture et de planification urbaine.

La querelle de l'Art Sacré[2] déclenchée par l'introduction d'œuvres d'art moderne dans les églises de Maurice Novarina à Assy (1950) et Audincourt (1951) ainsi que dans la Chapelle de Vence de Matisse (1951), marque les débuts de la reconstruction[3]. Si l'intervention d'artistes d'avant-garde consacre les efforts entrepris depuis des années par les R.P Régamey et Couturier au sein de la revue *L'Art Sacré*, elle représente également une impasse pour l'architec-

Le Corbusier, Façade sud du Couvent de la Tourette à Evreux-sur-Arbresle, *1953-1960.*

ture religieuse. Comme le souligne l'architecte Pierre Pinsard *les admirables vitraux de Fernand Léger à l'église d'Audincourt n'en font pas pour autant une église*[4]. Les œuvres de Novarina comme la chapelle de Matisse n'offrent aucun intérêt architectural. A l'aube de la reconstruction, la querelle de l'Art Sacré permet de recentrer le débat sur l'essence même de l'architecture religieuse moderne.

Le fonctionnalisme fait en France une entrée tardive dans l'architecture sacrée, mais pour autant se défend P. Pinsard, *nos églises ne seront pas des machines à prier*[5]. Dans les limites financières, imposées par les dommages de guerre, la reconstruction des églises sinistrées donne lieu à un foisonnement de formes originales qu'autorisent les nouvelles techniques constructives. Les années 1950-1955 voient la disparition du transept, du déambulatoire et des absidioles, et la prépondérance du plan basilical orienté, rectangulaire ou trapézoïdal; parfois demeure un bas côté comme dans l'église Ste-Jeanne d'Arc de Lods à Belfort. Mais l'extrême simplicité de ce type de plan porte en elle les germes de l'indigence et de la routine. Moins nombreux et plus variés, les plans centrés illustrent l'évolution de la liturgie vers une pratique plus conviviale. Tout le registre formel est expérimenté: le triangle à St-Agnès de Fontaine-lès-Grès (M. Marot, 1956), le cercle à St-Pierre d'Yvetot (Y. Marchand), la mandorle à

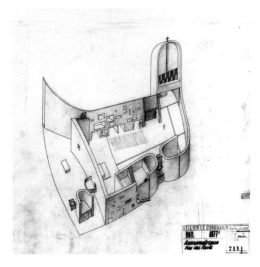

Pierre Pinsard, Chapelle d'Ottignies Saint-Pie X, à Ottignies, *1961.*

Le Corbusier, Axonométrie éclatée de la chapelle Notre-Dame-du-Haut, Ronchamp, *1950-1960.*

Guillaume Gillet et Max Hebrard, Notre-Dame, Royan, *1954-1958.*

Pierre Pinsard, Couvent des Dominicains, Lille, *1953-1966.*

la basilique souterraine de Lourdes (Vago, Le Donné, Pinsard, 1958), le carré dans lequel s'inscrit l'amphithéâtre de Ste-Anne de Beauregard à Nancy (P. Prunet).

Ces réalisations bénéficient des recherches sur les voiles minces et les structures précontraintes d'ingénieurs comme B. Lafaille, Ou Tseng, J.-M. Hereng ou R. Sarger. La couverture en paraboloïde hyperbolique de N.-D. de Royan (G. Gillet, 1958) ou la voûte elliptique de St-Julien de Caen (H. Bernard) en donnent chacune une traduction architecturale réussie. Le seul chef-d'œuvre de cette période échappe cependant à toute classification. A la chapelle de N.-D. du Haut de Ronchamps (1955), Le Corbusier applique, comme dans toute son œuvre laïque, la définition de l'architecture qu'il avait énoncé dès 1923 : *L'Architecture est le jeu savant, correct et magnifique des volumes assemblés sous la lumière.* Ce matériau impalpable est encore au cœur de la conception du couvent de la Tourette près de Lyon (1960) ou de l'église inachevée de Firminy (dessinée en 1961).

Ronchamps coïncide avec le tournant que prend l'art sacré vers 1955. Après dix ans de reconstruction, cette année est l'occasion d'un premier bilan en demies-teintes. Si le rejet du pastiche fait l'unanimité, l'effet de mode que la chapelle de Le Corbusier suscite, révèle le désarroi d'un grand nombre d'architectes confrontés à un programme exceptionnel où la recherche de la modernité prive de toute référence au passé. Pour beaucoup, la construction d'une église est une expérience unique[6]. La critique unanime déplore l'insignifiance de la majorité des œuvres, la diversité, voire le désordre des partis, la méconnaissance du programme spirituel de l'église dont les maîtres d'ouvrages partagent parfois la responsabilité. La tentation de la virtuosité et du formalisme, à laquelle Novarina succombe à Villeparisis, est également dénoncée. L'emprunt aux formes de l'architecture profane est jugée incompatible avec la transcription architecturale du mystère. La ressemblance de l'église de Villeparisis avec l'émetteur de radio-télévision d'Europe n° 1 (J.-F. Guedy, architecte) fait ainsi l'objet de vives critiques. Ces reproches pourraient s'appliquer encore aux exemples de

Roger Faraut, église, Morsang-sur-Orge, *1955.*

André Le Donné, église et presbytère, Mariénau-les-Forbach*, 1954.*

André Le Donné, église Saint-Vincent-de-Paul, *Strasbourg, 1964.*

plans ronds couverts de voiles minces, cités plus haut, qui ne diffèrent en rien, sinon par leur fonction, des hangars à locomotive de Peiriani, du marché couvert de L. Simon à Royan, ou des écoles rondes de R. Camelot !

Entre 1955 et 1975 la France connaît la plus forte poussée urbaine de son histoire entraînant des mutations socio-culturelles jusqu'alors inégalées[7]. L'hexagone se couvre de nouvelles cités, Z.U.P et villes nouvelles qui fractionnent les communautés traditionnelles. L'Église qui veut suivre cette urbanisation redéfinit les dimensions d'une pastorale, limitée désormais à 10 000 âmes. L'application de ce nouveau ratio de façon concertée et systématique, entraîne la création de centaines d'églises dites de proximité. Leur taille est limitée en moyenne entre 800 et 1 000 places. S'inspirant des solutions d'urgences des constructions provisoires de l'immédiat après-guerre, le discours officiel, comme celui de bon nombre d'architectes, se déplace vers les notions de modestie et de pauvreté évangélique. Dès 1950, la revue l'*Art Sacré* louait la magnificence de la pauvreté et consacrait en 1958 un numéro spécial au problème des constructions économiques, en particulier celle de Rainer Senn pour l'abbé Pierre (Saint-André de Nice, 1957). P. Pinsard et A. Le Donné signent alors quelques unes des œuvres majeures de cette tendance où la primauté est rendue au programme et qui s'accommode tant plastiquement que techniquement des moyens financiers disponibles. Hélas, de la modestie à la misère il n'y a souvent qu'un pas. En 1957 le père Winninger se prononce pour les églises préfabriquées ; un an plus tard des prototypes d'églises sont exposés pour la première fois au salon d'Art Sacré. Les solutions se multiplient rapidement parmi lesquelles les églises démontables de Jean Prouvé, la chapelle de J.

Rouquet en éléments de ciment destinés aux clôture de jardin, la chapelle de chez Aitorm coulée en béton sur coffrage gonflable réutilisable[8]. La chapelle à couverture métallique tridimensionnelle qu'E. Albert élève à Corbeil-Essonnes (1960) marque une étape supplémentaire dans la confusion des lieux de culte et des salles polyvalentes. Quelques années plus tard, la revue des chantiers du cardinal ne présentent-elle pas en 4e de couverture une publicité pour les chapelles préfabriquées de la société Jossermoz, spécialiste de la construction des salles de sports typifiées[9] ? Un glissement progressif s'opère de la notion d'église vers celles de centre spirituel et de relais cultuel, plus adaptés à la vie des grandes citées. Le programme se complexifie : autour de l'église viennent se greffer des salles de réunions, parfois modulables, une chapelle de la semaine et l'indispensable parking.

Le Concile de Vatican II (1962-1965) dont le dessein est d'adapter l'Église catholique au monde moderne, entérine ces élargissements du programme et les mutations de la liturgie où le modèle de référence devient la salle de spectacle.

Le renouveau de l'architecture religieuse est jalonné de quelques œuvres exceptionnelles, Ronchamps, Royan, Alger (Herbé, Le Couteur) qui demeurent marginales au sein d'une production de qualité moyenne. Il n'existe pas de courant fort, mais une multiplicité d'œuvres isolées et inégales, foisonnantes de liberté, souvent au dépens du programme spirituel. Les caractères et les tendances de l'architecture moderne d'après guerre s'y retrouvent intactes : formalisme, faiblesse des programmes, consommation abusive des matériaux, des couleurs et

Maurice Biny, église, Pouzin, 1954.

Pierre Vago, André Le Donné et Pierre Pinsard, basilique souterraine, *Lourdes, 1958.*

Chauliat J.-P. et Jacques, église Notre-Dame-des-Ailes, *Luxeuil, P.1957.*

des formes servies, ou desservies par une fascination excessive pour les techniques nouvelles. Les théories du mouvement moderne élaborées par une avant-garde quasiment absente de la reconstruction, sont mises en œuvre à grande échelle par une génération d'architectes formés à l'École des Beaux-Arts. L'architecture sacrée n'échappe pas à cette règle ; au contraire, elle offre un champs privilégié de création où l'architecte, pour le meilleur ou pour le pire, se sent plus libre que dans les programmes de logement étouffés par la logique économique et politique de la reconstruction.

Notes

1. Les totaux des sinistres s'établissent comme suit : 3 528 églises non classées, Monuments historiques et 370 églises classées. Chiffres cités par P. Koch, in *L'Architecture Française*, 1955, n° 161-162, p. 3.

2. Voir à ce propos le n° 9-10, mai-juin 1952, de la revue *L'Art Sacré*, intitulé « Bilan d'une querelle ».

3. La polémique porte surtout sur le Christ de Germaine Richier à Assy.

4. P. Pinsard, extrait de « Art sacré et architecture contemporaine », conférence donnée à Gand le 4/12/1960. Archives de P. Pinsard, Institut Français d'Architecture (non inventoriées).

5. P. Pinsard, *op. cit, Cf. supra.*

6. P. Koch dénombre 350 architectes pour 400 églises neuves construites entre 1945 et 1958, in *L'Architecture Française*, n° 191-192, p. 4.

7. Entre ces deux dates, la taux de la population urbaine passe de 58 % à 73 %. Chiffres cités par F. Debié et P. Vérot dans « Urbanisme et Art Sacré », p. 145 (cf. biblio.)

8. Voir « L'Art Sacré » n° 1-2 de septembre-octobre 1953.

9. *Les Chantiers du cardinal*, n° 27, septembre 1969.

Claude Parent et Paul Virilio, église Sainte-
Bernadette, *Nevers, 1963-1966.*

Index des architectes

N.B : la lettre P placée devant une date signifie : *publié en*

Église de Maizieres-les-Metz

LE CORBUSIER (1887-1967)
Église du Tremblay (1929), non réalisée ; chapelle de Ronchamps (1950-1955), Couvent de la Tourette (1960), église de Firminy (1960) inachevée.

LE DONNE ANDRÉ (1899-1983)
Églises de : Mariénau-lès-Forbach (1954), Ste-Claire de Paris XIXe (1956), Sacré-Cœur à Mulhouse (1956) ; église prototype (1958), St-Paul à Massy (1963), St-Vincent de Paul à Strasbourg-Meinau (1964), N.-D. de Nazareth à Vitry-sur-Seine (1965) ; basilique souterraine St-Pie X de Lourdes (1958) ; reconstruction de l'église du Rosaire au Havre (1948).

LE MEME HENRY-JACQUES (1897)
Églises de Fourneaux (P.1952), Modane (P.1957)

LESENECHAL F.
Église d'Ingrandes-sur-Loire (P.1957)

LEVAVASSEUR ROBERT (1910)
Chapelle de l'hôpital psychiatrique du Bon-Sauveur à Pont-Abbé-Picauville (P.1955)

LODS MARCEL (1891-1978)
Église Ste-Croix à Sochaux (1955), Ste-Jeanne d'Arc à Belfort (1955)

LOPEZ RAYMOND (1904-1966)
Église à St-Valéry-en Caux (P.1957)

LOUIS DOMINIQUE ALEXANDRE (1924)
Chapelle de la vierge des pauvres à Marbache (P.1957)

LURCAT ANDRÉ (1894-1970)
Église St-Pierre et St-Paul à Maubeuge (1955)

MARCHAND YVES (1913)
Église St-Pierre d'Yvetot (P.1957)

MAROT MICHEL
Églises : Ste-Agnès à Fontaine-les-Grès (1956), St-Jean de Bosco à Meaux (1968)

MARTINEZ ROLAND
Église de Roussy-le-Village (1955)

NOVARINA MAURICE (1907)
Églises de Vongy (1933), du Fayet (1935), Assy (1937), Audincourt (1950), Alby sur Chéran (1952), Ezy-sur-Eure (1955), St-Michel-La Madeleine (1956), N.-D. de Belligny Villefranche, St-Simond à Aix-les-Bains (1962), N.-D. du Rosaire à la Tronche (1963), Villeparisis (1964), N.D de Lourdes à Thonon (1965), Cran Gevrier (1966), Collonge sous Salèves (1967), Ponthierry (1968), Ste-Bernadette à Annecy (1969), Viry-Chatillon (1970) ; chapelles de : l'Iseran (1941), Burdignin (1959), de l'École des St-Anges à Paris ; monastères de la visitation à Marclaz (1971) ; centre paroissial d Alençon (1972)

PARENT CLAUDE (1923) et VIRILIO PAUL (1932)
Complexe paroissial Ste-Bernadette à Nevers (1963-1966)

PERRET AUGUSTE (1874-1954)

Église St-Joseph du Havre (1951)

PETTON CLAUDE
Église de Quizac à Brest (1968-1970)

PHILIPPOT J. et CHARPENTIER C.
Église St-Paul de Compiègne (P.1957)

PINGUSSON GEORGES-HENRI (1894-1978)
Églises de : Fleury (1951), Borny (1956-1960), Corny (1960), Boust (1961)

PINSARD PIERRE (1906-1988)
Églises : N.-D. de la Route blanche à Cessy (1950-1951) ; Ste-Madeleine à Massy (1955-1962) ; Segny (P.1955), Armbouts Cappel (1958-1963), St-Jean-Baptiste-de-la-Salle à Rouen (1960-1962), St-Roch à Cambrai (1961-1966), N.-D. de Charliers à Périgueux (1962-1968), N.-D. de Blan Kedelle à Bruxelles (1963), St-Jean à Antony (1963-1967), St-Jean Baptiste de la Salle à Rouen (1963-1971), St-Luc à Brest (1965), St-Roch à Cambrai (1965), St-Jean Porte Latine à Mouton (1965-1970), St-Pierre-Chanel à Bourg-en-Bresse (1966), St-Pierre à Brunoy (1966), St-Curé d Ars à Villefranche-sur-Saône (1967) ; chapelles du St-Sacrement au Pavillon du Vatican à Bruxelles (1958), St-Pie X à Ottignies (1961), Séminaire St-Sulpice à Paris (1970) ; Couvent des Dominicains à Lille (1953-1966) ; Basilique St-Pie X (1958-1966) ; Centre paroissial : à Villefranche sur Saône (1962-1966), St-Pierre Chavel (1966-1967), Centre paroisssial à Oyonnax (1966-1967), Ste Pauline au Vésinet (1968-1970), Pontcharra (1971-1972) ; carmel d'Amiens (1959-1966) ; Pieuré St-Joseph à Brou sur Chanteraine (1968-1972) ; aménagement d'un oratoire à Paris (1962).

PISON GUY (1905)
Église de Craignes

PRIOLEAU JACQUES (1921)
Églises : des Leaumes (1968), St-Joseph de Creil (1968), Ste-Elisabeth-de-la-Trinité à Dijon ; reconstruction des églises d'Agneaux (1956), N.-D. de Lourdes à Donville (1960), la Chapelle-en-Juger, Ste-Thérèse du Val-Vert au Puy (1963) ; chapelle à Valognes

PROUVE JEAN (1901-1984)
Église démontable en acier (P.1958)

PRUNET PIERRE
Églises : Ste-Anne de Beauregard à Nancy, Immaculée Conception à Melun, Ste-Thérèse aux Rosoirs à Auxerre

ROBINNE GUY (1925) et ALAIN (1931)
Églises de : Ste-Jeanne-d'Arc à Rouen, St-François d'Assise à Rouen, Deville-les-Rouen, Ste-Claire à Rouen (1969) ; centre paroissial St-Georges à N.-D. de Gravenchon (P.1957)

ROUBERT JACQUES-CHARLES (1919)
Église de St-Rémy-de-Rethel (P.1955)

SAINSAULIEU LOUIS (1901)
Église N.-D. du Chêne à Viroflay

(1966)

SALEMBIER MAURICE (1929)
Églises : Ste-Trinité à Loos (1968) ; Ste-Anne-de-la-mer à Malo-les-Bains (1973) ; chapelles : N.-D. du Sacré-Cœur à Comines (1966), St-André à Hem (1968)

SALIER YVES, COURTOIS ADRIEN LAJUS PIERRE et SADIRAC M.
Églises : Lormont-Carriet à Lormont (1963-1964), St-Delphin à Villenave d'Ornon (1964-1965)

SCHMIT GASTON (1908)
Église de Villey-le-Sec (P.1955)

SENN RAINER
Églises : St-André de Nice (1957), Ste-Colombes de Villejuif (1960), N.D. de Lourdes à Pontarlier (1958), St-Paul à Besançon (1966)

STOSKOPF GUSTAVE (1907)
Églises : St-Michel à Colmar, N.D. des Neiges aux Mureaux (1960), St-Michel de Créteil (1965), de Tous les Saints à Bobigny (1967) ; chapelles : Poissy, Vernouillet, Valentigney, St-Paul de Bondy (P.1957), du Mont-Mesly à Colmar (1959)

SZEKELY PIERRE et GUISLAIN CLAUDE
Église du Carmel à Saint-Saulve (1963-1966)

VAGO PIERRE (1910)
Églises : St-Pierre d'Arles (1948-1950), St-Michel à Marseille (1948-1950), Carry-le-Rouet (1953), Ste-Thérèse au Mans (1954), St-Cyr à Versailles (1957) ; chapelles : quartier Montmajour à Arles (1948-1950), des dominicains à Etrepagny (1953) ; Basilique St-Pie X de Lourdes (1955-1958) ; couvents : dominicain à Monteils(1951) ; Monastère à Nazareth (1970) ; aménagement du domaine de la grotte à Lourdes (1953) ; musée, hospice et église St-Joseph à Lourdes (1977)

VAILLANT Raymond
Église N.-D. de Consolation à Costebelle (P.1955)

VIALLEFOND JEAN
Église de Seltz (P.1955)

VIDAL HENRI (1895)
Basilique Marie-Médiatrice à Paris (1950-1954)

VIMOND PAUL (1922)
Églises : Ste-Thérèse à Pierrefitte (1965), St-Marc des Bruyères à Asnières (1966), St-Pierre du gros Caillou à Paris (1967), St-Pierre-St-Paul à Cherbourg (1967) ; chapelles : Poterne des Peupliers à Paris (1961), Coutainville (1967).

WILLERVAL JEAN (1924)
De 1963 à 1970 six églises dont : Nevers, Mons-en-Baroeul (1966), Tourcoing (1966)

ZIMBACCA DOMINIQUE
Centre paroissial Jean XXIII à Saint-Quentin (1969)

Le vitrail des années 50

Françoise Perrot
Directeur de recherche au C.N.R.S.

Au lendemain de la guerre, le débat sur la place du vitrail dans l'art sacré reprit avec d'autant plus de vigueur que la « reconstruction » des églises détruites – le terme s'applique également aux églises endommagées – lui donnait une actualité plus concrète. Grâce à l'action menée dans les années 1920 par Maurice Denis et Georges Desvallières aux Ateliers d'art sacré, une certaine modernité allait pénétrer chez les peintres verriers, c'est-à-dire que les vitraux neufs n'étaient plus systématiquement conçus comme des pastiches ou des vitraux archéologiques. Cependant, les passions qu'avaient déchaînées, en 1937-1938, les essais pour le renouvellement des vitraux de la nef, à Notre-Dame de Paris, tout comme la qualité variable de ces créations montraient bien les limites d'une telle entreprise. Le changement du décor, et plus particulièrement du décor vitré, a été, dans l'immédiat après-guerre, l'occasion de vives polémiques.

Les protagonistes de ce débat furent d'abord les ecclésiastiques, qui ont apporté leur caution intellectuelle et théologique à telle ou telle forme d'art moderne, le service des Monuments historiques, à qui incombait une lourde responsabilité dans la réparation des dommages de guerre, et bien sûr le public, dont on venait bouleverser certaines habitudes. Dans le clergé, deux grands courants de pensée se sont assez vite dégagés. Le personnage le plus représentatif du premier fut, le Père Marie Alain Couturier, qui avait été, en 1937, la cheville ouvrière du projet de Notre-Dame de Paris. A son retour des États-Unis, où il avait été contraint de passer la guerre, il prolongea la réflexion dont il avait déjà donné la teneur dans un article publié dans l'*Art sacré* en décembre 1938 et intitulé « Ce que l'Église attend du vitrail » ; la réponse tenait dans une formule lapidaire : faire en sorte « que la lumière du jour ne vienne pas troubler notre lumière intérieure ». Il mettait l'accent sur « une certaine valeur d'humanité », c'est-à-dire, en définitive, de « sensibilité », puisque c'est cette « sensibilité » qui est le moyen propre par lequel l'humanité de l'artiste s'exprime et se donne dans son art, et non par la raison, la science ou le calcul. Cette sensibilité doit de nouveau qualifier la lumière de l'édifice religieux, qui s'est trouvée détournée par les pastiches et les prétentions archéologiques du siècle écoulé : l'artiste moderne doit rejoindre le jaillissement sensible et créateur qui est à l'origine des monuments anciens

Une décennie à peine s'était écoulée depuis les essais de Notre-Dame, mais il était déjà possible d'en tirer les leçons. Au moment où l'expérience avait été faite, le Père Couturier n'avait retenu que l'effet d'ensemble, sans prendre garde à la stylisation outrancière qui marquait une bonne moitié des verrières nouvelles. Pourtant ce fut la porte ouverte à un art moderne presque caricatural qui

J. Sima, église Saint-Jacques à Reims, Ch. Marq, maître-verrier, 1964-1965.

Maria-Elena Viera da Silva, église Saint-Jacques à Reims, Ch. Marq maître-verrier, 1976.

envahit le vitrail après 1945. Pour ne citer qu'un exemple : la plupart des vitraux de Max Ingrand, avec leur dessin anguleux et leur coloris criard trop souvent dominé par un vert acide, sont représentatifs de cette manière dont la Normandie conserve de nombreux exemples.

Prenant du recul vis-à-vis de cette stylisation arbitraire, le Père Couturier ne s'adressa plus qu'à de grands artistes pour mener à bien les grands chantiers d'après guerre qu'il marqua de son influence, l'église du Plateau d'Assy (Haute Savoie) et l'église Sainte-Croix d'Audincourt (Doubs).

Le premier vitrail qui prit place dans l'église d'Assy fut le *Christ aux outrages* de profil, exécuté, dès 1933, d'après une œuvre de Georges Rouault par le peintre verrier Paul Bony. Ce premier essai fut suivi de quatre autres verrières par les mêmes artistes en 1946-1948. Simultanénment, et dans le même atelier. Jean Berçot et Maurice Brianchon sont venus peindre eux-mêmes leurs vitraux. De son côté, Jean Bazaine illustra les *Saints de la musique*, en 1946 (la première réalisation de deux d'entre eux, *saint Grégoire* et *sainte Cécile* n'ayant pu être montée dans l'église savoyarde, fut intégrée à l'église des dominicains du couvent Saint-Jacques à Paris). Le Père Couturier lui-même s'était joint à cette

Alfred Manessier, église paroissiale des Bréseux,
1948-1950.

équipe et avait donné les cartons pour deux baies (exécution Paul Bony et Adeline Hébert-Stevens, 1947). Enfin, pour compléter ce grand ensemble, Marc Chagall fit ses débuts dans le vitrail, avec les trois verrières du baptistère, exécutées par Paul Bony, en 1956. Comme Assy, le Sacré-Cœur d'Audincourt est une église nouvelle, construite en 1951 sous l'égide de la Commission d'art sacré du diocèse de Besançon, dont le secrétaire était le très actif chanoine Lucien Ledeur (1911-1975). Répondant à l'appel du Père Couturier, Fernand Léger illustra les *Instruments de la Passion* sur la longue claire-voie qui se déroule autour de l'édifice. La technique retenue est non plus le verre antique peint et mis en plomb, comme à Assy, mais la dalle de verre taillée avec joints de ciment (réalisation Louis Barillet). C'est également avec la dalle de verre que Jean Bazaine régla la lumière du baptistère. En revanche, dans la crypte, les vitraux de Jean Le Moal sont exécutés en verre et plomb.

Le troisième ensemble important de cette époque, c'est la chapelle du Rosaire au couvent des dominicaines de Vence, où le décor dans sa totalité fut conçus par Henri Matisse entre 1949 et 1951. Les vitraux, en particulier celui qui développe auprès de l'autel comme une tenture bleu vert doucement animée par des fleurs d'or, ont été réalisés par Paul Bony.

En marge de ces grandes entreprises, il y en eut d'autres qui pour avoir connu moins de publicité n'en sont pas moins dignes d'attention. Citons par exemple la petite église de Jancigny (Côte d'Or) qui reçut un ensemble de vitraux de Marcelle Lecamp, une artiste sensible et forte, proche collaboratrice de Marguerite Huré. Le Père Couturier, génie tutélaire souvent mis à contribution, avait tracé les grandes lignes du programme iconographique.

C'est dans une autre petite église rurale ancienne, en Franche Comté, que se produisit un événement majeur pour l'histoire du vitrail contemporain. En 1947, le chanoine Ledeur s'adressa à Alfred Manessier, réputé pour la qualité de sa peinture abstraite, pour les cartons de vitraux. Ce prêtre qui «sut faire surgir "l'intelligence des choses" par les relations d'affinités secrètes qu'il avait établies avec l'art contemporain, malgré tous les risques et tous les obstacles» comme le définissait A. Manessier, osa donc introduire pour la première fois des vitraux abstraits dans un monument ancien (1948-1952). Ce fut une réussite absolue. Cet intérêt pour le vitrail abstrait rejoignait l'autre courant de pensée religieux, celui qui se développa à l'abbaye de la Pierre-qui-Vire, au sein de la revue *Zodiaque*. Le premier numéro, daté de mars 1951, s'ouvrait sur un plaidoyer pour l'art sacré abstrait. Sans rejeter complètement la figuration, rendue nécessaire pour transmettre le message théologique, «il est bon, de temps à autre, qu'une non-figuration vienne nous rendre le sens du mystère, du caché, du sacré. Il faut même que cette non-figuration vienne baigner la figuration, l'immerger, la résoudre dans l'éternel et l'immuable». En octobre 1952, le ton monta contre les réalisations d'Assy, où les Pères de Zodiaque voyaient de l'art religieux et non de l'art sacré. «Réfugié dans l'expressionnisme, l'art chrétien moderne dans son ensemble, s'oppose radicalement au Sacré. L'expressionnisme ne saurait atteindre Dieu, l'Immuable». Pour ces ardents défenseurs de l'art roman et de sa pureté mélodique, la défense de l'art sacré abstrait est de même nature.

Il faut remarquer que ce débat, initié dans les années 50, est loin d'être clos : après que l'abstraction, ou la non-figuration, l'ait emporté pendant une trentaine d'années, avec des réalisations de qualité bien variable, un retour vers la figuration s'amorce actuellement.

Pour en revenir à l'après-guerre, force est de constater que les recherches mentionnées jusqu'ici ont toutes été menées dans des édifices indépendants du service des Monuments historiques. Cette administration mit quelque temps à faire entrer le vitrail résolument moderne dans les monuments anciens. C'est à l'architecte en chef Robert Renard que revient l'honneur d'avoir franchi le pas : en 1956, il suscita des projets de Jacques Villon pour la cathédrale de Metz. Les

André Beaudin, église Saint-Martin de Boscheville, Ch. Marq maître-verrier, 1963. Musée Municipal de Boulogne-Billancourt.

vitraux furent réalisés par Charles Marq et Brigitte Sirnon qui, de leur côté, cherchaient à revivifier les ateliers Jacques Simon de Reims en se rapprochant des peintres ; Charles Marq a toujours affirmé que ce choix s'était imposé à lui après sa visite à la chapelle conçue par Matisse à Vence. Après les vitraux de Villon, ils réalisèrent encore pour la cathédrale de Metz, ceux de Bissière (1958) et de Chagall (le déambulatoire en 1959, 1960 et 1962 ; le transept en 1963-1964 et le triforium en 1968). La collaboration avec Chagall se poursuivit jusqu'à la mort de l'artiste en 1985.

Cependant l'administration avançait avec prudence. Pour Saint-Martin de Boscherville, un projet fut demandé à André Beaudin (1895-1979), qui fit les maquettes au 1/10ᵉ pour l'ensemble des fenêtres, trois maquettes au 1/10ᵉ pour celles du chœur ; la verrière d'axe fut exécutée par Ch. Marq aux mesures exactes, mais l'audace s'arrêta là et le vitrail se trouve actuellement dans les caisses du Fonds national d'art contemporain (esquisse conservée au Musée Municipal de Boulogne-Billancourt).

Le cas de Notre-Dame de Paris fut à nouveau évoqué : en 1954, une première étude fut commandée à Jacques Le Chevallier, l'un des participants à l'expérience de 1937, à la suite de quoi il créa l'ensemble des vitraux de la nef haute et des tribunes ; ce chantier s'acheva en 1965. Cette décennie 1950-1960 fut donc novatrice et féconde : citons encore le travail de Georges Braque à la chapelle Saint-Dominique à Varengeville avec Paul Bony (1952-1954) et les premiers essais de Leon Zack en Alsace (1951) avant d'entreprendre Notre-Dame des Pauvres à Issy-les-Maulineaux (1955). A coté de la technique traditionnelle – verre antique, peint ou non, mis en plomb –, la dalle de verre gagna du terrain, en particulier sous l'impulsion de Louis Barillet. Un peintre, Jean-Luc Perrot, par des recherches menées à l'usine verrière de Boussois, étendit encore les possibilités de ce matériau, en coulant de grandes dalles (jusqu'à 2 m^2) dans lesquelles il parvenait à moduler la couleur et même à inscrire une figuration.

Il serait injuste de ne pas rappeler que les peintres verriers n'ont pas été que des exécutants. Paul Bony et Adeline Hébert-Stevens, Charles Marq et Brigitte Simon ont produit leurs propres œuvres parallèlement à leur carrière d'interprète. Ce n'était là que le début d'un renouveau véritable de la création par les peintres verriers, un mouvement qui a pris de l'ampleur actuellement.

Jean Bazaine, Saint Grégoire et Sainte Cécile,
première exécution des Saints de la Musiques
*pour l'église d'Assy, en place au couvent des Do-
minicains à Paris, 1945-1946.*

Monographies

Les peintres

Martine CHENEBAUX

BAZAINE Jean
(1904)

Tout en préparant une licence de Lettres, il fréquente l'atelier de sculpture de Landowski à l'École des Beaux-Arts. Il se consacre à la peinture à partir de 1924 et commence à exposer en groupe avec Fautrier, Pougny, Goerg et Gromaire. Puis il se lie d'amitié avec Bonnard. En 1937, il participe à l'Exposition Internationale de Paris et réalise son premier vitrail. Il est un des organisateurs de l'Exposition de l'École de Paris « Vingt jeunes peintres de tradition française » en 1941 sous l'occupation nazie. Il réalise de nombreuses commandes de décors et costumes de théâtre, d'illustrations de livres ainsi que d'œuvres monumentales. Il fonde en 1976, avec Alfred Manessier « L'Association pour la défense des vitraux de France ».

Principales réalisations :

1937-1939 Chapelle privée :
– *Les instruments de la Passion,* vitrail réalisé par Hebert-Stevens.

1943-1944 Assy (74), église Notre-Dame-de-Toute-Grâce :
– *Les Saints de la Musique* : *Le Roi David, Sainte Cécile et Saint Grégoire le Grand* trois vitraux de la tribune, exécutés par Marguerite Huré.
La première réalisation des vitraux : Saint Grégoire et Sainte Cécile, se trouve au couvent Saint-Jacques à Paris.

1951 Audincourt (25), église du Sacré-Cœur :
– *Appel de la rivière en été,* interprétation de deux textes tirés d'Isaïe et de Sainte Marguerite : « Vous puiserez l'eau de votre joie aux sources du Sauveur » et « Jésus-Christ m'apparut tout éclatant de gloire et ses cinq plaies brillant comme cinq soleils », mosaïque de la façade exécutée par Gaudin.
– *Aujourd'hui mon fleuve est devenu mer...,* interprétation du livre de la Sagesse, vitraux en dalles de verres et béton pour le baptistère réalisés par Barillet.

1954 Alligny-en-Morvan (58), chapelle du Chateau-de-la-Chaux :
– Deux vitraux réalisés par Paul Bony.

1958 Villeparisis (77), église :
– *L'arbre de vie,* vitrail en dalles de verre réalisé par Barillet.
Burdignin (74), église :
– Vitrail.

1964-1969 Paris, Église Saint-Séverin :
– *Les sept sacrements,* ensemble de huit vitraux destinés au chœur de l'église.

1969 Cran-Gevrier (74), Église :
– *L'eau et le sang,* tapisserie.

1970 Les Arcs (83), Chapelle Sainte-Roseline :
– Vitrail réalisé par B. Allain.

1973 Penguilly (29), Chapelle du Chateau-de-Penguilly :
– Deux vitraux.
Vatican, Musée :
– *La messe du soir,* tapisserie.

1977 Locronan (29), Chapelle de Tyr ar Zonj :
– Six vitraux réalisés par B. Allain.

1978-1979 Berlens (Suisse, canton de Fribourg), Église Notre-Dame-de-l'Épine :
– Six vitraux réalisés par Eltschinger.

1979-1981 Penmarc'h (29), Chapelle de la Madeleine :
– Six vitraux réalisés par B. Allain et E. Bonte.

1982-1986 Hauterive (Suisse, canton de

Fribourg), Église de l'Abbaye
cistercienne :
– Quatre vitraux réalisés par
Eltschinger.

1984-1986 Saint-Dié (88), Cathédrale :
– Sept vitraux dans le chœur
réalisés par E. Bonte.

BEAUDIN André
(1895-1980)

Après de courtes études primaires, jusqu'à l'âge de treize ans, il suit les cours des Arts Décoratifs de 1911 à 1913. Il dessine beaucoup pour les journaux de mode. Après la guerre, il épouse le peintre Suzanne Roger et fait un voyage traditionnel en Italie. A partir de 1922 il se lie d'amitié avec Juan Gris. Max Jacob préface sa première exposition en 1923. Dès 1930, il mène parallèlement à sa peinture une œuvre sculptée. Graveur et lithographe, il illustre de nombreux livres et poèmes.

Principales réalisations :

1960   Rueil-Malmaison (92), église Saint-
        Jean-Marie-Vianey :
        – *L'Apocalypse*, peinture du
        plafond.

1963   Boscherville (27), église Saint-
        Martin :
        – Vitraux, exécutés par Charles
        Marcq.

        La Rochelle :
        – tapisserie.
        Porto Vecchio :
        – tapisserie.
        Evian :
        – mosaïque.
        La Ciotat :
        – mosaïque.
        Paris :
        – mosaïque.

BRAQUE Georges
(1882-1963)

Au Havre, il travaille dans l'entreprise de peinture familiale et s'inscrit à l'École des Beaux-Arts. A partir de 1900, il séjourne à Paris où il se joint aux peintres Dufy, Friesz, Manolo, puis Picasso.

Mobilisé en 1915, il est grièvement blessé. Il recommence à peindre en 1917 (décors pour les ballets russes). Il mène alors sa carrière de peintre jalonnée d'expositions, de commandes et de grandes réalisations. Il s'intéresse à l'art du vitrail en grande partie grâce à Paul Bony.

Principales réalisations :

1943-1944 Assy (74), église Notre-Dame-de-
        Toute-Grâce :
        – *Ictus*, poisson, porte du
        tabernacle en bronze.

1952-1954 Varengeville (76), chapelle saint-
        Dominique :
        – Vitrail, exécuté par Paul Bony.

1955-1960 Varengeville (76), église
        paroissiale :
        – *L'Arbre de Jessé*, exécuté par
        Barillet.

1962   Saint-Paul-de-Vence (06), chapelle
        de la Fondation Maeght :

– *L'Oiseau sur fond violet*, exécuté
par Charles Marcq.

G. Braque, Ictus, *poisson, porte du tabernacle de l'autel latéral gauche de l'église Notre-Dame-de-Toute-Grâce à Assy.*

BUFFET Bernard
(1928)

Il entre aux Beaux-Arts de Paris en 1944 où il ne reste que peu de temps dans l'atelier de Narbonne. Il expose au Salon des moins de Trente ans. En 1947, il reçoit le Prix de la Jeune Peinture et partage avec Lorjou en 1948 le Prix de la Critique. Dès lors, il connaît le succès et commence un travail thématique. Un Musée Bernard Buffet est créé au Japon avec 600 toiles exposées. En 1991, le Kremlin organise une grande rétrospective de son œuvre.

Bernard Buffet, La Cène, Musée du Vatican, huile sur toile, 1961-62.

Principales réalisations :

1946   – *Pieta*, huile sur toile, Musée National d'Art Moderne, Paris.

1951   – *La Passion du Christ*, ensemble de huit toiles appartenant au Musée Bernard Buffet au Japon et à des collections particulières.

1961-1962 Maintenant au Vatican, Musée :
A l'origine pour la Chapelle du Chateau-L'Arc :
Un ensemble de huit toiles représentant la Vie du Christ :
– *Christ miséricordieux*,
– *Nativité*,
– *Baptême du Christ*,
– *Crucifixion*,
– *La Cène*,
– *Déposition de la Croix*,
– *Pietà*,
– *Le Voile de Sainte Véronique*,
huiles sur toile.
– Dix ans plus tard à la demande de Monseigneur Pasquale, ils seront offerts au Musée du Vatican où ils sont exposés dans une salle particulière.

CHAGALL Marc
(1957 -1984)

Il commence à peindre en 1905. Il étudie à Vitebsk et à Saint-Petersbourg. En 1910, il séjourne à Paris où il réalise ses premières grandes œuvres. Il recontre Cendrars, Léger, Max Jacob, Delaunay...., Il retourne à Vitebsk de 1914 à 1923, puis revient en France. Par Cendrars, il fait la connaissance de Vollard qui lui propose en 1930 d'illustrer la Bible. Il fait son premier voyage en Israël l'année suivante et son pélerinage auprès de Rembrandt en 1939. De 1941 à 1947, il s'installe aux États-Unis. La Bible gravée ne paraît qu'en 1952 alors qu'il a déjà réalisé ses premiers vitraux et ses premières œuvres du *Message Biblique*.

Principales réalisations :

1957   Assy (74), église Notre-Dame-de-Toute-Grâce
Baptistère :
– *Le Baptême*, trois verrières réalisées par Paul Bony,
– *Moïse ouvrant le passage de la Mer Rouge*, peinture exécutée sur carreaux de céramique,
– *Les symboles du Baptême*, deux bas-reliefs en marbre.

1959-1968 Metz (57), cathédrale :

1959   – *Moïse reçoit les tables de la loi*,
–*Jérémie et l'exode du peuple juif*,
– *Ange sonnant de la trompette*,
– *Signe symbolique*,

– *Le Christ entouré de symboles*, rosace de 11 panneaux, vitraux deuxième fenêtre de l'abside nord.

1960   – *David et Bethsabée*, deuxième fenêtre de l'abside nord.

1962   – *Le Sacrifice d'Abraham*,
– *La lutte de Jacob avec l'ange*,
– *Le songe de Jacob*,
– *Moïse devant le buisson ardent*,
– *Joseph berger*,
– *Jacob pleure la tunique de Joseph*,
– *L'arche de Noé*,
– *L'Arc en Ciel signe d'Alliance*,
– *L'Oiseau*,
– *La Main du peintre*, vitraux première fenêtre de l'abside nord.

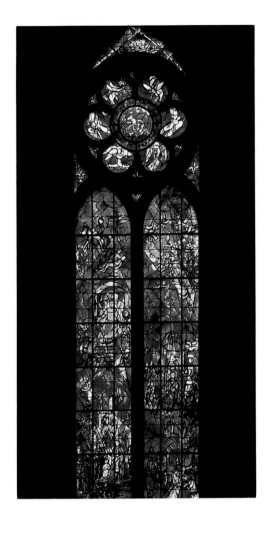

Marc Chagall, Une lancette de la chapelle de la Vierge, *cathédrale Notre-Dame de Reims, Ch. Marq, maître-verrier, 1974..*

1963	– *La Création de l'Homme,* – *La Création d'Ève.*
1964	– *Ève et le serpent,* – *Adam et Ève chassés du Paradis,* – *Fleurs et animaux,* – *Fleurs et animaux,* – *Personnages,* – *Astre et Moïse,* – *Lion,* – *Poisson,* vitraux, fenêtre du transept nord côté ouest.
1968	– *Bête, fleurs et oiseaux,* – *Fleurs,* – *Fleurs,* – *Couronne de Fleurs,* – *Couronne de Fleurs,* – *Le Petit Bouquet 1,* – *Le Petit Bouquet 2,* – *Le Petit Bouquet 3,* – *Fleurs et Oiseaux,* – *Couronne de Fleurs,* – *Bouquet et Arc en Ciel,* – *Fleurs et Oiseaux,* – *Le Grand Bouquet 1,* – *Le Grand Bouquet 2,* – *Le Grand Bouquet 3,* – *Le Grand Bouquet 4,* vitraux, fenêtre du Triforium du transept nord.
1960-1961	Jérusalem (Israël), synaguogue du Centre médical de l'Université Hébraïque Hadassah : – *La Tribu de Ruben,* – *La Tribu de Siméon,* – *La Tribu de Lévi,* – *La Tribu de Juda,* – *La Tribu de Zabulon,* – *La Tribu d'Issacar,* – *La Tribu de Dan,* – *La Tribu de Gad,* – *La Tribu d'Asher,* – *La Tribu de Nephtali,* – *La Tribu de Joseph,* – *La Tribu de Benjamin,* douze fenêtres.

1962	Moissac (82), chapelle : – vitrail.
1964-1966	Pocantico Hills (New-York), chapelle à la mémoire de John D.Rockefeller :
1964	– *Le Bon Samaritain,* vitrail.
1966	– *Crucifixion,* – *La Parole du Seigneur faite à Joël,* – *Élie enlevé au ciel sur un char de feu,* – *Vision de Daniel,* – *Chérubins,* – *La vocation d'Ezechiel,* – *Les lamentations de Jérémie,* – *La prophétie d'Isaïe,* huit fenêtres.
1967	Tudeley (Kent, Angleterre), église : – Vitrail du chœur à la mémoire de Sarah d'Avigdor-Goldsmid.
1969-1970	Zurich (Suisse), église du Fraumünster :
1969	– *Les Prophètes Élie, Jérémie et Daniel,* – *Vision du Prophète Isaïe sur la paix et la souffrance : Moïse.*
1970	– *Le songe de Jacob,* – *La Madone, l'Enfant et le sacrifice,* – *La Jérusalem céleste.*
1972	Nice (06), musée National Message Biblique Marc Chagall : Salle de concert, – *La Création.*
1974	Reims (51), cathédrale : – Chapelle d'axe du chœur, – Vitraux.
1975	Sarrebourg (57), chapelle des Cordeliers : – *La Paix,* vitrail.»
1978-1979	Mayence (Allemagne), église Saint-Stéphane : – Vitraux.
1978-1982	Saillant (19), chapelle : – Vitraux.

GLEIZES Albert (1881-1953)

Il débute son apprentissage chez son père dessinateur industriel et vient au cubisme vers 1909. Il est un des théoriciens les plus féconds et les plus clairs. Mobilisé peu de temps, il part aux États-Unis. En 1924, il exécute trois panneaux pour la faculté de Pharmacie de Paris qui n'ont jamais été mis en place. En 1926-1927, il peint des tableaux auxquels il donne une signification religieuse. En 1927, il crée les communautés Moly-Sabata (Isère), religieuses, artisanales et artistiques dont il expose les principes, en 1932, dans «L'Homocentrisme ou Retour à l'homme chrétien» et «La forme et l'histoire». A partir de 1939, il se retire à Saint-Rémy-de-Provence, où il continue à travailler, entouré de disciples, dans un climat de communauté mystique. Il se convertit en 1941 et devient alors conseiller des Bénédictins de la Pierre-qui-Vire.

Principales réalisations :

1941	Grand triptyque : – Reprise en grandes dimensions d'œuvres antérieures *Crucifixion, Christ et Évangélistes,*

Transfiguration, huile sur toiles.

1943-1944	– *Pour la Contemplation,* huile sur toiles, tableaux de deux mètres de haut, coll. part.
1951	La Ciotat (13), église :

– Chemin de Croix.

1952   Les Fontaines, forêt de Chantilly (60),Chapelle du Scholasticat des Jésuites (Chapelle de Gouvieux) :

– La Cène, fresque exécutée par R.Burlet, des compagnons et des élèves de A.Gleizes, *– Chemin de Croix.*

LEGER Fernand (1881-1955)

Il étudie l'Architecture à Caen de 1897 à 1899, et arrive à Paris en 1900. Il est refusé aux Beaux-Arts, mais admis aux Arts Décoratifs. Il fréquente l'atelier de Léon Gérôme puis celui de Gabriel Ferrier. En 1907, il se lie avec Delaunay, Max Jacob, Apollinaire, Chagall et surtout Blaise Cendrars. Il expose seul pour la première fois en 1912 chez Kahnweiler. Il est mobilisé pendant la guerre. Le spectacle de la guerre et de l'artillerie lui inspire une sorte de dynamisme mécanique. Il exécute ses premières peintures murales pour Le Corbusier en 1925 au Pavillon de l'Esprit Nouveau. Il s'interesse également au théâtre et au cinéma. En 1935, il part pour les États-Unis avec Le Corbusier.Il y retourne en 1940 où il est chargé de cours à l'Université de Yale. A partir de 1949, il expérimente les techniques de la céramique, de la mosaïque et du vitrail.

Fernand Léger, Les deux arbres de vie, *église du Sacré-Cœur à Audincourt, 1951.*

Principales réalisations :

1945   Assy (74), église Notre-Dame-de-Toute-Grâce :
– Les Litanies de la Vierge, Le visage de la Vierge entouré de la Fontaine scellée, la Rose mystique, le Jardin fermé, l'Etoile du Matin, la Tour d'Ivoire, l'Arche d'Alliance, mosaïque de la façade.

1949   Bastognes (Belgique), Monument aux Morts :

– mosaïque de la crypte.

1951   Audincourt (25), église du Sacré-Cœur :
– Les Instruments de la Passion : Les maillons d'une chaîne brisée, Les dés, Le Christ condamne la violence, La tunique du Christ déchirée, Pilate se lave les mains, Le Christ nous apporte la vraie paix, La lance et la corde, Le portement de croix, Les cinq plaies du Christ, Les tenailles, le marteau et les clous de la Passion, Les deux coupes de fiel et de vinaigre et l'éponge au bout du roseau, Les fouets de la Passion, Les deux arbres de vie, Les trois croix du calvaire, La descente de croix, La couronne d'épines, Le reniement de Pierre, ensemble de 17 vitraux en dalles de verre taillées et ciment, réalisés par Jean Barillet, formant une bande courant dans la nef et le chœur.
– Symboles Eucharistiques, tapisserie du chœur.

1954   Courfaivre (Suisse), église :
– vitrail.

LE MOAL Jean (1909-)

Il étudie l'architecture aux Beaux-Arts de Lyon alors qu'il souhaite apprendre la sculpture, avant d'arriver à Paris où il suit les cours des Arts Décoratifs. Il rencontre Mannessier avec qui il se lie tandis qu'il copie des œuvres au Louvre. En 1934, il fait la connaissance de Bissière qui enseigne la fresque à l'Académie Ranson. Il fait de nombreux voyages à l'étranger. En 1939, il va à New-York, où il travaille en équipe à un plafond de 1 4OO m^2. Il est mobilisé à la déclaration de guerre. Il s'interesse au théâtre, devient régisseur et décorateur. En 1942 il participe à l'exposition historique des « Peintres de tradition française ». Il reçoit le prix de la Critique en 1953. A partir de 1956 il exécute de nombreuses commandes religieuses.

Principales réalisations :

1943   Assy (74), église Notre-Dame-de-Toute-Grâce :
– Projet de fresques pour l'église avec Zelmann, abandonné dès 1944 à la mort de ce dernier.

1951-1952 Maîche (25), église :
– restauration de l'église.
Vercel (25), église :
– restauration de l'église.

1956   Rennes (35), église Notre-Dame :
– La grande verrière du chœur.

Jean Le Moal, Vitraux du Chœur, cathédrale Saint-Vincent à Saint-Malo, B. Allain, peintre-verrier, 1968.

1957	Brest (29), baptistère Saint-Martin : – quatre vitraux.
1957	Audincourt (25), église du Sacré-Cœur : Aménagement de la crypte. Il doit réaliser les vitraux, la mosaïque, l'autel et le pavement. Après la pose des 16 vitraux et de la mosaïque, le projet est interrompu par le départ de l'Abbé Louis Prenel.
1958-1959	Le Pouldu (29), église Notre-Dame-de-la-Paix : – vitraux en collaboration avec Manessier.
1962	Paris, couvent des Carmes : – un vitrail en collaboration avec A. Manessier, atelier B. Allain.
1962-1963	Saint-Servant (56), église : – deux vitraux.
1964	Rennes (35), chapelle de la Retraite : – un vitrail, atelier B. Allain.
1965	Rennes (35), cathédrale : – une tapisserie.
1966	Vercel (25), église : – deux verrières pour le chœur.
1966-1969	Besançon (25), église Saint-Louis-de-Montrapon : deux vitraux – oculi – et trois pour le côté droit de la nef, exécutés par Bernard Allain. Fontaine baptismale et un bassin d'immersion mosaïqué en son fond et une mosaïque murale. Il collabore aux recherches formelles du clocher.
1968	Saint-Malo (35), cathédrale Saint-Vincent : – 300 m^2 de vitraux pour le Chœur, atelier B. Allain.
1978	Nantes (44), cathédrale Saint-Pierre-Saint-Paul : – 500 m^2 de vitraux pour le chœur, atelier A. et G. Le Chevallier.

MANESSIER Alfred (1911)

Il fréquente les Beaux-Arts d'Amiens. En 1929, il s'inscrit en architecture aux Beaux-Arts de Paris. Il exécute de nombreuses copies au Louvre où il fait la connaissance de Le Moal avec lequel il se lie d'amitié. Il commence à exposer au Salon des Artistes Indépendants en 1933. Il poursuit ses études à l'Académie Ranson où il suit les cours de Bissière qui réunit autour de lui un groupe d'élèves tels : Le Moal, Bertholle, Étienne-Martin. En 1941, il participe à l'exposition « Vingt peintres de tradition française ». En 1943, à la suite d'un séjour à la Trappe de Soligny sa pensée et son œuvre se tournent vers des préoccupations uniquement religieuses. A partir de 1948, il reçoit de nombreuses commandes de vitraux pour des édifices religieux. En 1962, il obtient simultanément les deux plus hautes récompenses de la Biennale de Venise : Grand Prix Internationnal de Peinture et Premier Prix de l'Institut International d'Art Liturgique.

Principales réalisations :

1947-1950	Les Breseux (25), église : pour la première fois en France un ensemble de vitraux abstraits en verre et plomb, est posé dans une église ancienne, réalisé par les ateliers François Lorin.
1949	Le Saulchoir, couvent des Dominicains : – *Christ à la Colonne*, tapisserie, collaboration de Henri Laurens.
1952	Bâle (RFA), église de Tous Les Saints : – Vitraux. Arles-Trinquetaille, église Saint-Pierre : – Deux vitraux.
1957	Hem-Pempon (59), chapelle privée de Sainte-Thérèse-de-l'Enfant-Jésus et de la Sainte-Face : – Mur vitrail,
	– Ornements liturgiques : chape, carton de tapisserie réalisés par Plasse-Lecaisne. Lille (59) : – Chasuble d'un carme, carton de tapisserie réalisé par Plasse-Lecaisne.
1958	Le Pouldu (29), chapelle Notre-Dame-de-la-Paix : – Vitraux avec Le Moal.
1959	Essen (RFA), église Munsterkirche : – Vitraux et tapisserie de la crypte.
1964	Cologne (RFA), église Saint-Géréon : – *La Foi, L'Espérance et La Charité*, vitraux dans la crypte.
1965-1969	Moutier (Suisse), église Catholique : – Vitrail en dalle de verre à la gloire de la *Vierge*.

1966-1971 Brême (Allemagne), église Unserer-Lieben-Frauen (Notre-Dame) :
– Ensemble de quartoze vitraux : un grand vitrail de *la Pentecôte, Magnificat.*

1967-1968 Verdun (55), chapelle du Carmel :
– vitrail.

1970 Chartres (28), Chapelle de la Famille Lorin au cimetière :
– vitraux.

1971 Ensemble de douze tapisseries sur le thème des *Cantiques de saint Jean de la Croix,* réalisé par Plasse-Lecaisne.

1973-1975 Pontarlier (25), Église Sainte-Bénigne :
– Vitraux.

1975-1976 Saverne (67), Église de la Nativité de la Vierge,
Chapelle des Mariages :
– vitrail.

1976 Fribourg (Suisse), Église Saint-Nicolas,
chapelle du Saint-Sépulcre :
– vitrail.

1976 Abbaye d'Hauterive (Suisse), Salle capitulaire :
– vitrail.

1976 Luchente, Valencia (Espagne), Chapelle de L'Ermita :
– vitrail.

1978 Alby-sur-Chéran (74), Église paroissiale dédiée à la Vierge :

– vitrail.

1980 Chapelle du château de Vogüe (07) :
– vitrail.

1980 Berlin (RFA), Evangelische Kirchengemeinde-Alt-Schoneberg :
– vitrail.

Alfred Manessier, Vitrail bleu, *église des Bréseux, 1947-1952.*

MATISSE Henri
(1869-1954)

Après avoir étudié le droit à Paris, il travaille comme clerc d'avoué dans une étude à Saint-Quentin. Il ne commence à peindre qu'en 1892. Il entre aux Beaux-Arts dans l'atelier de Bouguereau. Gustave Moreau l'accepte dans son atelier en 1895. Il y rencontre Rouault, Camoin, Marquet, Manguin. Il dessine sur nature et fait de nombreuses copies au Louvre. Il séjourne à deux reprises au Maroc en 1911 et 1913, avant de s'installer à Nice en 1917, où il rencontre Renoir. Il consacre un part importante de son temps à la sculpture jusqu'en 1932. Puis il voyage en Espagne, Italie, Allemagne, Russie et à Tahiti. Après une grave opération chirurgicale en 1943, il travaille les papiers découpés. C'est de son lit qu'il compose à l'aide de fusains fixés au bout de cannes à pêche, les décorations de la chapelle de Vence. Il reçoit le Prix Internationnal de la Biennale de Venise en 1950. Le musée Henri Matisse est inauguré à Cateau en 1952.

Principales réalisations :

1937-1946 Assis(74), Notre-Dame-de-Toute-Grâce :
– *Saint Dominique,* panneau de céramique noire et blanche.

1949-1951 Vence (06),Chapelle du Rosaire, Aménagement de l'ensemble de la chapelle :
– La haute flèche dont la base porte la cloche,
– deux vitraux exécutés par Paul Bony,
– *La Vierge, Saint Dominique et le*

Chemin de Croix, trois panneaux de céramique, réalisés par M. Bourdillon d'Aubagne.
– Ornements liturgiques : chasubles, nappes d'autel, chapes, ciboire, chandeliers, crucifix.

Henri Matisse, Saint Dominique, *céramique, Notre-Dame-de-Toute-Grâce à Assy, 1939-46.*

NAKACHE Armand
(1894-1976)

Il suit ses études secondaires, puis artistiques à Paris. La guerre interrompt ses activités. Il est mobilisé, plusieurs fois bléssé, il ne rentre qu'en 1918. Il continue sa formation artistique mais seul. Secrétaire général du *Salon Populiste*, il organise les salons de 1937 et 1938. Peintre, lithographe et graveur, il expose souvent en France et à l'étranger. Il préside le salon des Artistes Indépendants durant 10 ans.

Si Armand Nakache n'a pas participé à un Art d'Église, une partie de son œuvre est tournée cependant vers le Sacré. Il réalise à l'eaux forte en 1928, un *Christ de justice*, en 1930, au crayon lithographique des scènes de l'Évangile, en 1948, *Le Christ flamboyant aux larmes de lumière* et en 1952, son *Christ Jaune de Pont-Aven*.

Principales réalisations :

1928   – *Christ de Justice*, eaux forte, Musée de Poitiers.
        – *Christ de Justice*, eaux forte, Musée de Collioures.

1948   – *Christ flamboyant aux larmes de lumière*, Musée de Boulogne-Billancourt.

ROCHER Maurice
(1918-)

Élève des Ateliers d'Art Sacré de 1936 à 1939. En 1948, il est l'un des co-fondateurs du Centre d'Art Sacré où il enseigne jusqu'en 1952. Il séjourne à la Casa Vélasquez en 1949-1950. En 1952, il remporte le Prix de la Jeune Peinture. Il exécute de nombreux travaux de décorations d'églises d'une manière strictement figurative et sage jusqu'en 1954, puis beaucoup plus libre et violente à partir de cette année là.

Principales réalisations :

1946   Paris, église Saint-Dominique
        – *Le Verbe, La Résurrection* fresque, située dans la voûte en cul-de-four au-dessus de l'autel.

1948   Nyoiseau (49), église :
        – ensemble de vitraux.

1949   Etalles (Belgique), église :
        – *Vierge à l'Enfant*, fresque.

1950   Beaumont-en-Auge (14), église :
        – vitraux.

1950   Caen (14), chapelle des Dames :
        – *Pentecôte*, fresque (déplacée).

1952   Royan (17), église :
        – Vitraux en dalles de verre.

1952   Courselles-sur-mer (14), église :
        – Vitraux.

1952   pour Mgr Dwyer, évêque de Reno-Las-Vegas :
        – *Femmes en prière*, huile sur toile.

1953   Thaon (14), église :
        – Vitraux.

1953   province de Hesse (Allemagne) :
        – Nativité, huile sur toile.

1953   Paris Musée d'Art Moderne :
        – *Cortège du mort*, huile sur toile,
        – *Homme à la bêche*, huile sur toile.

1953   Bertrix (Belgique), église :
        – Mosaïque dans la chapelle votive.

1954   Coutances (50), chapelle du Séminaire :
        – Vitraux.

1954   Athis-Val, église :
        – *Symboles de la Vierge*, vitraux et dalles de verre.

1954   Le Mesnil-Veneron (50), église :
        – *Notre-Dame de la Salette,* 4 cartons de tapisserie réalisés par Plasse-Lecaisne.

1955   Marloie (Belgique), église :
        – Mosaïque de la façade.

1955   Saint-Nazaire (44), couvent des Franciscains :
        – Trois vitraux du chœur.

1956   Basilique Notre-Dame-de-

Maurice Rocher, Le Verbe, la Résurrection, église Saint-Dominique à Paris, peinture à fresque, 1946.

Mayenne :
– *Notre-Dame de Mayenne*, vitrail.

1956-1957 Aron (53), église :
– Fenêtres et rosaces.

Avant 1956 Soulles (50), église :
– Fresque.

1956 Chateau-Gontier (53), basilique Saint-Jean :
– Vitraux.

1956-1957 Brest (35), église Saint-Louis :
– *Moïse*, vitrail et autres baies du côté droit de la nef.

1956-1960 Abbaye de Clervaux (Luxembourg) :
– *Agneau mystique*, vitraux.

1957-1958 Lyon-Vaise (69), église :
– Vitraux de la nef.

1957-1962 Toulouse (31), cathédrale Saint-Étienne :
– *Saint Sylvestre, Saint Germier, Saint Thomas d'Aquin, Saint Dominique, Saint Vincent Ferrier*, vitraux, nef.

1958 Réchrival (Belgique), église :
– Vitraux et grande *Trinité*, dinanderie.

1958 Humain (Belgique), église :
– Vitraux.

1958 Hargimont (Belgique), église :
– Vitraux.

1959 Maison de retraite des prêtres de la Mayenne :

– *Crucifixion*, huile sur toile.

1959 Evron (53), chapelle de la Maison-Mère-des-Sœurs de la Charité :
– Vitraux.

1959 Namur (Belgique), Grand-Séminaire :
– *La Communion*, huile sur toile.

1960 Arras (80), chapelle de Religieuses :
– *Christ en Croix et Saints*, triptyque, peinture.

1960 Uzumbura (ex-Congo-Belge), Collège inter-racial :
– *Pentecôte*, mosaïque extérieure et Vierge monumentale à l'intérieur.

1960 Hagondage (57), église :
– Dalles de verre.

1961 Cavigny (50), église :
– Dalles de verre.

1961 Merville (59), Grand-Séminaire :
– Vitraux.

1961 Nantes (44), basilique Saint-Nicolas :
– *Saint Étienne, Saint Paul, Seigneur Jésus, Saint Pierre et Saint Jean*, vitraux chœur et chapelle.

1963 Laval (53), église Sainte-Thérèse :
– *Nativité*, huile sur toile.

1963 Chateaulin (29), Juvénat des Frères-de-Plöermel :
– Vitraux.

1963-1964 Versailles (78), chapelle du Grand-Séminaire :

– Vitraux.

1964-1965 Auray (56), Petit-Séminaire Sainte-Anne :
– Vitraux.

1964 Marly-Le-Roi – Le Pecq (78), église Saint-Thibault :
– Vitraux.

1965-1966 Abbeville (80), église Saint-Gilles :
– Vitraux.

1965-1975 Pontmain (53), basilique Notre-Dame :
– Vitraux.

1966 Landévennec (29), abbaye Bénédictine :
Vitraux.

1966 Langrune-sur-mer (14), église :
– Vitraux.

1966-1987 Guadalajara (Jalisco, Mexique), Templo Expiatorio :
– Vitraux.

1967-1968 Caen (14), abbaye aux Dames :
– Vitraux.

1967-1970 L'Isle-Adam (95), église :
– Vitraux.

1968 Kermaria (56), chapelle de la Maison-Mère-des-Sœurs :
– Vitraux.

1969 Elnes (62), cathédrale :
– Vitraux du chœur.

1969 Caen (14), Chapelle du Chateau :
– Vitraux.

1969 Bastogne (Belgique), église :
– Vitraux du chœur.

1970 Beauraing (Belgique), église Notre-Dame :
– Vierge monumentale gravée sur béton.

1970 Kergonan (56), Abbaye Bénédictine :
– Vitraux.

1970 Vitré (35), chapelle de la Maison-Mère-des-Sœurs-de-Guilmarais :
– Vitraux.

1971-1977 Versailles (78), église Sainte-Jeanne d'Arc :
– Vitraux.

1972-1973 Auray (56), basilique :
– Vitraux transept et chapelles.

1973-1974 Solesmes (59), abbatiale Saint-Pierre :
– Vitraux et chœur des Moines.

non daté Caen (14), chapelle de la Centrale Catholique :
– Vitraux et grande fresque.

non daté Evron (53), basilique :
– Vitraux.

non daté Evron (53), cinéma paroissial :
– Peinture murale.

non daté Saint-Jean-de-Daye (50), église :
– carton de tapisserie exécuté par Plasse-Lecaisne.

non daté Nassandres (27), église :
– Vitraux du transept.

non daté Aunay-sur-Odon (14), église :
– Vitraux de la nef.

non daté Gorron (53), église :
– Vitraux.

non daté Pontoise (95), collège Saint-Martin :
– Vitraux.

non daté l'Ile Tudy (29), église :
– Vitrail.

ROUAULT Georges (1871-1958)

A l'âge de 14 ans, il entre en apprentissage chez un maître-verrier, tout en suivant les cours du soir des Arts Décoratifs. En 1890, il décide d'entrer aux Beaux-Arts où il est élève de Gustave Moreau. En 1894, il reçoit le prix Chenavard pour son œuvre «L'Enfant Jésus parmi les docteurs» et échoue deux fois au Prix de Rome. Il expose pour la première fois au Salon des Artistes Français en 1895. A partir de 1902, il est nommé conservateur du Musée Gustave-Moreau, décédé en 1898. Il participe à la fondation du Salon d'Automne avec Desvallières, Matisse, Marquet, Piot et le critique Y. Rambosson. Il épouse Marthe Le Sidaner en 1908. A partir de 1917, il se consacre à la gravure et entreprend le *Miserere et Guerre* que Vollard qui lui a acheté son atelier en 1913, éditera en un volume en 1948. Après la céramique, il s'intéresse à différentes techniques telles la tapisserie, le vitrail et l'émail.

Principales réalisations :

1939 Paris, Musée d'Art Moderne :
– Deux verrières exécutées par J. Hebert-Stevens.

1939-1948 Assy (74), Notre-Dame-de-Toute-Grâce :
– *Le Christ aux outrages,*
– *Bouquets,*
– *Passion,*
– *Flagellation,* vitraux, façade,
– *Sainte Véronique,* vitrail, chapelle mortuaire, exécution Paul Bony.

1942 – *Le Christ aux outrages,* huile sur toile.

1955 Fontaine-la-Soret (27) :
– Deux verrières exécutées par Paul Bony.

avant 1956
Paquebot Vietnam, Chapelle :
Christ en Croix, émail (55 cm ×

38 cm).

1956   Hem (59), Chapelle :
        – *Sainte Face*, traduite en tapisserie
        noir et blanc, exécutée par l'atelier
        Plasse-Lecaisne, 4 m².

Georges Rouault, Sainte Véronique, Notre-Dame-de-Toute-Grâce à Assy, vitrail réalisé par Paul Bony, 1948.

VIERA DA SILVA Maria-Élena (1908-1992)

D'origine portugaise, elle fait des études de dessin aux Beaux-Arts de Lisbonne de 1919 à 1927. En 1928, elle s'inscrit à l'Académie de la Grande Chaumière à Paris et visite l'Italie. Elle épouse le peintre hongrois Arpad Szenes en 1930. Le couple s'installe au Portugal à partir de 1935. En 1943, elle réalise à l'École Nationale d'Agronomie « Kilomètre 44 », la décoration de la salle de restaurant en carreaux de céramique. En 1947, ils regagnent la France et se font naturalisés français en 1956.

Maria-Elena Viera da Silva, Maquette à l'huile sur toile pour l'église Saint-Jacques de Reims, 1969.

Principales réalisations :

1963   Montréal (Canada), Exposition
        d'Art Français :
        – Composition, vitrail réalisé à
        l'instigation de J.Lassaigne.

1966-1976 Reims (51), église Saint-Jacques :

1966   Elle répond à la commande qui lui
        a été faite de huit vitraux pour
        cette même église avec B. et Ch.
        Marcq.

1967-1968 – Vitraux de la chapelle latérale
        sud de l'abside,

1968-1969 – Vitraux de la chapelle latérale
        nord de l'abside. L'État acquiert
        les maquettes des vitraux.

1971   – Ch. Marcq reçoit des maquettes
        nouvelles pour les trois fenêtres
        nord.

1973   – Pose des trois verrières nord.

1976   – Trois dernières maquettes pour
        les verrières de la chapelle sud,
        mises en place pour les fêtes de
        Noël.

1969   Reims (51), Exposition de la
        Maison de la Culture :
        – *Saint Lubin*, vitrail.

1981-1983 Lisbonne (Portugal), chapelle du
        Palais de Santos, Ambassade de

France :
– Une tapisserie et 5 tableaux.

1983   – Mise en place de la tapisserie
exécutée par la Manufacture
Tapeçarias de Portalegere.

VILLON Jacques
(1875-1963)

Frère de Marcel Duchamp et Raymond Duchamp-Villon. Il arrive à paris en 1894 et sous l'influence de Degas et de Toulouse-Lautrec, dessine pour des journaux. En même temps que la peinture et le dessin, il cultive la gravure. Grâce à l'architecte en chef des Monuments Historiques, il se tourne vers les problèmes du vitrail après la guerre et travaille avec le peintre-verrier Charles Marcq à Reims.

Principales réalisations :

1956-1957 Metz (57), cathédrale Saint-
Étienne :
– Chapelle des évêques ou du
Saint-Sacrement (cinq verrières).

1963   Bouchevilliers (27), église
paroissiale :
– Verrière d'axe.

1962-1963 Bièvres, Moulin de Vauboyen,
Chapelle :
– *Crucifixion*, vitrail.

J. Villon, cathédrale de Metz, Ch. Marq, maître-verrier, 1964-1965.

Les sculpteurs

Michèle LEFRANÇOIS

**ADAM-TESSIER Maxime
(1920-)**

Adam-Tessier commence à travailler à l'Académie Julian en 1939 puis dans l'atelier de Despiau et Laurens. Après une influence cubiste et celle déterminante de Brancusi, il s'oriente vers une abstraction aux volumes denses dont les lignes de force rappellent les rythmes mécaniques, les formes organiques.

Principales réalisations :

Rozelay, église :
– *Christ*
Issy-les-moulineaux, église :
– bénitier
Paris, chapelle des Dominicaines :
– *Chemin de croix*
Agneaux, église :
– *Chemin de croix*
Saint Nazaire, église Sainte Anne :
– autel

Puyoo, église :
– *Chemin de croix*
Reyersviller, église :
– maître autel
– *Christ*
Mulhouse, église :
– bénitier
Strasbourg-Mainau, église :
– autel
Pantin, église Saint-Gervais
Pantin, église Sainte-Claire

**BIZETTE-LINDET André
(1906-)**

Grand Prix de Rome en 1931, André Bizette-Lindet réalisa une production sculptée liée essentiellement à l'art monumental (monuments à la Résistance de Lille, du Mans, ambassade de France à Ottawa, Mémorial de Camberra...) Il appartient au groupe du « Mur vivant » pour l'intégration de la sculpture monumentale à l'architecture contemporaine.

Principales réalisations :

Donges, nouvelle église :
– Tympan : *Calvaire*
Le Mans, cathédrale :
– *Gisant du Cardinal Grente*
Reims, cathédrale, galerie des rois :
– *Roi*
Rouen, cathédrale :
– Maître-autel
Sainte Barbe

André Bizette-Lindet, Tympan de la Nouvelle église, *Donge, 1960.*

BOUSCAU Claude
(1909-1985)

Claude Bouscau obtient le Premier Grand Prix de Rome de sculpture en 1935. Parti d'une figuration réaliste, il aborde après la guerre, une stylisation frôlant l'abstraction. Claude Bouscau a réalisé de nombreuses décorations sculptées pour des établissements scolaires.

Claude Bouscau, Christ, *coll. part.*

Principales réalisations :

1935   *Jésus dépouillé de ses vêtements,*
        Premier Grand Prix de Rome de
        sculpture :

1938   Arcachon, Chapelle des Sœurs-de-
        Saint-Vincent-de-Paul :
        – *Vierge*

1941   Paris, église Saint-Dominique :
        – *Annonciation*

1942-1948 Aurillac, église du Sacré-Cœur :
        – *Chemin de croix*
        – *Nativité*
        – *Sermon sur la montagne*

1962   – *La Tempête apaisée*

BROCHET François
(1925-)

Elève de Fernand Py, François Brochet s'incrit dans une veine réaliste impressionniste, originale dans le courant abstractisant de l'époque. Ses conceptions trouvent leur expression dans un « Manifeste pour une sculpture sur bois polychromé », paru lors d'une manifestation qui lui fut consacrée au Musée Bourdelle en 1969.

François Brochet, La très Sainte Vierge, *bois polychrome, 1988.*

Principales réalisations :

La Seyne-sur-Mer, collège des Pères Maristes :
– autel, chœur,
– *Vierge,*
– Bas relief
Auxerre, église Sainte-Thérèse :
– autel
– *Christ,*
– *Sainte Thérèse*
Ambon :
– *Vierge*
Mehun-sur-Yèvre, église.
– *Jeanne d'Arc*
Baccarat, église :
– *Vierge*
Paris, église Saint-Étienne-du-Mont :
– *Saint Étienne*
Tournai, église :
– *Saint Éloi*
Ottawa, église Saint-Jean :
– *Saint Jean l'Évangéliste*
Rome, basilique Saint-Pierre :
(Sacristie)
– Ostensoir

CHAVIGNIER Louis
(1922-)

Elève de l'Ecole des Beaux Arts de Toulouse, puis de Paris, Chavignier se dégage de sa formation académique pour trouver dans l'art religieux une rigueur plastique lui permettant d'exprimer sa spiritualité inquiète.

Louis Chavignier, Christ.

Principales réalisations :

Créteil, église :
– autel, crucifix et fonts
Neuilly, église :
– autels
Villeparisis, église :
– autel et fonts
Rueil, église Saint-Jean-Marie Vianney :
– retable, autel, crucifix, fonts
Mulhouse, église du Sacré-Cœur :
– *Christ*
– tabernacle
Espalion, Chapelle du Petit Séminaire :
– Chemin de croix
– *Christ*
Monderpuis, église
Luzoir, église
Longpré les Corps Saints, église
Corbie, église
Bernes sur Oise, église
Voyenne, église

COLLAMARINI René
(1904-1983)

En 1914 Collamarini entre à l'Ecole Nationale Supérieure des Beaux Arts dans l'atelier de Jean Boucher et reçoit en 1929, le Prix Florence Blumenthal. Pratiquant la taille directe sur pierre, bois, il réalise d'importantes réalisation publiques (Hôpitaux, collèges...). Passant de la figuration classique à un lyrisme formel basé sur un rythme ondulatoire, Collamarini trouve dans le monumental un aboutissement logique de ses conception artistiques.

Principales réalisations :

1938   Dax-le Lanot :
        – *Saint Vincent de Paul*

1949   Amiens :
        – *Saint Thomas d'Aquin*

1951   Saint-Dié, cathédrale :
        – *Jeanne d'Arc*

1953   Yvetot, église :
        – Porche

René Collamarini, Jeanne d'Arc, *église de Saint-Dié, 1951.*

CURIE Parvine
(1936-)

C'est après sa rencontre avec Stahly que Parvine Curie réalise sa première sculpture monumentale. En 1978, elle participe à, l'exposition « Signes du sacré dans l'Art » à l'Évêché de Dijon, et en 1979 reçoit le Prix Bourdelle. Ses sculptures sont marquées par un mouvement ascendant, étagées en masses clairement définies. Utilisant le bois, le métal, le bois, la pierre l'artiste porte leurs dimensions à un niveau architectural.

Principales réalisations :

Murbach, abbaye :
– Porte
Évangéliaire (Commandé par le Centre National d'Art Sacré)

Parvine Curie, Porte de l'abbaye, *Murbac.*

GILIOLI Emile
(1911-1977)

En 1931, Émile Gilioli entre à l'École Nationale Supérieure des Beaux-Arts dans l'atelier de Jean Boucher. Se tournant vers l'abstraction, Gilioli réalise dans la commande publique un art monumental où les tracés simples et volumineux, la plénitude du modèle et la rigueur de la construction sont mis au service de recherches spirituelles (Mémorial de Voreppe, Monument des Déportés de l'Isère, Monument aux martyrs du Vercors...)

Émile Gilioli, Force et Prière.

Principales réalisations :

1942	Saint Auban, église : – *Saint Pierre*
1942	Grenoble, église du Sacré-Cœur : – *Christ*
1944	Vierge à l'enfant
1945	Méaudre : – *Vierge* Sinard, église : – *Vierge*
1947	– *Ange*
1950	Vassieux, église : – *Vierge à l'enfant*
1953	– *Le royaume des cieux*
1960	– *Christ*

DE GRAUW Pierre
(1921-)

Peintre et sculpteur autodidacte, Pierre de Grauw arrive à Paris en 1950. Il étudie le dessin aux Ateliers d'Art Sacré sous la direction de Jacques Le Chevallier. Fidèle des Salons d'Art Sacré, théologien dans l'Ordre des Augustins où il fut ordonné en 1950, l'artiste se voua à un art essentiellement religieux.

Principales réalisations :

1956	– *Vierge à l'enfant*
1958	– *Le Sacrifice d'Abraham*
1962	Paris, chapelle Saint-Bernard de la gare Maine-Montparnasse : – *Christ* – *Chemin de Croix*
1963	Absalom
1964	Bagneux, église Sainte-Monique : – *le chemin des Disciples d'Emmaüs*
1965	Nimègue, Musée biblique :

	– *Les sept prophètes*
1965	Paris, église Saint-Merri : – *Crist aux outrages*
1966	– *Christ souffrant*
1968	– *Le pauvre roi David*
1970	Chateauvert, jardin de sculptures : – *Cantique des cantiques*
1978	– *Job en discussion avec ses amis*
1980	– *Emmaüs* – *L'autre prohète*

JUVIN Robert
(1921-)

Élève de l'École Nationale Supérieure des Beaux Arts de Paris, Robert Juvin obtient le Prix National en 1952 et le Prix Blumenthal en 1954. Adepte de la taille directe, partisan d'un art plastique intégré à l'architecture, le sculpteur, parallèlement à l'Art Sacré réalise des ensembles monumentaux citadins (fontaine « olympique » à Grenoble, sculptures au Lycée de Saumur, au Collège Saint-Gervais-d'Auvergne, au Mémorial du Mont-Valérien, terrasses au Parc Floral de Vincennes...).

Principales réalisations :

1942	Cheux, église : Chevet : – chapiteaux,

	– *corbeaux.*
1945	Paris, église du Sainte-Jeanne-de-Chantal : tympan : – *couronnement des anges,*

LELEU René
(1911-1984)

René Leleu obtint le Premier Grand Prix de Rome de sculpture en 1939. Fidèle à l'enseignement traditionnel, son œuvre est entièrement tournée vers le monumental et trouve son originalité dans le rythme expressif des corps. Historien d'art Leleu a notamment publié « Les métamorphoses de l'art ».

René Leleu, Le Bon Pasteur.

Principales réalisations :

Paris, église du Saint-Esprit :
– Dômes : Statues
Fanville-en-Caux, église :
– bas-relief
Tournan-en-Brie, église :
– *Saint Denis*
– *Bon Pasteur*

1946	– *Vierge à l'enfant*
1952	– *Christ*
1959	– *Job*
1964	– *Vierge à l'étendard*

LEYGUE Louis
(1905-1992)

Elève de Coutan et Landowski à l'Ecole Nationale Supérieure des Beaux Arts, Grand Prix de Rome en 1932, Louis Leygue réalise de nombreux monuments publics, synthèse d'architecture – sculpture (Monument des Déportés de Nantua...) Dans l'art animalier, il s'est livré à d'audacieuses transpositions.

Louis Leygue, Autel, *crypte de l'église Notre-Dame-les-Rottes, Vendôme.*

Principales réalisations :

1944	Saint Auban, église :
	statues colonnes :
	– *Saint Joseph, Jeanne d'Arc*
1946	– *Petit Saint Jean*
1957	Oresmaux, église :
	tympan
	– *Naissance de la Vierge.*
1968	Vendôme, Notre-Dame-des-Rottes :
	– *Vierge*
	– tabernacle
	– *le baptême du Christ* (baptistère)
	– *les quatre cavaliers de l'Apocalypse* (crypte)
	– autel (crypte).
1975	Grisy-Suisnes, église :
	– *Christ.*

LIPCHITZ Jacques
(1891-1973)

Arrivé de Lituanie en 1909, Lipchitz suit en élève libre les cours d'Injalbert à l'École des Beaux-Arts, puis ceux de Verlet à l'Académie Julian. Il oriente dans un premier temps son travail dans le sens des recherches cubistes, puis revient à une figuration plus grande. Ses « Transparents » (assemblages à claire-voie) annoncent la sculpture de fer. Mais sa créativité, l'entraîne vers un art plus lyrique, voire expressionniste. C'est en 1946 que le Père Couturier demandait à l'artiste de participer à la décoration de Notre-Dame de Toute Grâce à Assy. Lipchitz réalisait *La Vierge et l'Esprit* dont il faisait la description... «Du bec de la colombe tombent trois pans de ciel étoilé qui se relèvent en forme de cœur renversé d'où émerge la vierge les bras tendus vers le monde, le tout porté par des anges en plein vol». Au revers, l'artiste signait son œuvre : « Jacob Lipchitz, juif fidèle à la foi de ses ancêtres, a fait cette Vierge pour la bonne entente des hommes sur la terre afin que l'Esprit règne ».

Principales réalisations :

1921	– *Madeleine repentante*
1932	– *Jacob et l'ange*
1933	– *David et Goliath*
1946	Assy, église Notre-Dame-de-toute-Grâce :
	– *La vierge et l'Esprit*
1946	– *Cantique des Cantiques*
1949	– *Agar*

Jacques Lipchitz, Jacob et l'ange.

RICHIER Germaine
(1904-1959)

Elève de Guigues, ancien praticien de Rodin, puis de Bourdelle, Germaine Richier crée un art de l'hybride où la métamorphose tient la place prépondérante qui mêle le monde minéral, végétal et animal. Monde surréaliste où les formes se tordent et se déchirent dans une sorte de fureur cosmique.

Principale réalisation :

Assy, Notre-Dame-de-Toute-Grâce :
– *Christ*
«... Je crois que ma conversation avec le Christ de terre de bois et de conviction a donné un assez bon résultat. Je pense que nous rentrons lentement dans la décade du beau. »

Germaine Richier, Christ, *Notre-Dame de Toute-Grace, Assy.*

STAHLY François
(1911-)

Elève de Malfray et Maillol à l'Académie Ranson, François Stahly se lie en 1936 au groupe « Témoignage » (Bertholle, le Moal, Manessier...) A partir d'une poétique sur le développement de la nature, Stahly réalise un art basé sur ce thème du groupement où de la séparation des formes inspiré de la matière organique. Ses œuvres monumentales (fontaines, jardin-Labyrinthe...) sont destinés aux grands espaces naturels.

Principales réalisations :

1946   *Ange*
1952-1956 Baccarat, église Saint-Rémy :
    – vitraux, reliefs.
1953-1954 Vallée-au-Bled, église
    – Rosace,
1955   – *Flèche*
    (Projet pour l'église Notre-Dame-de-France, Bizerte.)
1955   *L'Apocalypse*
    (Projet pour une grille d'autel)
1955-1960 *Flèche*
    Chaînes d'eau
    (Projet pour la basilique du Sacré-Cœur, Alger.)
1958   Bruxelle, Exposition universelle, Pavillon du Vatican :

    – *Chapelle du Saint-Sacrement : plafond et mur relief.*
1960   *L'Apocalypse*
1961   *Le Buison ardent*
1960   *La création du monde, Le ciel, Les arbres, Fiat lux, Les cyclopes, Le 7e jour, La terre*
1970   *Croix*
1972   *Petits Gémeaux au signe de la croix*
1982-1983 *Le château de l'âme*

François Stahly, Vitraux reliefs, *église de Baccarat, 1956.*

SZEKELY Pierre
(1946-)

D'origine hongroise, Pierre Szekely dans ses premières œuvres montre une influence de l'artisanat folklorique ; à partir de 1954 il expose avec le groupe « Espace », se livre à des problèmes d'animation et d'intégration à l'architecture en bâtissant des sortes d'idéogrammes de pierre, souvent inspirés de civilisations disparues. Il est l'auteur de nombreuses réalisations monumentales.

Principales réalisations :

1962   Grand Quevilly, église Sainte-Bernadette :
    – *Intervention surnaturelle*
1966   Valenciennes, chapelle du Carmel.
1967   Paris, cloître Saint Séverin :
    – *les Laudes, oasis*
    Fossé, église
    Ermitage Saint Rouan, église
    Chaville, maison des Carmélites
    Palaiseau, église
    Pinet d'Uriage, église
    Bures, église
    Bernes sur Oise, église
    Saclay,
    – *Christ*
    Orsay, monastère

Pierre Szekely, Ange fendu, *pierre.*

SZWARC Marek
(1892-1958)

Né en Pologne, Marek Szwarc s'installe à la Ruche et suit les cours de l'École Nationale Supérieure des Beaux Arts. Son art s'était formé dans une ambiance judaïque et ses sujets sont empruntés aux deux Testaments. Ses formes étranges tourmentées s'achemineront vers une plus grande sérénité, taillées tour à tour dans le bois et le métal.

Principales réalisations :

Paris, église des Jeunes ouvriers catholiques :
–*Crucifixion*
Toronto, église Holy Rosary :
– *Chemin de croix*
– série des prophètes, saints et apôtres

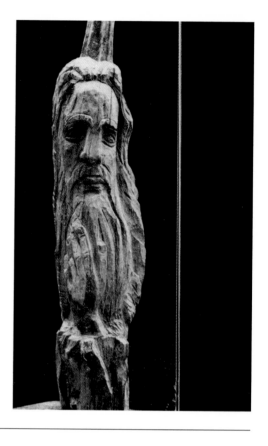

Marek Szwarc, Moïse.

UBAC Raoul
(1910-1985)

Très lié au groupe surréaliste, Ubac fréquente les ateliers de Montparnasse et utilise diverses techniques comme le brûlage, la solarisation, la pétrification. Touchant à diverses expressions (photographie, littérature...), il découvre en 1946 celle de la sculpture sur ardoise et participe à d'importantes intégrations architecturales.

Principales réalisations :

1961-1969 Saint Paul de Vence, Fondation Maeght :
– Chemin de croix

1961 Vitrail d'après un modèle de Braque
Ezy-sur-Eure, église :
– vitraux

Raoul Ubac, Chemin de croix, *chapelle de la Fondation Maeght, Saint-Paul-de-Vence.*

WARDECKI Lech
(1929-)

Autodidacte et solitaire, Lech Wardecki manifeste un sens aigu du drame sacré, le conduisant vers des formes de plus en plus pures.

Principales réalisations

Toulon, église de la Mission de
France
Montpellier, église des
Dominicains
Marseille, église des Dominicains
Ales, église
Sainte-Baume, église
Fanjeaux, église

ZADKINE Ossip
(1890-1967)

Né en Russie, Ossip Zadkine arrive à Paris en 1909 et pendant un an suit les cours d'Injalbert à l'Ecole Nationale Supérieure des Beaux Arts. En 1910, il s'installe à la Ruche et fréquente Picasso, Brancusi, Archipenko, Delaunay...
En 1945 il devient professeur à la Grande Chaumière
L'art de Zadkine, marqué par le cubisme est essentiellement caractérisé par une audace poétique qui sert des thèmes d'inspiration souvent métaphysique.

Principales réalisations :

1914   – *Le Prophète*

1935   – *Saint Sébastien*

1939   – *Crucifixion*

1952   – *Pietà*

1963   – *Visitation*

Ossip Zadkine, Pietà *vers 1950, Musée Zadkine.*

Les verriers

Françoise PERROT
Martine CHENEBAUX

BONY Jacques
(1918)

Né à Alençon (Orne), dans une famille d'historiens. Il prépare l'École des Chartes et est licencié ès Lettres Classiques en 1943. Il suit les cours des Arts Décoratifs de 1943 à 1944. Il exécute son premier vitrail en 1944. Il conçoit des maquettes pour repeindre des églises à retables XVIIe – XVIIIe siècles, en Franche-Comté (1946-1951). Il expose au Salon d'Automne de 1944 à 1951, au Salon d'Art Sacré de 1950 à 1956 et au Musée National d'Art Occidental de Tokyo en 1960. Il participe à la querelle art abstrait – art figuratif au sujet des églises d'Assy, de Vence et d'Audincourt. Depuis 1950, il réalise de nombreux vitraux pour les monuments historiques, des églises anciennes et modernes.

J. Bony, esquisse pour un vitrail de l'église de l'Immaculée Conception *à Boulogne-Billancourt, 1968.*

Principales réalisations :

1944 Paris, Salon d'Automne :
– *La Sainte Famille*, vitrail d'exposition.

1947 Saint-Dizier-L'Évêque (52), église :
– *La Charité de Saint Martin,*
– *Le Martyre de Saint Dizier,*
– *Christ-Roi*, vitraux.

1948-1971 Noisy-sur-Oise (95), église :
ensemble des verrières de la vieille église :
    1948 – trois vitraux
    1958 – deux vitraux
    1971 – deux vitraux du baptistère.

1950 Dingy-Saint-Clair (74), église :
– Vitraux accompagnant des fragments du XVIe siècle replacés dans l'église.

1950 Jurques (14), église :
– Ensemble des verrières de l'église moderne.

1951 Aunay-sur-Odon (14), église :
– Vitraux du chœur.

1952-1976 Vernon (27), église Notre-Dame :
    1952 – baies hautes,
    1956 – baies hautes du chœur,
    1975 – rosace occidentale,
    1976 – *Saint Jacques et Sainte Geneviève,* vitrail dans le bas côté-sud complétant des fragments du XVIe siècle.

1956 Moulins (03), cathédrale :
– Vitrail faisant pendant à une lancette du XVIe siècle exécuté à l'atelier Chigot.

1956 Rozelay par Perrecy-les-Forges (71), église :
– Vitraux en dalles de verre exécutés à l'atelier Barillet.

1956-64 Ploërmel (56), église Saint-Armel :
9 Vitraux accompagnant un ensemble du XVIe siècle.
– 6 vitraux restaurés,
– *Adam et Ève chassés du Paradis,*
– *le Baptême du Christ,*
– *la Crucifixion,*
– *la Résurrection,*
– *l'Assomption de la Vierge,*
– *le Couronnement de la Vierge,*
– *la Vie de Saint Armel,*
– *la Sainte Famille,*
– *la Résurrection des Morts – le Jugement dernier.*

1957-58 Brest (29), église Saint-Louis :
– Vitraux non figuratifs.

1968 Boulogne-Billancourt (92), église de l'Immaculée-Conception :
– *Vierge à l'Enfant,*
– Vitraux de la Tribune, cartons d'Isabelle Rouault.

1973 Dignonville (88), église :
– Vitrail d'axe du chœur.

1979-88 Gisors (27), église Saint-Gervais :
– Rose orientale sur le thème de la Création et 4 baies situées au-dessous,
– 6 grandes baies hautes du chœur.

1982	Longchamp (88), église : – Vitraux du chœur.
1986-1987	Saint-Dié (88), cathédrale : sur le thème : *Mort et Résurrection* :

– 6 vitraux non figuratifs, bas-côtés sud,
– réalisaton des cartons de E. Jan et G. Asse.

1992	Sermaise (91), église : – vitrail d'axe du chœur.

BONY Paul
(1911-1982)

Né au Mans (Sarthe). De 1930 à 1933, il suit les cours de l'Institut d'Art et d'Archéologie et ceux de l'École des Arts Appliqués. A partir de 1934, il s'initie à la technique du vitrail dans l'atelier de Hébert-Stevens, dont il épouse la fille, Adeline. Dès 1935-1936, il expose des peintures religieuses à tendance monumentale au Salon d'Automne. Il est membre des Ateliers d'Art Sacré et de l'Union des Artistes Modernes. Outre ses vitraux, il crée en 1941-1943 des décors de théâtre pour Charles Dullin et, depuis 1949, de grands ensembles de céramique murale.

Paul Bony, Le Christ, *Cité Universitaire de Bogota, 1953.*

Principales réalisations :

1934	Paris, Exposition « L'Art religieux d'aujourd'hui », Hôtel des Ducs de Rohan : – *Saint Luc.*
1937	Paris, Exposition Internationale des Arts et Techniques, Pavillon des vitraux : – *Pentecôte*, avec Hébert-Stevens.
1938	Roye (80), église Saint-Pierre : – *Arbre de Jessé* (chœur), détruit en 1940, refait en 1942.
1939-1956	Assy (74), Notre-Dame-de-Toute-Grace : – premier vitrail posé : *Ecce homo,* carton de Rouault, maître-verrier : Bony.
1946-1948	– quatre vitraux d'après des cartons de Rouault, maître-verrier : Bony, – huit grands vitraux de la nef : *Saint-Pierre aux Liens* carton Bony, *Sainte Thérèse de l'Enfant-Jésus, Saint Raphaël,* cartons P. Coururier ; *Saint François d'Assise, Saint Vincent de Paul* cartons de Berçot ; *Sainte Jeanne d'Arc, Saint Louis,* cartons de Brianchon ; *Notre-Dame des Sept Douleurs* carton de Adeline Hebert-Stevens.
1956	– *Le Baptême,* 3 cartons de Chagall, maître-verrier : Bony.
1941-1942	Paris, église Saint-Médard : – *Sainte Geneviève.*
1941-1943	Sées (61), Monastère de l'Adoration : – *Saint Bernard.*
1942-1947	Creil (60)
1943-1947	Beauchêne (61)
1943-1947	Chanu (61) : – *Saint Martin, Saint Roch, Résurrection* (chœur).
1943-1947	Le Pin-au-Harras (61)
1946	Feucherolles (78) : – trois vitraux, cartons du Père

Couturier, maîtres-verriers : Bony et Hébert-Stevens.

1946-1947	École (25), Séminaire : – trois vitraux, cartons du Père Couturier, maîtres-verriers : Bony et Hébert-Stevens.
1947	Paris, « 25 Ans d'art sacré en France » : – Musée Galliéra : *Christ aux outrages.*
1948	Paris, Chapelle de Monseigneur Bertin, rue Vaneau : – cartons du Père Couturier, maîtres-verriers : Bony et Hébert-Stevens.
1948	Plateau d'Assy (74), Foyer Saint-Dominique : – cartons du Père Couturier, maîtres-verriers : Bony et Hébert-Stevens.
1949-1951	Vence (06), chapelle Saint-Dominique : – cartons de Matisse, maître verrier : Bony.
1949-1956	Brest (29), église Saint-Pierre-Quilbignon.
1950-1978	Cerisy-la-Forêt (50), abbatiale.
1951-1952	Hersbach (67).
1952-1953	Vraiville (27), Église : ensemble de la décoration : vitraux, céramique, autel, bancs....
1952-1954	Bogota, Colombie, Chapelle de la Cité Universitaire.
1952-1958	Besançon (25), église Sainte-Madeleine.
1954	Alligny-en-Morvan (58), Chapelle du Chateau de Chaux : – 2 cartons de Bazaine
1954	Varangeville (76), chapelle Saint-Dominique : – cartons de Georges Braque, maître-verrier : Bony.
1955	Fontaine-la-Sorêt (27) : –cartons de Rouault, maître-verrier : Bony.

1955   Pocantico Hill, États-Unis :
        —cartons de Matisse, maître-
        verrier : Bony.

1955-1956 Oyonnax (01).

1957-1958 Saint-Michel-de-Montjoie (50).

1958   Brest (29), église Saint-Louis :
        – *Saint-Louis*, fenêtre de cent
        mètres carrés, et petites verrières
        abstraites.

1959   Nantes (44), église Sainte-Thérèse.

1959   Les Islettes (55), chapelle Saint-
        Rouin :

– cartons de Kimie Bando, maître-
verrier : Bony.

1962-1963 Reichshoffen (67).

1963-1965 Lamarche (88).

1970   Zurich, Suisse, église anglicane :
        – carton de Graham Sutherland,
        maître-verrier : Bony.

1972-1974 Neuf-Brisach (68).

1978   Hartheim-en-Brisgau, Allemagne.
        Paris, chapelle des frères Saint-
        Jean-de-Dieu :
        vitrail allégorique.

LE CHEVALLIER Jacques (1896-1987)

Né à Paris, dans une famille où l'art tient une grande place.

1911, entre à l'École Supérieure des Arts Décoratifs (élève de Paul Renouard et d'Eugène Morand). Mobilisé en 1915 (service de santé).

1920, début de la collaboration avec Louis Barillet sur le point d'ouvrir son atelier auquel se joindra Th. Hanssen en 1923.

Épouse en 1921 Jeanne Bourard, ancienne élève des Arts Décoratifs. 1927, voyage en Suisse avec Severini et Cingria 1928, installation à Fontenay-aux-Roses.

1929, premier voyage en Italie. Devient vers 1930 sociétaire de la Société des Artistes Décorateurs et du Salon d'Automne. 1936, second voyage en Italie.

1937, participe à l'Exposition Internationale, et présente en particulier la verrière du concours de Notre-Dame de Paris et Pavillon Pontifical.

En 1946, ouvre son atelier personnel de vitraux à Fontenay-aux-Roses.

1948, réorganise avec J. Pichard et M. Rocher les anciens Ateliers d'Art Sacré fondés par M. Denis et G. Desvallières, rue de Furstenberg.

A partir de 1950, il assure seul la direction du Centre d'art sacré. 1953, chargé d'un cours de vitrail à l'École Nationale Supérieure des Beaux-Arts de Paris.

J. Le Chevallier a participé à de nombreux jurys, a présenté ses œuvres dans des expositions de groupe ou personnelles et réalisé plus de soixante ensembles de vitraux depuis la fin de la guerre.

Jacques Le Chevallier, Crucifixion, *église de Louvigny.*

Principales réalisations :

1944   Montreuil
        Église Saint-André

1944   Alfortville
        Église Saint-Léon

1944   Rilly-sur-Aisne
        Église paroissiale

1956   Besançon
        Église Saint-Joseph
        vitraux en dalle de verre

1957   Angers
        Cathédrale Saint-Maurice
        verrières modernes pour
        accompagner les vitraux anciens

1957   Beauvais
        Cathédrale Saint-Pierre
        Chapelle Sainte-Anne et triforium

1954-1965 Paris
        Cathédrale Notre-Dame
        vitraux des parties hautes de la nef
        et des tribunes

ap. 1960 Soissons
        Cathédrale Notre-Dame
        vitraux du pourtour du chœur

MARQ Charles (1923-) et SIMON Brigitte (1926-)

Charles Marq est né à Paris et fit ses études à la Sorbonne (licence de Philosophie). Brigitte Simon est née à Reims où elle reçut une formation de peintre et de peintre-verrier dans l'atelier de son père, Jacques Simon.

Après leur mariage en 1949, ils travaillent ensemble dans l'atelier de vitrail, à Reims.

Dans cette période d'après-guerre, la reconstruction bat son plein et les deux artistes se trouvent confrontés aux problèmes que posent les grands travaux de restauration et qui empêchent toute recherche de création sérieuse.

La rencontre avec l'architecte en chef des Monuments Historiques, Robert Renard, marque un tournant important qui leur permettra de collaborer très étroitement avec de grands peintres, dont ils exécutent les vitraux : J. Villon, Bissière, Chagall, Sima, Vieira da Silva, Braque, Asse, Miro, Poliakoff, etc.

Parallèlement à cette activité, ils poursuivent chacun leurs propres recherches de peintre et de graveur ; ils ont présenté leurs œuvres dans de nombreuses expositions personnelles et ont réalisé des vitraux.

C'est ensemble qu'ils ont été honorés, en 1990, par le Grand prix national des métiers d'art.

Ch. Marq, église Saint-Nicolas de Rethel, 1954-1963.

Principales réalisations :

Vitraux de Charles Marq

1954-1963	Rethel Église Saint-Nicolas vitraux du bas-côté sud
1963	Moissac Église Saint-Pierre
1972	Rethel Église Saint-Nicolas vitraux du chœur
1974	Lyon Primatiale Saint-Jean vitraux de la chapelle de Bourbon
1976	Reims Basilique Saint-Remi vitraux de la chapelle d'Axe
1987-90	Mayence Église Sankt-Stefan vitraux de la nef, en accompagnement de ceux de Chagall (chœur et transept)

Vitraux de Brigitte Simon

1961	Reims Cathédrale Notre-Dame vitrail pour les fonts baptismaux (bras sud du transept)
1961-1965	Tournus Abbatiale Saint-Philibert Vitry-le-François Église Notre-Dame vitraux du chœur
1968-1974	Nantes Cathédrale Saint-Pierre vitraux du narthex et du bas-côté nord de la nef
1971	Reims Cathédrale Notre-Dame vitraux du transept (bras sud)

Vitraux réalisés par Charles Marq et Brigitte Simon en collaboration avec des peintres

Jacques Villon

1956-1957 Metz

Cathédrale Saint-Étienne
chapelle du Saint-Sacrement (ou des Évêques)

Roger Bissière

1958	Metz Cathédrale Saint-Étienne vitraux dans le déambulatoire, le transept et le triforium
1962	Moissac chapelle
1962-1972	Nice Musée du message biblique « La Création » pour l'auditorium (que Chagall considérait comme de l'art sacré).
1973-1974	Reims Cathédrale Notre-Dame vitraux de la chapelle d'Axe.
1976-1978	Sarrebourg Chapelle des Cordeliers vitrail de la Paix
1978-1982	Le Saillant (Corrèze) Chapelle du château

Georges Braque

1963	Saint-Paul-de-Vence Chapelle de la Fondation Maeght.

Joseph Sima

1965-1969	Reims Église Saint-Jacques vitraux des parties hautes du chœur

Maria-Elena Vieira da Silva

1967-1976	Reims Église Saint-Jacques vitraux pour le fenêtres basses du chœur

Raoul Ubac

1971	Paris Chapelle des Dominicains du

couvent Saint-Jacques
Chapelles nord et sud

1971-1972 Les Arcs-sur-Argens
Chapelle Sainte-Roseline

1982-1984 Nevers
Cathédrale Saint-Cyr
vitraux du chœur roman.

Joan Miro

1982-1987 Senlis
chapelle Saint-Frambourg
(Fondation Cziffra).

B. Simon, Saint-Philibert de Tournus, 1961-1965.

PERROT Jean-Luc (1926)

Né à Lyon. Études littéraires et scientifiques.

1943-1946, noviciat et studium au couvent dominicain de Saint-Maximin. 1947, arrive à Paris et s'initie au vitrail avec J. Le Chevallier. 1949-1954, monte un atelier de vitrail à Aix-en-Provence et s'intéresse au soufflage du verre pour fabriquer son matériau ; entre en contact avec les architectes J. Prouvé et M. Bataille.

1954-1955, s'installe à Nogent et commence à couler les grandes dalles de verre modulées chez Boussois.

Nombreux essais autour du verre et continue à peindre.

Principales réalisations :

1950-1951 Martigues
Église

1951-1952 Toulon
Église du Mourillon

1951-1952 Marseille
Église Saint-Michel

1951-1952 Monteils
Église du couvent des
Dominicaines

1952-1954 Gy (Haute-Saône)
Église Saint-Symphorien

1953-1954 Trinquetaille
Église
baptistère et coupole

1954-1957 Belfort
Église Sainte-Jeanne-d'Arc

1965-1966 Rochemaure (Ardèche)
Église
dalles sculptées

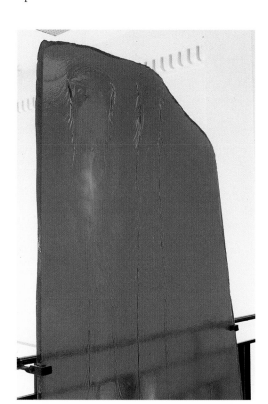

J.-L. Perrot, Dalle Boussois.

LÉON ZACK
(1892-1980)

Né à Nijni-Novgorod, en Russie. Etudie à la Faculté des Lettres de Moscou. Il quitte la Russie en 1920 et, après un séjour en Italie, s'installe à Paris en 1923. Nombreuses expositions en France et à l'étranger.

Peintre figuratif jusqu'en 1947, il cherche ensuite sa voie entre l'abstraction lyrique et l'abstraction géométrique. Ses vitraux se rattachent tous à cette seconde manière.

Léon Zack, Notre-Dame-des-Pauvres à Issy-les-Moulineaux, 1955.

Principales réalisations :

1950   Carsac (24), église :
– *Chemin de croix*, en terre cuite.

1951   Urschenheim (68), église :
– Vitraux, aménagement et tableau du chœur chemin de croix quelques années après,
– Christ en bronze.

1951   Kirchberg (68), église.

1952   La Bastide de Beplas (09), église :
– *Chemin de croix*.

1953   Agneaux (50), église :
– Ensemble de l'aménagement de l'église, en collaboration avec Maxime Adam-Tessier.

1955   Lourdes (65), piscine :
– Portes de la piscine en collaboration avec Maxime Adam-Tessier.

1955   Issy-les-Moulineaux (92), église Notre-Dame-des-Pauvres :
– Grand ensemble, murs de verre.

1956-1957   Valognes (50), chapelle du couvent des Bénédictines.

1957   Paris, chapelle du séminaire Saint Sulpice.

1958-1959   Reyerswiller (57), église Saint-Bernard.

1959   Paris, Chapelle des Petits-Frères-des-Pauvres.

1959   Mulhouse (68), église du Sacré-Cœur :
Vitraux, gravure de l'autel.

1960   Pantin (93), église :
– *Christ en croix*, tapisserie.

1961   Le Châtelet (21), église.

1963-1965   Strasbourg-Meinau (67), église Saint-Vincent-de-Paul.
– Vitraux.

1964   Boulogne-sur-mer (62), chapelle des franciscains.

1965   Paris, église Sainte-Jeanne-d'Arc.

1966   Médaille d'étain à la mémoire du Père Sertillanges :
Face : *Crucifix*, sur l'immuable mouvement de l'Amour trinitaire ouvert aux hommes,
Revers : Éclatement de la Lumière autour du mot Paradis.

1967   Brest (29), église Saint-Louis.

1968   Autun (71), chapelle de l'Institution Saint-Lazare :
– Tenture murale et vitraux.

1969   Dijon (21), chapelle de l'hospice des Petites-Sœurs-des-Pauvres.

1969   Colombes (92), chapelle du couvent des Dominicaines :
– 12 verrières et tapisserie.

1972   Le Puy (43), église du Valvert.
Paris, église Saint-Jacques-du-Haut-Pas, aménagement du chœur.
Vatican, Musée :
– Christ en croix, tapisserie tissée par Plasse-Lecaisne.

Les églises

Afsaneh KAZEMI

Église d'Aron

Architecte : *J. GUY*

Construction : Vers 1955, plan carré, pavage en pierre, parement intérieur recouvert de chaux. Murs extérieurs en granit apparent du pays, charpente apparente en chêne.
Un porche-abri relie la base du clocher au narthex.

DÉCORATION

Sculptures

BIZETTE-LINDET

. Motifs de bronze (anges) ornant l'autel en marbre vert.

R.P. DE LABORDE

. Dessin du tabernacle.

GILI

. Couvercle en cuivre sur la cuve des fonts baptismaux.

Vitraux

Maurice ROCHER

. Les fenêtres et les rosaces.

Ceramique

Françoise BIZETTE

. La niche de l'autel de la Vierge.

Façade de l'église d'Aron à Mayenne, vers 1955, architecte J. Guy.

Église Notre-Dame-de-Toute-Grâce du Plateau d'Assy

Architecte : NOVARINA

Construction : 1939-1946. Pierres apparentes. Plan basilical. Aspect trapu, faible hauteur. Clocher carré de 30 mètres de hauteur. Large toiture en bâtière. Consécration : 1950.

DÉCORATION

Peintures :

P. BONNARD

. Autel latéral droit : Saint François de Sales visitant un asile, toile.

H. MATISSE

. Autel latéral gauche : Saint Dominique, exécuté sur carreaux de céramique.

L. KIJNO

. Crypte : La Cène, Toile

M. CHAGALL

. La chapelle du baptistère : Moïse ouvrant le passage de la mer Rouge, executée sur carreaux de céramique.

Mosaïques

Fernand LEGER

. Façade : Visage de la Vierge entouré de

« Fontaine scellée », « Rose mystique », « Jardin fermé », « Étoile du Matin », « Tour de David », « Arche d'Alliance ».

Théodore STRAWINSKI (composition)
ANTONIOTTI (exécution)

Crypte, autels latéraux : Saint Joseph et Sainte Thérèse de l'Enfant-Jésus.

Tapisserie

J. LURCAT (exécution Maison Talbard, Aubusson)

. Chœur : la Vierge de l'Apocalypse.

Sculptures :

C. DEMAISON

. Les poutres : Moïse et Isaïe, les quatre Évangélistes, deux Pères de l'Occident : Saint Irénée et Saint Bernard.

Marc CHAGALL

. Deux bas-reliefs, marbre : les symboles du Baptême.

Germaine RICHIER

. Chœur : Crucifix, bronze.

Façade de l'église Notre-Dame-de-Toute-Grâce, à Assy, 1939-1946, architecte Novarina.

Claude MARY

. Crypte : le tabernacle et le Crucifix, bronze.

J. LIPTCHITZ

. La Vierge et l'Esprit-Saint, bronze.

Georges BRAQUE

. La porte du Tabernacle, bronze : « Le Poisson, ICHTUS ».

Vitraux
(L'exécution des vitraux est de **Paul Bony** sauf ceux de la tribune)

Georges ROUAULT

. Façade : motifs floraux – Flagellation – le Christ de la Pitié
. Chapelle bas-côté gauche : Sainte Véronique (l'effigie de la fille de l'artiste).

Père COUTURIER

. Nef : Sainte Thérèse de l'Enfant-Jésus – Saint Raphaël.

DE BERCOT

. Nef : Saint François d'Assise – Saint Vincent de Paul.

DE BRIANCHON

. Nef : Sainte Jeanne d'Arc – Saint Louis.

Adeline HEBERT-STEVENS

. Nef : Notre Dame des Sept Douleurs.

Paul BONY

. Nef : Saint Pierre aux Liens.

Jean BAZAINE (composition)
Marguerite HURE (exécution)

. Tribune : Les saints musiciens (Le Roi David, Sainte Cécile, Saint Grégoire le Grand).

M. CHAGALL

. Crypte : Symboles du Baptême.

Marguerite HURE

16 fenêtres de la crypte : symboles de l'Eucharistie.

Église Sacré-Cœur d'Audincourt

Architecte : NOVARINA

Construction : 1949-1952, pierre et béton. Façade basse, porche sur deux colonnes. Clocher de plan rectangulaire. Nef unique, chœur semi-circulaire, un baptistère de plan circulaire.

DÉCORATION

Vitraux (Exécution : Barrillet)

F. LEGER

. Nef et chœur : Instruments de la Passion et les cinq plaies du Christ, dalles de verre non-éclatées et béton.

J. BAZAINE

. Basptistère : interprétation des versets du livre de la Sagesse :
« Aujourd'hui mon fleuve est devenu mer... »

Jean LE MOAL – P. CHOLEWSKA, BORDERIE

. Vitraux de la crypte.

Mosaïques

J. BAZAINE (Composition)
GAUDIN (Exécution)

. Facade : Interprétation de deux textes tirés d'Isaïe et de Sainte Marguerite : « Vous puiserez l'eau de votre joie aux sources du Sauveur » et « Jésus-Christ m'apparut tout éclatant de gloire et ses cinq plaies brillant comme cinq soleils ».

Tapisserie

F. LEGER

. Chœur : Vin et poisson (Symboles eucharistiques).

Sculpture

ÉTIENNE-MARTIN

. Cuve baptismale.

Le baptistère de l'église du Sacré-Cœur d'Audincourt, 1942-1952, architecte Novarina.

Église de l'Immaculée Conception de Boulogne-Billancourt

Architecte : *GRANDJEAN*

Construction : 1967-1968
Église bâtie en béton, remplaçant une ancienne église (XIXe) démolie par les bombardements de la Seconde Guerre mondiale, qui était située place de l'Église.
Nef rectangulaire, sanctuaire clair et dégagé, plafond convexe parqueté en bois.
Église sans clocher, relativement basse par rapport aux immeubles de l'arrière-plan.

DÉCORATION

Vitraux

Paul BONY :

. Tribune, narthex.

Isabelle ROUAULT :

. Chapelle de la Vierge.

J. LE CHEVALLIER :

. Fenêtres latérales.

Façade de l'église de l'Immaculée-Conception de Boulogne-Billancourt, Musée Municipal de Boulogne-Billancourt, 1967-1968, architecte Grandjean.

Église de l'Annonciation de Lyon-Vaise

Architecte : *E. KOCH*

Construction : Vers 1955, bâtie à l'emplacement d'une église détruite en 1944. Une nef principale avec chapelle latérale, une crypte, un presbytère et une école de catéchisme. Ossature en béton-armé avec pavement de mœllons rosés ; couverture de tuiles.

. Apôtres de chaque côté du chœur, pierre.
. Porte du Tabernacle, bronze doré.

Vitraux

Maurice ROCHER

. Vitraux de la nef.

Jacques MICHEL

. Vitraux de la chapelle et du baptistère.

STAHLY

. Vitraux des fonts baptismaux.

Mosaïques

BERTHOLLE (Composition) BARILLET (Exécution)

Grande mosaïque de la crypte, la Passion.

Ferronneries

STAHLY ET BOUGET

Beffroi en fer du clocher : La glorification de la Croix.

BOUGET

. Porte d'entrée en cuivre.
. Croix en cuivre soutenant le porche.

DÉCORATION

Sculptures

KAEPPELIN

. Crucifix suspendu au-dessus de l'autel, bronze.

Intérieur de l'église de l'Annonciation, à Lyon-Vaise, vers 1955, architecte E. Koch.

Église Sacré-Cœur de Mulhouse

Architectes : *André LE DONNÉ et Michael PATOUT*

Construction : 1957-1959. La paroisse et le presbytère datent de 1930. Église bâtie en béton-armé. Nef rectangulaire avec un lanterneau au-dessus de l'autel. La décoration intérieure est entièrement abstraite en harmonie avec la sobriété générale du bâtiment.

Artistes décorateurs :

Janie Pichard

. Vitraux

Léon zack

. vitraux

Irène Zack

. Mosaïques de l'autel.

Véronique Filosof

. Dalle gravée sur le sol du baptistère.

Jonas

. Signal-flèche.

Église du Sacré-Cœur de Mulhouse, 1957-1959, architecte Le Donné et Patout.

Chapelle Notre-Dame-du-Haut de Ronchamp

Architecte : *LE CORBUSIER*

Le petit sanctuaire de pèlerinage s'élève sur un haut-lieu attesté comme tel depuis l'ère païenne. La chapelle actuelle fut bâtie de 1951 à 1954, en remplacement d'une construction détruite lors de la dernière Guerre mondiale.

Le bâtiment est résolument conçu comme un tout organique, un volume complexe privilégiant les courbes, s'apparentant davantage à une sculpture qu'à un traditionnel morceau d'architecture.

Le plan s'articule autour d'un espace central quadrangulaire servant de «nef», sur lequel s'ouvrent trois chapelles secondaires surmontées de tours captant la lumière ; un autel extérieur

Chapelle Notre-Dame-du-Haut à Ronchamp, façade nord-ouest, 1951-1954, architecte Le Corbusier.

joint à une chaire permet la tenue de cérémonie en plein air rassemblant les foules de pèlerins.

Les élévations sont constituées d'une ossature de poteaux en béton remplie avec des pierres de remploi provenant de l'édifice antérieur, ou de voiles de ciment sur lattis de métal (pour la paroi sud). L'ensemble est couvert d'une coque monolithe de béton faite de deux dalles minces superposées aux formes évolutives. Ce toit est laissé brut de décoffrage tandis que les murs affichent intérieurement et extérieurement un revêtement de ciment blanchi à la chaux.

L'emploi du Modulor préside au tracé général, monumentalisant l'édifice de taille par ailleurs réduite.

Le décor est restreint au minimum afin de ne pas rompre l'harmonie spatiale :
– verres colorés des meurtrières
– certains murs rehaussés de couleurs
– porte principale ornée de feuilles de tôle émaillée de couleurs vives.

Église de Roussy-Le-Village

Architecte : *Roland MARTINEZ*

Construction : Vers 1955. Plan rectangulaire, abside débordante, légèrement circulaire. Plafond à caissons. Murs extérieurs en pierres de Savonneries, sous-bassement en mœllons, avec incorporation de motifs sculptés provenant de l'ancienne église détruite pendant la deuxième Guerre.

DÉCORATION

Sculptures

KAEPPELIN et Henry COMBY

. Au-dessus du porche d'entrée : Christ, Juge et Roi, avec le livre de Vie, au milieu de la Jérusalem Céleste.
. Linteau et ébrasements : Hauts-reliefs polychromes, anges et apôtres adorant l'Agneau Pascal.
. Abside : Groupe de sculptures en bois, Crucifixion avec les deux larrons.

Vitraux

Jean BARILLET

. Nef : Chemin de Croix.
. Chœur : la grande baie : La vie de Saint Denis.
. Crypte : la vie du Bienheureux Pierre de Luxembourg, évêque de Metz.

Église de Roussy-Le-Village, Moselle, vers 1955, architecte R. Martinez.

Église Saint-Anne de Saint-Nazaire

Architecte : *Louis DEMUR*

Construction : 1955-1957, béton-armé. Nef rectangulaire avec chapelles latérales. Le plafond est en aluminium perforé laqué blanc. Entre la toiture et le plafond a été placé un matelas de laine de verre pour contribuer à une meilleure acoustique. Le clocher de 32 m est détaché de l'église.

DÉCORATION

Sculptures

Maxime ADAM-TESSIER

. Maître-autel : pierre, les bas-reliefs sur les quatre faces symbolisent le mystère de la mort et de la résurrection du Christ.
. Chapelle du Saint-Sacrement : Crucifix.

Albert SCHILLING

. Crucifix du maître-autel

François VICTOR-HUGO

. Tabernacle

Vitraux

Serge REZVANI (Composition) BARILLET (Exécution)

. Vitraux à motifs abstraits.

Mosaïques

**Paul COLIN (Composition) BARILLET
(Exécution)**

Motifs abstraits.

*Intérieur de l'église Sainte-Anne de Saint-Nazaire,
1955-1957, architecte L. Demur.*

Église Saint-Pierre d'Yvetot

Architecte : *Yves MARCHAND*

Construction : 1950-1954. Nef circulaire, ossature en béton-armé teinté dans la masse, destinée à rester apparente. Calotte sphérique de couverture supportée par 24 piliers.

DÉCORATION

Sculptures

René COLLAMARINI

. Façade : Haut-relief ajouré, ciment, 7 m 50 x 11 m : Vie de Saint Pierre (Simon le pêcheur).

Vitraux

Max INGRAND

Autour de la nef circulaire, dans la structure en béton de la paroi extérieure s'intègre un « mur de lumière » continu composé de 84 panneaux de vitrail (90 cm x 11 m), relatant la vie de Saint Pierre.

Façade de l'église Saint-Pierre d'Yvetot, 1950-1954, architecte Y. Marchand.

III
Du Désir
de spiritualité
dans l'art
contemporain

Les œuvres dans l'Église, un geste d'espérance

Cardinal Jean-Marie Lustiger
Archevêque de Paris

L'art liturgique, l'art dans les églises a cette particularité : sauf accident destructeur, sauf décision abusive, ses œuvres sont faites pour s'y laisser façonner par le temps. Le plus communément aujourd'hui les expressions de l'art ont comme destination, dans les meilleurs des cas, la galerie ou le musée. Celles qui sont placées dans un espace public sont soumises à un destin parfois changeant.

Dans une église, les œuvres restent. Et donc les regards successifs qui se poseront sur elles, peu à peu les modifieront. Une œuvre d'art dans une église n'est pas inerte ; elle influe sur ceux qui la regardent et ceux qui la regardent influent sur elle en lui donnant sa destination véritable et un foisonnement de significations que l'artiste ou les commanditaires ne pouvaient pas même soupçonner.

Qui plus est, tous les regards ne sont pas les mêmes. Des touristes qui passent devant une toile exposée dans un musée ou s'attardent pour l'admirer, ne portent pas le même regard que les fidèles ou les mal-croyants qui entrent dans un sanctuaire et qui prient face à une image. D'autre part, les œuvres d'art dans une cathédrale ou une église sont obligées de cohabiter ensemble tout autrement que les pièces dans un musée où le conservateur ménage et modifie à son gré leur exposition et leur ordonnancement. Dans une église, les artistes juxtaposent leurs œuvres, mais – qu'ils le veuillent ou non – elles sont désormais scellées, unies les unes aux autres dans un unique édifice, en une unité qu'ils n'ont pas eux-mêmes imaginée ou recherchée. Avec le temps, elles se composeront les unes avec les autres, elles seront composées par le regard de ceux qui les admireront comme elles influeront sur leur regard.

Dès lors, ces couleurs, ces formes, ces objets ont une fonction liturgique. L'espace n'est pas un objet ; il est réactif, il est l'œuvre de l'homme et influe sur l'homme.

C'est pourquoi il y a une voie originale pour l'art dans l'Église. Je n'ose pas dire « l'art sacré ». En effet, qu'est-ce que le sacré ? Et qu'est-ce que l'art ? Le débat, si on l'ouvrait, serait sans fin ! Mais l'œuvre d'art, qui ne peut exister que dans la libre gratuité créatrice, a dans l'Église, par nature, une fonction, une « utilité ». L'usage et le temps seuls montrent si les œuvres épousent les hommes et si les hommes épousent les œuvres. Si, finalement, elles sont bénéfiques ou non. Si elles remplissent ou non la mission espérée.

Le drame de tout créateur, c'est d'être incapable de savoir ce qu'il fait. Le succès marchand peut paraître une réponse. Dans une œuvre destinée à l'Église, personne ne peut la lui donner avant un siècle, ou deux, ou trois ! Mais en même temps, c'est la beauté de l'art, la vocation de l'artiste d'être capable de poser ce geste d'espérance.

L'architecture et la sculpture sculptent l'espace. C'est cela la sculpture ; ce n'est pas seulement, ni d'abord un objet qui est sculpté, mais c'est un objet qui sculpte l'espace autour de lui. De même, l'architecture crée un vide, un dedans ; fut-ce un monument vu de l'extérieur, il entame l'espace en le découpant. Aussi est-ce une vision tout à fait étroite que de se limiter simplement à la perception d'un objet.

Le vitrail sculpte la lumière, interprète la lumière.

La peinture fixe la lumière qui ne devient visible qu'en étant illuminée.

Je ne veux pas ici ouvrir le débat de la figuration et de la non-figuration dans l'art liturgique. En tout cas, la nécessité de la figuration peut être délimitée pour des raisons fonctionnelles. Je ne vois pas comment, célébrant dans une cathédrale, je pourrais offrir à chaque fidèle venu prier une paire de jumelles pour découvrir les sculptures ou peintures à peine visibles à l'œil nu ! Le langage utilisé à un certain niveau – au sens physique du mot – peut dépendre de ce qui est accessible à la vision.

Cependant, la figuration est un langage nécessaire pour des raisons déterminées. Elle doit produire de « Saintes Images », les icônes de la tradition orientale. Non pas seulement imagerie idolâtrique, mais nourriture pour l'œil qui contemple l'Invisible, appel et soutien pour la créature qui se tourne vers le Père incréé, signe de grâce pour le pécheur qui fait face au pardon du Crucifié. Que saurions-nous de saint François d'Assise, si nous ne pouvions, à notre tour, contempler le Christ de San-Damiano ? Les Saintes Images sont non objets, mais actes de culte. Elles échappent à la « culture » tant qu'elles demeurent vivantes en accomplissant leur fonction. Arrachées au lieu de la prière, elles meurent et ne laissent plus apparaître que la surface d'elles-mêmes, épaves spirituelles devenues possession des marchands. Notre temps devra apprendre à nouveau « l'art sacré » de peindre et sculpter de saintes images.

L'artiste qui s'adonne au langage figuratif ou qui l'abandonne est toujours responsable d'un langage autre : celui de la couleur et des formes. Et il est beaucoup plus redoutable ! Parce que là ne jouent ni grammaire ni syntaxe, à peine un vocabulaire. Dès le moment où on est sorti des repères des écoles qui sont allées jusqu'au bout d'elles-mêmes, que faire aujourd'hui si ce n'est de laisser retentir cette nouveauté ?

Le créateur est donc obligé de se poser la question : qu'est-ce que la lumière ? Qu'est-ce que la couleur ? Qu'est-ce que la matière et son espace ?

Je ne vois pas qui pourrait l'enseigner hormis saint Jean. L'apôtre nous dit dans le prologue de son Évangile : « La Lumière luit dans les ténèbres et les ténèbres ne l'ont pas comprise ». Jouer avec la lumière et l'espace est un redoutable travail, un travail spirituel, même quand la couleur semble se suffire à elle-même et que le peintre essaye de trouver le ton tout à fait juste à côté de tel autre ton juste, le sculpteur de faire surgir la parfaite organisation de l'espace dans l'équilibre des formes.

Terrible travail ! Peut-être plus ingrat que le travail du contemplatif ! Car l'icône peinte ou sculptée n'est que l'œuvre des mains de l'homme. Quelle que soit sa beauté, son créateur sait qu'il n'est pas le Créateur. Tandis que le contemplatif, même dans la nuit des sens, du langage et de l'esprit, même dans le combat de son vouloir, sait quelle insaisissable Présence le porte en sa quête. Il est vrai que l'artiste peut aussi être contemplatif, non de soi-même, ni de sa propre œuvre, mais de l'Unique dont il veut dire la Beauté.

L'Église et les artistes

Entretien avec Renée Moineau

Renée Moineau
Secrétaire générale du Comité national d'Art sacré

Il ne peut être question de donner ici une définition de l'art sacré, depuis que le père Couturier et le père Regamey [1] se sont tant et tant exprimés sur le sujet, particulièrement dans la revue *L'Art sacré* [2], et que d'autres reprennent, synthétisent, améliorent ou mettent à jour ces textes : M. l'abbé M. Morel [3], J. Bazaine, J.-P. Greff, ou S. de Lavergne [4], pour ne citer qu'eux.

L'Église a été pendant longtemps à l'origine de nombreuses œuvres d'art. Nommons-en quelques unes :

Les sculptures et les vitraux de Chartres, la Vierge d'Orcival, les retables des églises de Savoie ou de Bretagne, les fresques de Berzé-la-Ville, des pièces d'orfèvrerie, des vêtements liturgiques et bien d'autres encore...

La tradition, dont l'Église est dépositaire, est source d'inspiration : les grands thèmes bibliques, les mystères du Christ : Nativité, Crucifixion etc... Grâce au clergé qui a beaucoup contribué à ces commandes, elle a suscité en grand nombre des tableaux, des sculptures, des tapisseries, des vitraux.

Par ailleurs, les moyens financiers ne manquaient généralement pas de façon aussi criante qu'aujourd'hui.

I – Comment s'est donc opérée progressivement une rupture telle que, ces dernières années, on en soit arrivé à ne plus avoir de dialogue avec les artistes et à ne plus commander ?

Sans doute faudrait-il remonter historiquement le cours de l'histoire jusqu'au XVIIIe siècle où cette rupture pourrait s'être amorcée à la faveur de ce siècle des « Lumières » qui auraient rendu les artistes méfiants et hésitants devant les demandes de l'Église.

Ensuite le XIXe siècle a fait des efforts louables pour renouer avec les sources du christianisme et la période « archéologique » en est l'illustration frappante.

On se souvient aussi des réalisations intéressantes, soutenues par toute une réflexion, à la fin du XIXe siècle et à l'aurore du XXe siècle, grâce à Desvallières et surtout à Maurice Denis.

Mais ont-elles porté tant de fruit ?

Certes, Rouault a créé une grande œuvre à thèmes religieux, mais il ne semble pas avoir reçu tant de commandes de l'Église, à part celle d'Assy en particulier.

Comment comprendre que l'Église n'ait rien demandé à Gauguin, à Dali et à bien d'autres ?

Il faut attendre le père Couturier pour que des commandes soient passées à Matisse, à F. Léger, à Le Corbusier et à d'autres, sans oublier Braque et Ubac. Mais ce ne sont que des exceptions, somme toute, et d'une manière générale, l'Église ignore les artistes et ne voit pas la nécessité d'introduire la beauté dans les églises.

Ce sera le mérite du pape Paul VI, s'adressant aux artistes, dans une lettre bien connue [5], que nous rappelons ici : «Nous avons besoin de vous ; notre ministère a besoin de votre collaboration. En effet, vous le savez, notre ministère consiste à prêcher et à rendre accessible, compréhensible, et même émouvant le monde de l'Esprit, de l'invisible, de l'ineffable, de Dieu. Et dans l'art de traduire le monde invisible en formules accessibles, intelligibles, vous êtes maîtres... Le ministre aurait besoin de faire coïncider le sacerdoce avec l'art»

Les artistes qui l'ont entendue comme A. Manessier, J. Bazaine, Le Moal, J. Bertholle et d'autres ont été réconfortés et ceux qui la lisent de nos jours en sont encouragés. Mais encore une fois, est-ce que cet encouragement va rester lettre morte ?

Il ne le semble pas. Le concile Vatican II a rédigé un chapitre sur le sujet : *Art sacré* [6] et nous trouvons dans les Préliminaires du *Missel romain*, le chapitre V «Aménagement des églises» [7] duquel nous extrayons la phrase suivante : «Les demeures sacrées et les objets destinés au culte divin seront vraiment dignes et beaux, capables de signifier et de symboliser les réalités surnaturelles. Par conséquent, l'Église ne cesse de faire appel au noble ministère de l'art et elle admet les valeurs d'art de tous les peuples et de toutes les régions»... Cela est-il suivi d'effets ? Il est à remarquer que :

II – *La conjoncture actuelle semble favorable dans l'Église comme chez les artistes*

– De nos jours, la demande est très nette de la part de l'Église : finie l'époque où l'on préfère célébrer dans un garage ou un salon ! Les chrétiens et leurs prêtres souhaitent dorénavant de beaux édifices, bien aménagés, signifiants, dont l'espace permette de donner un lieu à des célébrations dignes de ce nom. Et l'on prend conscience alors que l'Église et ceux qui ont trop négligé la beauté peuvent susciter cette beauté. Il devient donc urgent de renouer avec les artistes !

– De leur côté, ceux-ci sont également passés par des périodes de brisure, de tâtonnements, d'intellectualisme outrancier, tout en n'ayant sans doute jamais abandonné une recherche fondamentale qui transparaît grâce à la forme et à l'expression de valeurs morales.

– Mais les artistes contemporains sont-ils capables de répondre à la demande de l'Église ? Le père Couturier estimait que l'art d'Eglise était alors tellement mauvais qu'il serait préférable de faire silence pendant au moins cinquante ans avant de pouvoir retrouver un art sacré digne de ce nom. Nous arrivons à cette époque !

Y a-t-il, de nos jours, des artistes exprimant l'invisible et susceptibles de rendre le primat de la foi ?

Quelle est cette demande de l'Église ? [8]

Il faudrait tout d'abord préciser sa démarche.

On connaît ces mots du pape Pie XI [9] : «Les arts sacrés sont les très nobles serviteurs de la liturgie». La liturgie étant l'accomplissement dans le temps, du sacerdoce éternel du Christ, les arts sacrés ont pour fonction d'assurer les liaisons de la liturgie avec ce qui est dans l'espace et dans le temps. Les arts courent en cela un double danger : celui de la propagande publicitaire et celui du conformisme pieux. Ce qu'il leur faut atteindre dans les hommes c'est «l'âme naturellement chrétienne». Ils lui diront «qu'elle n'est plus sans Dieu en ce monde» [10], «que le Christ est venu, qu'il est principe vivifiant» [11]. Ils contri-

Cathédrale du Mans, *1986, photo A. Grassin Delyle.*

bueront à inviter les hommes à accéder à leur propre vérité dans un dépassement d'eux-mêmes en Dieu et en leurs frères. Les artistes doivent mettre leur art au service de l'Église afin d'accompagner le Mystère du Christ célébré par une communauté. Il faut qu'ils arrivent à faire surgir une image, une expérience qui, au fond du chrétien, demande à être exprimée et qui corresponde à une exigence. « L'art n'est pas un mouvement qui nous tire vers le haut comme vers quelque lieu spirituel intermédiaire entre l'homme et le divin, mais plutôt ce qui, en creusant la situation de l'homme, fait éclater le visible et en montre l'ouverture vers le mystère invisible [12] ».

– Malheureusement, la formation à la liturgie et à l'art ne tient pas une grande place dans les programmes du séminaire. Ce n'est pourtant pas faute de réels efforts, comme ceux qu'ont menés les commissions diocésaines et le Comité national d'Art sacré, pour dire et rappeler que l'art de célébrer est primordial et que la liturgie est un art [13]. Comment célébrer dignement sans un bon espace liturgique, et comment le faire exister sans le concours de professionnels, hommes ou femmes dont la compétence soit reconnue ?

Quelques réalisations réussies ont vu le jour grâce à la collaboration de liturgistes et d'artistes. Ainsi à Issy-les-Moulineaux un vitrail de Léon Zack, vitraux et mobilier liturgique à Saint-Joseph de Dijon par Vera Pagava, à Notre-Dame-du-Port l'autel réalisé par Philippe Kaeppelin [14], des vitraux par H. Guérin, par J. Bony et J.-B. Ambroselli, l'autel de la cathédrale d'Albi par J.-P. Froidevaux, une Vierge à l'Enfant et une Annonciation par M. Boileau, l'autel de Chartres par Goudji et beaucoup d'autres.

Mais la conviction ne semble pas encore assez forte, la prise de conscience est lente et le manque de moyens financiers est criant. L'urgence est pourtant là si l'on veut éviter le risque d'un « néo-Saint-Sulpice » ! ...

III – La suppléance par l'État et les collectivités locales

Ces institutions ont pris le relais dans les réalisations suivantes :

– *Les vitraux* de la cathédrale de Saint-Dié et de Nevers par un groupe d'artistes, de l'église Saint-Sépulcre d'Abbeville par A. Manessier, de Bourg-Saint-Andéol par J.-P. Bertrand.

— *Le portail* de Saint-Ayoul de Provins par G. Jeanclos.

— *Des projets de vitraux* pour Conques par P. Soulages, pour la cathédrale de Blois par J. Dibbets ; pour une église par G. Garouste.

— *Du mobilier* pour plusieurs cathédrales.
— ainsi qu'une « Gloire ».

— Dans le cas de l'Évangéliaire commandé par l'Association épiscopale liturgique francophone, illustré par J.-M. Alberola, la collaboration entre l'État et l'Église a été complète, aussi bien du point de vue financier que du point de vue artistique.

L'État fait appel aux artistes de notre temps pour ces grandes commandes publiques. Il choisit, il propose, l'Église établit les programmes, le dialogue s'instaure, un travail constructif se met en place avec les verriers ou d'autres corps de métier. Certes les choix sont difficiles, l'établissement des programmes également. Chacun doit faire un effort. C'est nouveau [15], Beaucoup de peintres n'ont jamais fait de vitraux. Les responsables d'églises n'ont pas l'habitude d'élaborer un programme et ne connaissent pas bien l'art d'aujourd'hui, il y a tout un travail à faire de part et d'autre. Mais si on en juge sur les premiers résultats, c'est assez satisfaisant.

IV – *Quels critères de discernement pour le choix des artistes ?*

Il n'en reste pas moins que, pour celui qui doit sélectionner les artistes, la tâche est lourde. Sans doute ne trouve-t-on pas beaucoup d'artistes ayant déjà travaillé pour l'Église, mais au-delà de cette constatation, l'important est de déterminer des critères de choix :

1er critère : Le créateur est-il un artiste ? C'est le critère le plus difficile parce que le plus subjectif. Il peut exister un consensus favorable alors qu'en même temps subsistent des doutes. Les remarques suivantes pourraient aider au discernement.

Abbaye de Briquebec, *Manche, CNSA.*

Ronchamp, *1986, Le Corbusier, photo CNSA.*

Cathédrale d'Evry, *projet de Mario Botta, CNSA.*

La première est de M. Denis :

« Se rappeler qu'un tableau avant d'être un cheval de bataille, une femme nue ou quelconque anecdote est essentiellement une surface plane, recouverte de couleurs en un certain ordre assemblées ».

L'autre de A. Manessier :

« Je suis peintre. Mon propos est de faire ce que je peux pour ma peinture. C'est dans la mesure où elle sera bonne qu'on y entendra peut être ce que je crois. »

Dans une interview avec Pierre Encreve [16] le même Manessier précise sa position :

« P. E. : Vous n'aimez pas qu'on dise que vous faites de la peinture religieuse.

A. M. : Je fais de la peinture. Par ailleurs, je suis croyant, mais c'est d'abord un effort de peinture.

P. E. : Vous ne faites pas d'art sacré.

A. M. : Ou bien tout art est sacré ou bien aucun ne l'est. La lumière que le peintre met sur une pomme, fait partie du sacré et si c'est une mauvaise peinture, pomme ou passion, elle est « méchante ». Cette lumière-là est complètement indépendante du sujet. On peut peindre le Christ avec un esprit de « mauvais peintre », et ça donnera un mauvais témoignage. La « vérité » de la peinture est la seule autorisation que je me donne, moi peintre, de parler en vérité de ce que je ressens. »

Enfin, citons Hannah Arendt [17] :

« Que les arts soient fonctionnels, que les cathédrales satisfassent un besoin religieux de la société, qu'un tableau soit né du besoin de s'exprimer de l'individu peintre, que le spectateur le regarde par désir de se perfectionner, toutes ces questions ont si peu de rapport avec l'art et sont historiquement si neuves qu'on est tenté simplement de les évacuer comme préjugés modernes. Les cathédrales furent bâties *ad majorem Dei gloriam* ; si, comme constructions, elles servaient certainement les besoins de la communauté, leur beauté élaborée ne pourra jamais être expliquée par ces besoins qui auraient pu être satisfaits tout aussi bien par quelque indescriptible bâtisse. Leur beauté transcende tout besoin et les fait durer à travers les siècles. Mais si la beauté, beauté d'une cathédrale comme

Façade, *Léon Zack, Issy-les-Moulineaux, CNSA.*

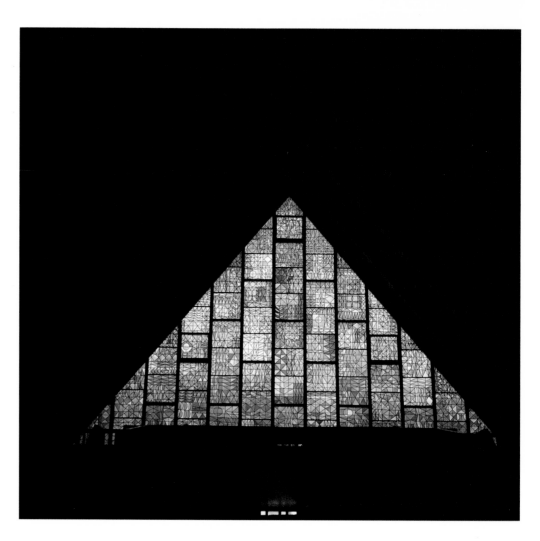

beauté d'un bâtiment séculier, transcende besoins et fonctions, jamais elle ne transcende le monde même s'il arrive que l'œuvre ait un contenu religieux. Au contraire, c'est la beauté même de l'art religieux qui transforme les contenus et les soucis religieux ou autres de ce monde en réalités mondaines tangibles. D'où le non-sens esthétique de tout fonctionnalisme en soi, réducteur de la beauté à la fonction, mais ceci ne signifie pas que la fonction ne puisse être incorporée à la beauté, la fonction répondant à la vocation formelle d'un véritable matériau. »

Il faut donc s'exercer à percevoir si la forme et la couleur de tel artiste ont un sens, un sens juste, et ceci sur une durée. Ainsi, trois artistes ont été sélectionnés pour le concours de l'Évangéliaire : J.-M. Alberola, F. Rouan, J.-P. Bertrand. Après avoir rencontré chacun d'eux et étudié leur œuvre, il a été estimé que tous trois étaient susceptibles de réaliser cette commande et qu'on pouvait prendre le risque de leur confier cette commande, compte tenu de leur sérieux et de leur façon de travailler.

2ᵉ critère : L'artiste est-il susceptible de répondre à une demande aussi particulière que celle qui émanera de l'Église ?

Pourra-t-il se soumettre à la contrainte d'un thème religieux ?

3ᵉ critère : L'artiste sera-t-il capable d'écouter une communauté, de répondre à un programme précis, sans compromettre en rien son art ?

Lorsqu'on demande à un artiste de réaliser une Vierge à l'Enfant pour aider le chrétien à prier, il ne s'agit pas de commander une œuvre qui « plaise », mais qui soit vraie, dans la ligne de son travail, et qu'elle invite à la prière ou la soutienne.

Lorsque J.-M. Alberola a fait des illustrations de l'Évangéliaire, c'est dans cet

Saint-Dié, *Bazaine, les 3 vitraux de l'abside.*

esprit qu'il a travaillé. Il disait : « Je veux être compris de tout le monde ». Ces propos ont suscité une vive réaction de la part de A. Nemours et G. Asse, qui se sont écriées : « Les bouteilles de Morandi parlent d'elles-mêmes et sont tout aussi sacrées qu'une œuvre dite sacrée ».

Ainsi, lorsqu'Alberola traduit la Résurrection en mettant la pierre roulée près du tombeau sur un fond jaune, lumineux, dans lequel s'inscrit un halo blanc de lumière, c'est parce qu'il a trouvé le moyen de le réaliser en réservant le blanc. Cela est compris de tous. Mais ce qui est important dans la réflexion des deux peintres c'est qu'il ne faut pas de compromission, il faut rester soi-même.

C'est dans cet esprit qu'il faut regarder, percevoir et analyser les artistes de cette exposition qui ont déjà travaillé pour l'Église ou sont à même de le faire.

La tâche à accomplir s'avère immense :

– de la part de l'Église à qui il incombe de renouer avec les artistes, de les connaître et de les comprendre, mais aussi de formuler des programmes et des commandes.

– de la part des artistes :

Francis Ponge a écrit à propos de G. Braque : « Il reconstitue le chaos natif ou naïf... Le chaos, mot grec signifiait, paradoxalement, à l'origine, ouverture et abîme, c'est-à-dire libération... Par la grâce de Braque, nous voici revenus à l'origine du regard. Au lieu de reculer, dans la perspective, les choses avancent vers le regardeur. Les forces naturelles sont rendues à leur ancien mystère, avant leur "décryptation [18]" citation mentionnée par Raymond Court dans *Sagesse de l'art* [19] où il continue : « Quant à cette origine du regard évoquée par F. Ponge elle désigne, rejoignant sur ce point primordial la méditation séculaire des Chinois sur l'essence de la peinture, par-delà le regard optique et géométrique du physicien et de la perspective, un regard qui institue une présence à la chose qu'il rend visible dans son invisibilité et nous réinsère dans cette nature en "profondeur", selon le dire même de Cézanne où volumes et couleurs naissent ensemble, "créent un lieu" à l'intérieur duquel la montagne loin de reculer et de s'aplatir, se dresse et vient à notre rencontre pour nous envelopper de sa majesté. » Et Braque affirmait : « L'art est une besogne sacrée ou il n'est rien ».

Raymond Court dit de Klee : « Il ne rend pas visible au sens de "donner à voir", réduit au jeu horizontal de reflets indéfinis, mais au sens de manifester l'invisible dans sa profondeur infinie en dégageant les motifs rythmiques de l'être. Il en est ici de même que dans la peinture chinoise, où l'articulation du plein et du vide a pour fin et pouvoir de rejoindre la démarche créatrice de la nature en son dynamisme à l'état naissant, et où le vide a valeur de présence et de plénitude, comme le silence dans la musique de Debussy. Que la pureté de la ligne et de la couleur évolue alors vers une peinture de plus en plus elliptique n'implique donc aucun refus de l'incarnation de la forme. C'est exactement le contraire qui est vrai, comme l'a souligné fortement J. Bazaine. "Peu importe en définitive qu'une peinture soit figurative ou non car seules comptent les vraies formes internes qui montrent les choses" [20]. »

Certes, l'art sacré existe, il semble parfaitement respecté par l'iconographie chrétienne mais la vraie question est de savoir s'il invite toujours à la prière.

Une Vierge du XIXe siècle ou même du Moyen-Age, aussi parfaite soit-elle, rappelle l'événement historique de la Nativité et le mystère de l'Incarnation, mais évoque-t-elle un moment spirituel, des sentiments religieux ?

Prenons l'exemple de la Madone de Gauguin, *Ia Orana Maria*. « C'est une interprétation du mystère divin qui n'explique pas, mais transfigure, qui ne démontre pas, mais montre, qui ne veut pas saisir, mais peut d'autant plus saisir. Ce tableau est aussi intemporel que la réalité dont il veut témoigner : ce que signifie être enfant de Dieu. » [21]

Aussi éloquemment que l'on puisse parler de l'art sacré, il n'en reste pas moins que la traduction de l'invisible est un besoin inné de l'artiste et correspond à une attente réelle de tous, mais sa réalisation est redoutable ! Les responsables bien conscients de la complexité de la tâche sont donc instamment priés de s'y atteler très sérieusement afin que tous ceux qui sont compétents et concernés par ces questions concourent à la poétique de l'espace pour la plus grande gloire de Dieu.

Notes

1. Les pères COUTURIER et REGAMEY, dominicains, dirigèrent la revue *L'Art sacré* et furent à l'origine de grandes commandes de l'Église auprès des artistes tels : LE CORBUSIER, MATISSE, F. LÉGER, BAZAINE, MANESSIER et d'autres. Le père REGAMEY est l'auteur du fameux livre : *Art sacré au XXe siècle*, Paris, Cerf, 1952.

2. La revue *Art sacré* fut fondée par Joseph PICHARD avant la guerre de 40, puis reprise par les dominicains. De 1945 à 1969, elle dénonça la laideur dans les églises et ouvrit à l'art.

3. M. l'abbé M. MOREL, prêtre du diocèse de Besancon, artiste et ami des artistes. Il fut très lié entre autres à Picasso. Il a contribué à les faire connaître.

4. J.-P. GREFF, historien et critique d'art, auteur de l'article majeur du catalogue des vitraux de la cathédrale de Saint-Dié et de celui d'Annemasse, *L'Art et le sacré*, 1991.

5. S. de LAVERGNE, docteur en sciences théologiques de l'Institut Catholique de Paris, auteur du livre : *Art sacré et modernité, Les grandes années de la revue «L'Art sacré»*. Préface de F. DEBUYST, osb. Éd. Culture et vérité, Namur, Diffusion Brepols, 1992.

6. Lettre de Paul VI du 7 mai 1964.

7. Inter oecumenici, 1965.

8. Préliminaires du Missel Romain Chap. V.

9. Nous nous limiterons aux arts plastiques. Il est bien évident qu'il y aurait beaucoup à dire sinon davantage au sujet de la musique.

10. Pie XI, Les exigences de l'Art Sacré, 1932.

11. Eph. II, 12.

12. Jn. V, 21.

13. M. Quartana, in : la Revue *Lumière et vie*, n° 203.

14. Le Comité National d'Art sacré publie la revue *Chroniques d'art sacré*.

15. Ph. KAEPPELIN, sculpteur, a fait de nombreux autels dans les églises de France, ainsi que des christs.

16. Une commission mixte appelée la "huitième section", a été créée en 1989, au sein de laquelle se trouvent des experts afin de mieux évaluer les enjeux pour introduire l'art contemporain dans les monuments anciens.

17. Catalogue Manessier, 1988.

18. Hannah ARENDT, La *crise de la Culture*, Idées Gallimard, p. 267.

19. In : *Braque*, catalogue Maeght, 1975.

20. Raymond Court, *Sagesse de l'art*, Meridiens Klinksieck, 1987.

21. Id. p. 144.

22. Eugen DREWERMANN, *De la naissance des dieux à la naissance du Christ*, Seuil, 1992, p. 22.

Notes sur le sacré, le religieux et le catholique dans l'art contemporain

Philippe Dagen

I

Sur Baudelaire, Delacroix, l'incrédulité et l'art religieux.

« E. Delacroix est universel ; il a fait des tableaux de genre pleins d'intimité, des tableaux d'histoire pleins de grandeur. Lui seul, peut-être, dans notre siècle incrédule a conçu des tableaux de religion qui n'étaient ni vides ni froids comme des œuvres de concours, ni pédants, mystiques ou néo-chrétiens comme ceux de tous ces philosophes de l'art qui font de la religion une science d'archaïsme et croient nécessaire de posséder avant tout la symbolique et les traditions primitives pour ramener et faire chanter la corde religieuse » (1846).

Voilà. L'essentiel est déjà dit. Comme à son habitude, d'une phrase, Baudelaire s'élève et juge d'une question qu'avant lui, nul n'avait aperçue si nettement ni formulée avec un vocabulaire plus juste. Vérifiée à l'épreuve de l'art d'aujourd'hui, elle fait merveille. Elle établit des catégories, autrement dit une hiérarchie.

Il suffit de les réemployer à peu près à l'identique, à la manière de ces maçons des époques barbares qui retaillaient et écornaient les pierres des constructions romaines pour s'en servir plus commodément dans leurs constructions.

II

Sur le sentiment du sacré et le mot, son usage et son succès.

Ce mot est d'un usage très fréquent dans les gloses et phraséologies qui accompagnent les productions contemporaines. Il plaît à proportion des confusions qu'il autorise. Il se prête aux emplois les plus nombreux et contradictoires, aux œcuménismes les plus nébuleux. Or, sacré et religieux, ce n'est pas la même chose, il s'en faut.

S'il fallait faire l'histoire de ce sacré diffus et galvaudé, il faudrait passer en revue une bonne partie de ce siècle, divagations dans le genre du primitif et syncrétisme hérité du symbolisme fin-de-siècle, ces deux éléments fusionnant dans le Surréalisme *« Science d'archaïsme », « Symbolique et (...) traditions primitives »* en effet. Le Surréalisme, et ses formes dérivées de l'après-guerre, a cultivé sans se lasser le sacré.

Dans cet ordre, figure le sacré sexuel de Masson et des peintres surréalistes de moindre envergure, cultes de la fécondité et de la génération, éloge et amplification des organes, souvenirs aztèques, mithraïques et africains confondus. Dans la littérature, cette poétique vitaliste s'incarne en Eluard et Breton. Leiris et Bataille en écrivent les versions maladives et amères, bien supérieures. Issu de ce premier mouvement, lui succède le sacré « *mystique* » quoique d'un mysticisme suspect, à la Tapiès par exemple, hommages rendus à la terre-mère, au limon créateur, aux énergies chtoniennes. Dans ce genre-là, le second demi-siècle a été d'une regrettable fertilité. Voyez Étienne-Martin pour une version forestière de la même rhétorique, Richard Long pour une variation mégalithique. Tout ceci sur fond de romantisme allemand, panthéisme naturiste dont la généalogie s'établit vite, du sublime de Friedrich à l'occultisme pseudo-dionysiaque de Kupka jusqu'à des formes contemporaines dégradées, récolte du pollen à genoux dans la sylve germanique, religion de l'arbre-ancêtre et du serpent-frère. Ce que la typologie officielle nomme art pauvre et minimal n'a été pour l'essentiel, une fois tombés en poussière les discours, qu'une vaste résurgence de paganisme, retour aux cultes archaïques, saxons, celtiques ou ligures – manifestation polie de polythéisme pré-chrétien. Joseph Beuys a mis en scène cette régression avec une remarquable éloquence.

Les héros de ce mouvement aspirent tous, selon des formes variées, peu variées du reste, à restaurer un âge d'or, communion avec la Nature-Mère, jardin d'Eden d'avant la faute. « *Soyons à nouveau innocents, soyons tous les enfants du limon et du soleil, comme ces bons sauvages, nos semblables, qui, jadis, croyaient encore aux esprits du fleuve et de la nuit. Soyons préhistoriques, si l'histoire est celle de la Faute. Oublions* ».

Inutile de continuer, je pense, c'est assez clair. Art sacré que tout ceci, soit. Non point art religieux au sens chrétien du mot, et même à l'opposé de l'art chrétien – ou judéo-chrétien aussi bien – comme s'opposent sans merci une religion de la faute originelle et une religiosité de l'harmonie universelle.

III

Matisse, Picasso.

L'antagonisme est facile à illustrer. Il est, en matière de peinture, celui qui sépare Matisse le sacré de Picasso le catholique. Matisse exécute, avec ce qu'il faut d'apparat et de cérémonies, une chapelle à Vence – jolie région ensoleillée. Ce qu'il obtient? Un sulpicianisme balnéaire et colorié. Pour l'architecture, les ornements liturgiques, les vitraux, il excelle. De la couleur dans la lumière, de la lumière dans la couleur, le peintre de la *Joie de vivre* et de *La danse* n'a jamais rien fait d'autre. Palmes, guipures, reflets jaunes et verts : il triomphe dans la célébration du soleil et du silence. Un contemplatif dit-on.

Faut-il qu'il dessine cependant une Passion, cruelle histoire de châtiment et de mort, l'élégiaque Monsieur Matisse ne sait plus comment s'y prendre. Il ne sait plus que faire, littéralement, il bafouille, il hésite, il rature, il recommence, il efface, il s'empêtre dans l'accumulation de versions successives qui ne révèlent rien d'autre que son embarras. Pour finir, il déclare se satisfaire d'un dessin chaotique et rudimentaire et, l'instant d'après, revient à ses colombes et ses nymphes, tellement plus faciles à figurer. Il est sacrilège de l'écrire? N'importe. La chapelle de Vence, réalise à la perfection la victoire de l'ornemental sur le tragique.

On pourrait développer longuement là-dessus et mettre en évidence que le mysticisme de la couleur pure, tel que Matisse le transmet à l'abstraction américaine, achoppe à chaque fois sur le problème de la Passion. Là, soudain, ça ne marche plus si facilement. Voyez Rothko à Houston, Newman à Washington : plus des « *beaux rouges* » qui « *remuent le fond sensuel des hommes* », mais du noir et blanc, que du gris et, pour l'un des deux, la mort pour finir. Pour simplifier : Rothko est dans le sacré, et l'exaltation l'essentiel de sa vie. Quand il veut accéder au chrétien – quand il revient à son éducation juive aussi bien –, la peinture se défait, et lui après elle.

Matisse donc, Matisse ou la négation de l'histoire, ou l'orchestration d'un ailleurs d'autant plus précieux que plus incertain. Matisse bain de soleil et de panthéisme grave. Les *Joueurs de boule, Luxe, la Conversation* : du Puvis de Chavanne rehaussé. Et sans-cesse, en l'absence de sens – puisque le sens ne réside plus que dans l'éloge d'une communion extatique –, l'hypertrophie du discours technique, ce que l'on nomme aussi formalisme. Un rouge, un bleu ? Grave affaire, qui fait le fond des écrits sur l'art de Matisse, ces écrits dogmatiques où jamais rien n'est dit de la raison de peindre, encore moins du sens possible de cet acte et des tableaux. Tableaux *« vides et froids comme des œuvres de concours »*, décidément.

Picasso ? Oh, c'est bien simple : tout le contraire. Luxe, calme et volupté, d'un côté, horreur, violence et dégoût, de l'autre. *« Les Nègres, ils étaient des intercesseurs, je sais le mot en français depuis ce temps-là. Contre tout, contre des esprits inconnus, menaçants (...) Moi aussi, je suis contre tout. Moi aussi, je pense que tout, c'est inconnu, c'est ennemi ! Tout ! Pas les détails ! Les femmes, les enfants, les bêtes, le tabac, jouer... Mais le tout ! (...) Si nous donnons une forme aux esprits, nous devenons indépendants. Les esprits, l'inconscient (on n'en parlait pas encore beaucoup), l'émotion, c'est la même chose. J'ai compris pourquoi j'étais peintre »*.

C'est assez clair, il semble. Incompatibilité absolue entre les deux. Par pudeur, on dit d'habitude « différence de sensibilité ». Mais non, c'est autrement plus grave : différence de conception et de philosophie. L'indicible d'un côté, le devoir de tout dire pour tout tenir à distance et tout comprendre, de l'autre. Ce qui les sépare est moins affaire d'esthétique que de morale.

IV

Affaire de guerre et de mort, par exemple.

Picasso peint une crucifixion et d'innombrables crucifiés. Picasso peint des vanités et des écorchés. Ses natures-mortes se divisent en deux sous-espèces, vanités et ex-voto. Il peint la guerre d'Espagne, l'Occupation, les charniers, autant d'occasions de méditer sur la Faute et la Damnation. S'il ne croit pas en un Dieu, pas plus que Delacroix ou que Baudelaire du reste, il croit au diable, il croit au Mal, dont il constate les entreprises et les succès. C'est en ce sens que son art est religieux, et même, plus exactement, chrétien. *« Lui seul, peut-être, dans notre siècle incrédule a conçu des tableaux de religion (...) »* Picasso remplit la définition. Comment ? Picasso ? Un athée, un communiste ? Précisément, oui. Précisément et nécessairement.

Nécessairement parce qu'il fallait être athée, au XXe siècle, pour comprendre à fond le drame qui s'accroissait et s'accroît encore. Athée, c'est-à-dire sans consolation. Quant au communisme de Picasso, comme au fascisme de Céline : excès d'un désespoir qui croit, un moment, pouvoir se changer en espérance et aime à se leurrer d'illusions. Viennent vite la déception et l'horreur de la complicité.

Athée et communiste donc. Incrédule dirait Baudelaire. Incrédule, et cependant peintre chrétien. Le paradoxe est aisé à dissiper. Ainsi, à propos de Delacroix encore : *« La tristesse sérieuse de son talent convient parfaitement à notre religion, religion profondément triste, religion de la douleur universelle, et qui, à cause de sa catholicité même, laisse une pleine liberté à l'individu et ne demande pas mieux que d'être célébrée dans le langage de chacun – s'il connaît la douleur et s'il est peintre – (...) Ainsi, universalité de sentiment (...) »*

Puis, plus loin *« Il me reste, pour compléter cette analyse, à noter une dernière qualité chez Delacroix, la plus remarquable de toutes, et qui fait de lui le vrai peintre du XIXe siècle, c'est cette mélancolie singulière et opiniâtre qui s'exhale de toutes ses œuvres, et qui s'exprime et par le choix des sujets, et par l'expression des figures, et par le geste, et par le* *style de la couleur. Delacroix affectionne Dante et Shakespeare, deux autres grands peintres de la douleur humaine, il les connaît à fond et il sait les traduire librement. »*

Ainsi à l'identique de Picasso, le vrai peintre du XXᵉ siècle, et de son œuvre qui *« laisse dans l'esprit un sillon profond de mélancolie »*. Universalité de sentiment, autrement dit capacité d'exprimer la douleur humaine par le sujet religieux ou le sujet historique. Pleureuses d'Espagne comme autant de Saintes femmes au pied de la croix. Morts des camps jetés à la fosse commune comme autant de martyrs sans nom. Minotaures meurtriers comme autant de démons brutaux. *Guernica* est un *Enfer* ou une *Chute des damnés*, jusque dans sa genèse, Picasso s'étant inspiré d'une enluminure de l'Apocalypse de Saint-Sever. Apocalypse...

Vanités, crucifixions, ex-voto, disais-je. Il suffit d'un catalogue pour vérifier. Il y a dans les toiles de cet homme-là, la profondeur de *« douleur universelle »*, de *« catholicité »* qui distingue l'art chrétien de l'art sacré ; et la liberté en plus, la vraie liberté, pas la licence des expériences formelles qui ne porte que sur des points de détail et réduit la peinture à l'examen de ses moyens sans considération de sa fin, comme s'il suffisait de connaître le comment. On a vu assez d'exemples de cette autarcie narcissique depuis vingt-cinq ans.

V

Des contemporains

Laissons les minimalistes écologistes, les nostalgiques de l'Arcadie et les néo-sauvages contraints de demander aux derniers peuples primitifs des leçons de magie. Pour les Français, il suffit de se servir comme d'un principe de classement, de l'antagonisme de Monsieur Matisse et de Picasso.

Les descendants du premier sont légion. Le plus fameux d'entre eux, coloriste débonnaire et méridional, a exécuté pour la cathédrale de Nevers des vitraux où éclate son épicurisme tranquille. On ne saurait demander démonstration mieux aboutie de ce que donne la matissisme en matière de religion.

Dans le même bâtiment, Alberola s'est fixé pour but de concevoir des vitraux qui enseignent et émeuvent tout à la fois, et par cette préoccupation se révèle son sens du tragique et de l'histoire. Il reprend à son compte l'interrogation de Benjamin après Auschwitz, quel art ? Et même, pourquoi de l'art encore ? Bonne entrée en matière pour un peintre qui demande à son art de s'échapper de la citation et du pastiche.

Louis Cane, revenu du léninisme et du maoïsme, après avoir peint *Carnifex*, peint des crucifixions et sculpte Moïse. On précise *« après Carnifex »* parce que le lien entre peinture de religion et peinture d'histoire est essentiel ; l'une ne se comprend pas sans l'autre dont elle est la fable ou l'allégorie, l'esprit au sens de ce mot dans « esprit-de-vin », concentré et épuré.

Il serait trop facile de croire que cette révolution s'explique par le musée et que ces artistes n'ont d'autre souci que de rivaliser « à blanc » avec les maîtres d'autrefois, pour le seul plaisir de l'affrontement et de la difficulté. Leur réforme est plus réfléchie et sérieuse. Corpet, que l'on pourrait prendre pour l'un de ces « post-modernes » travaillant d'après reproductions photographiques et « classiques de l'art » – et qui du reste ne déteste pas en effet se déguiser en pasticheur boulimique – après ses séries de crucifiés, a dessiné les six-cents « passions » conçues par Sade dans les *Cent-vingt journées de Sodome*, bréviaire de la torture rationalisée et de l'humiliation systématisée, catalogue visionnaire et illisible. Saint-Jacques, qui vient lui aussi du maoïsme et de Devade, a intitulé l'une de ses séries *Judas*. Il en est aux *Apôtres* désormais.

Dans ce *« siècle incrédule »*, ils satisfont l'exigence baudelairienne : connaître la douleur et être peintre. Si art catholique digne de ce titre il y a aujourd'hui, catholique et non pas « sacré » ou mystique, ce ne peut-être que grâce à eux, ces sacrilèges.

Art sacré contemporain

Jean-Pierre Greff

Un nombre important de chantiers récents, offerts à des artistes contemporains, témoignent d'un renouveau actuel de l'art sacré monumental. Celui-ci a parfois été référé, un peu rapidement, à un retour du religieux ou d'une thématique sacrée dans l'art contemporain (à l'exemple de l'œuvre de Gina Pane, sous des formes qui me semblent un peu plus complexes que la simple adhésion). Il s'agit, plus probablement, d'un regain d'actualité de la commande en direction des Monuments historiques soutenu par la Délégation aux Arts plastiques, et confié à des artistes significatifs de l'art actuel pour lesquels la définition du sacré subit des inflexions variées.

Noirlac – Vitraux de Jean-Pierre Raynaud

En 1976/1977, Jean-Pierre Raynaud conçoit les vitraux de cinquante-cinq fenêtres et sept rosaces de l'abbaye cistercienne de Noirlac. Jean Boutan a pertinemment remarqué que le minimalisme de Raynaud relève d'une «conception architecturale» appliquée aux arts dits plastiques [1] et trouve par conséquent sa pleine mesure dans le registre monumental dont procédait déjà *La maison* (1969/1987). Son aptitude à répondre à l'esprit du lieu se trouvait assurée par la parenté spirituelle de sa recherche avec l'art cistercien dont les vitraux, à Obazine par exemple, récusent la couleur et la figure au profit des seuls entrelacs et dessins géométriques.

Le carré, parfois entouré de rectangles intercalaires, est le motif fondamental des vitraux. Le tracé des plombs, qui n'est plus une contrainte technique mais le ressort de l'œuvre, transpose le joint épais de ciment noir des céramiques mais encore l'appareillage parfait des pierres du monument. Cependant, le décalage des trames des plombs et des barlotières, conséquence directe des *Grillages* de 1975 (grille de fil de fer superposée au tableau de céramique), autorise à l'encontre de toute monotonie, des variations très complexes et sensibles du graphisme initial ; il génère des effets de profondeur et de mobilité. Raynaud définit ainsi treize trames différentes pour l'ensemble des vitraux, accordées aux fonctions et aux espaces des différentes parties de l'édifice (église, chapelles, réfectoire). Chaque fenêtre ou rosace est cernée par un bandeau de verre opalescent, d'un blanc laiteux, qui assure le passage de la blancheur opaque de la pierre aux transparences modulées du dessin quadrillé. Raynaud emploie une vingtaine de «blancs» différents, parfois légèrement teintés de jaune et de vert, à l'exemple des oxydes résiduels des verres médiévaux. Georges Duby remarque que la

« fonction symbolique de ces édifices, explique le rôle primordial qui s'y trouve assigné à la lumière »[2], Raynaud intervient dans le sens de cette stricte logique : ainsi la gradation très légère de verres de plus en plus clairs dans la nef ou cette qualité vibrante de la lumière que produit par l'effet de la réfraction, la surface modulée du vitrail, son défaut de planéité et l'épaisseur variable des verres. Tramée, translucide, la fenêtre devient le vecteur médian d'une fusion de l'espace intérieur et extérieur qui transparaît, flou et fragmenté ; l'endroit d'un passage capable « d'accueillir le sacré dans le visible ».

La réussite de Noirlac, en tant que rencontre exemplaire entre monument historique superbe et l'une des propositions les plus radicales de l'art contemporain, exercera une influence déterminante sur le développement récent des commandes monumentales sacrées.

Le Puy-en-Velay, Bourg-Saint-Andéol

En 1988, Daniel Dezeuze a réalisé un pavement de 1350 m^2 pour l'église Saint-Laurent du Puy-en-Velay, d'architecture gothique et renaissante. L'artiste a retenu pour son intervention les thèmes, à la fois religieux et universels, du supplice du grill enduré par saint Laurent et de l'Arbre de Vie. Ces motifs synthétiques, d'abord « dessinés » dans l'édifice à l'aide de cordes ont été gravés mécaniquement dans le pavement de grès rouge qui recouvre tout le sol de l'église, dessinant une mandorle au centre de la nef, de basalte noir et pierre en blanche de Vilhonneur. Les saignées ainsi taillées sont obturées avec de la résine époxy et des paillettes de laiton incluses dans la masse. Le grill, figuré à l'entrée de l'église, auquel répond un motif semblable dans le chœur, fournit les lignes de base du tronc et des branches de « l'arbre » qui progressent dans la nef en spirales et volutes s'enroulant autour des piliers centraux. Cette structure formelle prolonge le travail antérieur des *Échelles* puisque les carrés formés par l'armature des grill(es) répondent à ceux des fragments de tressages plaqués au mur ou au sol, tandis que les spirales et volutes de la nef reproduisent l'enroulement sur elle-même de la partie libre de l'échelle. Pourtant, plus qu'à cette contiguïté, la réussite du travail réalisé par Dezeuze doit à la pertinence de son inscription dans le monument : les « contraintes » du lieu dans sa double réalité architecturale et symbolique intégrée au projet de l'artiste, déterminent non seulement une thématique, mais encore formes et formats, c'est-à-dire, en fait, une économie plastique spécifique.

Jean-Pierre Bertrand a conçu l'église médiévale de Bourg-Saint-Andéol en Ardèche comme l'enceinte d'un parcours de lumière (1987-1990). Elle développe, pour recourir au modèle mathématique que l'artiste affectionne, une « intégrale de la lumière », diffusée dans la durée du jour par les vitraux monochromes réalisés pour l'ensemble des trente-huit ouvertures de l'édifice. Le problème de distribution de la lumière-couleur dans un espace que constitue, fondamentalement, la création d'un ensemble de vitraux s'inscrit encore dans le droit fil des *Distributions de 4 (ou 5) triptyques sur deux murs contigus* réalisés par Jean-Pierre Bertrand en 1988. Cependant, le travail s'exerce ici sur la réalité monumentale elle-même. Ainsi, les plombs et les barlotières atteignant jusqu'à sept centimètres de largeur constituent de véritables surfaces en largeur dont la fonction, très concrète, est de réduire la lumière. A l'inverse de contraintes techniques, ils s'imposent comme formants de l'œuvre.

La cathédrale de Nevers

Le projet de création de vitraux contemporains pour la cathédrale de Nevers

Cathédrale de Nevers, vitrail de Rouen.

initialement proposé à Bazaine et Manessier, n'a cessé d'être remanié depuis vingt ans. Ubac put cependant réaliser, de 1977 à 1983, le vitrail d'axe du chœur roman, des vitraux latéraux et une rosace. Plus récemment, le projet réunissant Sam Francis et Simon Hantaï pour l'ensemble de la cathédrale n'a pu aboutir. Les recherches techniques sur des verres collés menées auprès du CIRVA et qui devaient permettre une adéquation du matériau verre aux formes picturales hors de la contrainte des plombs menèrent à un échec. On peut néanmoins regretter l'absence de Simon Hantaï, très investi dans ce projet auquel, plus que le thème ancien des *Mariales*, la structure formelle de certains pliages semblait le préparer. Plus généralement, il n'est sans doute pas indifférent que les artistes du groupe « Supports/Surfaces » soient aussi nombreux à travailler aujourd'hui pour l'art sacré monumental, en dépit de l'apparent paradoxe de cet engagement, eu égard aux positions idéologiques sur lesquelles s'était défini le mouvement.

Les responsables de la commande publique envisagèrent un moment la constitution d'une équipe nombreuse réunissant des artistes américains tels Frank Stella et Brice Marden, qui se sont récusés. Le projet actuel est resserré autour de cinq artistes : Claude Viallat, François Rouan, Jean-Michel Albérola, Gottfried Honegger et, plus récemment, Markus Lüpertz. Il apparaît que cet ultime projet accuse de forts écarts esthétiques, tout en marquant une évolution vers un travail sur l'image.

Viallat a conçu les cinq vitraux centraux et les six baies latérales du chœur gothique de la cathédrale comme un ensemble indivisible. Ainsi, les formes caractéristiques du peintre sont-elles réalisées en « roses à l'or » sur des fonds monochromes aux valeurs fortement modulées (vert froid, jaune chaud, vert chaud, jaune froid et bleu pour les cinq fenêtres centrales), tandis que la rosace supérieure de chaque baie reprend les couleurs des quatre autres vitraux. Ce « chœur de lumière », réalisé en verre antique, cherche à s'affranchir des interférences noires du vitrail traditionnel : les formes sont serties, et non coupées, par les plombs, tandis qu'un quadrillage large et régulier maintient les interformes. Référée au thème de la « Jérusalem Céleste », l'œuvre abstraite de Viallat s'infléchit, lorsqu'un espace intervallaire esquisse une croix, vers la suggestion d'une dimension sacrale à laquelle participe le symbolisme coloré. Cependant, l'intérêt du peintre se concentre dans le ruissellement de couleurs-lumières que produisent ces très hauts vitraux dont la qualité constamment mobile sert des préoccupations déjà affirmées par Viallat avec le caractère mouvant, flottant de ses filets, voiles et bâches souples.

Le projet, très récent, de l'église Notre-Dame-des-Sablons, à Aigues-Mortes présente un intérêt tout particulier pour Viallat en l'invitant à concevoir un programme général de couleur et de lumière, exigence assez générale et conforme à la conception actuelle du vitrail.

Rouan, à qui ont été confiées quatre chapelles basses orientées au sud de la cathédrale de Nevers, puis quatre autres au nord, fut impressionné par « la beauté paralysante de la fenêtre en soi » au point qu'il faillit se récuser. C'est pourquoi, pour ce projet qu'il qualifie de « conceptuel », l'artiste choisit de travailler avec le seul dessin de la fenêtre. Parallèlement, Rouan redécouvre des découpages-collages de grands papiers peints en bleu et blanc (1966), antérieurs aux *Tressages* dont les formes autorisaient une transcription quasi immédiate dans le langage du vitrail. Les effets de grille des papiers collés forment le « pattern » du travail de Nevers. Le dessin en noir et blanc de la fenêtre, découpé, soumis à des effets de glissement, de retournement, s'inscrit sur un fond monochrome revêtant une dimension symbolique : bleu pour la chapelle de la Vierge, jaune pour celle des ordres mendiants. Ce dessin répercuté produit un jeu d'échos dans l'espace de la fenêtre, servant non pas un effet d'image, mais d'espace et de lumière. Attentif aux vitraux de Matisse, Rouan cherche ainsi à allier l'écriture

aiguë du papier découpé et une qualité de lumière qui, déterminée par la sélection des verres, donnera corps et mobilité à ce schéma abstrait. Ces motifs ne répondent pas à une position de fidèle : l'ambition de Rouan, dans une cathédrale qui boucle quelques siècles d'histoire de l'architecture, serait plutôt de « faire scintiller le désastre d'un bombardement »[3]

La thématique religieuse ou biblique est, à l'inverse, récurrente dans l'œuvre de Jean-Michel Albérola : ainsi les séries sur le thème de *Suzanne et les vieillards*, 1983/1989 ou *Étudier le corps du Christ*, 1989. Toute sa peinture, jusqu'aux sujets mythologiques, interroge les figures du désir, de la culpabilité et de la punition, de la Grâce. Albérola est également l'auteur de l'*Évangéliaire* (1988) pour lequel le Fonds national d'Art contemporain avait commandé des études à Rouan et Jean-Pierre Bertrand. Ses figures symboliques et elliptiques (*La Cène, Les Rameaux, La Couronne d'épines*) renouent avec une définition religieuse de l'art sacré. A Nevers, où il a en charge l'ensemble des baies latérales du transept roman et des chapelles annexes, Albérola a retenu pour les sept premières baies hautes le thème de l'Apocalypse. Chaque vitrail présente une construction en abîme. La fenêtre dans la fenêtre cerne la figure de l'un des sceaux de l'Apocalypse. Le fond du vitrail joue sur le registre, fréquent chez l'artiste, de la citation : la reproduction d'un célèbre vitrail allemand du XIᵉ siècle, soumise aux manipulations d'un photocopieur (agrandissements, décadrages, effets de flou...) fournit les motifs de ce pourtour et ancre la création d'Albérola dans une histoire.

Gottfried Honegger a travaillé sur les fenêtres hautes de la nef selon le principe habituel dans son œuvre, d'une division arithmétique de la surface déterminant ainsi des courbes qui se répandent au nord et au sud selon des couleurs froides et chaudes. Par leur éclaircissement progressif, depuis le fond de la nef jusque vers le chœur, elles évoquent le passage des ténèbres à la lumière.

Les vitraux confiés à Marküs Lüpertz, au nombre de quinze, sont encore à l'état d'études. L'artiste, qui a voulu pour ces fenêtres une œuvre figurative, travaille actuellement sur le thème de la Genèse[4].

Toutes ces réalisations récentes et projets en cours témoignent d'un très net regain d'actualité de l'art sacré monumental. En fait ce vaste chantier ne cesse de s'accroître et se diversifier. A la suite du tympan réalisé par Georges Jeanclos pour le portail de l'église Saint-Ayoul de Provins (1986-1989), divers projets ont été définis en direction de sculpteurs : Jacques Vieille pour la cathédrale de Meaux et le parc de l'abbatiale de Cluny, Ulrich Rückreim et Richard Serra pour l'abbaye de Brou à Bourg-en-Bresse. Après des années de recherches, Soulages réalise actuellement, selon des voies techniques et esthétiques absolument novatrices, l'ensemble des vitraux de l'abbatiale romane de Conques. Jean-Pierre Pincemin vient d'être sollicité pour la création de vitraux et d'un buffet d'orgues à l'Abbaye de Sylvanes. Tous ces projets, pour ne rien dire des rumeurs qui entourent la cathédrale d'Évry, à peine esquissée par Mario Botta, et pour laquelle aucun artiste n'a été pressenti jusqu'à ce jour, laissent à croire que, dans une période où la pratique religieuse se fait toujours plus discrète, les rares miracles qu'espérait le père Couturier en 1952, deviennent monnaie courante. Paradoxe qui me conforte dans la pensée que l'art sacré, dans le sens strict de réalisations monumentales, s'inscrit plus sûrement dans l'histoire sociale de l'art que dans une généalogie religieuse.

Cathédrale de Nevers, vitraux de Honegger.

Notes

1. Jean Boutan, *Jean-Pierre Raynaud, Les vitraux de l'abbaye de Noirlac*, Art press n° 13, déc. 1977, pp. 14-15.
2. Georges Duby, *Noirlac, abbaye Cistercienne*, Paris, F.M.A. 1977, (n.p.).
3. Entretiens avec l'auteur, janvier 1990.
4. Je dois à Jean-Michel Phéline ces indications quant aux projets de Honegger et Lüpertz.

Du désir de spiritualité dans l'art contemporain

Marilys de la Morandière
Directeur du Centre Culturel

Les artistes regroupés ici sous le titre « Désir de spiritualité » partagent cette volonté d'exprimer le sentiment d'une transcendance émanant du quotidien.

Artistes contemporains, vivant et travaillant en France, qu'ils soient sculpteurs, peintres figuratifs ou abstraits, attachés ou non à une thématique chrétienne, tous parlent d'une quête d'ordre mystique, incarnent une foi ou une pensée métaphysique.

En premier lieu, l'activité artistique religieuse des années 50, est évoquée par les réalisations anciennes et récentes d'Alfred Manessier, représentant de cette période de renouveau de l'art sacré. Certains artistes présentés ici, ont déjà intégré leurs œuvres au sein d'un édifice religieux consacré, notamment par la réalisation de vitraux, comme Geneviève Asse à la cathédrale de Saint-Dié, ou Claude Viallat, François Rouan, Jean-Michel Albérola, et Gottfried Honegger à la cathédrale de Nevers, ou encore Jean-Pierre Raynaud à l'abbaye de Noirlac. D'autres les ont habillés de sculptures comme Georges Jeanclos au portail de Provins, Dodeigne à la chapelle de Hem ou encore Nicolas Alquin.

Toutefois, le propos de cette présentation n'est pas de constituer un « inventaire » de l'art ecclésial contemporain. Aux représentations *in situ* des œuvres de ces artistes, sont préférées les esquisses préparatoires, dont les terres cuites de Martine Boileau pour la Vierge à l'Enfant, leurs travaux récents et inédits, comme les œuvres de Vincent Corpet, Camille Saint-Jacques, Robert Combas, Antoine Révay, Patrice Giorda et Hubert de Chalvron, ou les peintures et sculptures de Louis Cane, Gérard Garouste et Alain Kirili; témoins bien souvent d'une nouvelle inflexion pour la spiritualité.

L'atmosphère présentée ici s'appuie donc sur des représentations figuratives à l'iconographie chrétienne inspirée ou profane, sur des expressions abstraites engagées sur la voie de la lumière et de la spiritualité, telles les œuvres d'Alexandre Hollan et Geneviève Asse. Cette exposition entend donc donner un point de vue, non péremptoire, non exhaustif, sur une certaine création inspirée contemporaine.

Monographies

Jean-Michel ALBEROLA

Né en Algérie en 1953 de parents français d'origine espagnole, Albérola vit en France depuis 1962 au Havre.

Sa peinture, nourrie de la méditation des grands Vénitiens du XVIᵉ siècle (Titien, Tintoret, Véronèse) repose le problème du sujet. Après s'être inspiré de thèmes mythologiques (Diane et Actéon), et bibliques (Suzanne et les Vieillards), Albérola, qui s'affirme comme chrétien, a traité les grands sujets de la tradition religieuse comme la Crucifixion et la Résurrection. Son Évangéliaire commandé par le Comité national d'Art sacré en 1988, lui a permis de renouer avec la tradition du livre sacré, associant illustration et composition graphique.

Dans le même esprit, il réalise les vitraux des baies latérales du transept roman et des chapelles annexes de la cathédrale de Nevers, sur le thème de l'Apocalypse. Là encore, il use de la citation, reprenant des figures d'un vitrail allemand du XVIᵉ siècle.

« L'Évangile est un livre de marche ».

Jean-Michel Albérola, extrait de *La Croix*.

« Je sais que je peins sous l'œil de Dieu, sous l'œil de la définition du monde, avec cette impossibilité de définir la totalité. Le problème va être d'en parler le plus justement possible. Je suis chrétien et ce qui m'a toujours troublé, c'est d'avoir sous les yeux "l'Image", la représentation codifiée de la Passion, des martyrs, de la douleur, en même temps que toute cette obéissance à la règle avec derrière le dérèglement, le péché, l'ouvert. (...) Dans ce territoire, je recherche la même image, la première image du monde. De la lumière, sans doute... Le choix de peindre l'image centrale. Je tournerai autour sans jamais l'atteindre. Une image qui viendrait de loin. »

« Ce qui m'intéresse maintenant est de proposer par la peinture cet espace qui me vient du ciel, de Dieu, des dieux d'Afrique, de mon enfance, sans jamais donner les clés, sans ne plus rien expliquer, puisque mon discours, là, sera parfaitement incohérent et mystérieux. »

Jean-Michel Albérola, entretien avec D. Davvetas
Catalogue, *Les Images peintes*, Saint-Priest, 1984

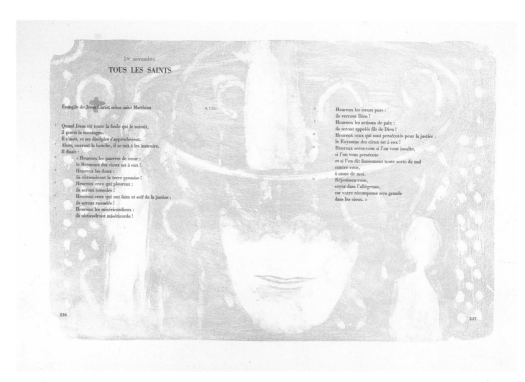

Évangéliaire : Tous les saints, *28 × 37, crédit photo. Centre Culturel, illustration Moineau.*

Évangéliaire : *L'Évangile selon Saint-Jean, 28 × 37, crédit photo. Centre culturel, illustration Moineau.*

Ceux qui détruisent des églises, *1989-90, huile sur toile 180 × 150, galerie Templon.*

Nicolas ALQUIN

Né à Bruxelles en 1958, Nicolas Alquin vit et travaille à Paris. Dès 1976, il étudie la restauration d'objets en bois au Musée des Arts et Traditions Populaires, et suit des cours d'architecture rurale tout en se consacrant à la sculpture. Alquin utilise des bois de récupération, poutres, traverses, qu'il travaille à l'aide d'un brunissoir. Bois, pierre, ou lorsqu'il dessine à l'encre, plume d'oie, tout le matériel de l'artiste renvoie à la nature et à ses règnes, animal, végétal, minéral.

En 1987, à la galerie Maeght de Barcelone, il expose une Crucifixion nommée *Jour de désert*. Depuis, il travaille sur la verticalité, celle de la colonne des *Stylites* (1991, Saint-Michel-de-Crouttes). Ces personnages-colonnes deviennent symbole d'union entre le ciel et la terre, représentation de l'Arbre de Vie mais aussi affirmation du besoin d'élévation de l'être humain.

Les feuilles d'or et d'argent, le blanchissement à la chaux qui habillent partiellement ses sculptures récentes, contribuent aussi à évoquer la transcendance et la spiritualité.

Nouveau Né, *1992, chêne, 220 × 150 × 100, prêt de l'artiste.*

L'art, lieu épiphanique

L'homme porte en lui un logos poétique caché qui le rend capable de contempler la sagesse de Dieu et sa beauté. « Dieu donne l'être à tout vivant et l'homme lui donne son nom » (saint Basile).

C'est l'essence de la poésie de ''nommer'', de créer le nom, de manifester ce « logos intérieur » des êtres et des choses pour établir une correspondance adéquate et transparente avec leur forme extérieure. Cette intime coïncidence se révélant par le rayonnement de la beauté. Selon saint Paul, la Gloire apparaît là où la forme devient le lieu théophanique, où le corps s'édifie en « temple du Saint-Esprit ».

« Dieu a tellement aimé le monde qu'il a donné son Fils unique » (Jn, 3-16). Autrement dit, le monde n'existe que parce qu'il est aimé, sur l'arrière-fond de l'opposition radicale de l'être et du néant, de la lumière et des ténèbres. Pour celui qui prend conscience de la profondeur de cet amour, la contemplation non pas esthétique mais religieuse découvre la vraie beauté dans l'épiphanie du Transcendant qui fait de la nature, le lieu cosmique de son rayonnement. (...)

Il est vrai que l'aspiration à la Beauté coïncide avec la recherche de l'Absolu. Les artistes qui parlent souvent d'un dépassement de la figure, de lumière, de nécessité intérieure, de sens, le savent bien, et souvent, même sans le reconnaître, témoignent de l'unité secrète qui existe entre l'art et la foi. Malgré les impasses, demeure l'inextinguible désir de l'harmonie et de la plénitude. La Bible nomme cette beauté « l'Esprit de vie », les philosophes parlent d'esthétique. Ne serait-ce pas tout simplement la recherche de Dieu ? (...)

Dostoïevsky après avoir écrit sa célèbre phrase « la Beauté sauvera le monde », s'est aussitôt demandé de quelle beauté il s'agissait, car disait-il : « la beauté est une énigme ; elle fascine, ensorcelle et peut tuer ». Les pervers aiment aussi la beauté. Les athées, sans doute plus que les autres, ont besoin d'absolus de substitution que la Bible appelle « idoles muettes, sourdes et aveugles ».

L'Art ne sauve rien ni personne ; mais comme la nature toute entière, il attend en gémissant que sa beauté soit sauvée par l'homme devenu saint (...)

Témoigner de la Beauté est une des missions de l'Église. Face au miroir de Narcisse et à l'idéal de Sodome, l'Église peut susciter une beauté lumineuse et libératrice, une beauté de paix et de joie.

Elle doit redevenir source d'inspiration pour les artistes comme elle le fut pendant des siècles. Ceux-ci devraient retrouver en elle le sens des symboles. C'est dans la mesure où l'art retrouvera sa fonction symbolique qu'il pourra de nouveau jouer un rôle central dans la communication sociale, car il travaille avec des signes et non pas comme dans la science avec des concepts. Il accroît notre connaissance de la signification du monde. Dans la connaissance esthétique, la perception du tout passe avant la connaissance des parties car elle est synthétique. C'est le contraire dans la science qui doit d'abord analyser.

L'art a ceci de commun avec la religion : il vise le sens, la signification, le pourquoi. La science cherche le comment.

Notre société a besoin de créateurs de symboles, révélateurs de sens.

Si nous ne sommes plus impliqués dans la médiation religieuse, et si l'art se révèle incapable de la remplacer ; si, de plus, nous ne pouvons expliquer l'inexplicable et définir l'infini, alors tout est remis en question. Nous devons nous débrouiller seuls, sans autre médiation que les interdits de la loi.

Et pourtant saint Paul l'a proclamé avec force : nous ne sommes plus sous le régime de la loi ; et j'ajoute encore moins sous celui de la technologie. « Nous tous qui le visage découvert, réfléchissons la Gloire du Seigneur, nous sommes transformés en cette image, toujours plus glorieuse comme il convient à l'action du Seigneur qui est Esprit » (2 Cor. 3,18). « Lorsque cela sera manifesté nous serons semblables à Lui parce que nous le verrons tel qu'il est » (1 Jean 3 2).

L'art peut devenir le moyen de cette expérience spirituelle dès ici-bas (...)

André GENCE
Mission de France

Geneviève ASSE

Geneviève Asse est née en 1923 à Vannes. De la représentation d'objets, s'aidant de la simplicité et de la rigueur du cubisme, elle glisse peu à peu vers l'abstraction et le dépouillement.

Les titres de ses tableaux font alors appel aux paysages (*Rhuys, La Côte sauvage*) ou à une réalité atmosphérique (*L'air, La pluie*, 1961-1964). Dès 1966-1970, son œuvre s'organise en séries sur le thème de l'ouverture.

Son travail sur l'espace, son utilisation de la lumière comme matériau, son goût pour les transparences et les modulations chromatiques, tout faisait pressentir son intérêt pour le vitrail. Aussi Bazaine la fait-il entrer dans l'équipe chargée sous sa direction, de la réalisation des vitraux de la cathédrale de Saint Dié en 1982-1986. Le thème général est celui de «Mort et Résurrection». Geneviève Asse, dans les huit fenêtres et la rosace de la nef romane qui lui sont confiées, recourt aux mêmes rythmes verticaux que ceux qu'elle utilise dans ses peintures, faisant ainsi contrepoint à l'élévation de l'édifice. Elle conserve sa gamme de bleus aux fines modulations, car «le bleu est comme un appel intérieur». Ainsi peut-elle s'accorder tout naturellement avec la fonction spirituelle du lieu.

«Moi, je peins entre les choses. L'espace est ma préoccupation. Je ressens le besoin d'ouverture et de lumière.»

«Les gens regardent la peinture avec ce qu'ils ont en eux. Si la toile est bonne, elle fera son travail, elle suscitera une invitation à entrer, une promenade intérieure. On y trouvera aussi sa nourriture. Certains voient et certains ne verront jamais».

«Le bleu est comme un appel intérieur. Autour, il y a aussi une lumière qui m'environne et qui vient sans doute de mon enfance, ce rappel de lumière humide, filtrante, d'un bleu-gris du ciel qui m'entourait près de la mer et me donnait à réfléchir».

Geneviève Asse, entretien avec D. Morel,
Musée d'Art moderne de la Ville de Paris, 1988.

22 avril 1986, *huile sur toile 150 × 150, prêt de l'artiste.*

Sans titre, *1989, huile sur toile 195 × 97, prêt de l'artiste.*

Martine *BOILEAU*

Née en 1923 dans la région parisienne, elle étudie la sculpture aux États-Unis pendant la deuxième guerre mondiale. De retour en France, elle participe au Salon de la Jeune sculpture de 1953, où elle rencontre Étienne-Martin et Germaine Richier. Cette dernière, avec laquelle elle se lie d'amitié, marque son langage plastique. Martine Boileau a gardé le souvenir du conseil qu'elle lui avait donné : « Que ce soit mystérieusement plus humain ».

C'est à la demande du Comité national d'Art sacré, qu'elle accepte – bien qu'elle soit d'origine juive – la commande d'un groupe de la Vierge à l'Enfant. Elle lit le Nouveau Testament et retient un passage de l'Évangile selon Saint-Luc, qui la touche particulièrement :

Jésus a douze ans. Marie et Joseph reviennent du temple de Jérusalem où ils sont allés pour les fêtes de Pâques avec ceux de leur village. Au premier soir de leur voyage, Jésus n'est pas parmi ses camarades. Ils le cherchent pendant trois jours, angoissés. Ils le retrouvent au temple parmi les maîtres. Jésus leur dit (Lc., I, 41) : « Ne saviez-vous pas qu'il me faut être chez mon Père ?... » Marie, tout en gardant « ces événements dans son cœur... » perçut alors qu'il faudrait laisser son fils aller seul, l'accompagnant de son amour.

Ce sont ces instants de la relation de Marie et Jésus que Martine Boileau a tenté de figurer. Les maquettes de terre que nous présentons font partie du travail préparatoire à « Marie et Jésus », sculpture d'oratoire dont le Comité d'Art sacré a fait faire une édition à tirage limité.

La Vierge à l'Enfant, *terre cuite, photo François Walch.*
n° 445, 23,5 × 21,5, prof. 20.
n° 443, 21 × 16,5, prof. 20
n° 457, 23 × 21, prof. 18.

Louis CANE

Né à Beaulieu-sur-Mer en 1943, Louis Cane commence à peindre en 1966, à l'École des Arts décoratifs de Nice, puis de Paris.

Après ses papiers découpés-collés, l'application systématique de son tampon «Louis Cane artiste-peintre» en 1969, et sa participation militante au sein du groupe Support-Surface, Louis Cane retrouve les ambitions et les techniques traditionnelles du peintre. S'exprimant tout d'abord au moyen de grandes toiles abstraites, il s'affronte bientôt aux grands styles de maîtres du XXe siècle, tels De Kooning ou Picasso, ainsi qu'aux problèmes du sujet.

Après de nombreuses variations sur le thème de la femme, apparaissent en 1988 les Crucifixions et Résurrections. Le choix de la technique acquiert toute son importance : alors que la peinture apparaît le support idéal pour exprimer la frontalité et la charge symbolique de la Crucifixion, il choisit la sculpture pour traiter le thème de la Résurrection. «La Résurrection traduite sculpturalement est une sorte de défi très immédiat à la matière».

Jacques Henric : «Louis Cane, tu as peint, ces dernières années, beaucoup de femmes, et puis soudain apparaît sur tes toiles, le thème de la Crucifixion. Comment expliques-tu ce passage d'un corps femme à un corps homme, et pas n'importe quel corps, puisqu'il s'agit du corps du Dieu-homme, le corps du Verbe qui a décidé de s'incarner...

«Oui tu as raison de poser cette question du Verbe. En fait, il y a le Christ déjà là, pour moi, mais, si je puis dire, sous son occurrence mosaïque. Cela me renvoie en 1979, date de la première sculpture d'un Moïse. Il s'agit d'un modelage dans lequel j'ai voulu montrer un homme interpellé par Dieu, et dont l'armature était en quelque sorte constituée par chaque lettre de l'alphabet. Moïse, c'est la Lettre, le Livre et la Loi. D'où l'aspect particulièrement terrien de cette sculpture. Au contraire le Christ, c'est par la peinture que je l'ai «abordé» pour la première fois, par la fameuse image du Linceul de Turin. Moïse en sculpture, le Christ en peinture : si tu es averti des différences de sublimation qu'il y a entre les deux modes d'expression artistique, tu peux te faire une idée déjà précise du décalage qu'implique la vision subjective des deux corps en question.

«Le Christ en peinture, c'est pour moi un certain nombre de faits incontournables, à commencer par un rêve où je vois des hommes nus fixant sur une croix un autre homme qui est en possession de... clefs comme s'il s'agissait d'un châssis de peintre, et – peut-être est-ce un début d'interprétation ? – le châssis pour la croix et la toile à peindre (le Linceul) à la place du corps, comme «surface», laquelle permet à l'homme libre de se signifier à lui-même qu'il est un être singulier. La Crucifixion, c'est aussi la frontalité absolue. Tout est face à nous, pas ailleurs. Rencontre essentielle pour le peintre, car cette scène, un jour ou l'autre, inévitablement nourrit sa biographie picturale.

«J'ai donc choisi de peindre le Christ en croix et de le peindre simplement, si possible sans artifices modernistes ou de type surréalisant. Le Christ, le Verbe de Dieu incarné, est crucifié. Ce qui veut dire que ce jour-là, en tant qu'homme, il est privé de sa parole, privé de sa spécificité et de sa dignité d'homme, il est réduit à de la viande. Seulement voilà, dans le tout-venant des crucifiés de l'époque, cet homme-là, avant de mourir dans son corps d'homme, a donné une parole de délivrance, une Révélation, que rien, surtout pas sa mort, ne pourra effacer. On connaît cet homme, il s'appelle Jésus de Nazareth, roi des Juifs. On connaît aussi la suite de l'histoire.

«Quand je peins le Christ, j'ajoute évidemment *ma* différence par rapport aux autres peintres, par exemple ma conception picturale du corps féminin (...) Passer du corps féminin au corps du Christ, c'est en quelque sorte passer du sens exprimé *par* la peinture, au sens même *de* peinture. Tout peintre, selon moi, devrait commencer par peindre une Crucifixion».

Louis Cane, entretien avec Jacques Henric
in catalogue *Les Crucifixions*, galerie Gill Favre, éd. Corlet, 1988.

Crucifixion, *1986/87, huile sur toile, 280 × 230, prêt de l'artiste.*

Crucifixion, *1986, huile sur toile, 280 × 230, crédit photo. Cane.*

Hubert DE CHALVRON

Né en 1954 à Paris, Hubert de Chalvron y vit et y travaille aujourd'hui.

A l'instar de nombreux peintres de sa génération, il souffre de l'impossibilité de représenter la figure humaine. Ses *Peintures d'usine*, inspirées de la vie ouvrière dans une cristallerie jurassienne, témoignent de cette hantise. Seules des formes indécises habitent alors ses toiles.

C'est en traitant le thème de saint Martin que la représentation de la figure humaine s'est imposée à lui. Se succèdent alors d'autres représentations de saints : Michel, François, Denis, Jeanne; toutefois leurs traits restent presque indifférenciés. Ce réalisme ne l'intéresse pas, seule compte la charge métaphysique de la figure du martyr ou du saint. Le sujet libère l'expressivité de la couleur, de la lumière, ouvre le champ à l'allégorie.

«Hubert Chalvron ne peint pas d'après, il ne fait que transposer quelques vestiges d'une culture judéo-chrétienne classique. Il se garde, dans son discours, de toute allusion à la *Légende Dorée* ou à l'histoire de l'art. Ce qui le fait avancer tient à l'impact de la représentation allégorique affranchie de tout réalisme : le corps porté de la Déploration, un manteau pourpre ou les stigmates catalysent le geste du peintre.»

Martine Arnault
in *Cimaise* n° 214, sept-oct. 1991, Galerie Montenay.

La déposition, *1990, huile sur toile 246 × 206, prêt de l'artiste.*

Blandine, *1990, huile sur toile 246 × 206, prêt de l'artiste.*

Robert COMBAS

Né à Lyon en 1957, Robert Combas passe son enfance à Sète. Ses premières sources d'inspiration viennent aussi bien de l'imagerie populaire, des bandes dessinées ou des caricatures du *Canard enchaîné*. Il entre tôt à l'École des Beaux-Arts et connaît à sa sortie un succès immédiat et spectaculaire. Se moquant du formalisme, Combas, Boisrond, Hervé Di Rosa et Rémi Blanchard peignent pour le plaisir de raconter des histoires cocasses, ce sens de l'humour les différencie des artistes de la Trans-avant-garde italienne et du Néo-expressionnisme allemand.

Sa peinture peut alors être qualifiée de grotesque ou « grottesque » selon l'acception des peintures antiques remises en honneur à la Renaissance, avec le jeu insolite, des formes végétales, animales et humaines, et le libre passage des unes aux autres.

En juin 1987, il rencontre Geneviève Boteilla qui sera sa compagne. Ses toiles changent, elles découvrent le thème de l'Amour ; l'espace se trouve envahi de coulures afin d'intégrer le fond à la figure. Combas voyage beaucoup avec Geneviève, ce qui contribue à élargir le champ de ses inspirations : il découvre les icônes byzantines, les images alchimiques, la cathédrale de Chartres...

« Ensemble, nous visitons les églises, les cathédrales, Venise. Robert parle alors du ciel puis de la terre. Sa peinture découvre le cosmos et les temps anciens. C'est nouveau, ça dégouline. Les toiles toutes en couleurs pleurent la pluie du ciel ».

Geneviève.

« Ce que je fais en ce moment peut ressembler à des icônes. Il y a un côté ornement. Ou gothique, du temps où le dessin n'était pas encore évolué, riche, un peu comme le mien. »

Robert Combas,
cité par Otto Hahn, Wolf Schultz Gallery, San Francisco, 1990.

« L'art de Dieu, c'est sérieux ».

Robert COMBAS.

Sainte-Thérèse d'Avila, *1990, peinture sur toile, 215 × 241, prêt galerie Yvon Lambert.*

Saint-André, *1990, peinture sur toile, 213 × 200, prêt galerie Yvon Lambert.*

Sainte-Odile, *1990, peinture sur toile, 210 × 107,5, prêt galerie Yvon Lambert.*

Vincent CORPET

Vincent Corpet est né en 1958 à Paris. Il étudie la peinture à l'Ecole des Beaux-Arts de Paris mais reste en dehors du milieu artistique. Depuis 1982, il travaille principalement la peinture. D'abord figurative, celle-ci se traduit par la profusion d'images simples, élémentaires, dénuées de charges culturelles. Il aborde ainsi des thèmes iconographiques éprouvés par l'histoire de la peinture. Qu'ils soient d'origine religieuse, érotique ou liés au portrait, ils lui permettent d'asseoir son propre langage pictural, en s'appuyant sur des langages antérieurs. Cette volonté de n'accorder aucune importance au sujet apparaît de façon significative dans ses titres : ceux-ci étant constitués de la date précise de réalisation et du format du tableau, ils sont d'une impersonnalité extrême. L'iconographie apparaît donc comme un moyen d'aborder le style, les problèmes de composition, de couleurs, de formes.

En 1988, Vincent Corpet aborde la série des *Analogies*, pour laquelle il abandonne le recours à l'iconographie. Ce procédé d'analogie visuelle consiste à guider la main par la seule mémoire visuelle, à donner toute liberté à une forme d'en engendrer une autre. Ce «ceci rappelant visuellement cela» produit sur des toiles rondes des visions ponctuelles et instantanées de la liberté de l'œil et de la main.

Vincent Corpet a exposé les *Figures imposées* en 1983 à l'ELAC de Lyon. Il a participé à des expositions collectives, notamment aux Galeries contemporaines du Centre Georges Pompidou, en 1987, et en 1991 au Centre culturel français de Beyrouth, en 1992 au Palais des Congrès de Paris.

A propos de sainte Véronique, *14.16.17.18.III.87*, huile sur toile : «Ce sont les regardeurs qui font les tableaux, se plaisait à dire Marcel Duchamp. C'est un tableau sur le regard porté sur l'art, que nous présente ici Vincent Corpet. Voici une peinture à usage thaumaturgique, qui entend accomplir pour les spectateurs de l'art contemporain, le miracle qui jadis rendit la vue à Sainte-Véronique. (...) Par un raccourci audacieux, c'est la toile non-peinte, la peinture dans sa vérité première, apparaissant telle qu'en son "degré zéro", que Corpet fait brandir à Véronique. Il offre à la dévotion populaire l'image de cette sainte patronne des peintres qui, de Malévitch à Degottex, s'appliquent à peindre des toiles blanches. Corpet semble nous inviter à embrasser le voile tendu, afin que nous soit révélés les carrés blancs sur fond blanc, les traces d'un lyrisme microscopique, sur des toiles que l'on avait trop hâtivement crues vierges. Véronique devient ici le symbole parfait de cette "Vérité en peinture" qui hanta l'esprit des peintres modernistes. Veronia en « vraie peinture » : *vera icona*. Ce que voudrait nous démontrer Corpet avec cette toile, c'est que la vision que l'on a de l'art a décidément à voir avec la foi».

Didier Ottinger, catalogue *Corpet, Desgrandschamps, Moignard*
Musée national d'Art moderne, Centre G. Pompidou, 1987.

17, IV. 87, 1987, acrylique sur toile 33 × 19, photo Corpet.

Saint-François d'Assise, *1. VII. 88, 1988, huile sur toile 146 × 114, photo Corpet.*

Eugène DODEIGNE

Eugène Dodeigne est né en 1923 à Rouvreux, en Belgique. En 1936, il travaille pour son père dans leur atelier de taille de pierre, tout en suivant des cours de dessin et de modelage à l'École des Beaux-Arts de Tourcoing.

Après une expérience de la vie communautaire à Vézelay en 1948, il s'installe à Bondues, au lieu-dit Le Pot-de-Fer, près de Lille où il donne des cours de dessin et participe à des expositions. Il participe avec Rouault à la décoration de la chapelle de Hem de l'architecte Hermann Baur, tandis que Manessier y réalise les vitraux. La représentation de sainte Thérèse, sculptée dans la pierre, évoque le dépouillement et la gravité de la contemplation.

Il réalise ensuite des *sculptures en bois*, aux formes arrondies et polies, inspirées d'attitudes humaines, avant de se re-confronter à la pierre bleue de Soignies et à la lave (en 1958) qu'il travaille pour ses accidents et irrégularités.

Vers 1960, il entreprend de provoquer l'éclatement de la pierre, afin d'échapper à un certain formalisme. Le dessin, au fusain ou à la craie, lui permet d'orienter ses recherches sur la technique de la pierre éclatée, de revenir à la représentation humaine, même si celle-ci a toujours été plus ou moins présente dans son œuvre. Ces œuvres qui paraissent inachevées, semblent exprimer un élan vital surgi de la pierre, arracher l'homme à la matière. Il semble renouer le contact avec les arts primitifs, et, à travers eux, avec la sacralité de la nature.

Il sculpte en 1968, à la demande de Madame Maeght, en mémoire de son fils – Bernard – un Saint Bernard en marbre, destiné à la chapelle de la Fondation à Vence. Le Musée Rodin lui a consacré une importante exposition en 1988.

> « Deux corps face à face
> Parfois sont deux vagues
> La nuit est océan.
>
> Deux corps face à face
> Parfois sont deux pierres
> La nuit un désert.
>
> Comme les pierres du Commencement
> Comme le commencement de la Pierre
> Comme le Commencement pierre contre pierre
> Voici les fastes de la nuit :
> Le poème encore sans visage
> Le bois encore sans arbres
> Ses chants encore sans nom ».

Octavio Paz, extrait de *Dame Huaxtèque*

Trois dessins illustrant la croix en pierre, *1990, fusain, 105 × 75, prêt de l'artiste.*

Saint-Bernard, *1968, marbre, 180 × 57, Fondation Maeght.*

Agenouillé, *1987, pierre de Soignies, 180 × 70.*

Gérard GAROUSTE

Né en 1946 à Paris, il vit et travaille à Marcilly-sur-Eure.

Le parcours intérieur de Gérard Garouste fut ponctué de mondes clos comme le village médiéval bourguignon de son enfance, le collège privé, et même l'hôpital psychiatrique, mais aussi de mondes plus ludiques comme le théâtre ou plus pragmatiques comme le négoce d'Extrême-Orient avec son père. Cette expérience a eu pour conséquence une appréciation relative du monde de l'art et de son enseignement (aux Beaux-Arts de Paris).

A l'iconoclastie de l'art d'alors, Gérard Garouste entend affirmer l'exigence d'une grande peinture, avec des images parfaitement lisibles, néo-classiques, allégoriques. Après les images cultivées, séductrices, les confrontations avec la grande peinture en 1985, et l'*Enfer de la Divine Comédie* de Dante en 1988, il aborde dès 1991 la lecture de l'Ancien Testament. Ce dernier est l'occasion, dans sa peinture comme dans sa sculpture, d'exprimer la dualité entre folie et sagesse, Enfer et Paradis, mais sans recours à un caractère illustratif. Tout comme les relations implicites à l'histoire de l'art, ses tableaux sont pétris de références invisibles. Il multiplie les techniques : dessin, gravure, peinture, sculpture, jusqu'aux « Indiennes » relevant du travail de la tapisserie avec lès et pendillons ; sur le thème notamment de la *Chute de l'Ange*. Peut-être est-ce pour lui un moyen de se défaire de l'étau du présent.

« Je me sers de la peinture, à travers les thèmes de la mythologie, d'une religion ou encore du texte de Dante, pour m'approcher du Centre qu'il m'est impossible de définir. La peinture est un ratage. Elle est un inconvénient à mon propos, et cependant elle est, pour moi, l'une des formes les moins encombrantes qui soit. La peinture, parmi les expressions artistiques comme la musique ou la littérature, est intrinsèquement liée à la matière. Paradoxalement, elle me paraît plus proche d'une spiritualité (...) L'image religieuse est la pellicule qui occulte le sens de la peinture. Nous n'avons toujours pas réussi à dire, à montrer l'essentiel car nous ne pouvons décrire ni représenter cette profondeur. Nos mots s'arrêtent. Je ne peux qu'inviter le spectateur à développer une méditation, introvertie, sur l'image. »

Gérard Garouste,
in *Propos*, Sylvie Couderc, Catalogue d'exposition, Musée national d'Art moderne, 1984.

« Le Comité national d'Art sacré m'a commandé une Sainte Thérèse d'Avila. J'ai essayé d'échapper à tout faux-fuyant de style qui pouvait encombrer la lecture de ce tableau, afin de mieux m'approcher de cette peinture que j'ai souvent nommée "originale" et insister sur la valeur du "sujet de l'histoire" qui m'est imposé ici. Face à cette sainte, je m'attribue le rôle du miroir, puisque ce sera une réflexion sur la douleur, la béatitude et la jouissance de la femme (...) Par goût du danger, je n'éviterai pas le piège qu'elle me tend ; bien plus, ma feinte consiste à me cacher derrière un ordre ; quant à cet ordre, il est tellement complexe que je n'ai pas l'intention d'en faire l'analyse ici. Je vous laisserai donc le plaisir de le soupçonner (...) »

Gérard Garouste
catalogue France Tours Art Actuel, Biennale nationale d'Art contemporain 82-84,
Sgraffite éditions, 1983.

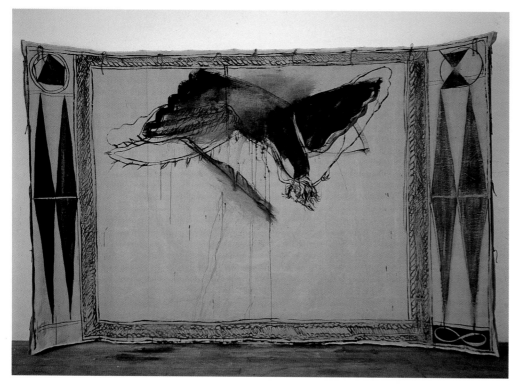

Sans titre, *1990-1991, terre cuite et fer forgé, photo galerie Durand-Dessert.*

Indienne, *1988, acrylique sur toile, 214 × 340, galerie Durand-Dessert.*

Sans titre, *1992, terre cuite et fer forgé, photo galerie Durand-Dessert.*

Patrice GIORDA

Né à Lyon en 1952, il y étudie la peinture à l'École des Beaux Arts, de 1973 à 1978. Après un séjour d'étude à Florence, en 1984, il s'installe à Paris. Se succèdent alors les séries de la *Grande Institution*, de la *Promenade*, de la *Purification* et du *Voyage*, qu'il définit comme « Un travail sur la mémoire culturelle », un moyen de trouver la lumière, de revenir à la figuration humaine. Afin de répondre à cette double quête, s'est imposée à lui l'histoire du Christ. Ce *Corpus Christi* lui permet de plus d'aborder les thèmes de la souffrance, de la solitude et surtout celui de la Rédemption... par la lumière.

Cette même lumière qui guide sa réalisation des fresques de l'École d'architecture de Lyon en 1990 sur le thème de Dédale et Icare : Dédale étant l'ombre du labyrinthe et du souterrain, Icare, l'accès à la lumière

(1990, Galerie Templon, entretien avec Bernard Goy).

J'ai remarqué que je peins toujours avec la conscience des couleurs que je veux mélanger, mais jamais avec la conscience des couleurs que je peux obtenir par le mélange ; dit autrement je ne cherche jamais à faire un orange, mais je sais qu'en un certain endroit de la toile je vais devoir travailler avec du rouge et du jaune. Mon spirituel c'est cet invisible mélange qui fait que tel rouge, fait de rouge cadmium, de Véronèse et de Naples ; et placé à côté de tel bleu, fait de cobalt, de citron et de Véronèse, éclatera d'une lumière qui les transfigurera tous les deux. Otez le Naples au rouge ou le citron au bleu et l'on aura plus que deux jolies couleurs juxtaposées, mais le miracle de la peinture aura cessé d'étreindre l'âme.

Dans la peinture, le « Souffle » n'est plus simplement comme dans le dessin, électricité qui parcourt les lignes, mais lumière qui a besoin de l'abîme pour éclairer. Comme s'il fallait entre deux couleurs composées sur la toile creuser un abîme et le franchir dans le même temps. Ce creusement où s'élance l'Être tout entier serait alors la condition de l'œuvre, un peu comme il me semble, la déchirure est la condition de la Parole.

Patrice GIORDA

Anne à la colonne, *1991/92, acrylique sur toile, 162 × 130, prêt de l'artiste.*

Saint-Jean Fondateur, *1991/92, acrylique sur toile, 162 × 130, prêt de l'artiste.*

Alexandre *HOLLAN*

Né à Budapest en 1933, Alexandre Hollan vit à Paris depuis 1956 où il étudie la peinture à l'École des Beaux-Arts et aux Arts Décoratifs. Depuis 1964, il passe de longues périodes dans la nature. Dans sa peinture ou son dessin, son point de départ est toujours le monde extérieur : natures mortes, paysages, arbres, qu'il contemple longuement afin d'en exprimer la quintessence, d'en pénétrer l'espace, le vide. Dans les arbres, il voit des organismes vivants, changeants, des sources d'énergie et de contemplation. Ainsi, son dessin peut être rapide, spontané, comme l'expression du changement constant des perceptions, ou au contraire, lent et méditatif.

Par les natures mortes, il découvre la nécessité de la peinture. Choisis très mûrs, leurs fruits offrent la possibilité d'aborder la décomposition de la couleur, d'en traduire les vibrations colorées jusqu'à la monochromie.

Son œuvre se veut donc en accord parfait avec une mystique du dépouillement, du silence, du sacré, que seule la perception à l'intérieur des choses peut atteindre.

Mais ce passage du visible à l'invisible peut demander du temps : ainsi, lorsqu'en 1987, pour une exposition dans le cadre de la Dokumenta de Cassel, il entreprend de réaliser le visage du Christ, il lui faudra huit mois de reprises afin d'échapper à l'emprise de la figuration.

En parlant de ce travail, il écrit : « J'ai exposé quinze dessins presqu'invisibles... vers la fin, je sentais qu'il y avait parfois quelque chose qui venait de l'intérieur du dessin, et qui n'était pas ma propre idée.

« Si je peux m'imaginer faire quelque chose en art sacré, ce serait de créer ce silence, cette distance : un lieu de méditation intime, un lieu où l'homme est presque seul devant l'essentiel... un lieu où l'on pourrait se dépouiller de toute agitation et de toute angoisse. »

Alexandre Hollan
cité par Paul Bigo, *Chroniques d'Art sacré*, n° 21, printemps 90.

« Quelquefois, après le coucher du soleil
quand le silence fait taire le vent,
et les oiseaux,
alors même les arbres et les collines
savent ce que c'est que le Sacré...
A d'autres moment on le sait à peine
qu'une nostalgie existe, la nostalgie de Dieu ».

Alexandre HOLLAN

« Le visible est caché dans l'invisible,
la lumière dans le noir.
Le vert dans le rouge, le rouge dans le vert.
Je vais vers l'invisible pour voir.
Vers le sombre pour trouver la lumière. »

Alexandre HOLLAN

Triptyque Ecce Homo, *1989, fusains sur Ingre,*
3 × 30 × 23, prêt de l'artiste.

Gottfried HONEGGER

Né en 1917 à Zurich, Gottfried Honegger travaille comme graphiste et dessinateur jusqu'en 1958, avant de se consacrer exclusivement à l'activité artistique.

Sous l'influence des principaux membres du groupe de l'Art concret zurichois (Max Bill, Lohse, Graeser...), en 1970, il oriente ses recherches sur la notion de l'aléatoire. L'œuvre est désormais produite au moyen d'un ordinateur et de dés, ceux-ci permettant de refléter l'ordre et le désordre de la vie.

Par la succession de couches de peinture, ses toiles obtiennent une surface lisse et animée, sur laquelle jouent la matière, le relief et la lumière. Il entend ainsi engendrer un certain silence, convier à la contemplation.

Cette même ambition l'a conduit récemment à réaliser les verrières des fenêtres hautes de la nef et les vitraux de la crypte de la cathédrale de Nevers. Là, des arcs aux courbes et aux teintes opposées sur fond blanc, conduisent le regard à la fenêtre voisine, et permettent une progression lente et contemplative à l'intérieur du sanctuaire.

Ces réalisations lui ont permis de prendre parti sur l'art ecclésial contemporain : « Parler d'art sacré est un pléonasme, l'art est sacré par définition : l'art est un libérateur, l'art est une lumière dans un monde sombre, l'art nous apprend à voir d'une façon critique et indépendante.

« Plus que jamais, nous avons aujourd'hui besoin d'un lieu où l'homme soit protégé par un entourage, un lieu qui lui permet la contemplation mais aussi une vie sociale au-dessus des peines de tous les jours. Plus que jamais aujourd'hui, nous avons besoin de la beauté – de la beauté qui représente l'harmonie, la création – plus que jamais, nous avons besoin d'un lieu où nos yeux et notre âme – qui est malade par une publicité agressive et un urbanisme sinistré, démoli par la spéculation – peuvent se réconcilier et ainsi apaiser les angoisses. Il faut des lieux où l'espoir pour demain règne. »

Gottfried Honegger
Chroniques d'Art sacré, n° 25, Printemps 1991

Georges *JEANCLOS*

Né en 1933 à Paris, Jeanclos vit et travaille à Paris. Après des études à l'École des Beaux-Arts de Paris, il obtient le Premier Grand Prix de Rome en 1959. Professeur depuis 1976 à l'École nationale des Beaux-Arts, il est aussi directeur de l'Atelier de recherche de la Manufacture de Sèvres.

Dans toute son œuvre sculptée, les textes bibliques sont présents. Lorsqu'il souffle au cœur de la sculpture sous les minces couches de terre, il pense au Psaume (104, 30) : « Tu envoies ton souffle, ils sont créés/ Tu renouvelles la face de la terre » ou à la Genèse (2,7) : « Dieu insuffla dans ses narines une haleine de vie et l'homme devint un être vivant ». Le souffle comme la main modifient la surface, toujours fragile, comme la chair. Les *Dormeurs*, les *Urnes*, les *Couples* sont anonymes, leurs expressions hésitent entre la quiétude et la souffrance, la joie ou les lamentations.

Tous ces éléments concouraient à ce qu'il soit pressenti pour la rénovation du portail royal de Saint-Ayoul à Provins. Il va proposer, pour ce tympan, un programme iconographique inspiré du Nouveau Testament, une Annonciation, une Visitation, une Dormition et le Christ dans sa mandorle.

Georges Jeanclos est représenté par la Galerie Albert Loeb à Paris.

Conscient de la difficulté d'assumer le rôle que les sculpteurs romans et gothiques ont pu remplir auprès des fidèles, j'ai voulu faire figurer au fronton de cette église le message de l'Ancien et du Nouveau Testament, essayer de donner à voir l'image à nouveau parlante de l'Histoire de la Foi, du sacrifice d'Abraham à la Dormition de la Vierge, mon inspiration s'enracinant dans les faits contemporains et "le sentiment tragique de la vie".

Georges JEANCLOS, 20 décembre 1985.

« Aujourd'hui, le problème est d'avoir un langage à la hauteur du sacré et auquel l'homme, tout homme puisse avoir accès (...) Il ne faut pas qu'il y ait rupture ; mais au contraire, il faut que l'œuvre aide le spectateur à aller plus loin dans sa démarche spirituelle, même si au départ elle n'est que curiosité ».

Georges JEANCLOS, propos recueillis par l'abbé Louis Ladey
in *Chroniques d'Art sacré*, n° 17, Printemps 1989.

« Aujourd'hui je ne peux plus prier mais saisir l'argile du commencement entre mes paumes ouvertes, la terre portée à bout de bras. Balancement de la tête aux pieds, les jambes pliées, les reins arqués. La terre sanctifiée par les flexions, incantation de tout le corps, l'argile laminée sur le sol, appel aux profondeurs qui résonne sur le béton de l'atelier, scansions de la matière qui fait apparaître la faille, épiphanie de l'autre, étalée en lettres carrées sur la face des dormeurs, ultime prière modelée comme un piège du sacré ».

Georges JEANCLOS.

Portrait de l'artiste dans son atelier, *photo B. Kasten.*

L'Ascension de Saint Julien, *1992, O2P Béatrice Hatala, H. env. 50 cm.*

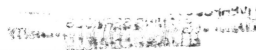

Alain KIRILI

Alain Kirili est né en 1946 à Paris. Il vit et travaille à Paris et à New-York. Après des études d'économie, il entreprend une activité artistique en autodidacte à la suite d'une exposition au Musée Rodin en 1965, où il découvre la sculpture américaine (David Smith, Barnett Newman...)

En 1966, il étudie la peinture, la calligraphie chinoise et le dessin d'après le modèle vivant. Sa rencontre avec Philippe Sollers et le groupe d'avant-garde littéraire « Tel Quel » influence ses premiers travaux.

La rencontre de l'Inde, en 1978, ouvre son œuvre sur un nouveau répertoire formel : il se souvient des Linguas, de la sensualité de la sculpture orientale lorsqu'il manipule la terre, versant féminin de son travail.

A New-York, en 1979, alors qu'il forge le fer avec Alexandre Parubchenko, naissent les premiers *Commandements*. Cette œuvre, organisée en série, est constituée d'éléments dont le graphisme mystérieux rappelle les grenades qui ornent les rouleaux de la Thora. Ces éléments décoratifs, qui, selon la légende rabbinique, contiennent autant de graines que l'Ancien Testament de commandements. Fers forgés, terres cuites, bronzes, plâtre..., toute l'œuvre d'Alain Kirili fait appel à une mémoire, au Musée imaginaire défini par André Malraux. Ses sculptures parlent des pleurants des tombeaux des ducs de Bourgogne, des Prophètes de Sluter au Puits de Moise, comme de la métaphysique zen des jardins japonais ou de la sensualité de la sculpture hindoue.

Ses œuvres s'inscrivent, selon la formule de Philippe Sollers, « comme une décantation de toutes les formes de la statuaire et de la sculpture sacrée de tous les temps, de toutes les circonstances : Inde, Japon, art de la cathédrale ». Ce même œcuménisme lui a permis dernièrement de réaliser le crucifix en fer forgé de l'abbé Louis Ladey à Cheuge.

Alain Kirili a été exposé notamment dans les galeries Sonnabend de Paris et New-York, à la galerie Adrien Maeght de Paris (1984-1985), à la galerie Daniel Templon à Paris (1991-1992) ainsi qu'à la Holly Solomon Gallery de New-York (1987-1990).

Louis Ladey : « D'où vient donc que, dans cet espace, je me sente comme invité à le pénétrer plus à fond, de la même façon que l'on cherche à pénétrer un mystère ? »

Alain Kirili : « Ma réponse est probablement de l'ordre de la transgression, ce désir de la création : aller plus loin, se transgresser à travers un immense amour, un désir de surpassement ; et consciemment ou inconsciemment la problématique de la Croix du Golgotha a dû, au moment où je faisais cette sculpture volontairement ou involontairement me travailler. D'autre part, plus fondamentalement, la relation de ce que l'on pourrait appeler le premier Adam et le deuxième Adam, entre le crâne et la Croix qui s'élève. Dans l'iconographie classique, il y a souvent le crâne du Christ. Cette interprétation peut être très sculpturale. Nous sommes avec le Christ dans une relation de verticalité ascensionnelle, avec le crâne dans un volume de masse, de poids et de terre, car en hébreu, Adam c'est Adama ce qui veut dire terre rouge. Donc, la présence de cette hétérogénéité de matériaux, de la Croix en bois, de l'Adama en terre, peuvent devenir des éléments stimulants en vue d'une création aujourd'hui et apporter un élargissement dans l'iconographie.

(...) Notre époque est beaucoup plus religieuse qu'on ne le pense. Un des phénomènes les plus importants du XXe siècle, c'est son aspect œcuménique, c'est-à-dire une grande attention portée à la concordance des Testaments, de l'Ancien Testament et du Nouveau Testament. Le fait que des artistes catholiques et non catholiques participent à l'expression d'une foi vivante qui ne peut s'exprimer que si la création est vivante. La foi est vivante à travers une création vivante. De même Matisse disait quant on lui demandait s'il était religieux : "Je suis religieux quand je crée". »

Entretien avec l'abbé Louis Ladey, juin 1986,
Chroniques d'Art sacré, n° 6, Printemps 1986.

Installation, *1992, Gouache/papier et terre cuite, 260 × 260, prêt de l'artiste.*

Alfred MANESSIER

Né à Saint-Ouen, dans la Somme, en 1911, il s'inscrit à l'École des Beaux-Arts d'Amiens puis de Paris en 1929, où il entre dans la section « architecture ». Il expose au Salon des Indépendants en 1933 et rencontre Bissière à l'Académie Ranson (1935). Il reçoit ses conseils avec Le Moal, Bertholle, Étienne-Martin.

En 1943, alors qu'il séjourne à la Trappe de Soligny, il découvre la foi, ce qui aura une influence décisive sur son évolution. Sa peinture, qui choisit l'abstraction, garde certains repères symboliques : croix, épines, cercles qui se détachent du fond lumineux. Sa peinture se morcelle à la façon du vitrail, auquel il consacre une grande part de son activité.

Outre les vitraux de l'église des Bréseux (Doubs), il exécute en 1949 un carton de tapisserie pour l'oratoire des Dominicains du Saulchoir, sur le thème du Christ à la couronne ; il expose des lithographies sur le thème de Pâques, à la galerie Jeanne Bucher. Il réalise des verrières pour l'église de Tous-les-Saints de Bâle, l'église de Trinquetaille en Arles (1952), pour la chapelle de Hem (1957), et la cathédrale de Fribourg (1980-1981) et l'église du Saint Sépulcre d'Abbeville.

Tapisserie vitrail, peinture, ornements sacerdotaux : toutes les techniques concourent chez Manessier à exprimer sa foi. Le vitrail a notamment chez lui un rôle liturgique : diffuser la lumière pour qu'elle devienne une source spirituelle.

« Je commence à peindre quand je ressens une coïncidence très étroite entre le spectacle que j'ai sous les yeux et un état intérieur. Cette correspondance déclenche une joie créatrice que j'ai envie et besoin d'exprimer... J'oscille continuellement du monde intérieur au monde extérieur pour traduire des rapports qui existent autour de moi, joie, amour de deux êtres, prières; je dois m'épauler au réel dans la lumière, les chants, les arbres, les pierres, cette joie, cet amour qui m'habitent. Du même coup le monde prend son sens. Puisqu'il y a harmonie entre l'interne et l'externe, c'est la preuve que les lois nous dépassent et nous englobent. La liturgie de l'Église nous renseigne sur son ambivalence. Pâques coïncide, au printemps, avec la renaissance de la terre. Un moment d'exaltation religieuse trouve sa réponse dans la spectacle verdoyant de la nature qui se réveille, qui réssuscite. Voilà le nœud de ma peinture : quand j'aurai exprimé Pâques à la fois comme une allégresse spirituelle et comme une renaissance panthéiste, j'aurai gagné. Le chrétien ne doit pas s'éloigner des forces de la nature. C'est couper l'homme de ses racines ».

Alfred MANESSIER
dans *Trois peintres*, Camille Bourniquel, galerie Drouin, Paris, 1946.

« De plus en plus, je voudrais exprimer la prière intérieure de l'homme, atteindre aux arts sacrés. Mes sujets sont en général une impression religieuse et cosmique de l'homme devant le monde... De toute façon, mes toiles veulent être des témoignages d'une chose vécue par le cœur et non par une imitation d'une chose vue par les yeux ».

Alfred MANESSIER
dans *La Peinture actuelle*, René Huyghe, éd. Pierre Tisné, Paris, 1945.

Vitrail, église de Bréseux.

Passion selon Jean, *1988, huile sur toile 230 × 200, prêt de l'artiste.*

Camille SAINT-JACQUES

Né en 1956 à Bièvres, Camille Saint-Jacques suit des cours d'histoire de l'art contemporain à la Sorbonne, jusqu'à l'obtention de son D.E.A. sur Marc Devade, membre du groupe Support-Surface. La peinture qu'il commence peu après se nourrit de cette culture historique, comme en témoignent ses premières expositions : *Qu'un sang impur...* à la Galerie Guy Mondineu, *L'histoire de Judas*, à la Galerie Gill Favre de Lyon en 1988, tout comme ses derniers perlages, ses *Ex-Voto*, qui privilégient le sens sur la forme.

Toutefois, il entretient un rapport très particulier avec ce temps « historique ». Il ne date pas ses toiles selon le calendrier – arbitrairement admis –, mais en fonction d'un repère personnel : son âge lors de la réalisation, inscrit en chiffres romains, et le nombre de jours à compter de son anniversaire, en chiffres arabes.

Ce procédé de datation est essentiel pour comprendre sa notion du temps et de l'art. Il permet d'insister sur la « quantité de vie en jours vécus » qui a permis la réalisation de l'œuvre. C'est un moyen de rester en marge de la « modernité », de cette « tradition du nouveau » et de ce que cela implique. Non pas que ce dernier soit résolument tourné vers le passé, mais lorsqu'il peint, *« de Lascaux à Picasso, tout est là, synchrone, sans avant ni après, dans un présent qui dure aussi longtemps que le tableau n'est pas fait. »*

Le présent est là. Même lorsqu'il travaille un sujet « historique », comme la *Convocation des Apôtres*, il prend pour modèle ses amis, cette part d'humanité contemporaine regroupée provisoirement avant d'être dispersée à la brutalité du monde. Il nous apprend ainsi que nous pouvons aussi être ces témoins du Mystère, de l'Esprit Saint, et qu'il est possible d'attirer la spiritualité dans cette frange de l'art contemporain.

La convocation des apôtres, « la vera icona »

« Mais quand le peintre était auprès de Jésus, il ne pouvait voir distinctement sa face, ni tenir les yeux fixés sur lui, à cause de l'éclat extraordinaire qui partait de sa tête, de sorte qu'il ne put le peindre comme il en avait reçu l'ordre. Le Seigneur, voyant cela, prit un vêtement qui servait de linge au peintre, et en le mettant sur sa figure, il y imprima ses traits et l'envoya au roi Abgar qui le désirait. Or, tel était le portrait du Seigneur d'après cette histoire antique, toujours selon le témoignage de gens de Damas : il avait de beaux yeux, des sourcils épais, la figure longue et légèrement penchée, ce qui est un signe de maturité. »[1]

Plus que la scène de la Passion, où sainte Véronique voulant essuyer le visage du Christ obtient l'empreinte de son visage, ce récit recueilli par Jacques de Voragine m'intrigue. Voilà que le Christ, devant un peintre, fait son autoportrait ! Chaque fois, pour sainte Véronique, pour le suaire de Turin, et ici, il s'agit d'une empreinte, d'un *négatif* plutôt qu'un *positif*, d'une révélation en retrait qui tient plus de la révélation photographique que de l'élaboration d'une composition picturale. Si figure il y a, elle n'en est pas moins inversée, donc irréaliste, déjà loin du monde.

Mimesis

J'ai toujours bien aimé les textes des Évangiles. Je me souviens que, plus jeune, j'avais immédiatement ressenti ce que P.P. Pasolini était allé chercher chez Mathieu. Plus tard, je me suis beaucoup attaché à Judas auquel je m'identifiais un peu à la façon du *Saint Genet* de J.-P. Sartre. Enfin, l'idée m'est venue que je pourrais comparer tous mes tableaux à des apôtres. Les Apôtres sont réunis dans le but d'être disséminés, d'essaimer ; la partie devant valoir pour le tout. Il me semble qu'il peut en aller de même pour l'atelier ; l'œuvre n'a de *sens* qu'une fois éparpillée, interrogeant, fécondant ici et là des horizons lointains.

J'ai choisi les modèles des Apôtres parmi mes proches. Ils sont venus poser 45 mn à une heure. Je ne dessinais qu'une moitié de visage puis j'obtenais le symétrique en décalquant la première empreinte à l'envers. Le résultat était toujours surprenant et j'aimais bien avoir « fini » le dessin, qu'il y ait cette attente de la révélation finale.

Imago Dei

J'ai voulu aussi autant de femmes que d'hommes et certains Apôtres paraissent androgynes. Les Apôtres sont avant tout des témoins, des « média » plus ou moins clairvoyants. Il me semble donc important de me débarrasser de cette fade iconographie de barbus pour signifier que tous : jeunes, vieux, hommes, femmes... nous pouvons nous penser plus ou moins comme des témoins.

Même Judas, le désespéré qui lui n'a plus d'image, témoigne encore jusqu'à nous !

Les images sont sérigraphiées sur du hêtre. Le veinage du bois est homogène sur la face et cette homogénéité est contredite par la fragmentation de l'ensemble en parallélépipèdes rectangles posés les uns sur les autres et susceptibles à tout moment d'être disloqués et de briser ainsi la *présence* de l'image...

La convocation des Apôtres XXXVI, 45, *1992, 42 × 45, prof. 15, sérigraphie sur bois, photo C. Saint-Jacques.*

1. Jacques de Voragine, *La Légende Dorée*, tome II, p. 300, éd. Garnier Flammarion, Paris, 1967.

St-J.-C. XXXVI 34

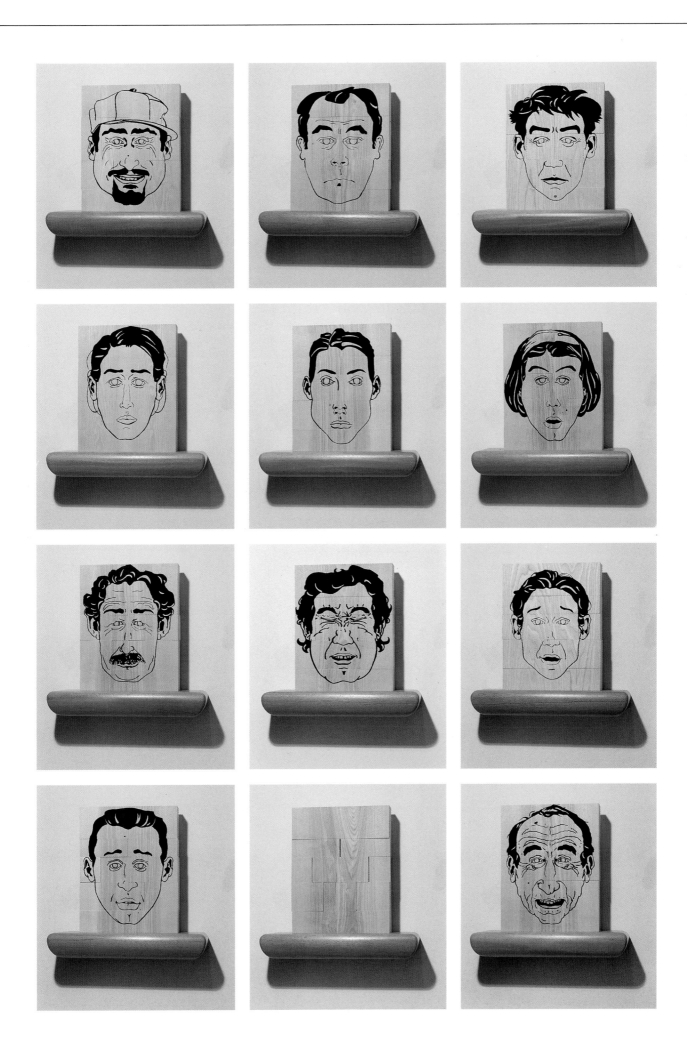

Jean-Pierre RAYNAUD

Né à Paris en 1939, Jean-Pierre Raynaud est horticulteur de métier. En 1962, il réalise des assemblages à partir de panneaux de signalisation routière. Dès 1963, les *Psycho-Objets* apparaissent, ce qui lui vaut d'être associé aux «Objecteurs» (tels Kudo et Pommereulle) par Alain Jouffroy (1965), et aux Nouveaux-Réalistes (Tinguely et Arman).

A cet univers très symbolique, va se substituer, au début des années soixante-dix, un travail sur le motif du pot (*Jérusalem*, 1971) et sur les couleurs industrielles.

Bientôt, ce travail le conduit à intégrer l'espace architectural tout entier : en 1974, il expose sa maison, qu'il n'a de cesse de modifier en lui intégrant de nouvelles structures porteuses et des carrelages blancs. Son langage plastique s'exprime désormais en fonction d'une trame, avec la céramique comme matrice. Ce sont ces «grillages» qui sont à l'origine de la conception des vitraux de l'abbaye de Noirlac (1975).

Jean-Pierre Raynaud va en effet combiner les multiples variations de sa trame (treize trames différentes pour soixante-quatre vitraux) à la symbolique cistercienne des lieux.

A la sobriété de la structure, en conformité avec la conception cistercienne de l'architecture et de son décor, répond le choix de ses matériaux : un verre opalescent, «vulgaire», destiné aux hôpitaux, permettant un passage discret entre la pierre et la transparence, ainsi qu'une gradation progressive de la nef au chœur.

Cette réalisation réussie de Noirlac, rencontre exemplaire entre un monument historique et une proposition radicale de l'art contemporain, exercera une influence déterminante sur le développement récent des commandes monumentales sacrées.

Depuis, Jean-Pierre Raynaud a multiplié l'installation de ses sculptures dans la nature, tel le gigantesque *Pot d'or* de la Fondation Cartier (1985) ou ses constructions d'espace intérieur réalisées avec des carreaux de céramique blanche.

«Le dépouillement extrême correspondait à l'idée que je me faisais du sacré.»

Jean-Pierre RAYNAUD
Dans *J.-P. Raynaud*, G.C. Fabre, G. Duby, Paris, Hazan, 1986.

«L'art cistercien atteint au plus complexe par le plus simple, à l'irrationnel par la raison, à la douceur par la puissance. Il en est de même de l'art de Jean-Pierre Raynaud.

«(...) A Noirlac, l'accord est stupéfiant, mais il est naturel, entre ce qui demeure de l'ouvrage des bâtisseurs et ce que l'invention de Jean-Pierre Raynaud vient lui ajouter. Car cet artiste invente, il crée, respectueux, cependant tout à fait libre. Par cette liberté même, il rend aux fenêtres et aux rosaces de Noirlac leur parure d'austérité, c'est-à-dire leur sens. Ouvertes dans les superbes murailles, elles se trouvent, au plein sens du terme, restaurées : rétablies dans leur fonction initiale, laquelle est d'élever de degré en degré l'esprit.»

Georges DUBY
Dans *Noirlac, abbaye cistercienne. Vitraux de Jean-Pierre Raynaud*,
Éditions modernes d'Art, Paris, 1977.

«Jean-Pierre Raynaud à Noirlac a compris la fonction et l'âme de l'édifice. La forme extérieure est le reflet de la fonction intérieure».

Gottfried Honegger
Chroniques d'Art sacré, n° 25, Printemps 1991.

3 photos de l'Abbaye de Noirlac, vitraux, 1976, photo Archives Denyse Durand-Ruel.

Antoine REVAY

Antoine Révay est né en 1952 à Paris, de père hongrois. Il entre à l'École des Beaux-Arts de Paris en 1971 et obtient le prix Victor Choquet en 1977. Pensionnaire pendant deux ans à l'Académie de France à Rome, la Villa Médicis lui consacre en 1980 une exposition et un catalogue préfacé par Christian Prigent, sous le titre « Le peintre, la Vierge et l'iconoclaste ». Sa peinture offre alors un anachronisme délibéré : son rapport avec le modèle, ses techniques et compositions faisant appel à une certaine tradition. Toutefois, la répétition véhémente des figures à la façon de Giacometti et son travail sur la grisaille, le font entrer dans une perspective plus moderniste. Il affronte la figure selon deux aspects : des bustes de femmes assises et des nus debout, qui flottent sur le fond suspendu de la grisaille. Christian Prigent a perçu dans ces représentations féminines désincarnées, l'image de la Vierge, comme un spectre hantant toute la peinture.

A ces représentations quelque peu « désincarnées », succède le *Resurrexit*, du nom de l'exposition donnée au Musée des Beaux-Arts de Caen en 1985. Là, les figures de saints prennent chair.

Antoine Révay ne croit plus en « la répétition qui cogne » mais témoigne de sa croyance en l'Incarnation, exprimée par la figure symbolique du Christ qui jalonne son œuvre.

« Antoine Révay est un peintre. Pas un artiste pieux. Il est un crieur de la Communion des Saints. Par sa couleur-matière, il les extrait de l'invisible en une sorte d'incarnation exorbitée. Il n'est pas l'ami des évanescences spiritualistes. Même les ciels, les ciels infinis, sont chez lui épaisseur, densité, empruntées à notre mère la terre. il est vraiment d'ici. D'ici sont les siens, les saints d'auprès de Dieu. Dans la gloire de leur joie de lumière, oui. Mais d'ici ; âpres à mugir notre angoisse, notre joie, à ruisseler de nos larmes sombres, de notre sang. Jamais purs esprits. Toujours esprits incorporés. "Je passerai mon ciel, disait Thérèse de Lisieux, à faire du bien sur la terre". Les saints d'Antoine Révay, entés en l'Éternel, sont nos corporels compagnons ; même ses anges sont lourds de notre glaise. Tous présents au toucher de nos yeux, ainsi nourriciers de notre foi. Robuste pâture de nos sens, car brûlant en nos cœurs.(...) »

Dominique PONNEAU
Extrait de la préface du catalogue *Antoine Révay, Résurrexit*,
Musée des Beaux-Arts de Caen, 1985.

Sainte Véronique, *1991, huile sur toile, prêt galerie Vieille du Temple.*

Crucifixion, *1992, huile sur toile 200 × 200, prêt de l'artiste.*

Crucifixion, *1991, huile sur toile 92 × 76, prêt galerie Vieille du Temple.*

« La peinture d'Antoine Révay est religieuse comme l'était celle des peintres baroques de la Contre-Réforme. La représentation de la chair y est à la fois un don et un acte de dévotion. Cependant la rhétorique de l'iconographie s'efface devant la force de l'émotivité. Parce qu'ils sont aux frontières de l'histoire religieuse, les saints de Révay rendent vaine toute tentation de lecture hagiographique. »

Alain TAPIÉ, extrait de « Peinture de la chair »
In catalogue *Antoine Révay, Resurrexit*, Musée des Beaux-Arts de Caen, 1985.

François ROUAN

Né à Montpellier en 1943, François Rouan vit et travaille à Laversine, dans l'Oise. Élève à l'École des Beaux-Arts de Montpellier puis de Paris (1961), il affronte au milieu des années soixante, comme de nombreux peintres de sa génération, une remise en question radicale de la peinture. Après une phase d'expérimentation en 1964-1965, influencée par les gouaches découpées de Matisse, qui le rend proche des membres de Support-Surface, il est conduit progressivement à la pratique dite du tressage (1966-1967), qui consiste en un tissage de bandes découpées dans des toiles préalablement peintes ou teintes. Selon les séries, les couleurs sont éclatantes ou disparaissent, notamment en 1968, où l'on sent la tentation minimaliste du blanc et du noir. Il ajoute une dimension de profondeur par l'apparition progressive de scènes, de figures, de paysages. Pendant les années passées à la Villa Médicis, il dessine en effet sur le motif et d'après des peintures anciennes, telles les fresques de Lorenzetti à Sienne.

L'image est présente au moyen de motifs récurrents, végétaux, veines de marbre, figures de Lorenzetti ou de Poussin, elle est découpée en minuscules fragments, investissant ainsi le contenu conceptuel du tressage, d'une mémoire.

Des expositions personnelles lui ont été consacrées à la Villa Médicis à Rome en 1973, au Musée Cantini de Marseille, au Stadltische Kunsthalle de Dusseldorf en 1979, au Musée d'Art moderne de la Ville de Paris en 1981, et une rétrospective au Musée national d'Art moderne de Paris, en 1983.

Il a réalisé récemment des vitraux pour les chapelles de la cathédrale de Nevers.

« Ce que j'appelle tressage est une façon de faire entrer dans le plan du tableau des images, c'est fragmenter, intriquer, et dans les interstices faire passer autre chose ».

François ROUAN.

« François Rouan est sans doute de ceux qui, sortis de l'expérimentation, ont su très vite se constituer une poétique, c'est-à-dire une structure de pensée ouverte, autonome et adéquate à leurs ambitions ».

Dominique BOZO, 1983.

283

Claude VIALLAT

Né en 1936 à Nîmes, Claude Viallat étudie la peinture à l'École des Beaux-Arts de Montpellier.

D'abord figurative, sa peinture devient abstraite lorsqu'il arrive à l'École des Beaux-Arts de Paris en 1962. Il côtoie alors les membres du groupe B.M.P.T. (Buren, Mossi, Parmentier, Toroni), Kermarrec et Buraglio.

Dès 1964, il travaille ses toiles au sol, sans châssis, et élabore sa «forme» qu'il reproduit régulièrement.

En 1970, il expose avec Devade, Dezeuze, Saytour, Valensi et Bioulès sous le nom de Support-Surface, au musée d'Art moderne de la Ville de Paris. Ils prônent la déconstruction du tableau, de sa matérialité et la narration par la couleur.

De retour à Nîmes en 1979 comme directeur de l'École des Beaux-Arts, il revient à son ancienne passion pour la tauromachie, thème qu'il dessine et dont il collectionne l'imagerie populaire. Il ne cesse pas pour autant l'élaboration de ses toiles imprimées qui deviennent monumentales (1980-1982), pas plus que l'utilisation d'objets et de petits supports (feutrine, vlieselines, 1982-1987).

En 1987, il aborde le thème de la lumière, déjà éprouvée par la transparence de ses grandes toiles suspendues, vlieselines et filets.

En 1988, il réalise le projet pour les vitraux du chœur de la cathédrale de Nevers, sur le thème de la Jérusalem céleste. A l'église d'Aigues-Mortes, en 1991, il travaille le vitrail par la suppression du réseau de plomb, et donne ainsi toute son autonomie à la couleur qui, à elle seule, canalise l'arrivée de la lumière.

Claude Viallat est professeur à l'École des Beaux-Arts de Paris, depuis 1991.

« Travailler la couleur en tant que marquant, en tenant la valeur et le ton comme obligatoires, en ne lui conférant aucune symbolique, impose de lui donner la préférence, mais de ne pas la particulariser, ni de l'accepter dans sa matérialité. Elle n'est plus alors un véhicule d'expression, mais celui du travail qui l'utilise et la produit, pâteuse, fluide, ductile, solide ou poudreuse.

« C'est considérer la transparence comme la couleur et l'utiliser comme telle, et ne pas séparer la couleur de l'espace et l'espace de la matière. C'est faire l'archéologie de nos connaissances en les répertoriant dans leurs effets, en les analysant dans leurs productions, en reconnaissant leurs interactions et les transformations que celles-ci produisent.

« C'est nous considérer dans l'espace qui nous entoure, le vivre et l'agir en conscience en laissant derrière nous des traces qui ne sont que l'effet de leur devenir. »

Claude VIALLAT, *Fragments*
In Catalogue *Exposition*, Musée national d'Art moderne, Paris 1982.

La cathédrale de Nevers, *1992, photo Jean-Michel Pheline.*

Bibliographie

*Bibliographie
1930 – 1950*

IMPRIMÉS

ARNAUD D'AGNEL Chanoine G., *L'Art Religieux Moderne*, éd. B. Arthaud, Grenoble, 1936.

AUBERT M., *Les Chantiers du Cardinal*, éd. François, Paris, 1943.

BRILLANT M., *L'Art chrétien en France au XXᵉ siècle*, éd. Bloud et Gay, Paris, 1927.

CHARLIER H., *Les tailles directes*, éd. Au Mont Vierge, Wepion, Belgique, 1927.

COUTURIER M.A., *Art Sacré*, éd. Menil Foudation / Herscher, Neuchâtel, 1983.

DEBIE F. et VEROT P., *Urbanisme et Art Sacré, une aventure du XXᵉ siècle*, éd. Critérion, Paris, 1991.

DEBUYST F., *Le Renouveau de l'art sacré de 1920 à 1962*, collection «Art et Foi», éd. Mame, Paris, 1991.

DENIS M., *Histoire de l'art religieux*, éd. Flammarion, Paris, 1939.

DEVECHE A., *L'Église Saint-Pierre de Chaillot de Paris*, «Librairie de la Nouvelle Faculté», éd. de la Toure, Paris, 1977.

DUMOULIN M. et OUTARDEL G., *Les Églises de France, Paris et la Seine*, Librairie Bloud et Gay, Paris, 1930.

GUITTON J., *Jean-Pierre Laurens (1875-1932)*, éd. Henri Laurens, Paris, 1957.

JOSEPH E., *Dictionnaire Biographique des Artistes Contemporains, 1910-1930*, 3 tomes et un volume de complément, Paris, 1930-1934.

MALLET-STEVENS R., *Exposition Internationale de 1937, Vitraux modernes*, éd. Charles Moreau, Paris, S.D.

MERCIER G., *L'Architecture religieuse contemporaine en France, vers une synthèse des arts*, Maison Mame, Tours, 1968.

MUNIER A., *Un projet d'église au XXᵉ siècle*, éd. Desclée de Brouwer & Cie, Paris, 1933.

PAULY D., *Ronchamp – Lecture d'une architecture*, éd. Ophrys, Paris, 1980.

PERROT F., *Le Vitrail français contemporain*, «Centre International du Vitrail à Chartres», éd. La Manufacture, Lyon, 1984.

PICHARD J., *L'Art sacré moderne*, éd. B. Arthaud, Grenoble, 1953.

PICHARD J., *Les Églises nouvelles à travers le monde*, éd. des Deux Mondes, Paris 1960.

POISSON G., *Inventaire des édifices religieux catholiques des Hauts de Seine*, dans : «Mémoire de la Fédération des Sociétés historiques et archéologiques de Paris et d'Ile de France», 1971, tome 22, p. 7 à 118, 1972-1973, tome 23-24, p. 7 à 143.

POISSON G. *Évocation du Grand Paris, la banlieue nord-ouest*, Paris, 1960.

REGAMEY P.R., *Art Sacré au XXᵉ siècle*, éd. du Cerf, Paris, 1952.

REGAMEY P.R., *La querelle de l'art sacré*, Paris, 1951.

RINUY P.L., *Henri Charlier (1883-1975) : Le Maître du Mesnil-Saint-Loup*, à paraître dans : «Bulletin de la Société d'Histoire de l'Art Français», 1992.

ROULIN Dom E., *Nos églises, liturgie, architecture, mobilier, peinture et sculpture*, éd. Lethielleux, Paris, 1938.

SAINT-ANDRÉ DE LIGNEREUX, *Exposition de l'art et du mobilier religieux modernes*, Musée Galliera, octobre-novembre 1929, Paris, 1930.

SJOBERG Y., *Mort et résurrection de l'Art Sacré*, éd. Grasset, Paris, 1957.
TURPIN G., *Armand Nakache*, éd. Claude Imbert, Paris, 1948.
VIOLLE B.B., *Paris, son Église et ses églises*, éd. du Cerf, 2 t, Paris, 1982.
Anonymes :
Paul Tournon, architecte (1881-1964), éd. Dominique Vincent, Paris, 1991.
Reconstruction et Modernisation, la France après les ruines 1918...1945..., « Archives Nationales », Paris, 1991.

NOTICES D'ÉGLISES

Basilique Notre-Dame de la Trinité à Blois, éd. Combier, 1983.
Église du Sacré-Cœur, Audincourt, éd. Combier, Macon, S.D.
Église Saint-Christophe de Javel, BESNARD C.H., imprimerie J. Mershe, Paris, 1930.
Église Saint-Christophe de Javel, imprimerie Maison de la Bonne Presse, Paris, S.D.
Église du Saint-Esprit, LE FER DE LA MOTTE R.P, les guides de l'Art Sacré, Paris, S.D.
Historique de la construction matérielle de Saint-Léon, MAURY L., Bar le Duc, 1960.
Notre-Dame de Toute-Grâce, COUTURIER M.A, éd. paroissiales d'Assy, S.D.
Sainte-Odile de Paris ; Presses bretonnes, 1992.

PÉRIODIQUES

Almanach catholique français
Almanach des Écoles chrétiennes
Architecture
Architecture d'aujourd'hui
Architecture française
Art chrétien
Art et décoration
Art et industrie
Art d'église
Art et les artistes
Artisan liturgique
Artisans de l'autel
Art sacré
Art vivant
Béton armé
Chantiers du Cardinal
Christ dans la Banlieue
Clarté
Construction moderne
Construire
Échos d'art
Églises de France
Époque
Études
Figaro artistique
Gazette des Beaux-Arts
Glaces et verres
Illustration
Illustrazione Vaticana
Jardins des Arts
La Croix
Revue des Beaux-Arts
Revue de l'Art
Semaine religieuse de Paris
Technique des travaux
Vie catholique
Vie et les Arts liturgiques

EXPOSITIONS
1925
Paris
Exposition Internationale des Arts decoratifs et industriels modernes, catalogue général officiel.
1934
Paris
L'art religieux d'aujourd'hui, l'Hôtel des Ducs de Rohan, 3 mai-11 juin.
1937
1947
Nantes
Exposition d'Art Sacré, Musée des Beaux-Arts, 28 juin-20 juillet.Paris
Art sacré moderne, église Sainte-Odile.
1977
Dijon
Signes du sacré au XXᵉ siècle, exposition organisée par le Comité d'art sacré de la côte d'Or, église Saint-Philibert.
1980
Chartres
Premier Salon du Vitrail, organisé par le Centre Intenational du Vitrail, Grenier de Loens, 3 juillet-15 septembre.
1989

Arras
Le Vitrail dans le Pas-de-Calais, 1918-1939, Direction des Archives, octobre 1989 – janvier 1990.
1990
Paris
Paris et ses religions au XXe siècle, Mairie du IVe arrondissement, 29 octobre-18 novembre.
1991
Bernay
Henri de Maistre (1891-1953), et les Ateliers d'Art Sacré, Musée de Bernay, 27 septembre-19 octobre.
Saint-Germain-en-Laye
Musée départemental, catalogue des collections.

SOURCES

CHENEBAUX M., *Les peintures murales dans les édifices religieux en France entre 1919 et 1939.*, « thèse de doctorat en cours », Université de Parix X, (Dir. M. Vaisse).

CHOUBARD A., *Jean Lambert-Rucki (1888-1967), un sculpteur au service de l'Église (1938-1966)*, « mémoire de maîtrise », Université de Paris IV, 1992, (Dir. M. Foucart).

CLAUSTRAT F., *Les peintres suédois dans les collections publiques françaises*, « mémoire de maîtrise », Université de Paris I, 1985.

DRILLAT L., *Notre-Dame de Toute-Grâce, du plateau d'Assy, « mémoire de maîtrise », Université de Paris IV, 1988.*

LALLOZ X., *Henri de Maistre*.

RAMEFORT M. de, *Louis Billotey (1883-1940)*, « mémoire de maîtrise », Université de Paris IV, 1992, (Dir. M. Foucart).

REY J.P., *Catalogue des œuvres de Georges Desvallières*, « thèse de doctorat en cours », Université de Paris IV, (Dir. M. Foucart).

ROGER V. *La querelle de l'Art Sacré*, «mémoire de D.E.A., Université de Paris Xe, 1992, (Dir., M. Vaisse).
– *Résumé de l'inventaire de l'œuvre artistique de Valentine Reyre*, 1991.

TAILLEFERT G. et H.
– *Inventaire des peintures de Valentine Reyre*, 1991.
– *Inventaire des œuvres graphiques de Valentine Reyre*, 1991.

WIKTOR C., *Les Chantiers du Cardinal*, « mémoire de maîtrise », Université de Paris X, 1985 (Dir. M. Vaisse).

Bibliographie contemporaine

BIBLIOGRAPHIE GÉNÉRALE

– 1983, Paris, *Sainte Thérèse d'Avila dans l'art contemporain*, Musée du Luxembourg, juillet 1983. F.M. Berne, R. Moineau, préface de Monseigneur Paul Poupard. Numéro spécial de Espace, église, arts, architecture, n° 22.

– 1985, Vésinet, *Un siècle d'art sacré en France, 1884-1984*, Centre des Arts et des Loisirs du Vésinet, commissaire de l'expositon : Jean-Jacques Vayssaire.

– 1988, Dunkerque, *La Passion de Dunkerque*, G. Delaine, novembre 1988.

– 1991, Huy, *Sacré et Art d'aujourd'hui*, Septennales Huy, 1991

– 1991, Annemasse, *L'œuvre, le Sacré*, Villa du Parc, 1991, textes de J.-P. Greff, Daniel Dobbels, Renée Moineau.

– 1992, Paris, *Vitraux d'artistes*, SAGA 1992, préface de Claude Mollard, texte de Bruno Loire, EVTA ed., Ateliers Loire.

– DUBY Georges, *Noirlac, Abbaye cistercienne, vitraux de J.-P. Raynaud*, éditions Modernes d'Art, Paris, 1977.

– DEBUYST Frédéric, *L'art chrétien contemporain de 1962 à nos jours*, Mame ed., Paris, 1988.

– REVUES :
– *Chroniques d'art sacré*, Réd. R. Moineau, C.N.P.L., Paris (depuis 1985).
– *Espace*. Réd. R. Moineau, C.N.P.L., Paris (de 1978 à 1983).

BIBLIOGRAPHIE SOMMAIRE PAR ARTISTE:

Jean-Michel Alberola:

– 1984, Saint-Priest, *Jean-Michel Alberola: Les Images peintes*, (Jacques Sato, entretien de l'artiste avec D. Davvetas), Galerie municipal, Saint-Priest

– 1984, Paris, *Jean-Michel Alberola*, (entretien avec Catherine Strasser), Galerie Daniel Templon, Paris

– 1985, Paris, *Jean-Michel Alberola* (textes de l'artiste), Musée National d'Art Moderne, Centre Georges Pompidou, Paris, 1985

Nicolas Alquin:

– 1985, Caen, *Sculptures, dessins, sculptins*, Théâtre municipal de Caen, entretien avec Philippe Briet, 1985.

– *Les Stylites*, exposition du Prieuré Saint-Michel de Crouttes, textes de Dora Vallier, editions Connivences, 1991.

Geneviève Asse:

– Geneviève Asse, *L'œuvre gravée*, catalogue raisonné de G. Goerg, J. Lassaigne, F. Chapon, C. Juliet, R.M. Mason; Musée d'Art Moderne de la Ville de Paris, 1977-78.

– Asse: *Peintures 1942-1988*, Musée d'Art Moderne de la Ville de Paris, 1988, texte de J. Leymarie.

Martine Boileau:

– 1984, Paris, *Les Chanteloups*, galerie Breteau, texte de Marcelin Pleynet.

– *Chroniques d'Art Sacré*, n° 18, été 1989, entretien avec E. Flory.

Louis Cane:

– Cane Louis, « *Pour un programme théorique pictural* » (en collaboration avec D. Dezeuze), *Peinture-Cahiers théoriques*, n° 1, Paris, juin 1971, « Le peintre sans modèle », n° 2, janvier 1972; « Sur le sol, pliée avec la couleur », n° 6/7, avril 1973; « Le métier de peintre », n° 10/11, nov. 1975.

– Sollers Philippe, *Catalogue raisonné, 1978-1985, sculptures de Louis Cane*, éd. La Différence, galerie Beaubourg, 1986.*

– 1977, Paris, *Louis Cane*, (Marcelin Pleynet et l'artiste), Musée National d'Art Moderne, Centre G. Pompidou.

– 1983, Vence, *Louis Cane*, (entretien avec Camille Saint-Jacques), Fondation Maeght, Vence

– 1988, Lyon, *Les Crucifixions*, Galerie Gill Favre, texte de Louis Cane, éd. Corlet1988.

– 1990, Paris, *Louis Cane, peintures*, textes de P. Sollers, Ann Hindry Royer, entretien avec Hubert Besacier, Chapelle Saint louis de la Salpêtrière, 1990.

Robert Combas:

– Combas Robert: « *Je me souviens...Les années 80* », Libération, 13 nov. 1990.

« Feu », publication dirigée par Jean Daviot et Bernard Marcadé, n° 2, été,1990 *Plecft*, introduction de Geneviève Boteilla, éd.DTV, Livre Compact, Paris, 1990

– 1984, Marseille, *Combas 84*, textes de Ben, B. Cornand, J.-L. Marcos, C. Millet, R. Pailhas, H. Perdriolle, R. Combas, ARCA, Marseille, 1984.

– 1987, Bordeaux, *Robert Combas, peintures 1982-1986*, texte de S. Couderc, J.-L. Froment, entretien avec D. Davvetas, CAPC, Bordeaux, 1987.

– Palette Jim, *Robert Combas*, éd. La Différence, Paris, 1989.

– Marcadé Bernard, Robert Combas, éd. La Différence, Paris, 1991.

Vincent Corpet:

– 1982, Lyon, *Figures imposées*, E.L.A.C., Lyon

– 1983, Londres, Oxford, *New Franch Painting*, texte de Bruno Foucart.

– 1987, Paris, *Corpet, Desgrandschamps, Moignard*, Centre G. Pompidou, Galeries contemporaines, textes de F. Hergott et D. Ottinger.

– 1990, Paris, *Mouvement*, B.A.S.F./Centre G. Pompidou, textes de R. Fleck et J.-M. Foray.

– 1991, Liban, catalogue monographique *Vincent Corpet*, texte de F. Hergott.

– 1991, Sables d'Olonne, *Georges Bataille*, texte de D. Ottinger, Musée des Sables d'Olonne.

Hubert de Chalvron:

– *Cimaise* n° 214, sept.oct. 1991, texte de Martne Arnault.

– 1991, Paris, *Hubert de Chalvron*, Galerie Montenay, Paris.

Eugène Dodeigne :
– 1965, Rotterdam, *Eugène Dodeigne*, (F. Mathey), Museum Boymans-van Beuningen, 1965.
– 1971, Bruxelles, *Rétrospective Dodeigne : Pierres, bronzes, dessins*, Palais des Beaux-Arts, 1971.
– Hammacher A.M. : *Dodeigne-chant de pierre*, éd. Lannoo, Tielt (Belgique), 1981.
– 1988, Paris, *Dodeigne, Sculptures et dessins*, catalogue Musée Rodin, textes J. Vilain, 1988.

Gérard Garouste :
– 1982, Paris Exposition *collective In situ, 12 artistes pour les galeries contemporaines*, un fascicule par artiste ; textes de J. Denegri et de l'artiste. M.N.A.M., Centre G. Pompidou.
– 1984, Paris, *Le Classique et l'Indien* ; par G.G. Lemaire, C. Strasser, B. Blistène, Paris, 1984.
– 1984, Bourbon-Lancy, *Garouste : La cinquième saison*, G. G. Lemaire, Musée Municipal Bourbon-Lancy.
– 1991, Paris, *Gérard Garouste*, Galerie Durand-Dessert, Paris, 1991.

Patrice Giorda
– 1986, Paris,*Patrice Giorda*, entretien avec Mona Thomas, Galerie Templon Paris
– 1990, Paris, *Patrice Giorda*, entretien avec Bernard Goy, Galerie Templon Paris

Alexandre Hollan :
– 1983, Paris, *Arbres, buissons, espaces*, Galerie Nane Stern, texte de A.Ferry.
– 1988, Paris, *Alexandre Hollan*, Galerie Nane Stern, Paris, texte de Y. Bonnefoy.
– 1989, Genève, *Alexandre Hollan*, Galerie Foëx, Genève, texte de P.A. Tâche.
– E. De Zagon, *La peinture mystique d'Alexandre Hollan,* Arte e cultura.
– 1990, Paris, *« Art et foi »*, exposition de groupe, galerie Saint Séverin.
– 1990, *Chroniques d'Art Sacré*, Alexandre Hollan, texte de Paul Bigo.
– 1991, Maubeuge, *Alexandre Hollan*, textes de Lothar Romain, Annie le Corre et de l'artiste, Musée de Maubeuge, 1991.

Gottfried Honegger :
– Kurt W. Forster, Max Frisch, Aleksi Rannit, H. Read, W. Rotzer, M. Seuphor, *Gottfried Honegger, œuvres des années 1939 à 1971*, Verlag Arthur Niggli AG, Teufen, Suisse, 1972.
– S. Lemoine, M. Besset, H. Heissenbüttel, *Gottfried Honegger : tableaux-reliefs-skulpturen 1970-1983*, Wasser-Verlag, Buchs-Zurich, 1983.
– Honegger G., L'art ecclésial aujourd'hui, *Chroniques d'Art Sacré d'Art Sacré*, n° 9, mars 1987.

Georges Jeanclos :
– 1983, Troyes, *G. Jeanclos*, Musée National d'Art Moderne, G. Lascault, E. de Margerie, M. pleynet, M. Van Oudenhove.
– 1984, Paris, *Georges Jeanclos*, galerie Albert Loeb, Paris
– Abbé Louis Ladey, entretien avec G. Jeanclos, *Chroniques d'Art Sacré*, n° 17, Printemps 1989.

Alain Kirili :
– Alain Kirili, Philippe Sollers, *Statuaires*, éd. Denoël, Paris, 1986.
– Marcelin Pleynet, *A partir d'une ligne*, Paris, New York, Galerie Sonnabend, 1972.
– 1984, Chateauroux, *Les terres cuites d'Alain Kirili 1972-1984,* Centre d'Art Contemporain, 1984.
– 1985, Paris, *Alain Kirili*, Texte de Kirk Varnedoe, Musée Rodin, 1985.
– 1992, Nice, *Alain Kirili, Le Baiser*, Galerie Carrée, Villa Arson, texte de C. Bernard et H. Charbit.
– 1992, Saint-Étienne, *Alain Kirili*, texte de Philippe Dagen, Musée d'Art Moderne Saint-Étienne.

Alfred Manessier :
– Hodin J.-P., *Manessier*, La Bibliothèque des Arts, 1972'
– 1974-75, Paris, *Manessier 1970-1974* (C. Bourniquel, P. Encrevé, entretien avec l'artiste), Galerie de France, Arts et Métiers Graphiques, Paris.
– 1983, Paris, *Manessier 83*, Galerie de France, Paris.
– 1992, Paris, *Alfred Manessier*, Grand Palais.

Antoine Révay :
– 1980, Rome, *Antoine Révay, peintures 1978-1980*, Villa Médicis, Préface C. Prigent.
– 1985, Caen, *Resurrexit*, Musée des Beaux-Arts, préface Dominique Ponneau et Alain Tapié.
– 1989, *La Passion de Dunkerque*, exposition collective.
– 1990-1992, Paris, *œuvres récentes*, Galerie Vieille-du-Temple, entretien avec Guy de Malherbe.
– 1992, Paris, *Bernard Quesniaux, Guy Le Meaux, Antoine Révay*, textes d'Antoine Graziani, Claude Bouyeure, Hôtel de Ville de Paris, 1992.

Jean-Pierre Raynaud :
– 1965, Alain Jouffroy, *Un laboratoire mental*, galerie Jean Larcade, Paris
– Pierre Restany, *Jean-Pierre Raynaud et la conscience de soi : un ton souverain qui a l'avant-goût de l'absolu,* galerie Mathias Fels, 1966.
– Jacques Caumont, *Jean-Pierre Raynaud*, éd. Galerie Rive Droite, Paris, 1970.
– 1974, Paris, *A propos de la maison de Raynaud,* galerie Alexandre Iolas, Paris.
– G. Duby, D. Durand-Ruel, E. de Martelaere, *Noirlac, abbaye cistercienne, vitraux de J.-P. Raynaud*, éd. E.M.A., Paris.1977.
– Pontus Hulten, *Jean-Pierre Raynaud, pélerin blanc*, centre G. Pompidou, Paris, 1979.
– B. Marcadé, S. Pagé, *Noir et blanc*, ARC, Musée d'Art Moderne de la Ville de Paris, 1985.

François Rouan :
– 1971, Paris, *François Rouan*, galerie Lucien Durand, Paris
– 1973, Rome, *François Rouan*, Villa Médicis.
– 1983, Paris, *François Rouan, rétrospective*, Musée National d'Art Moderne, Centre Georges Pompidou
– 1991, Paris, *François Rouan, peintures 1988-1990*, galerie Templon, texte de J.-L. Baudry
– 1991, Les Sables d'Olonne, *Georges Bataille et les Arts Visuels*, Musée de l'Abbaye de Sainte-Croix.

Camille Saint-Jacques :
– 1988, Paris, *Qu'un sang impur...* galerie Guy Mondineu, texte de l'artiste.
– 1988, Lyon, *L'Histoire de Judas,* galerie Gill Favre, texte de l'artiste.

Claude Viallat :
– 1978, Chambéry, *Claude Viallat : Traces*, D. Fourcade, Y. Michaud, M. Pleynet ; Musée Savoisien, 1978.
– 1980, Bordeaux, *Claude Viallat*, J.-L. Froment, C.A.P.C., Bordeaux.
– 1982, Paris, *Claude Viallat*, Musée National d'Art Moderne, D. Bozo, B. Ceysson, A. Pacquement, J. Lepage, P. Rodgers, M. Pleynet, J. Clair, Y. Michaud, M.-J. Baudinet et l'artiste ; entretien de Xavier Girard avec l'artiste ; Centre G. Pompidou, Paris.
– Prigent C. :, *Viallat, la main perdue*, Rémy Maure éd (s.l.), 1981.

Liste d'artistes

Cette liste a été dressée après dépouillement des catalogues de Salons et d'expositions, des revues et ouvrages traitant de l'Art Sacré entre les années 20 et 50.

Les dossiers d'artistes sont consultables à la Documentation du Musée Muncipal de Boulogne Billancourt.

Ferronniers – Orfèvres

BARRIOT Robert	(1898-1970)
BERGER	
BOGARD	
BOUGET	
CHARDON F.	
CHERET Jean	
DELOUF	
DESVALLIERES Richard	(1893-)
DOM-MARTIN	
FABRE-BERTIN	
GINDREAU Jean	
JOURDAIN	
LARRICART Félix	
LINOSSIER Claudius	(1893-1953)
LUC LANEL Marjolaine	
MAYER	
POILLERAT Gilbert	(1902-)
PUIFORCAT Jean	(1897-1945)
RIVIR André	
SUBES Raymond	(1893-1970)
TEMPLIER Raymond	
THOMASSON Donat	
VALLEE Marcelle	
WARTHER	

Mosaïstes – Céramistes – Émailleurs

ANTONIOTTI	
ARGY-ROUSSEAU Gabriel	(1885-1953)
AUBAN Paul	(1869-1945)
BARTHELS Jules	
BASSO Jospeh	
BATY Guy	
BEYER Paul	
BIZETTE Françoise	
BLUM Catherine	
BONZEL	
CHANTREL Renée	
CHAUVIERE	
DHOMME Maurice	
DUBOIS Paul	
DUCUING André	
DUMOULIN	
DUNAND Jean	(1877-1942)
EBEL René	(1889-)
EMERY Frères	
ERAN Lise	
FAU André	(1896-)
FAVRE-BERTIN	(1887-)
FEUILLAT Marcel	(1896-)
FOURMAINTRAUX Gabriel	
FREMONT Pierre	(1886-1974)
GALLET Georges	
GAUTHIER Jean	
GENTIL-BOURDET	
GOULDEN Jean	
GUILLEMAIND L.	
JOYA Robert	
KERNER	
KIEFFER Frédéric	(1894-1977)
KOVAK Marguerite	(1902-)
LANOA Marie-Thérèse	
LERAT Jean et Jacqueline	
LINTHOUT J.	
MARREL	
MAZZIOLI	
MEROT	
MOLLENHAUER M.T.	
MORSIER DE ROETHLISBERGER	
MOUROUX Anie	

OGE Paul
PICARD Denise
RENIAULT
ROBERT René
ROUART Philippe
SALNELLE Jean-Marie
SCHWENCK Marthe
SEBASTIEN   (1909-1990)
SUE Léonie
ZACK Irène

Peintres

Les noms précédés d'un astérix signalent les peintres ayant fourni également des cartons de vitraux.

ACHILLE FOULD Georges   (1865-1951)
ACKEIN Marcelle   (1882-1952)
ALDER Emile   (-1933)
ALDIGHIERI Dominique
ALIX Yves   (1890-1969)
AMAN-JEAN Charlotte
AMBROSELLI Gérard
ANGELO Christiane
ASSELIN Maurice   (1882-1947)
AUBERT Joseph   (1849-1924)
AUBERT René Raymond   (1894-)
AUCLAIR André
AUJAME Jean   (1902-1965)
AYME-FAUTEREAU Alix   (1894-)
AZAMBRE Etienne
AZEMA Louis   (1876-1963)
AZENOR Hélène   (1910-)
BABOULET François   (1915-)
BADER
BAILLON de WAILLY Myrthée
BAILLY Georgette
BALLET Roger Raoul
BALLOT Clémentine
BALLOT George   (1866-)
BARANGER Marie-Mélanie
BARDON Elisabeth   (1894-)
BARREAU Paul André
BASTARD
BAUCHANT André   (1873-1958)
BAUDOUIN Paul Albert   (1844-1931)
BEAU-CHARRIER Madeleine
BEAUDIN André   (1895-1979)
BEAUFRERE Adolphe   (1876-1960)
BEAUME Emile   (1888-1967)
BEAUMETZ Rose
BEAUMONT Hugues de   (1874-1947)
BEGO Charles
BELLENOT Félix
BELLOTEY Louis *
BELMON Marie
BELTRAND Jacques   (1874-1977)
BERCOT Paul *   (1898-1970)
BERNARD Emile   (1861-1941)
BERNARD Jean   (1908-)
BEROUD Louis   (1852-)
BERQUE Jean
BERRY Andrée
BERTHELIN Robert
BERTHOMME Louis   (1905-1977)
BERTREUX Edmond
BESSAC Edmond
BEZOMBES Roger   (1913-)
BIBAS Elisabeth

BIEHLER Paul
BILLOTEY Louis *   (1883-1940)
BIORGE
BISSIERE Roger *   (1888-1964)
BISSON Charles
BISSON François
BLANCHARD Maurice *   (1903-)
BOB Lucienne
BODARD Pierre   (1881-1937)
BOILEAU C.
BOISFLEURY Alfred
BOISY Raymonde
BONAVENTURE FIEULLIEN père
BONNARD Pierre   (1867-1947)
BONNET Marcelle-Renée
BONNOTE *
BORDERIE André *   (1923-)
BOUCHAUD Abbe Pierre
BOUCHAUD Etienne   (1898-)
BOUCHAUD Jean   (1891-1977)
BOUCHAUD Michel
BOULEAU Charles Léon   (1906-)
BOULET Charles-Robert   (1895-)
BOUQUET Louis
BOUR René *
BOURDELY René *
BOURGAIN Odette
BOURIELLO Blanche
BOURNET Josette   (1905-)
BOYE Abel-Dominique   (1864-1934)
BRANLY Elisabeth   (1889-1972)
BRAQUE Georges *   (1882-1963)
BRASILIER Jacques   (1883-1965)
BRETON Marcel
BRIANCHON Maurice *   (1899-1977)
BRIELLE Roger
BRIERE Emile *
BROCHET Henri
BRUN- BUISSON Gabriel
BRUNEAU Jean   (1921-)
BRYGO
BUFFET Abbe Paul   (1864-)
BUFFET Bernard   (1928-)
BUREAU Camille
BURKHALTER Jean   (1895-1982)
BURLET René
BUTOR Emile
CAILLAUD Aristide   (1902-)
CAILLY Raymond
CAPELLO Armand
CARRE Raoul   (XIX-1934)
CARTE Antoine   (1886-1954)
CASPERS Pauline
CASTAING René Marie   (1896-1944)
CASTRO Fabian de   (1868-)
CERIA Edmond   (1884-1955)
CHABAS Maurice   (1862-1947)
CHABOT Jean   (1914-)
CHADEL Jules-Louis   (1870-1942)
CHAGALL Marc *   (1887-1985)
CHALINE Paul
CHANTEAU Alphonse   (1874-1958)
CHANTERANNE Roger   (1900-)
CHAPLEAU Eugène Jean   (1882-)
CHAPLIN Elisabeth
CHARAVEL Paul   (1877-1961)
CHARLEMAGNE Paul   (1892-)
CHARRIER Henri   (1857-)
CHASTEL Marie Roza
CHAUVET Georges   (1874-1931)
CHAYLEAU Eugène
CHEVALIER Claude
CHEVALIER Yvonne
CHEYSSIAL Georges   (1907-)

CHIEZE Jean André   (1898-1975)
CHIMOT Louise
CHOISNARD Marc
CHOUMANSKY Olga
CHRETIEN Roger
CIRY Michel   (1919-)
CLAUDE Georges Victor
CLAVEAU Jean-Michel
CLOUZOT Marianne   (1908-)
COCHET Gérard   (1888-1969)
COLLIN Edouard
COLLIN Silvaine
COQUET Jean
COQUET Lénard   (1899-1952)
CORDEIL
CORNELIUS Jean Georges   (1880-1963)
CORNU Serge-André
COSSON Jeanne
COSTA-CABASSON
COSTE Albert
COTELLE Marc
COTTIN Louise
COURLIE
COURLON Annie de
COURMES Alfred   (1898-)
COURTOIS Germaine
COUTURAT Jean Henri *
COUTURIER Paul (R.P.) *   (-1954)
COUTY Jean   (1907-)
CRAS Monique   (1910-)
CUVINOT Jeanne
DA COSTA Marie
DALICAN-POINSIER Jacques
DALLET Jules *   (1876-)
DANGER Henri-Camille   (1857-1937)
DANY
DARAGNES Jean-Gabriel   (1886-1929)
DARQUET François
DAVID Guy
DAVID Hermine   (1886-1971)
DAVID Pierre
DAVIS Gérald
DEBAT Roger
DEBES Marthes   (1893-)
DECARIS Albert   (1901-1988)
DECREPT Louis
DEHELLY Madeleine
DELACROIX Marthe   (1898-1987)
DELAROCHE Hélène
DELAROCHE Marguerite   (1873-1963)
DELBEKE Léopold   (1866-)
DELHOMME Georges
DELLACKE
DEL MARLE Félix   (1889-1952)
DELOBRE Emile   (1873-)
DELORME Marguerite   (1876-1946)
DELORMOZ   (1895-1980)
DELPECH Louis   (1904-)
DELPLANQUE Georges   (1903-)
DEMOULIN Jacques   (1905-)
DENIS Maurice *   (1870-1943)
DENIS-FOLAIN Madeleine
DEPARIS Daniel   (1910-1981)
DERAIN André   (1880-1954)
DERREY Jacques   (1907-1975)
DESCHAMPS Lucien
DESCLUZEAUX Marcel
DESPIERRE Jacques   (1912-)
DESVALLIERES Georges *   (1861-1950)
DETEIX Adolphe   (1892-)
DEVILLE Jean   (1901-)
DIAZ DE SORIA Robert   (1883-1971)
DICK-DUMAS Alice
DIERE Myriame

DIGNIMONT André (1891-1965)
DIMIER
DINES Madeleine *
DIONISI Pierre (1904-1973)
DIONNET René
DOLLEY Pierre (1877-1955)
DOMINOIS Maurice
DONAS Marthe (1885-1967)
DONNAY Jean (1897-)
DORBRITZ Marguerite (1886-)
DREUX Désirée
DROUART Raphaël (1884-1972)
DUBOIS Pierre Claude
DUBOUL Geneviève
DUBREUIL Pierre (1891-1970)
DUC Marcelle
DUCOS DE LA HAILLE Pierre (1889-1972)
DUFRENOY Georges (1870-1942)
DUFRESNE Charles (1876-1938)
DUMAS René
DUPAS Jean (1882-1964)
DUPOND Marcel (1907-1954)
DUPONT Victor (1875-)
DUQUET Pierre
DURAND-ROSE A.
DURENNE Eugène A. (1860-1944)
DUSSOUR Louis*
EDY LEGRAND (1892-1970)
ELVIRE Jan * (1904-)
ENSOR James (1860-1949)
ERNOTTE Jacques (1897-1964)
ERNST Max (1981-1976)
ERREIP Jean
ESPARBES Jean d' (1898-1968)
ETIENNERET
FAUCHET Raymond (1896-)
FAUCHON Gabrielle Marthe
FAURE Elisabeth (1906-1964)
FAURE Gabrielle
FAUTRIER Jean (1898-1964)
FAVRE
FEDOROFF M.P.A.
FELIX Léon (1869-)
FELSENELD Lise
FERRAND Louis
FERRE Camille Alphonsine
FILOZOF Véronique (1904-1977)
FIORAVANTE Bolcioni
FLAMANT Emile (1896-)
FLANDRIN Jules (1871-1947)
FLANDRIN Marthe * (1904-1987)
FLANDRIN Paul Hippolyte (1856-1921)
FLIGIER Charles (1863-1928)
FLORNOY Olivier (1894-)
FLYE SAINTE MARIE Pierre Marie
FONTENE Robert
FORAIN Jean Louis (1852-1931)
FOUCHER DE BRANDOIS Jacques *
FOUJITA Léonard (1886-1968)
FOUQUE Marie Rose (1907-)
FRELAUT Jean (1879-1954)
FREMONT Pierre
FREMONT Suzanne (1886-1974)
FRISON Lucienne (1889-)
FRITEL Pierre * (1853-)
FRITZ-BERGER
FROMENT Marie Emilie Lucie (1891-)
FROMENT Suzanne Marie Simone
GABRIELLE Charlotte (1879-)
GAILLARD René
GALANIS Démétrius (1882-1966)
GALL *
GENICOT Robert Albert (1890-)
GENIEIS Gabriel (1904-)

GEN-PAUL (1895-1975)
GERARDIN Roland Marie (1907-1935)
GERIN Renée
GHERRI DE MORO Bruno
GID
GIGNOUX Ludovic
GILLET Guillaume (1912-)
GILOT Charles
GILSON Jacqueline
GIMEL Georges (1898-)
GIRARD Joseph
GIRAUD Jean (1887-)
GIRIEUD Pierre (1875-1948)
GIRODON Gabriel * (1884-)
GISCHIA Léon (1903-1991)
GLEIZES Albert (1881-1953)
GLORIA Germaine
GOERG Edmond (1893-1969)
GOUBANT Jeanne
GOURDET Alain
GOURGAUD DU TAILLIS L.
GOWENIUS Rudolf
GRAND GERARD Lucienne
GRECO Yvonne
GREGOIRE Madeleine
GRESCHNY Nicolas
GRIS JUAN (1887-1927)
GROMAIRE Marcel (1892-1971)
GRUSLIN René Marcel
GUERIN Ernest Pierre * (1887-1952)
GUERRIER Raymond (1920-)
GUFFROY Yvonne
GUILLAUME R.M. (1876-)
GUILLONET Octave Denis Victor (1872-1967)
GUINET Raoul
GUY-LOE Maurice
GUYENOT Pierre (1914-)
HANIN Marguerite (1899-)
HAUTRIVE Mathilde (1881-1963)
HENNES Germaine (-1977)
HERAUT Henri
HERMES Jean
HERVIEU Louise (1878-1954)
HILAIRE Camille (1916-)
HINRICHSEN Kurt (1901-1963)
HOHERMANN Alice
HOLAIND Edouard Paul
HOLLART Charles
HOUEL Laurent
HUGO Jean (1894-1983)
HUMBERT Suzanne
HUMBLOT Robert (1907-1962)
IMBS Marcel * (1882-1935)
INGRAND Paule
INGUIMBERTY Joseph (1896-)
JACOB Max (1876-1944)
JACQUEMIN André (1904-)
JACQUES André (1880-)
JAFFEUX Ch.
JAHL Ladislas (1886-)
JALABERT
JALLON Marie-Thérèse
JARDEL R.J.
JASPERS P.
JAULMES Gustave (1873-1959)
JEANNE Sœur
JEROME Pierre
JOFFROY Suzanne
JONAS Lucien (1880-1947)
JONDOT *
JOU Louis (1882-1968)
JOUBERT Andrée
JOUBERT DE LA MOTHE Pascal
JOULLARD Adrienne (1882-1971)

JOURDAIN Lucien (1887-1959)
JOUSIET
JOUSSELIN Renée (1905-)
JUILLERAT Hélène
KALEBDJIAN Irène
KAMYE Julien
KERLIDOU Henri
KIJNA Ladislas (1921-)
KLEIN Victor
KLUKOWSKI Ignace
KONSTAN Barbara
KOUSNETZOFF Constantin (1863-1936)
KRUST*
KUDER René (1882-)
KYJNO
LABORDE Yvonne
LABOULAYE Paul de (1902-1961)
LABOUREUR Jean Emile (1877-1943)
LABREUX F.
LABROUSSE J.
LACASSE Joseph (1894-1945)
LAFNET Luc
LA FRESNAYE Roger de (1885-1925)
LA HOUGUE Jean de (1874-1959)
LAIR Jean
LAMEIRE Charles (1832-1910)
LANDAIS Henri
LANDOWSKI Nadine (1908-1942)
LANGLAIS Xavier de (1906-1975)
LANTIER Lucien (1879-)
LATAPIE Louis (1891-1972)
LA TOURRASSE Hélène de
LATRON Simone *
LAURENCIN Marie (1885-1956)
LAURENS Jean-Pierre (1875-1932)
LAURENS Paul Albert (1870-1934)
LAURENT Ernest
LAVALLEY Paul Louis
LAVERGNE Maurice
LAZARSKA Stéphanie (1887-)
LE BON
LE BRETON Constant (1895-)
LE CLER Germaine
LECOMTE Georges * (1882-)
LE CORBUSIER * (1887-1965)
LECOUTEY André
LE FEUVRE Jean (1882-)
LEJARD Georges
LEMAISTRE Marie
LEMAITRE André Hubert (1885-)
LEMAITRE Yvanna
LEMASSON Albert
LEMASSON Paul
LE MOAL Jean * (1909-)
LE MOLT Philippe (1895-)
LEMPICKA Tamara de (1898-1980)
LENOIR J.P. *
LENOIR Louise (1883-)
LENORMAND *
LEONARDI Giovanni
LEPAGE Pierre (1906-1983)
LEPETIT Alfred (1876-1953)
LE PHO (1907-)
LEPRINCE- RINGUET Louis (1901-)
LERAY Henry
LEROUX André (1870-)
LEROUX Georges (1877-1957)
LEROUX Madeleine (1902-)
LEROY Paul (1860-1942)
LESACQ Charles-Jean
LESAGE Augustin (1876-1954)
LESTIENNE Madeleine (1905-)
LE TOURNEUR J.
LÊ-VAN-DÊ

VALENTIN Suzanne
VAN ELSEN Théo (1898-1961)
VARCOLLIER
VASSILIEFF Marie (1884-1957)
VERA Paul (1882-1957)
VIDROLLE
VIEIRA DA SILVA Maria Elena * (1908-1992)
VILLARD Robert
VILLON Jacques (1875-1968)
VINCE (1913-1991)
VINES Hermando
VIRAC Gustave Léon (1892-)
VOGUET Gustave Léon (1879-)
VOILLAUME Claude
VUILLEAUME
WALCH Charles (1898-1948)
WAROQUIER Henri de (1881-1970)
WEILL Lucien (1902-)
WEISS Rudolphe (1869-)
WINTER-COURBE Madeleine
WOESTINE Gustave Van de (1881-1947)
ZARRAGA Angel (1886-1946)
ZIELENIEWSKI Kasimir (1888-1931)
ZINGG Jules Emile (1882-1942)

Maîtres-verriers et peintres verriers

ACEZAT Michel (-1943)
ADAM J.
ALLEAUME
AMESPIL Henri
ARCHEPEL Joseph
BALMET L.
BARILLET Jean
BARILLET Louis (1880-1948)
BATEAU Roger
BAZAINE Jean (1904-)
BENOIT Joseph (1871-1939)
BERTHOLLE Jean (1909-)
BESSAC Antoine
BIDEAU
BLANCHET Claude
BONY Jacques (1918-)
BONY Paul (1911-1982)
BORIE C.
BOUCHEROT André
BOULANGER
BOURGEON Jan Pol
BOURGEOT
BOUTIN Edgar
CAGNART Raoul
CARLU Anne
CAROT Henri
CELLIER Pierre
CHAMPIGNEULLE Jean Charles
CHANSON André
CHAPUIS François (1928-)
CHEVALLEY Pierre
CHIGOT Francis (1879-1960)
CINGRIA Alexandre (1879-1945)
CLAUDE Georges Louis (1879-1963)
COLLINET Lucien
DAGRANT G.P.
DAMON Louis (-1947)
DAVID Charles
DECORCHEMONT François (1880-1971)
DELANGE Marcel
DELANNOY Etienne (1904-)

DEPIENNE Georges
DESJARDINS Roger (-1934)
DESMET-VANCAILLE Jos
DESOUTTER ET BOUTIN
DEVISME Jean Baptiste (1882-1949)
DINDELEUX P
DREPTIN Jules
DUMEZ Jules
DUPUIS
EHRISMANN Joseph (1880-)
FERNIQUE
FLEKNER
FLEURY Camille
FREMONT Pierre
GAILLARD Pierre
GALLAND A.J.
GAUDIN Jean (1879-1954)
GAUDIN Pierre
GAUFFAULT Louis
GAUTHIER Jean
GIGNON Michel (1929-)
GONTIER Louis)
GRUBER Jacques (1870-1936)
GRUBER Jean (1904-)
GSELL Albert (1867-)
HANSSEN Théo
HEBERT-STEVENS Jean (1888-)
HEBEST-STEVENS Adeline
HOUILLE René (1875-1948)
HURE Marguerite (1896-)
IKIRCH
INGRAND Max (1908-1969)
JANIAUD Emile
JANIN Georges (1884-1955)
JEANNIN Gaëtan
JUTEUX Jacques (1927-)
JUTEUX Mireille (1931-)
KEMPF
LABILLE Alfred
LABOURET Auguste
LALIQUE René (1860-1945)
LARDEUR Raphël (1890-)
LARDIN Pierre (1902-)
LARGILLIER Jules
LAURANT Charles
LE BRETON J.
LECAMP Marcelle
LE CHEVALLIER Jacques (1896-)
LECOURT L.
LEGER Fernand (1881-1955)
LEGLISE Louis
LEJEUNE Philippe (1924-)
LE ROY
LESQUIBE Jean
LHOTELLIER Henry (1908-)
LIOTE Denise
LOIRE Gabriel (1904-)
LORIN Charles (1874-1940)
LORIN François
LOUZIER Paul (1882-)
MANESSIER Alfred (1911-)
MARQ Charles (1923-)
MARTINE Albert (1888-)
MAUMEJEAN Frères
MAYOSSON
MICHEL Jacques
NEMOURS Aurélie
NICOLAS Joseph
OEHLER Marthe
OTT Frères
PAROT Pierre
PERROT Jena-Luc (1926-)
PIERRE André
PINEAU Abel

PLATEAUX
RAULT Paul
RAY J.J.K.
RAZIN Félix
REYRE Valentine (1889-1943)
REZVANI serge (1928-)
RINUI André
RINUY
ROYER
RUDOLF A.
SAGOT G.
SAINT-BENOIT Noël
SIMON Brigitte (1926-)
SIMON Jacques (1890-1974)
STOCKER Hans (1896-)
STRAWINSKI Théodore (1907-)
TASTEMAIN Maurice (1878-)
TEMBOURET Georges
TOURNEL Charles
TURPIN Pierre (1871-1944)
UBAC Raoul (1910)
UZUREAU Henry
VILLETTE Pierre
VILMANT Charles
VINCENT Marguerite
VIROLLE
VOSCH Julien (1885-)
WALTER
YPS
ZACK Léon (1892-1980)

Sculpteurs

ABBAL André (1876-1953)
ACHIAM (1916-)
ACUSES Louis
ADAM-TESSIER Maxime (1920-)
ALAUZET Jean
ALBIGNAC François d' (1903-1958)
ALEX
ALLIOT Lucien (1877-)
AMBROSELLI Gérard
ANDRAU Joseph
ANDREI René (1906-1987)
ARBEL Marie
ARDELLIER
ARMEL-BEAUFILS Emile
ARNOLD Henry (1879-1945)
ARSAL Eugène
ARTEMOFF Georges (1892-1965)
ASTIE Hector
BACHELET Emile Just (1892-)
BAILLY Emile
BALL Louis
BARDERY Louis
BARNEAUD Max
BARON Hippolyte
BARRIOT Robert
BARTHOLOME Albert (1848-1928)
BAUDICHON René (1878-)
BAUDRY Léon-Georges
BAUMEL Jean-Marie (1911-)
BAUMEL SCHWENCH Marthe (1913-)
BAYSER-GRATRY Marguerite de (1881-1975)
BECKER Edmond
BEDOUIN Geneviève-Marie
BELLONI
BELLUGUE
BENARD Raoul (1881-1961)

BENET Eugène (1863-)
BENNETEAU Félix (1879-)
BENON Alfred (1887-)
BERNARD Frère Marie
BERNARD Joseph (1866-1931)
BERTHOLA Louis (1891-)
BERTON Paul
BERTRAND BOUTEE René
BERTRAND Louis
BESNARD Charlotte (1855-)
BESNARD Philippe
BIGEARD Georges
BIRBESTEIN
BIZETTE-LINDET André (1906-)
BLATTES Henri
BOGINO Emile Louis (-1937)
BONNET Pierre
BORGEY Léon (1888-1959)
BOTINELLY Louis Marcel (1883-1962)
BOTTIAU Alfred (1889-1951)
BOUCHARD Henri (1875-1960)
BOUFFEZ François Camille (1890-1937)
BOUQUILLON Albert (1908-)
BOURDELLE Antoine (1861-1929)
BOURDET Jacques
BOUREILLE Pascal (1909-)
BOURET Pierre (1898-)
BOURGET
BOURGOIN Eugène (1880-1924)
BOURROUX André (1901-)
BOUSCAU Claude (1909-1985)
BOUTROLLE Armand
BRAEMER Max et Jean
BRASSEUR Lucien (1978-1960)
BRECHERET Victor (1894-1955)
BRETON Charles (1878-)
BRIDIER
BROCHET François (1925-)
BROS Robert
BRULE Constant
BRYCE Daisy
BUREL Marcel
BUSNEL Robert Henri (1881-1957)
CADENAT Gaston Jules
CAIRA-GRENIER César
CALLEDE Alexandre (1899-)
CALLEDE-LEBARD Simone Marie
CAMUS Berthe
CAMUS Jean Marie (1877-1955)
CANTO DA MAYA Ernesto (1890-1981)
CARDRONNET Antoinette
CARLEGLE
CARLIER Clément-François
CARVIN Auguste Jules
CARVIN Louis Albert
CASEBLANQUE Georges
CASTEX Louis (1868-1954)
CATTANT Jean (1918-)
CAULLET-NANTARD Maria
CAUMONT Martial Denis
CAUTIN Auguste
CAVALIER
CAZAUBON Pierre Alfred
CHAMPETIER DE RIBES Antoinette
CHAMPY Clotaire (1887-1960)
CHANTREL Marie Madeleine
CHANTRIER Louis Marcellin (1886-)
CHARLIER Henri (1883-1975)
CHARTIER A.
CHASTENET André de (1879-)
CHAUVEL Georges (1886-1962)
CHAUVENET-DELCLOS Marcel
CHAUVIN Gabriel (1895-)
CHAVIGNIER Louis (1922-)

CHESNEAU Georges (1883-1955)
CLARET Joaquim
CLAVEAU Jean Michel
COGNE François (1876-1952)
COIGNARD Roland
COLLAMARINI René (1904-1983)
COLLOMB Henri (1905-)
COMANDINI Mario
COMBY Henri (1928-)
COMEAU-MONTASSE
CORBIN Raymond (1907-)
CORIN Jean
CORMIER Joseph Jules Emmanuel (1869-1950)
CORNET Paul (1892-1977)
CORNU Auguste (1876-)
COSSACEANU-LAVRILLIER Margareta
COUBINE Othon (1883-1969)
COULON Georges (1914-)
COULON Raymond Pierre (1910-)
COURROY Roger
COUTAN Jules Felix (1848-1939)
COUTIN Auguste
COUTIN Robert (1891-1965)
COUTURIER Robert (1905-)
COUVEGNES Raymond (1893-1985)
CROIX-MARIE Paul
CROUZAT Léopold Georges
CURIE Parvine
DAMBOISE Marcel (1903-)
DAMBRIN
DAMMAN Paul-Marcel (1885-1939)
DARDE Paul (1890-)
DAVID Marie
DAVOINE René (1888-1962)
DEBERT Camille Charles
DECHIN Jules
DELAGE Marcel René
DELAMARRE Raymond (1890-1986)
DELANDRE Robert (1879-1961)
DELANNOY Maurice (1855-)
DELARUE-MARDRUS Lucie (1884-1945)
DELATTRE Henri Amédée
DELTOUR
DELUOL André (1909-)
DEMAISON Constant
DERMIGNY Gustave
DESCATOIRE Alexandre (1874-1949)
DESGREY Georges
DESRUELLES Félix (1865-)
DESRUMAUX-DOUMER Hélène
DESVERGNES Charles (1860-)
DIESNIS Andrée
DILIGENT Raphaël Louis Charles (1885-)
DIMO Zita
DIRINGER Eugène Henri
DRIVIER Léon (1875-1951)
DROBRZYCHI
DROPSY Henri (1885-)
DUBOIS Raymond (1904-)
DUBOS Albert (1889-)
DUCLUZEAUD Marcel
DUFOUR Richard Gaston
DUFRASNE Gabriel
DULAU Jacques Victor
DUMONT Gaston-Aimé
DUPONT Victor (1875-)
DUPRE Jacques
DURASSIER Eugène
DUSSOUR Louis
DUVERNEY
ETIENNE-MARTIN (1913-)
FARCY Victor
FAVIN Roger
FENAUX Lucien

FESSARD Madeleine (1873-)
FEVOLA Félix (1882-1953)
FLAUBERT Louis (1885-)
FONT-ROBERT
FORESTIER Etienne
FOURNIER DES CORATS Pierre (1884-)
FREOUR Jean-Paul
FROIDEVAUX-FLANDRIN Madeleine
GABARD J.J. ERNEST
GALLE Jean (1884-)
GARDNER Mabel
GARGALLO (1881-1934)
GASQ Paul Jean Baptiste (1860-1944)
GAUMONT Marcel (1880-1962)
GAUSSOT Geneviève
GEMIGNANI Ulisse (1906-)
GERMAIN-GOSSELIN Gustave
GIBERT Lucien (1904-1988)
GILI Marcel (1914-)
GILIOLI Emile (1911-1977)
GILLY Séraphin (1909-1970)
GIMOND Marcel (1894-1961)
GIOT Marius
GIOVANNETTI Jean
GIRARDET Berthe (1869-)
GISCARD Henri (1895-)
GODARD Pierre
GOIFFON T.H.
GRANDET Joseph Maurie (1877-)
GRANGE Claude (1883-1971)
GRANGER Geneviève (1877-)
GRAPH Paul (1872-)
GRUER Claude
GUALINO Lin
GUASTALLA Hélène (1908)
GUENIOT Arthur Joseph (1866-1951)
GUENOT Auguste (1882-)
GUIBOURGE Roger (1881)
GUILLAUMEL Roland (1926-)
GUILLEUX
GUILLOUX Albert Gaston (1871-1952)
GUINO Richard (1890-1973)
GUIRAUD Georges
GUZMANN Aleth (1904-)
HALOU Alfred (1875-1939)
HARTMANN Jacques (1908-)
HARTMANN Suzanne
HEBERT-COËFFIN Josette
HENART Marc (1919-)
HERBEMONT Auguste (1874-)
HEUVELMANS Lucienne Antoinette (1885-)
HOCTIN Albert
HOMS Marcel (1910-)
HUGO François-Victor
ICHE René (1897-1954)
INDENBAUM Léon (1892-1980)
INGUIMBERTY Joseph (1896-)
INJALBERT Jean Antonin (1845-1933)
ITASSE-BROQUET Jeanne (1867-)
JACOB Charles (1897-)
JACQUIN Marc (1901-)
JERMON Maurice de (1870-1937)
JOFFRE Félix (1903-)
JOLY Raymond
JONCHERES Evariste (1892-1956)
JORRET
JOSSE Xavier (1908-1985)
JOUVE Georges
JUVIN Robert (1921-)
KAEPPELIN Philippe
KORNER Henriette (1892-)
KOVACS Marguerite (1902-)
KRETZ Léopold (1907-1990)
LABORDE R.P.

Catalogue

Ces œuvres sont exposées au Musée Municipal de Boulogne-Billancourt du 22 janvier au 31 mars 1993 – 26 avenue André Morizet – Tél : 47-12-77-39 (les dimensions sont données en cm).

ALIX (Yves), 1890-1969, « Tibériade », 1947, Huile sur toile, 51,1 × 32,8, M.M.B.B.

ARTEMOFF (Georges), 1892-1965, « La Fontaine de Miséricorde », 1956, Huile sur papier, 72,7 × 50,1, M.M.B.B.

BAILLON de WAILLY (Myrthée), « Projet de décoration pour l'Église du Montpelerin en Vevey », 1936, M.M.B.B.

BARGE (Jacques), « Église Sainte Odile, Paris », Vers 1935, Bois, Coll. AHAP

BERNARD (Joseph), 1866-1931, « La Prière », Bronze, 52 × 30 × 15, Coll. Part.

BERNARD (Jean), 1908-, « Ange rouge » – Projet de vitrail, Gouache/Papier, 129 × 43, Coll. Part.

BERNARD (Jean), 1908-, « Ange bleu » – Projet de vitrail, Gouache/Papier, 129 × 43, Coll. Part.

BILLOTEY (Louis), 1883-1940, « Sainte Véronique tenant le voile » – esquisse chemin de croix de Ciry-Salsogne, 1926, Huile sur toile, 64 × 76, Coll. Part.

BILLOTEY (Louis), 1883-1940, « Saint Sébastien », 1926, Huile sur toile, 98 × 44, Coll. Part.

BILLOTEY (Louis), 1883-1940, « Tête de Christ », vers 1926, Huile sur toile, 33 × 40, Coll. Part.

BILLOTEY (Louis), 1883-1940, « Jésus est chargé de sa croix » – étude chemin de croix de Ciry-Salsogne, 1926, Huile sur toile, 73 × 93, Coll. Part.

BIZETTE-LINDET (André), 1906-, « Mise au tombeau » (Donges), vers 1957, Plâtre,

41 × 65 × 13, Coll. Part.

BIZETTE-LINDET (André), 1906-, « Sainte Barbe », vers 1940, Terre cuite, 47 × 12 × 11, Coll. Part.

BIZETTE-LINDET (André), 1906-, « Saint Jean », vers 1960, Plâtre, 38 × 12 × 7, Coll. Part.

BIZETTE-LINDET (André), 1906-, « Saint Martin », vers 1957, Plâtre, 38 × 12 × 7, Coll. Part.

BOUCHARD (Henri), 1875-1960, « Vierge en majesté », 1926, Plâtre, 185 × 120 × 40, Musée Bouchard – Paris

BOUCHARD (Henri), 1875-1960, « Saint Jean Baptiste », 1938, Plâtre, 210 × 55 × 39, Musée Bouchard – Paris

BOUCHARD (Henri), 1875-1960, « Vierge à l'enfant », 1928, Plâtre, 145 × 37 × 20, Musée Bouchard – Paris

BOUCHARD (Henri), 1875-1960, « Jeanne d'Arc », 1927, Bronze, 68 × 17 × 14, Musée Bouchard – Paris

BOUCHARD (Henri), 1875-1960, « Vierge aux raisins », 1952, Bronze, 30 × 24 × 06, Musée Bouchard – Paris

BOUCHARD (Henri), 1875-1960, « Saint Bernard », 1947, Bronze, D. 5,4, Musée Bouchard – Paris

BOUCHARD (Henri), 1875-1960, « Saint François et Saint Claire », 1929, Bronze, D. 10, Musée Bouchard – Paris

BOUCHARD (Henri), 1875-1960, « Jeanne d'arc », 1927, Bronze, D. 9, Musée Bouchard – Paris

BOUCHARD (Henri), 1875-1960, « Saint Michel », 1940, Bronze, D. 6,9, Musée Bouchard – Paris

BOUCHARD (Henri), 1875-1960, « Chemin de croix », 1928, Bronze, 12 × 14 × 5, Musée Bouchard – Paris

BOUCHARD (Henri), 1875-1960, « Chemin de croix », 1928, Céramique, 11,5 × 14, Musée Bouchard – Paris

BOUCHARD (Henri), 1875-1960, « Chemin de croix », 1928, Céramique polychromée, 41 × 41, Musée Bouchard – Paris

BOURDELLE (Antoine), 1861-1929, « Tympan de l'Église du Raincy », 1927-1928, Bronze, 39 × 125, Musée Bourdelle – Paris

BOURDELLE (Antoine), 1861-1929, « Jeanne d'Arc », 1921, Bronze, 126 × 50 × 46, Musée Bourdelle – Paris

BOURDELLE (Antoine), 1861-1929, « Sainte Barbe », 1916, Bronze, 100 × 30 × 30, Musée Bourdelle – Paris

BOURDELLE (Antoine), 1861-1929, « Vierge à l'offrande », 1921, Bronze, 250 × 100, Musée Bourdelle – Paris

BOURDELLE (Antoine), 1861-1929, « Saint Michel », 1925, Bronze, 35 × 30, Musée Bourdelle – Paris

BOUSCAU (Claude), 1909-1985, « Christ », Plâtre polychrome, 38 × 38 × 15, M.M.B.B.

BRUNET (F.), « Portrait de la Vierge », vers 1920, Huile sur toile, 41 × 33, M.M.B.B.

CANTO DA MAYA (Ernesto), 1890-1981, « Christ », Plâtre patiné, 200 × 190 × 25, M.M.B.B.

CHARLIER (Henri), 1883-1975, « Notre-Dame de la Paix », Pierre polychrome, 100 × 40 × 40, Église Notre-Dame de Melun

CHARLIER (Henri), 1883-1975, « Vierge à l'Enfant », plâtre polychrome, 83 × 26 × 23, Coll. Part.

CHEYSSIAL (Georges), 1907-, « Entrée du Christ à Jérusalem » – Église Notre Dame du Calvaire, Chatillon sous Bagneux, 1935, Gouache / Papier, 60,3 × 137,8, Coll. Part.

CLAUDE (Georges), « Anges », maquette vitrail pour Maison Balmet de Grenoble, vers 1920, Gouache sur calque, 55,9 × 43,3, Coll. Part

CORNELIUS (Jean-Georges), 1880-1963, « Vierge au pied de la croix », vers 1935, Huile sur bois, 52 × 65, Coll. Part.

CORNELIUS (Jean-Georges), 1880-1963, « La vierge vieille », vers 1935, Huile sur bois, 65 × 50, Coll. Part.

COSSACEANU-LAVRILLIER (Margareta), « Pietà », Bronze, 16 × 16 × 4, M.M.B.B.

COUVEGNES (Raymond), 1893-1985, « Sainte Benoîte », Plâtre, 122 × 37 × 65, M.M.B.B.

COUVEGNES (Raymond), 1893-1985, « Chemin de croix », Plâtre, 70 × 129 × 9, M.M.B.B.

COUVEGNES (Raymond), 1893-1985, « Saint Paul », Plâtre, 126 × 40 × 21, M.M.B.B.

COUVEGNES (Raymond), 1893-1985, « Saint André », Plâtre, 127 × 41 × 28, M.M.B.B.

COUVEGNES (Raymond), 1893-1985, « L'Architecte », Plâtre, 128 × 40 × 26, M.M.B.B.

COUVEGNES (Raymond), 1893-1985, « St Pierre », Plâtre, 126 × 40 × 25, M.M.B.B.

COUVEGNES (Raymond), 1893-1985, « St Jacques de Compostelle », Plâtre, 126 × 42 × 26, M.M.B.B.

DE MAISTRE (Henri), 1891-1953, « Le Sacrifice », 1937, Fusain et mine de plomb sur calque, 170 × 125, Coll. Part.

DE MAISTRE (Henri), 1891-1953, « La vie de Saint Louis de Gonzague », 1936, Huile sur papier marouflée sur contre-plaqué, 60 × 127, Coll. Part.

DE MAISTRE (Henri), 1891-1953, Plan des vitraux École St Michel de Picpus n° 1, 1934, Dessin aquarelle, 31,5 × 112,5, Coll. Part.

DE MAISTRE (Henri), 1891-1953, Plan des vitraux École St Michel de Picpus n° 2, 1934, Dessin aquarelle, 31,5 × 112,5, Coll. Part.

DE MAISTRE (Henri), 1891-1953, « La Messe », 1934, Huile sur papier marouflée sur contre-plaqué, 154 × 99, Coll. Part.

DE MAISTRE (Henri), 1891-1953, « Les Jésuites au Canada », 1931, Fresque, 48,2 × 39,5, Coll. Part.

DE MAISTRE (Henri), 1891-1953, « Saint Sébastien », 1922, Huile sur toile, 81 × 57, Coll. Part.

DE MAISTRE (Henri), 1891-1953, « Autoportrait », 1930, Huile sur toile, 28,8 × 24,3, Coll. Part.

DE VILLIERS (Roger), 1887-1958, « Saint-François et le loup de Gubbio », bronze polychrome, 14,5 × 15 × 1,5, Coll. Part.

DE VILLIERS (Roger), 1887-1958, « Vierge » – reliquaire, Métal, 11 × 7 × 2, Coll. Part.

DE VILLIERS (Roger), 1887-1958, « Vierge » – reliquaire, Bois polychrome, 22 × 13 × 5, Coll. Part.

DEVILLIERS (Roger), 1887-1958, « Vierge à l'Enfant », Bronze, 63 × 26 × 14, Coll. Part.

DELAMARRE (Raymond), 1890-1986, « 8 Béatitudes », Plâtre, h. 54, Coll. Part.

DELAMARRE (Raymond), 1890-1986, « Vierge de Varengeville », Plâtre, 36 × 10 × 16, Coll. Part.

DELAMARRE (Raymond), 1890-1986, « Vierge de Varengeville », Plâtre, 135 × 38 × 54, Coll. Part.

DELAMARRE (Raymond), 1890-1986, « Chemin de croix d'Orival », 1942-1945, Plâtre, 92 × 90, Coll. Part.

DELAMARRE (Raymond), 1890-1986, « Pietà », Plâtre, 54 × 80, Coll. Part.

DELAMARRE (Raymond), 1890-1986, « Christ des Missions », Plâtre, 195 × 45 × 40, Coll. Part.

DELAMARRE (Raymond), 1890-1986, « Saint Quentin » – Médaille, Bronze, D. 7,5, Coll. Part.

DELAMARRE (Raymond), 1890-1986, « Notre-Dame de la mer », Varengeville – Médaille, Bronze, D. 9, Coll. Part.

DELAMARRE (Raymond), 1890-1986, « Sainte Catherine » – Médaille, Bronze, D. 8, Coll. Part.

DELAMARRE (Raymond), 1890-1986, « Bienheureux Alain de la Roche » – Médaille, Bronze, D. 8, Coll. Part.

DELAMARRE (Raymond), 1890-1986, « Christ » – Médaille, Bois, D. 10, Coll. Part.

DENIS (Maurice), 1870-1943, « La Vierge au baiser » – Projet de vitrail pour la chapelle du Prieuré, 1919, Peinture à la colle sur papier, 195 × 90, Coll. Part

DENIS (Maurice), 1870-1943, « La Résurrection de Lazare », 1919, Huile sur toile, 129 × 161, Coll. Part

DENIS (Maurice), 1870-1943, « La Vierge à l'École » – Esquisse, 1903, Peinture à la colle et fusain sur papier, 150 × 190, Coll. Part

DENIS (Maurice), 1870-1943, « La religieuse », 1919, Dessin fusain, 47,5 × 33, M.M.B.B.

DENIS (Maurice), 1870-1943, « Les Anges », maquette décoration salle du collège d'Hulst, 1911, Pastel sur papier, 355 × 115, M.M.B.B.

DENIS (Maurice), 1870-1943, « Christ de Thompson », 1931-1932, Gouache, 31,2 × 26, M.M.B.B.

DENIS (Maurice), 1870-1943, « Beati Mites », 1923, Peinture Tempera sur carton, 70 × 52, M.M.B.B.

DENIS (Maurice), 1870-1943, « Beati Pauperes Spiritu », 1923, Peinture Tempera sur carton, 70 × 52, M.M.B.B.

DESVALLIERES (Georges), 1861-1950, « Station de chemin de croix – Jésus cloué sur la croix », 1923, Gouache sur papier, 127,7 × 338, M.M.B.B.

DESVALLIERES (Georges), 1861-1950, « Le confessionnal », 1919, Gouache sur papier, 160 × 147,8, M.M.B.B.

DESVALLIERES (Georges), 1861-1950, « La Bonté », vers 1920, Gouache sur papier, 124 × 80,2, M.M.B.B.

DUJARDIN, « Portrait officiel du cardinal Verdier », 1931, Gravure, 66 × 50, Coll. AHAP

DURENNE (Eugène), 1860-1944, « Jésus dans la Tempête », 1935, Huile sur toile, 65 × 80, Coll. Part.

DURENNE (Eugène), 1860-1944, « La Vierge et l'enfant Jésus », 1926, Huile sur toile, 65 × 54, Coll. Part.

EEKMAN (Nicolas), 1889-1973, « Paraboles et Psaumes », 1930, Gravures, Coll. Part.

FAURE (Elisabeth), 1906-1964, « Madame Faure », vers 1934, Crayon, fusain sur papier, 56 × 44, M.M.B.B.

FAURE (Elisabeth), 1906-1964, « Marguerite Faure », vers 1934, Crayon, fusain sur papier, 40 × 40, M.M.B.B.

FAURE (Elisabeth), 1906-1964, « Marthe Flandrin », vers 1934, Crayon, fusain sur papier, 56 × 44, M.M.B.B.

FAURE (Elisabeth), 1906-1964, « Marthe Flandrin posant pour la décoration de l'Église du St-Esprit », 1932-34, Fusain, 167 × 66, M.M.B.B.

FAURE (Elisabeth), 1906-1964, « Paraboles »-esquisse fresque cathédrale Ste-Geneviève de Nanterre, 1935, Gouache sur papier, 98 × 67, M.M.B.B.

FAURE (Elisabeth), 1906-1964, « Sainte Catherine de Sienne » – esquisse fresque Église du St-Esprit, Paris, 1932-34, 215 × 150, M.M.B.B.

FLANDRIN (Marthe), 1904-1987, « Portrait d'Elisabeth Faure », 1932, Huile sur toile, 80 × 60, M.M.B.B.

FLANDRIN (Marthe), 1904-1987, « Sacré-Cœur de Colombes », maquette, 1943, Plâtre polychrome, 114 × 102 × 52,5, M.M.B.B.

FLANDRIN (Marthe), 1904-1987, « Église Givry », maquette, 1953, Plâtre polychrome, 46,8 × 45,6 × 27,8, M.M.B.B.

FLANDRIN (Marthe), 1904-1987, « Sainte Catherine de Sienne » – étude pour l'église du Saint-Esprit, 1932, Huile sur toile, 100 × 80, M.M.B.B.

FLANDRIN (Marthe), 1904-1987, « Parabole des Vierges Sages » – esquisse fresque cathédrale Sainte-Geneviève de Nanterre, 1935, Gouache sur papier, M.M.B.B.

FLANDRIN (Marthe), 1904-1987, « L'Église perpétuel chantier à travers les siècles », Gouache sur papier, M.M.B.B.

FOUQUE (Marie-Rose), 1907-, « Atelier de la place Furstenberg », 1934, Huile sur carton, 54 × 65, Coll. Part.

FOUQUE (Marie-Rose), 1907, « Peintre dans les Ateliers d'Art Sacré de la place Furstenberg », 1934, Huile sur carton, 65 × 54, Coll. Part.

FROIDEVAUX (Madeleine), 1910-1991, « Chapiteau de l'église Sainte-Geneviève », Plâtre, 70 × 47 × 35, Coll. Part.

GELIS (P.), « Façade principale de l'oratoire alsacien de Sainte-Odile », 1925, Photographie, 23,1 × 16,2, Coll. AHAP

GIBERT (Lucien), 1904-1988, « Saint Christophe », Bronze, 28 × 25 × 2, Coll. Part.

GIBERT (Lucien), 1904-1988, « Sacré Cœur », Plâtre, D : 30, Coll. Part.

GIBERT (Lucien), 1904-1988, « Vierge du Mont-Carmel », Plâtre, 37 × 35 × 3, Coll. Part.

ICHE (René), 1897-1954, « Jeanne d'Arc », Bronze, 48 × 13 × 12, M.M.B.B.

LAMBERT-RUCKI (Jean), 1888-1967, Ensemble de 4 projets pour les chapiteaux de l'Église Ste-Thérèse de Boulogne-Billancourt, Fusain, gouache sur papier, 65 × 47, M.M.B.B.

LAMBERT-RUCKI (Jean), 1888-1967, « Projet d'autel », Fusain et gouache sur papier, 45 × 34, M.M.B.B.

LAMBERT-RUCKI (Jean), 1888-1967, « Vierge à l'enfant », Crayon, fusain, pastel sur papier, 24 × 9, M.M.B.B.

LAMBERT-RUCKI (Jean), 1888-1967, « Vierge à l'enfant », Crayon, fusain, pastel sur papier, 44 × 33, M.M.B.B.

LAMBERT-RUCKI (Jean), 1888-1967, « Chapelle du Collège Franciscain », Crayon, fusain, pastel sur papier, 42 × 71, M.M.B.B.

LAMBERT-RUCKI (Jean), 1888-1967, « Saint Pierre », vers 1960, Plâtre polychrome, 103 × 19 × 23, Paroisse Sainte-Thérèse, Boulogne-Billancourt

LAMBERT-RUCKI (Jean), 1888-1967, « Vierge », vers 1960, Plâtre polychrome, 120 × 19 × 23, Paroisse Sainte-Thérèse, Boulogne-Billancourt

LAMBERT-RUCKI (Jean), 1888-1967, « Saint François », vers 1960, Plâtre polychrome, 115 × 18 × 19, Paroisse Sainte-Thérèse, Boulogne-Billancourt

LAMBERT-RUCKI (Jean), 1888-1967, « Saint Paul », vers 1960, Plâtre polychrome, 102 × 19 × 23, Paroisse Sainte-Thérèse, Boulogne-Billancourt

LANDOWSKI (Paul), 1875-1961, « Sainte-Geneviève », 1928, Pierre, 100 × 26 × 26, Musée Landowski.

LANDOWSKI (Paul), 1875-1961, « Pietà », 1934, Plâtre, 62 × 153 × 5, Musée Landowski

LANDOWSKI (Paul), 1875-1961, « Saint Matthieu », 1922, Bois, 28 × 18 × 18, Musée Landowski

LANDOWSKI (Paul), 1875-1961, « Saint Marc », 1922, Bois, 30 × 19 × 15, Musée Landowski

LANDOWSKI (Paul), 1875-1961, « Saint Luc », 1922, Bois, 31 × 19 × 17, Musée Landowski

LANDOWSKI (Paul), 1875-1961, « Saint Jean », 1922, Bois, 30 × 19 × 14, Musée Landowski

LATAPIE (Louis), 1891-1972, « Christ jaune », Gouache sur papier, 48,3 × 32, M.M.B.B.

MARRET (Henri), 1878-1964, « Le repos de la Sainte Famille », 1935, Huile sur toile, 96 × 90, Coll. Part.

MARRET (Henri), 1878-1964, « La Sainte Famille », Fresque, 117 × 57, Coll. Part.

MARRET (Henri), 1878-1964, « Chemin de croix », Fresque, 32,5 × 44, Coll. Part.

MARRET (Henri), 1878-1964, « Chemin de croix : le Christ tombé », Huile sur toile, 54 × 73, Coll. Part.

MARRET (Henri), 1878-1964, « Saint Hippolyte et Saint Laurent », vers 1935, Gouache, crayon sur papier, 17,7 × 23,5, M.M.B.B.

MARRET (Henri), 1878-1964, « Sainte Famille », Gouache, crayon sur papier, 26 × 19,3, M.M.B.B.

MARTEL (Jean et Joël), 1896-1966, « Sainte Suzanne », Plâtre, 122 × 25 × 21, Coll. Part.

MARTEL (Jean et Joël), 1896-1966, « Cène », Plâtre, 300 × 40, Coll. Part.

MARTEL (Jean et Joël), 1896-1966, « Trinité », Grès, 75 × 17 × 17, Coll. Part.

MARTEL (Jean et Joël), 1896-1966, « Christ », Bronze, 49 × 43 × 9, Coll. Part.

MARTEL (Jean et Joël), 1896-1966, « Tabernacle », Bronze, Coll. Part.

MARTEL (Jean et Joël), 1896-1966, « Autel de la chapelle », Plâtre, 120 × 75, Coll. Part.

MARTEL (Jean et Joël), 1896-1966, « Saint-Christophe », Bronze, 27,7 × 17,8 × 1, Coll. Part.

MARTEL (Jean et Joël), 1896-1966, « Maternité », Plâtre, 69 × 18 × 14, Coll. Part.

MARTEL (Jean et Joël), 1896-1966, « Christ », Plâtre, 48,5 × 41 × 6,2, Coll. Part.

MARTEL (Jean et Joël), 1896-1966, « Porte du Tabernacle » – Chapelle Normandie, Plâtre, 34,8 × 32,7 × 2,7, Coll. Part.

MARTEL (Jean et Joël), 1896-1966, Façade « Trinité » de Blois, Plâtre, 47,5 × 18,5 × 2, Coll. Part.

MARTEL (Jean et Joël), 1896-1966, « Saint Christophe », Bronze, 6,2 × 4, Coll. Part.

MARTEL (Jean et Joël), 1896-1966, « Ange Musicien », Céramique, 24,5 × 7,5 × 6,5, Coll. Part.

MASSONNEAU (Madeleine), « L'Annonciation », Huile sur toile, 162,3 × 65,2, M.M.B.B.

MULLER (Louis), 1902-1957, « Saint Jean », Céramique, 34 × 14 × 19, Coll. Part.

MULLER (Louis), 1902-1957, « Saint Luc », Céramique, 35 × 22 × 19, Coll. Part.

MULLER Louis, 1902-1957, « Saint Marc », Céramique, 36 × 19 × 11, Coll. Part.

MULLER (Louis), 1902-1957, « Sainte Barbe », Grès, 30 × 13 × 7, Coll. Part.

MULLER (Louis), 1902-1957, « Saint Matthieu », Céramique, 40 × 15 × 13, Coll. Part.

MULLER (Louis), 1902-1957, « Tête de Christ », Céramique de couleur, 16 × 16 × 3, Coll. Part.

MULLER (Louis), 1902-1957, « Bénitier », Céramique de couleur, 20 × 18 × 3, Coll. Part.

MULLER (Louis), 1902-1957, « Sainte Véronique », Bronze, D. 10, Coll. Part.

MULLER (Louis), 1902-1957, « Saint Matthieu », Bronze, D. 10, Coll. Part.

MULLER (Louis), 1902-1957, « Saint Jean », Bronze, D. 10, Coll. Part.

MULLER (Louis), 1902-1957, « Saint Nicolas », Bronze, D. 10, Coll. Part.

MULLER (Louis), 1902-1957, « Notre Dame des Neiges », Bronze, D. 10, Coll. Part.

MULLER (Louis), 1902-1957, « Vierge couronnée », Bronze, D. 10, Coll. Part.

MULLER (Louis), 1902-1957, « Vierge au voile », Bronze, D. 10, Coll. Part.

MULLER (Louis), 1902-1957, « Sainte Anne », Bronze, D. 10, Coll. Part.

MULLER (Louis), 1902-1957, « Saint Pierre », Bronze, D. 10, Coll. Part.

MULLER (Louis), 1902-1957, « Saint Antoine », Bronze, D. 10, Coll. Part.

MULLER (Louis), 1902-1957, « Saint Columban », Bronze, D. 6, Coll. Part.

MULLER (Louis), 1902-1957, « Saint Christophe », Bronze, D. 4, Coll. Part.

MULLER (Louis), 1902-1957, « Saint Luc », Bronze, D. 10, Coll. Part.

MULLER (Louis), 1902-1957, « Saint Marc », Bronze, D. 10, Coll. Part.

NAKACHE (Armand), 1894-1976, « Le Christ flamboyant aux larmes de lumière », 1948, Huile sur toile, 50 × 61, Coll. Part.

NAKACHE (Armand), 1894-1976, « Le Christ Jaune de Pont-Aven », 1952-1955, Huile sur toile, 46 × 55, Coll. Part.

OSTERLIND (Anders), 1887-1960, « Descente de croix », 1944, Huile sur toile, 73 × 60, Coll. Part.

PETERELLE (Adolphe), 1874-1947, « Le Baptême », vers 1930, Huile sur toile, 100 × 81, Coll. Part.

PLESSARD (Ch.), « Les Chantiers du Cardinal », 1932, Revue, Coll. AHAP

PRIVAT (Gilbert), 1892-1969, « Ange avec 2 angelots. Le secret ou les anges gardiens », Terre, 21 × 17 × 8, Coll. Part.

PRIVAT (Gilbert), 1892-1969, « La Prière », Plâtre, 40 × 11 × 13, Coll. Part.

PRIVAT (Gilbert), 1892-1969, « Saint Jean de Dieu », Terre, 34 × 10 × 8, Coll. Part.

PRIVAT (Gilbert), 1892-1969, « Vierge à l'enfant », Pierre polychrome, 24 × 24 × 12, Coll. Part.

PRIVAT (Gilbert), 1892-1969, « Mise au Tombeau », 1924, Terre, 21 × 41, Coll. Part.

PRIVAT (Gilbert), 1892-1969, « La nativité, l'Eucharistie, Pietà », 1945, Pierre, 60 × 30 × 25, Coll. Part.

PRIVAT (Gilbert), 1892-1969, « Assomption », Ardoise, 60 × 30, Coll. Part.

PY (Fernand), 1887-1949, « Saint François dictant l'Hymne au Soleil au frère Léon », Bois, 33 × 16 × 16, Coll. Part.

REAL DEL SARTE (Maxime), 1888-1954, « Jeanne d'Arc », Pierre, 45,5 × 20,5 × 32, M.M.B.B.

REYRE (Valentine), 1889-1943, « Vierge à l'enfant », 1926, Crayon, gouache sur papier, 145,7 × 88,6, Coll. Part.

REYRE (Valentine), 1889-1943, « Saint Martin » – carton de vitrail pour l'Église de Montmagny, 1928, Fusain sur papier, 239 × 50, Coll. Part.

REYRE (Valentine), 1889-1943, « Vierge à l'enfant » – carton de vitrail, Fusain, gouache sur papier, 238 × 50, Coll. Part.

REYRE (Valentine), 1889-1943, « L'Ascension du Christ », 1921, Huile sur toile, 140 × 165, Coll. Part.

REYRE (Valentine), 1889-1943, « L'Ange à l'encensoir » – décoration Église Village Français, Exposition des Arts Décoratifs de Paris, 1925, Fusain, crayon sur papier, 255 × 163, Coll. Part.

REYRE (Valentine), 1889-1943, « Ange aux Clefs » – décoration Église Village Français, Exposition des Arts Décoratifs de Paris, 1925, Fusain, crayon sur papier, 255 × 163, Coll. Part.

REYRE (Valentine), 1889-1943, « Saint Jean et l'Ange » – décoration Église village français, Exposition des Arts Décoratifs de Paris, 1925, Fusain, crayon sur papier, 255 × 163, Coll. Part.

REYRE (Valentine), 1889-1943, « Vierge de l'Apocalypse » – décoration Église du village français, Exposition des Arts Décoratifs de Paris, 1925, Fusain, crayon sur papier, 255 × 163, Coll. Part.

REYRE (Valentine), 1889-1943, « Jésus est mis au tombeau », 1935, Stick B sur carton, 20 × 24,9, Coll. Part.

REYRE (Valentine), 1889-1943, « La déposition », 1935, Stick B sur carton, 23,9 × 17,9, Coll. Part.

REYRE (Valentine), 1889-1943, « La Crucifixion », 1935, Stick B sur carton, 20 × 25, Coll. Part.

REYRE (Valentine), 1889-1943, « Jésus est cloué sur la croix », 1935, Stick B sur carton, 20 × 24,9, Coll. Part.

REYRE (Valentine), 1889-1943, « Jésus est dépouillé de ses vêtements », 1935, Stick B sur carton, 24,1 × 18, Coll. Part.

REYRE (Valentine), 1889-1943, « Jésus tombe », 1935, Stick B sur carton, 20 × 24,9, Coll. Part.

REYRE (Valentine), 1889-1943, « Sainte Véronique essuie le visage du Christ », 1935, Stick B sur carton, 20 × 24,9, Coll. Part.

REYRE (Valentine), 1889-1943, « Jésus rencontre Simon de Cyrène », 1935, Stick B sur carton, 20 × 25, Coll. Part.

REYRE (Valentine), 1889-1943, « Jésus est chargé de sa croix », 1935, Stick B sur carton, 24 × 18, Coll. Part.

REYRE (Valentine), 1889-1943, « Jésus devant Pilate », 1935, Stick B sur carton, 20 × 24,9, Coll. Part.

REYRE (Valentine), 1889-1943, « Projet de retable d'autel dédié au St Sacrement », 1916, Huile sur carton, 45,9 × 38, Coll. Part.

REYRE (Valentine), 1889-1943, « La Visitation », 1916, Huile sur carton, 15 × 35, Coll. Part.

REYRE (Valentine), 1889-1943, « Dominicaine à l'étude », 1917, Huile sur carton, 35 × 24, Coll. Part.

REYRE (Valentine), 1889-1943, « La reconstruction », 1916, Huile sur bois, 27 × 21,2, Coll. Part.

REYRE (Valentine), 1889-1943, « Communiante », 1916, Huile sur carton, 27,2 × 22,1, Coll. Part.

REYRE (Valentine), 1889-1943, « Le Saint Sacrement, Enfant de Chœur » – Senlis, 1916, Huile sur carton, 22,1 × 27,2, Coll. Part.

REYRE (Valentine), 1889-1943, « Le R.P. Louis, aumônier de l'Arche », 1917, Huile sur carton, 35 × 27, Coll. Part.

REYRE (Valentine), 1889-1943, « Déposition de la croix », 1917, Huile sur carton, 21,9 × 27,1, Coll. Part.

REYRE (Valentine), 1889-1943, « Premier Ange de la Passion », 1916, Huile sur carton, 35 × 27, Coll. Part.

REYRE (Valentine), 1889-1943, « Deuxième Ange de la Passion », 1916, Huile sur carton, 35 × 27, Coll. Part.

REYRE (Valentine), 1889-1943, « Les Missions en Grande-Bretagne », 1931, Huile sur bois, 46 × 37,5, Coll. Part.

REYRE (Valentine), 1889-1943, « Portrait de Maurice Denis », Huile sur carton, 35,2 × 27,2, Coll. Part.

REYRE (Valentine), 1889-1943, « Georges Desvallières dans son atelier », 1917, Huile sur carton, 27 × 35, Coll. Part.

REYRE (Valentine), 1889-1943, « Projet de vitrail pour l'Église du Pavillon des Missions », 1930-31, Aquarelle sur papier, 73,5 × 96, Coll. Part.

ROCHER (Maurice), 1818-, « Piétà », vers 1937, Fusain sur bois, 166 × 50, Coll. Part.

SARRABEZOLLES (Carlo), 1888-1971, « Assomption », 1942, Plâtre, 40 × 21 × 7, Coll. Part.

SARRABEZOLLES (Carlo), 1888-1971, « Pietà sur le Mont-Toulon à Privas », 1955, Plâtre, 40 × 45 × 15, Coll. Part.

SARRABEZOLLES (Carlo), 1888-1971, « Elisabethville », 1928, Plâtre, 67 × 44 × 5, Coll. Part.

SARRABEZOLLES (Carlo), 1888-1971, « façade Eglise Saint-Louis de Marseille », Plâtre, 43 × 34 × 41, Coll. Part.

SARRABEZOLLES (Carlo), 1888-1971, « Faade de Sainte Jeanne de Chantal », 1950, Plâtre, 90 × 103 × 20, M.M.B.B.

SARRABEZOLLES (Carlo), 1888-1971, « Vierge à l'Enfant », 1925, Plâtre polychrome, 215 × 51 × 55, M.M.B.B.

SARTORIO (Antoine), 1885-1988, « Vierge à l'Enfant », Bronze, 24 × 49 × 3,5, Coll. Part.

SARTORIO (Antoine), 1885-1988, « Vierge à l'Enfant », Bronze, 32 × 13,5 × 6, Coll. Part.

SAUPIQUE (Georges), 1889-1961, « Jeanne d'Arc », Plâtre, 166 × 70 × 50, M.M.B.B.

SAUPIQUE (Georges), 1889-1961, « Ange », Bronze, 180 × 120 × 60, Coll. Part.

SAUPIQUE (Georges), 1889-1961, « Chemin de croix, Église de Tavaux – Cités », 1944, Céramique, 40 × 25 × 3, Coll. Part.

SAUPIQUE (Georges), 1889-1961, « Saint Jean, Église Saint-Gervais, Paris », Plâtre, 60 × 60 × 60, Coll. Part.

SERRAZ (Georges), « La Vierge donnant le rosaire à Saint Dominique », Plâtre polychrome, 37 × 17 × 7, M.M.B.B.

TOURNON (Paul), 1881-1964, « Église Saint Esprit – Vue intérieure », vers 1928, Bois, 76 × 86 × 101, Paroisse du St Esprit, Paris

VIDAL (Henri), « Église Saint-Léon – Maisons Alfort, 1936, Bois, 38 × 44,2 × 31,2, Coll. Part.

WAROQUIER (Henri de), 1881-1970, « Christ », vers 1930, Mine de plomb, fusain, lavis sur papier, 73,2 × 60,6, M.M.B.B.

WAROQUIER (Henri de), 1881-1970, « Dolori Sacrum », 1937, Peinture sur verre, 44 × 28, M.M.B.B.

WLERICK (Robert), 1882-1944, « Vierge à l'Enfant » (d'après Botticelli), 1917, Terre cuite, 40 × 31, Coll. Part.

ZADKINE (Ossip), 1890-1967, « Pietà », 1958, Bronze, 29 × 30 × 20, Musée Zadkine, Paris

« Plan – Élévation de l'église Sainte-Thérèse de Boulogne », Dessin encre de chine, Coll. AHAP

« Mgr Loutil devant la maquette de l'Église Sainte-Odile », Vers 1935, Photographie, 13,2 × 18, Coll. AHAP

Numéros de la revue « Le Christ dans la banlieue », 1932-1939, Revue 24,7 × 17,5, Coll. AHAP

Catalogue

Ces œuvres sont exposées au Centre Culturel de Boulogne-Billancourt du 25 janvier au 31 mars 1993.

ALBEROLA (Jean-Michel), « Evangilaire », 1990, lithographie, prêteur ALF, 37 × 28.

ALBEROLA (Jean-Michel), « Étudier le corps du Christ », quatre dessins, 1991, 149 × 120, 120 × 80, 80 × 61 et 74 × 74.5, prêt de l'artiste.

ALBEROLA (Jean-Michel), « Étudier le corps du Christ », huile sur toile, 1991, 50 × 60, prêt de l'artiste.

ALQUIN (Nicolas), « Nouveau-né, 1992 », sculpture chêne, 220 × 150 100, prêt de l'artiste.

ALQUIN (Nicolas), « Anonciation, 1992 », 6 dessins, prêt de l'artiste.

ALQUIN (Nicolas), « Italio », 1992/1993, sculpture de chêne, 270 × 50 × 50, prêt de l'artiste.

ASSE (Geneviève), « 22 avril 1986 », huile sur toile, prêt de l'artiste.

ASSE (Geneviève), « Sans titre », 1989, huile sur toile, 195 × 97, prêt de l'artiste.

ASSE (Geneviève), « Horizon intérieur », 1990, huile sur toile, 100 × 100, prêt de l'artiste.

BOILEAU (Martine), « Marie et Jésus », 1988/1989, terre cuite, nº 443, 21 × 16.5 × 20, prêt de l'artiste.

BOILEAU (Martine), « Marie et Jésus », 1988/1989, terre cuite, nº 445, 23.5 × 12.5 × 20, prêt de l'artiste.

BOILEAU (Martine), « Marie et Jésus », 1988/1989, terre cuite, nº 447, 23 × 21 × 18, prêt de l'artiste.

BOILEAU (Martine), « Marie », 1988/1989, terre cuite, 24 × 15.5 × 17, prêt de l'artiste.

BOILEAU (Martine), « Marie », 1988/1989, terre cuite, 19.5 × 19.5 × 17, prêt de l'artiste.

CANE (Louis), « Crucifixion », 1986/1987, huile sur toile, 280 × 230, prêt de l'artiste.

CANE (Louis), « Sans titre », 1991, tampon sur toile, dyptique, 250 × 195, prêt de l'artiste.

CANE (Louis), « Crucifixion », 1986/1987, huile sur toile, 116 × 89, prêt de l'artiste.

CANE (Louis), « Les clefs de la croix », 1985, bois, triptique 160 × 140, prêt de l'artiste.

COMBAS (Robert), « Sainte Odile », 1990, peinture sur toile, 210 × 170.5, prêt galerie Yvon Lambert.

COMBAS (Robert), « Saint André », 1990, peinture sur toile 213 × 200, prêt galerie Yvon Lambert.

COMBAS (Robert), « Sainte Thérèse d'Avila », 1990, peinture sur toile, 215 × 241, prêt galerie Yvon Lambert.

CHALVRON (Hubert de), « Denis », 1990, huile sur toile, prêt de l'artiste.

CHALVRON (Hubert de), « Saint François parle aux oiseaux », 1991, huile sur toile, 166 × 206, prêt de l'artiste.

CHALVRON (Hubert de), « La déposition », 1990, huile sur toile, 246 × 206, prêt de l'artiste.

CHALVRON (Hubert de), « Blandine », 1990, huile sur toile, 246 × 206, prêt de l'artiste.

CORPET (Vincent), 23 mars/16 avril 1987, 100 dessins, crayon sur papier, 26 × 22.5, prêt de l'artiste.

DODEIGNE (Eugène), 7 dessins illustrant « La croix en pierre », fusain, 1992, 105 × 75, prêt de l'artiste.

DODEIGNE (Eugène), « La pierre », 1992, sculpture, 210 × 70 × 50, prêt de l'artiste.

GAROUSTE (Gérard), « La chute des anges », 1988, acrylique sur toile, 210 × 345 × 700 × 350, prêt de l'artiste.

GAROUSTE (Gérard), « Sans titre », 1992, terre cuite et fer forgé, 43 × 29.5 × 19.5, prêt de l'artiste.

GAROUSTE (Gérard), « Sans titre », 1992, terre cuite et fer forgé, 45 × 20 × 25, prêt de la galerie Durand-Dessert.

GAROUSTE (Gérard), « Sans titre », 1992, terre cuite et fer forgé, 130 × 45 × 50, prêt de la galerie Durand-Dessert.

GIORDA (Patrice), « Alain d'Italie », 1992, acrylique sur toile, 162 × 130, prêt de l'artiste.

GIORDA (Patrice), « Gilles qui rit », 1992, acrylique sur toile, 162 × 130, prêt de l'artiste.

GIORDA (Patrice), « Anne à la colonne », 1991/1992, acrylique sur toile, 162 × 130, prêt de l'artiste.

GIORDA (Patrice), « Mort de Sainte-Colombe », 1991/1992, acrylique sur toile, 162 × 50, prêt de l'artiste.

GIORDA (Patrice), « Saint Jean Fondateur », 1991/1992, acrylique sur toile, 162 × 130, prêt de l'artiste.

GIORDA (Patrice), « Paul et la Colombe », 1992, acrylique sur toile, 162 × 130, prêt de l'artiste.

HOLLAN (Alexandre), « Triptyque Ecce Homo », 1989, fusains sur ingre, 3 × 30 × 23, prêt de l'artiste.

HOLLAN (Alexandre), 3 dessins : « La coupe ; L'Homme ; L'arbre », 1992/1993, 61 × 94, 61 × 44, 61 × 94, fusains sur ingre, prêt de l'artiste.

HONEGGER (Gottfried), Maquettes de la cathédrale de Nevers, 1992, crayon à papier, prêt de la Délégation aux Arts Plastiques.

JEANCLOS (Georges), « L'ascension de Saint Julien », 1992, 50 cm environ, prêt de l'artiste.

KIRILI (Alain), 12 dessins, 1980, encre de Chine, 30 × 40, prêt de l'artiste.

KIRILI (Alain), « Installation », 1992, gouache sur papier et terre cuite, 260 × 260, prêt de l'artiste.

MANESSIER (Alfred), « Passion selon Jean », 1988, huile sur toile, 230 × 200, prêt de l'artiste.

MANESSIER (Alfred), « Ex-Voto des marins », 1946, huile sur toile, 116 × 73, prêt de l'artiste.

MANESSIER (Alfred), « Passion selon Mathieu », 1948, huile sur toile, 46 × 38 ou 46 × 36, prêt de l'artiste.

REVAY (Antoine), « Sans titre », 1991, huile sur toile, 200 × 150, prêt de la galerie Vieille du Temple.

REVAY (Antoine), « Ascension », 1991, huile sur toile, 200 × 200, prêt de la galerie Vieille du Temple.

REVAY (Antoine), « Crucifixion », 1991, huile sur toile, 60 × 60, collection Jean-Louis Ferrier.

REVAY (Antoine), « Descente de Croix », 1991, huile sur toile, 40 × 40, prêt de la galerie Vieille du Temple.

REVAY (Antoine), « Crucifixion », 1991, huile sur toile, 92 × 76, prêt de la galerie Vieille du Temple.

REVAY (Antoine), « Saint François d'Assise », 1992, huile sur toile, 200 × 200, prêt de l'artiste.

RAYNAUD (Jean-Pierre), « Noir lac », diapositives, 60 × 80, archives Denise Durand Ruel.

ROUAN (François), « Constellation oiseau crâne, mosaïques nº 2 », 1992, Laversine, peinture à cire sur toile, 187 × 145, prêt de l'artiste.

ROUAN (François), « Stucke », 1988, Laversine, peinture à la cire sur toile, 150 × 107, prêt de l'artiste.

ROUAN (François), 3 études pour la cathédrale de Nevers, 1987, Laversine, gouache et collage sur papier 60 × 75, prêt de l'artiste.

ROUAN (François), « Recouvrement bleu », Paris, 1969, Laversine, gouache sur papier, collage sur carton plaqué, 146 × 114, prêt de l'artiste.

SAINT-JACQUES (Camille), « La convocation des Apôtres XXXVI, 45 », 1992, 12 sérigraphies, 42 × 45 × 15, prêt de l'artiste.

VIALLAT (Claude), Maquette de vitrail de l'église d'Aigues Mortes, 1991/1992, acrylique sur carton, fenêtre 26, 100 × 80, prêt de la Délégation aux Arts Plastiques.

VIALLAT (Claude), Maquette de vitrail de l'église d'Aigues Mortes, 1991/1992, acrylique sur carton, référence 4, 40 × 200, prêt de la Délégation aux Arts Plastiques.

VIALLAT (Claude), Maquettes de vitrail de l'église d'Aigues Mortes, 1991/1992, réalisées selon la technique du feuilleté, verre antique plaqué et gravé à l'acide par Bernard Dhonneur, maître peintre verrier, prêt de la Délégation aux Arts Plastiques.

VIALLAT (Claude), Maquettes de vitrail de l'église d'Aigues Mortes, 1991/1992, acrylique sur carton, référence 23, 100 × 180, prêt de la Délégation aux Arts Plastiques.

Remerciements

L'exposition « **L'Art sacré en France au XXe siècle** » a été conçue par :
– le Musée Municipal de Boulogne-Billancourt :
Commissaires : Emmanuel Bréon, Michèle Lefrançois
– le Centre Culturel :
Commissaire : Marilys de la Morandière
Conseiller scientifique : Bruno Foucart

Nous remercions tous ceux et toutes celles qui nous ont fait bénéficier de leurs conseils et de leur aide, plus particulièrement :

Monseigneur Lustiger, Jacques Bony, Philippe Dagen, Bernard Dorival, Jean-Pierre Greff, Jean Lacambre, Renée Moineau, Françoise Perrot, Gilles Ragot, Philippe Rivoirard, Geneviève et Henri Taillefert, pour leurs textes.
François Barré et Jean-Michel Phéline, de la délégation aux Arts plastiques du Ministère de la Culture.
Elisabeth Flory, du Comité national d'Art sacré.
Germaine de Liancourt, chargée de mission auprès du Musée national d'Art moderne, Centre Georges Pompidou.
Anne France-Lanord, Direction culturelle du Conseil général des Hauts-de-Seine.
Pour leur aide et leur soutien amicaux : Bernard Violle, Marie Bouchard, Alain Choubard, Jannie Pichard, Paul-Louis Rinuy, Marion Tournon.

Les artistes et les prêteurs : Madame Geneviève Appert, Madame Jacqueline d'Arcangues, Madame Marie Artemoff-Testa, Famille Joseph et Jean Bernard, Monsieur Jean Berra, Monsieur André Bizette-Lindet, Monsieur Jacques Bréon, Monsieur François Brochet, Monsieur Georges Cheyssial, Madame Marie-Edith Cornelius, Monsieur et Madame Pierre Couturier, Famille Raymond Delamarre, Famille Maurice Denis, Monsieur et Madame Bernard Dhonneur, Madame Luce Eekman, Monsieur Jacques Faraut, Monsieur Jean-Paul Froidevaux, Monsieur Rémi Gaultier, Madame Lucie Gibert, Monsieur Philippe Guérin, Monsieur et Madame Claude Guigue, Monsieur Xavier Lalloz, Famille Henri de Maistre, Madame Florence Langer-Martel, Madame Michèle Lefrançois, Madame Jan Martel, Madame Louis Müller, Madame Solange Müller, Monsieur Francis Nakache, Madame Marie-Claire d'Ornano-Osterlind, Madame Marceline Péterelle, Monsieur Jean-Michel Pianelli, Madame Gilbert Privat, Famille Valentine Reyre, Monsieur Maurice Rocher, Monsieur Jean-Pol Saupique, Madame Marie-Thérèse Souverbie, Monsieur Louis-René Vian, Madame Florence Vuillard, Monsieur Gérard Wlérick.

Les Paroisses :
– Sainte-Thérèse de Boulogne-Billancourt.
– Notre-Dame de Melun.
– Saint-Esprit de Paris.
– Association diocésaine de Meaux.

Les Musées et les Fondations :
– Musée d'Art et d'Histoire de Meudon.
– Musée Bouchard.
– Musée Bourdelle.
– Musée Zadkine.
– Fondation Coubertin.

Les Galeries :
- Claude Bernard.
- Durand-Dessert.
- Yvon Lambert.
- Daniel Templon.
- Vieille-du-Temple.

Les Archives :
- Archives Denyse Durand-Ruel.
- Archives historiques de l'Archevêché de Paris.
- Archives des Chantiers du Cardinal.

Anne-Sophie Leroy, Sandrine Lieblang pour la coordination du catalogue, Sophie Thuot, Martine Chenebaux, Marine Decaens, Afsaneh Kazemi, Béatrice Moyrand, Aude Agis-Garcin pour les recherches et la préparation des notices.

Dominique Châtelet, architecte, pour la mise en espace des expositions du Musée Municipal et du Centre Culturel, le service intérieur du Centre Culturel et le Centre Technique Municipal.

Ce livre a été coédité par les Éditions de l'Albaron, la ville de Boulogne-Billancourt et la Société historique et Artistique de Boulogne-Billancourt, Jean Cotte, président ; avec l'aide du département des Hauts-de-Seine, Charles Pasqua, président du Conseil général.

Crédits photographiques

premier et deuxième chapitre

Photographes :

Pascal Cadiou,
Dominique Genet,

ainsi que la Fondation Maeght, le Fonds Saupique, le Fonds Souverbie, le Fonds Alain, le Fonds Bouchard, le Fonds Brochet, le Fonds Couturier, le Fonds Taillefert, le Musée Bourdelle, le Musée Zadkine, le Musée d'Art et d'Histoire de Meudon, l'Office du Tourisme de Miribel, le Musée National d'Art Moderne, Patrick Thumerrelle.

troisième chapitre

Photographe :

Gilles Ragot,
René Jacques,
Arnoux,
Yves Guillemaut,
Jean Jungmann,
Lucien Hervé,
Étienne Hubert,
M. Lescuyer,
Photo Industrielle de l'Ouest.

Sources :

SPADEM, Fondation Le Corbusier, Institut Français d'Architecture.

Paul GRAZIANI
Maire de Boulogne-Billancourt
Sénateur des Hauts-de-Seine

Gérard de VASSAL
Maire-Adjoint délégué au Centre Culturel et aux Musées

Michel LAFON
Secrétaire Général

Jean-Frédéric LAMANDÉ
Directeur des Affaires Culturelles

Marilys de LA MORANDIÈRE
Directeur du Centre Culturel

Emmanuel BRÉON
Michèle LEFRANCOIS
Conservateurs
Musée Municipal

Contact presse :
Marie-Hélène NORMAND, Centre Culturel
Nicole BOY, Musée Municipal

Table des matières

CHAPITRE III

DU DÉSIR DE SPIRITUALITÉ
DANS L'ART CONTEMPORAIN

Achevé d'imprimer
sur les presses de l'imprimerie
Tecnograf S.A. à Barcelone (Espagne)
pour le compte des éditions de l'Albaron
Société Présence du Livre
à Thonon-les-Bains (74)

Dépôt légal : 1ᵉʳ trimestre 1993
nᵒ d'éditeur : 042
nᵒ ISBN : 2 908528 41 X